Creutzig • Gehrs • Oevel
Das MuPAD Tutorium

Springer
*Berlin
Heidelberg
New York
Hongkong
London
Mailand
Paris
Tokio*

Christopher Creutzig
Kai Gehrs
Walter Oevel

Das MuPAD Tutorium

Deutsche Ausgabe

Dritte, erweiterte Auflage

 Springer

Christopher Creutzig
Kai Gehrs

Universität Paderborn
Fakultät EIM-M
Warburger Str. 100
33098 Paderborn, Deutschland

Walter Oevel

SciFace Software GmbH & Co.KG
Technologiepark 11
33100 Paderborn, Deutschland

Mathematics Subject Classification (2000): 68-00, 97-04

Bibliografische Information der Deutschen Bibliothek
Die Deutsche Bibliothek verzeichnet diese Publikation
in der Deutschen Nationalbibliografie; detaillierte bibliografische
Daten sind im Internet über <http://dnb.ddb.de> abrufbar.

ISBN 3-540-22185-9 Springer-Verlag Berlin Heidelberg New York
ISBN 3-540-43573-5 2. Auflage Springer-Verlag Berlin Heidelberg New York

Dieses Werk ist urheberrechtlich geschützt. Die dadurch begründeten Rechte, insbesondere die der Übersetzung, des Nachdrucks, des Vortrags, der Entnahme von Abbildungen und Tabellen, der Funksendung, der Mikroverfilmung oder der Vervielfältigung auf anderen Wegen und der Speicherung in Datenverarbeitungsanlagen bleiben, auch bei nur auszugsweiser Verwertung, vorbehalten. Eine Vervielfältigung dieses Werkes oder von Teilen dieses Werkes ist auch im Einzelfall nur in den Grenzen der gesetzlichen Bestimmungen des Urheberrechtsgesetzes der Bundesrepublik Deutschland vom 9. September 1965 in der jeweils geltenden Fassung zulässig. Sie ist grundsätzlich vergütungspflichtig. Zuwiderhandlungen unterliegen den Strafbestimmungen des Urheberrechtsgesetzes.

Springer-Verlag Berlin Heidelberg New York
ein Unternehmen der Springer Science+Business Media GmbH
http://www.springer.de

© Springer-Verlag Berlin Heidelberg 2004
Printed in Germany

Die Wiedergabe von Gebrauchsnamen, Handelsnamen, Warenbezeichnungen usw. in diesem Werk berechtigt auch ohne besondere Kennzeichnung nicht zu der Annahme, dass solche Namen im Sinne der Warenzeichen- und Markenschutzgesetzgebung als frei zu betrachten wären und daher von jedermann benutzt werden dürften.

Umschlaggestaltung: *design & production GmbH*, Heidelberg
Satz: Reproduktionsfertige Vorlagen durch den Autor
Gedruckt auf säurefreiem Papier   33/3142PS - 5 4 3 2 1 0

Vorwort

Diese Einführung erläutert Ihnen den grundsätzlichen Umgang mit dem Softwarepaket MuPAD und gibt einen Einblick in die umfangreichen mathematischen Fähigkeiten dieses Systems. MuPAD ist ein so genanntes Computeralgebra-Paket, das im Wesentlichen von SciFace Software und der MuPAD-Forschungsgruppe der Universität Paderborn entwickelt wird.

Diese Einführung richtet sich an Mathematiker, Ingenieure, Informatiker, Naturwissenschaftler, allgemeiner an alle, die mathematische Berechnungen für ihren Beruf oder in der Ausbildung benötigen. Ganz allgemein ausgedrückt richtet sich das Buch an jeden, der die Fähigkeiten eines modernen Computeralgebra-Systems für sich nutzbar machen will.

Es gibt zwei Arten, mit einem Computeralgebra-System umzugehen. Einmal kann man sich darauf beschränken, das in das System eingebaute mathematische Wissen durch interaktiven Aufruf von Systemfunktionen auszunutzen. Beispielsweise können mit einem einfachen Funktionsaufruf symbolische Integrale berechnet werden, man kann auf einfache Weise Matrizen erzeugen und durch Aufrufen der entsprechenden Funktion invertieren usw. Die mathematische Intelligenz des Systems steckt in diesen Prozeduren, hinter denen sich teilweise recht komplexe Algorithmen verbergen. Der Anwendung MuPADs über Aufrufe geeigneter Systemfunktionen sind die Kapitel 2 bis 15 gewidmet.

Andererseits kann man für Spezialanwendungen, für die keine vorgefertigten Funktionen zur Verfügung stehen, mit Hilfe der Programmiersprache MuPADs ohne besondere Vorkenntnisse eigene Funktionen als Prozeduren schreiben, die den gewünschten Algorithmus implementieren. Die Kapitel 16 bis 18 liefern eine Einführung in die MuPAD-Programmierung.

Sie können dieses Buch in der üblichen Weise „linear" von der ersten zur letzten Seite lesen. Es gibt aber auch Gründe, so nicht vorzugehen. Zum einen könnten Sie ein bestimmtes Problem im Auge haben und kein großes Interesse an MuPAD-spezifischen Dingen zeigen, die nicht unmittelbar benötigt werden. Zum anderen haben Sie eventuell bereits Vorkenntnisse in MuPAD.

Wenn Sie ein Anfänger in MuPAD sind, so sollten Sie zunächst das Kapitel 2 lesen, das eine erste grobe Übersicht über die Möglichkeiten MuPADs bietet. Der wohl wichtigste Abschnitt des ganzen Buches ist die Vorstellung des Online-Hilfesystems in Abschnitt 2.1, mit dem man sich jederzeit in einer laufenden MuPAD-Sitzung über Details von Systemfunktionen, ihre Syntax, die Bedeutung der zu übergebenden Parameter etc. informieren kann. Der Aufruf von Hilfeseiten wird zumindest in der Anfangsphase der wohl am häufigsten benutzte Systembefehl sein. Hat man sich erst mit dem Hilfesystem vertraut gemacht, so kann man beginnen, selbstständig mit MuPAD zu experimentieren. Kapitel 2 demonstriert einige der wichtigsten Systemfunktionen „in Aktion". Weitere Details zu diesen Hilfsmitteln können späteren Abschnitten des Buches oder auch interaktiv dem Hilfesystem entnommen werden; für ein tieferes Verständnis des Umgangs mit den auftauchenden Datenstrukturen kann man in die entsprechenden Abschnitte des Kapitels 4 springen.

Kapitel 3 gibt eine allgemeine Anleitung zum Umgang mit den MuPAD-Bibliotheken, in denen viele Funktionen und Algorithmen zu speziellen mathematischen Themenkreisen installiert sind.

Um komplexere symbolische Probleme zu lösen, muss erlernt werden, wie man mit MuPAD-Objekten umgeht. Kapitel 4 besteht aus einer langen Reihe von Unterkapiteln, in denen die grundsätzlichen Datentypen zusammen mit einigen der wichtigsten Systemfunktionen zu ihrer Manipulation vorgestellt werden. Es ist zunächst nicht notwendig, alle Datentypen mit der selben Gründlichkeit zu studieren. Je nach Interessenlage wird man sich zunächst mit denjenigen Objekten vertraut machen, die für die geplanten Anwendungen relevant sind.

Kapitel 5 ist fundamental für das Verständnis der internen Arbeitsweise MuPADs bei der Auswertung von Objekten; es sollte auf jeden Fall gelesen werden.

Die Kapitel 6 bis 11 enthalten Informationen zur Benutzung einiger besonders wichtiger Systemfunktionen: Substituierer, Differenzierer, Integrierer, Gleichungslöser, Zufallszahlengenerator und Graphikbefehle werden hier vorgestellt.

Die Kapitel 12 bis 14 beschreiben diverse nützliche Aspekte wie den History-Mechanismus, Ein- und Ausgaberoutinen oder die Definition eigener Voreinstellungen. Mit letzteren kann sich der Nutzer beim interaktiven Arbeiten das Verhalten des Systems in gewissen Grenzen gemäß seines persönlichen Geschmacks einrichten.

Eine Einführung in die Programmierung MuPADs geschieht in den Kapiteln 16 bis 18, wo die entsprechenden Konstrukte der MuPAD-Sprache vorgestellt werden.

MuPAD stellt dem Benutzer Algorithmen zur Verfügung, mit denen eine große Klasse mathematischer Objekte und damit verknüpfter Rechenaufgaben behandelt werden kann. Beim Arbeiten mit dieser Einführung ist es möglich, dass Sie auf Ihnen unbekannte mathematische Begriffe wie beispielsweise Ringe oder Körper treffen. Es ist nicht Ziel dieser Einführung, die mathematischen Hintergründe der auftretenden Objekte zu erklären. Für das Verständnis dieses Textes ist ein fundiertes mathematisches Grundwissen aber auch keineswegs zwingend (wenngleich sicherlich hilfreich). Weiterhin wird man sich oft fragen, mit welchen Algorithmen MuPAD ein Problem löst. Die interne Arbeitsweise der MuPAD-Funktionen wird hier nicht angesprochen: Es ist nicht beabsichtigt, eine allgemeine Einführung in die Computeralgebra und ihre Algorithmen zu geben, wozu auf die entsprechenden Lehrbücher wie etwa [GCL 92] oder [GG 99] verwiesen sei.

Dieser Text soll einen *elementaren* Einstieg in die Benutzung von MuPAD ermöglichen. Abstraktere mathematische Objekte wie etwa Körpererweiterungen können zwar durchaus in MuPAD erzeugt und algorithmisch behandelt werden, diese Aspekte des Systems werden hier jedoch nicht oder nur am Rande erwähnt. Die in diesem Text angesprochenen mathematischen Anwendungen sind bewusst elementar gehalten, um diese Einführung auch auf Schulniveau einsetzbar zu machen und für Nutzer mit geringen mathematischen Vorkenntnissen verständlich zu halten.

In dieser Einführung kann nicht die komplette Funktionalität von MuPAD erläutert werden. Einige Teile des Systems sind nur kurz, andere gar nicht erwähnt. Insbesondere würde es den Rahmen dieses Tutoriums sprengen, auf alle Details der sehr mächtigen Programmiersprache MuPADs einzugehen. Ausführungen zu den hier nicht behandelten Fragestellungen finden Sie im Hilfesystem von MuPAD. Dieses steht innerhalb einer MuPAD-Sitzung online zur Verfügung.

Weiterhin geht dieses Buch nicht auf Unterschiede zwischen den MuPAD-Versionen für verschiedene Betriebssysteme ein. Beispielsweise werden Ausgaben größtenteils in der Formelausgabe dargestellt, wie sie nur unter MuPAD Pro (Windows und Macintosh) verfügbar ist, allerdings ohne weiter auf Besonderheiten von MuPAD Pro einzugehen. Eine Einführung in MuPAD Pro für Windows finden Sie in [GP 01].

Diese Einführung bezieht sich auf die MuPAD-Versionen ab 3.0. Durch die fortlaufende Weiterentwicklung des Systems können sich in Zukunft vereinzelt einige der hier beschriebenen Details ändern. Mit Sicherheit werden zukünftige Versionen zusätzliche Funktionalität in Form weiterer Systemfunktionen und neuer Anwendungspakete zur Verfügung stellen. In dieser Einführung wird jedoch hauptsächlich auf die grundlegenden Hilfsmittel und ihre Bedienung eingegangen, deren Form vermutlich keine wesentlichen Änderungen erfahren wird. Die Aussagen dieses Textes sind so abgefasst, dass sie im Wesentlichen auch für zukünftige MuPAD-Versionen gültig sein werden.

Paderborn, März 2004

Inhaltsverzeichnis

Vorwort v

1. **Einleitung** 1
   1.1   Numerische Berechnungen 1
   1.2   Computeralgebra 1
   1.3   Eigenschaften von Computeralgebra-Systemen 3
   1.4   Existierende Systeme 3
   1.5   MuPAD 4

2. **Erste Schritte mit MuPAD** 7
   2.1   Erklärungen und Hilfe 9
   2.2   Das Rechnen mit Zahlen 11
         2.2.1   Exakte Berechnungen 13
         2.2.2   Numerische Näherungen 14
         2.2.3   Komplexe Zahlen 16
   2.3   Symbolisches Rechnen 17
         2.3.1   Einfache Beispiele 17
         2.3.2   Eine Kurvendiskussion 27
         2.3.3   Elementare Zahlentheorie 30

3. **Die MuPAD-Bibliotheken** 37
   3.1   Informationen über eine Bibliothek 38
   3.2   Das Exportieren von Bibliotheken 39
   3.3   Die Standard-Bibliothek 41

4. **MuPAD-Objekte** 43
   4.1   Operanden: Die Funktionen op und nops 44
   4.2   Zahlen 47
   4.3   Bezeichner 49
   4.4   Symbolische Ausdrücke 53
         4.4.1   Operatoren 53
         4.4.2   Darstellungsbäume 59
         4.4.3   Operanden 61

4.5	Folgen	63
4.6	Listen	67
4.7	Mengen	74
4.8	Tabellen	78
4.9	Felder	81
4.10	Logische Ausdrücke	84
4.11	Zeichenketten	85
4.12	Funktionen	87
4.13	Reihenentwicklungen	91
4.14	Algebraische Strukturen: Körper, Ringe usw.	94
4.15	Vektoren und Matrizen	98
	4.15.1 Definition von Matrizen und Vektoren	99
	4.15.2 Rechnen mit Matrizen	105
	4.15.3 Methoden für Matrizen	107
	4.15.4 Die Bibliotheken `linalg` und `numeric`	110
	4.15.5 Dünnbesetzte Matrizen	112
	4.15.6 Eine Anwendung	114
4.16	Polynome	116
	4.16.1 Definition von Polynomen	116
	4.16.2 Rechnen mit Polynomen	120
4.17	Intervallarithmetik	125
4.18	Null-Objekte: `null()`, `NIL`, `FAIL` und `undefined`	130

5. Auswertung und Vereinfachung ... 133
  5.1 Bezeichner und ihre Werte ... 133
  5.2 Vollständige, unvollständige, erzwungene Auswertung ... 135
  5.3 Automatische Vereinfachungen ... 141

6. Substitution: `subs`, `subsex` und `subsop` ... 143

7. Differenzieren und Integrieren ... 149
  7.1 Differenzieren ... 149
  7.2 Integrieren ... 151

8. Das Lösen von Gleichungen: `solve` ... 155
  8.1 Polynomgleichungen ... 155
  8.2 Allgemeine Gleichungen ... 161
  8.3 Differential- und Rekurrenzgleichungen ... 163

9. Manipulation von Ausdrücken ... 167
  9.1 Umformung von Ausdrücken ... 168
  9.2 Vereinfachung von Ausdrücken ... 176
  9.3 Annahmen über symbolische Bezeichner ... 180

10.	**Zufall und Wahrscheinlichkeit**	189
11.	**Graphik**	197
11.1	Einleitung	197
11.2	Elementare graphische Darstellung: Graphen von Funktionen	198
	11.2.1 2D-Funktionsgraphen: `plotfunc2d`	198
	11.2.2 3D-Funktionsgraphen: `plotfunc3d`	207
11.3	Graphik für Fortgeschrittene: Grundlagen und erste Beispiele	215
	11.3.1 Allgemeine Grundlagen	216
	11.3.2 Einige Beispiele	221
11.4	Das gesamte Bild: Graphische Bäume	225
11.5	Viewer, Browser und Inspektor: Interaktive Manipulation von Graphiken	227
11.6	Graphische Primitive	230
11.7	Attribute	233
	11.7.1 Voreinstellungen	234
	11.7.2 Vererbung von Attributen	234
	11.7.3 Primitive, die spezielle Szene-Attribute verlangen: „Hints"	238
	11.7.4 Die Hilfeseiten der Attribute	240
11.8	Farben	242
	11.8.1 RGB-Farben	243
	11.8.2 HSV-Farben	244
11.9	Animationen	245
	11.9.1 Erzeugen einfacher Animationen	245
	11.9.2 Abspielen von Animationen	250
	11.9.3 Anzahl von Einzelbildern und die Echtzeitspanne einer Animation	251
	11.9.4 Welche Attribute lassen sich animieren?	253
	11.9.5 Animationen für Fortgeschrittene: Das Synchronisationsmodell	254
	11.9.6 „Bild für Bild"-Animationen	257
	11.9.7 Beispiele	262
11.10	Gruppen von Primitiven	265
11.11	Transformationen	267
11.12	Legenden	269
11.13	Fonts (Schriftarten)	272
11.14	Speichern und Exportieren von Graphiken	273
	11.14.1 Interaktives Speichern und Exportieren	273
	11.14.2 Der Batch-Betrieb	274
11.15	Importieren von Graphiken	276

Inhaltsverzeichnis

- 11.16 Kamera-Objekte in 3D 277
- 11.17 Seltsame Effekte bei 3D-Graphiken? Beschleunigtes OpenGL? 284

12. Der „History"-Mechanismus 285

13. Ein- und Ausgabe 289
- 13.1 Ausdrücke ausgeben 289
  - 13.1.1 Ausdrücke auf dem Bildschirm ausgeben 289
  - 13.1.2 Die Form der Ausgabe ändern 290
- 13.2 Dateien einlesen und beschreiben 292
  - 13.2.1 Die Funktionen `write` und `read` 292
  - 13.2.2 Eine MuPAD-Sitzung sichern 294
  - 13.2.3 Daten aus einer Textdatei einlesen 295

14. Nützliches 297
- 14.1 Eigene Voreinstellungen definieren 297
- 14.2 Informationen zu MuPAD-Algorithmen 300
- 14.3 Neuinitialisierung einer MuPAD-Sitzung 302
- 14.4 Kommandos auf Betriebssystemebene ausführen 302

15. Typenbezeichner 303
- 15.1 Die Funktionen `type` und `testtype` 303
- 15.2 Bequeme Typentests: Die Type-Bibliothek 306

16. Schleifen 309

17. Verzweigungen: `if-then-else` und `case` 315

18. MuPAD-Prozeduren 321
- 18.1 Prozeduren definieren 322
- 18.2 Der Rückgabewert einer Prozedur 323
- 18.3 Rückgabe symbolischer Prozeduraufrufe 325
- 18.4 Lokale und globale Variablen 326
- 18.5 Unterprozeduren 331
- 18.6 Gültigkeitsbereiche von Variablen 333
- 18.7 Typdeklaration 335
- 18.8 Prozeduren mit beliebig vielen Argumenten 336
- 18.9 Optionen: Die Remember-Tabelle 338
- 18.10 Die Eingabeparameter 342
- 18.11 Die Auswertung innerhalb von Prozeduren 343
- 18.12 Funktionsumgebungen 345
- 18.13 Ein Programmierbeispiel: Differentiation 351
- 18.14 Programmieraufgaben 354

A. Lösungen zu den Übungsaufgaben 357

B. Dokumentation und Literatur 401

C. Graphikgalerie... 403

D. Hinweise zur Graphikgalerie 419

Index 421

1. Einleitung

Um den Begriff Computeralgebra zu erklären, möchten wir die Berechnungen in der Computeralgebra mit numerischen Rechnungen vergleichen. Beide werden durch einen Computer unterstützt, doch gibt es grundlegende Unterschiede, die wir im folgenden erläutern wollen.

1.1 Numerische Berechnungen

In numerischen Rechnungen wird ein mathematisches Problem näherungsweise gelöst, die Rechenschritte finden mit *Zahlen* statt. Diese Zahlen sind intern in *Gleitpunktdarstellung* gespeichert, wodurch arithmetische Operationen schnell ausgeführt werden können. Diese Darstellung hat allerdings den Nachteil, dass sowohl die Berechnungen als auch die Lösungen nicht exakt sind, da es u. A. durch Rundungen zu Fehlern kommt. Numerische Algorithmen sind in der Regel so konstruiert, dass sie möglichst schnell eine Näherungslösung liefern. Näherungen sind oftmals die einzige Möglichkeit, eine mathematische Aufgabenstellung zu bearbeiten, wenn nämlich eine exakte Lösung in geschlossener Form nicht existiert. Außerdem sind Näherungslösungen dort nützlich, wo exakte Resultate gar nicht benötigt werden (z. B. bei der Visualisierung).

1.2 Computeralgebra

Im Gegensatz zu numerischen Berechnungen mit Zahlen werden in der Computeralgebra *symbolische* Berechnungen durchgeführt, es handelt sich gemäß [Hec 93] um *„Berechnungen mit mathematischen Objekten"*. Ein *Objekt* kann z. B. eine Zahl, aber auch ein Polynom, eine Gleichung, ein Ausdruck oder eine Formel, eine Funktion, eine Gruppe, ein Ring oder ein beliebiges anderes mathematisches Objekt sein. Symbolische Berechnungen mit Zahlen werden im Gegensatz zu numerischen Berechnungen immer *exakt* durchgeführt, da intern eine genaue Darstellung von beliebig langen ganzen und rationalen Zahlen verwendet wird. Man nennt solche exakten Berechnungen in der Computeralgebra *symbolische* und *algebraische* Berechnungen. In [Hec 93] wird dafür die folgende Definition gegeben:

1. „Symbolisch" bedeutet, dass es das Ziel ist, eine möglichst geschlossene Form einer Lösung in einer guten (d. h. einfachen) symbolischen Darstellung zu finden.

2. „Algebraisch" steht für *exakte* Berechnungen im Gegensatz zu den Näherungslösungen, die auf Gleitpunktarithmetik beruhen.

Manchmal wird Computeralgebra auch mit „symbolischer Manipulation" oder „Formelmanipulation" erklärt, da mit Formeln und Symbolen gerechnet wird. Beispiele dafür sind die symbolische Integration oder die Differentiation wie

$$\int x\,\mathrm{d}x = \frac{x^2}{2}, \quad \int_1^4 x\,\mathrm{d}x = \frac{15}{2}, \quad \frac{\mathrm{d}}{\mathrm{d}x}\ln\ln x = \frac{1}{x\ln x}$$

oder die Berechnung symbolischer Lösungen von Gleichungen. Als Beispiel sei hier die Gleichung $x^4 + p\,x^2 + 1 = 0$ in x mit einem Parameter p betrachtet, die die Lösungsmenge

$$\left\{\pm\frac{\sqrt{2}\cdot\sqrt{-p-\sqrt{p^2-4}}}{2},\ \pm\frac{\sqrt{2}\cdot\sqrt{-p+\sqrt{p^2-4}}}{2}\right\}$$

besitzt. Für die symbolische Berechnung einer exakten Lösung wird fast immer mehr Rechenzeit und mehr Hauptspeicher benötigt als für die Berechnung einer numerischen Lösung. Aber eine symbolische Lösung ist exakt, allgemeiner und liefert meist weitere Informationen zu dem Problem und seiner Lösung. Betrachten wir z. B. die obige Lösungsformel, die eine Lösung der Gleichung für beliebige Werte des Parameters p liefert: Sie zeigt die funktionale Abhängigkeit von p. Damit kann beispielsweise ermittelt werden, wie empfindlich die Lösungen gegen Änderungen des Parameters sind.

Für spezielle Anwendungen sind Kombinationen von symbolischen und numerischen Methoden sinnvoll. Es gibt z. B. Algorithmen in der Computeralgebra, die von der effizienten Gleitpunktarithmetik der Hardware profitieren. Auf der anderen Seite kann es sinnvoll sein, ein Problem aus der Numerik zunächst symbolisch zu vereinfachen, bevor der eigentliche approximative Algorithmus angewendet wird.

1.3 Eigenschaften von Computeralgebra-Systemen

Die meisten der bekannten Computeralgebra-Systeme sind interaktiv zu benutzende Programmpakete: Der Benutzer gibt dem System eine Reihe von Formeln und Befehlen, die dann vom System bearbeitet (man sagt auch, *ausgewertet*) werden. Das System gibt anschließend eine Antwort zurück, die weiter manipuliert werden kann.

Zusätzlich zu exakten symbolischen Berechnungen können die meisten Computeralgebra-Systeme Lösungen auch numerisch approximieren. Dabei kann die Genauigkeit vom Benutzer auf eine beliebige Anzahl von Stellen vorgegeben werden. In MuPAD geschieht dies durch die globale Variable DIGITS. Beispielsweise wird mit dem einfachen Befehl DIGITS:=100 erreicht, dass MuPAD Gleitpunktberechnungen mit einer Genauigkeit von 100 Dezimalstellen ausführt. Natürlich benötigen solche Berechnungen mehr Rechenzeit und mehr Hauptspeicher als das Benutzen der Gleitpunktarithmetik der Hardware.

Moderne Computeralgebra-Systeme stellen zusätzlich noch eine mächtige Programmiersprache[1] zur Verfügung und bieten Werkzeuge zur Visualisierung und Animation mathematischer Daten. Auch bieten viele Systeme die Möglichkeit zur Vorbereitung druckfertiger Dokumente (so genannte *Notebooks* oder *Worksheets*). Auch in MuPAD existiert ein Notebook-Konzept, welches in dieser Einführung allerdings nicht behandelt werden soll. Das Ziel dieses Buches ist es, eine Einführung in die Benutzung der *mathematischen* Fähigkeiten MuPADs zu geben.

1.4 Existierende Systeme

Es gibt viele verschiedene Computeralgebra-Systeme, von denen einige kommerziell vertrieben werden, während andere frei erhältlich sind.

So genannte *special purpose* Systeme dienen zur Behandlung von speziellen mathematischen Problemen. So gibt es das System *Schoonship* für Probleme in der Hochenergiephysik, *DELiA* zur Behandlung von Differentialgleichungen, *PARI* für Anwendungen in der Zahlentheorie[2] und *GAP* für Probleme aus der Gruppentheorie.

---

[1] Die Programmiersprache von MuPAD besitzt eine ähnliche Syntax wie Pascal, wobei Konstrukte für objektorientierte Programmierung zur Verfügung gestellt werden.

[2] Teile dieses Systems werden intern von MuPAD verwendet.

Daneben gibt es so genannte *general purpose* Computeralgebra-Systeme. Dazu gehören das seit 1980 entwickelte und speziell für Kleincomputer ausgelegte *Derive* sowie *MathView* (ehemals *Theorist*), das seit 1990 entwickelt wird und eine ausgefeilte Benutzungsoberfläche, aber nur eingeschränkte mathematische Fähigkeiten besitzt. Außerdem gibt es die Systeme *Macsyma* und *Reduce*, beide seit 1965 entwickelt und in LISP programmiert. *Maxima* ist eine Abspaltung aus dem originalen *Macsyma*, seit 1998 unter eigenem Namen vertrieben. Modernere Systeme wie *Mathematica* und *Maple* befinden sich seit etwa 1980 in Entwicklung und sind in C programmiert. *Mathematica* war das erste System mit einer benutzerfreundlichen Oberfläche. Weiterhin ist *Axiom* zu erwähnen, das ebenfalls seit etwa 1980 entwickelt wird. Im Gegensatz zu den bereits genannten Systemen verfügt *Axiom* über eine komplett typisierte Sprache und lässt Berechnungen nur in speziellen mathematischen Kontexten zu. Unter allen diesen Systemen ist MuPAD das jüngste: Es wird seit 1990 an der Universität Paderborn entwickelt und versucht, die Stärken verschiedener Vorläufer mit modernen, eigenen Konzepten zu verbinden.

1.5 MuPAD

Zusätzlich zu den bereits genannten Eigenschaften von Computeralgebra-Systemen hat MuPAD die folgenden Fähigkeiten (die in diesem Buch allerdings nicht näher behandelt werden):

- MuPAD bietet Sprachkonstrukte zum objektorientierten Programmieren. Man kann eigene Datentypen definieren und fast alle Operatoren und Funktionen zu deren Behandlung überladen.
- MuPAD stellt einen interaktiven Quellcode-Debugger zur Verfügung.
- Mit dem Modulkonzept kann man in C oder C++ geschriebene Programme zum MuPAD-Kern hinzufügen.

Das Herzstück von MuPAD ist der so genannte *Kern*, der aus Effizienzgründen im Wesentlichen in C und teilweise in C++ implementiert ist. Dieser Kern wiederum besteht aus den folgenden grundlegenden Teilen:

- Der so genannte *Parser* liest die Eingaben an das System und überprüft sie auf richtige Syntax. Eine fehlerfreie Eingabe wird vom Parser in einen MuPAD-Datentyp umgewandelt.

– Der so genannte *Auswerter* (*Evaluierer*, englisch: *evaluator*) wertet die Eingaben aus und vereinfacht die Ergebnisse. Dieser Vorgang ist in MuPAD genau definiert und wird später näher erläutert.

– Die *Speicherverwaltung* ist für die interne Verwaltung der MuPAD-Objekte zuständig.

– Einige oft benötigte Algorithmen wie z. B. die arithmetischen Funktionen sind aus Effizienzgründen als *Kernfunktionen* auf C-Ebene implementiert.

Parser und Evaluierer definieren die MuPAD-Programmiersprache. Mit Hilfe dieser Sprache sind die zu MuPAD gehörenden Programmbibliotheken implementiert, die das mathematische Wissen des Systems enthalten.

Daneben besitzt MuPAD komfortable Benutzungsoberflächen zur Erzeugung so genannter *Notebooks* oder von Graphiken oder zum Debuggen in der MuPAD-Sprache geschriebener Programme. Das MuPAD-Hilfesystem hat Hypertextfunktionalität. Man kann in Dokumenten navigieren, aber auch Beispiele per Mausklick vom System berechnen lassen. Abbildung 1.1 zeigt die Hauptkomponenten des MuPAD-Systems.

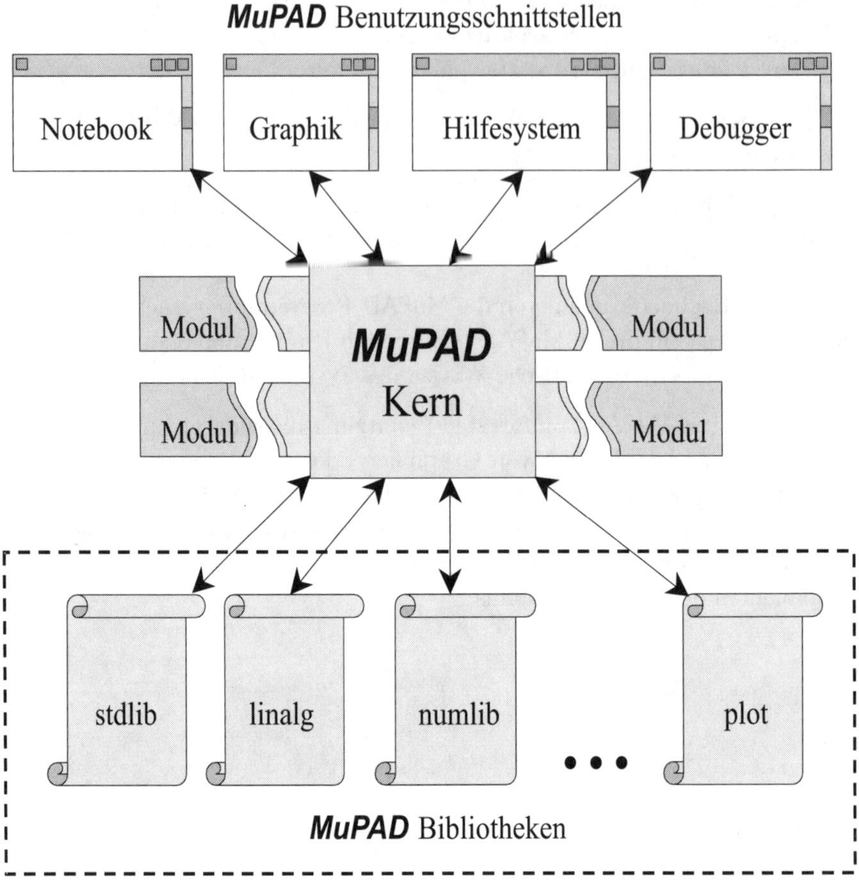

Abbildung 1.1. Die Hauptkomponenten MuPADs

2. Erste Schritte mit **MuPAD**

Oft wird man ein Computeralgebra-System wie **MuPAD** interaktiv bedienen, d. h., man gibt eine Anweisung wie z. B. die Multiplikation zweier Zahlen an das System und wartet dann, bis **MuPAD** das Ergebnis berechnet hat und auf dem Bildschirm ausgibt.

Durch Aufruf des **MuPAD**-Programms wird eine *Sitzung* gestartet. Der Aufruf ist abhängig vom verwendeten Betriebssystem und der benutzten **MuPAD**-Version. Hierzu sei auf die entsprechenden Informationen der Installationsanleitung für **MuPAD** verwiesen. **MuPAD** stellt ein Hilfesystem zur Verfügung, mit dem man sich dann jederzeit in der laufenden Sitzung über Details von Systemfunktionen, ihre Syntax, die Bedeutung der zu übergebenden Parameter etc. informieren kann. Der Umgang mit der **MuPAD**-Hilfe wird im folgenden Abschnitt vorgestellt. Der Aufruf von Hilfeseiten wird zumindest in der Anfangsphase der wohl wichtigste Systembefehl sein, mit dem der Einsteiger umgehen wird. Es folgt ein Abschnitt über die Benutzung **MuPAD**s als „intelligenter Taschenrechner": das Rechnen mit Zahlen. Dies ist vermutlich der einfachste und intuitivste Teil dieser Anleitung. Danach werden einige der Systemfunktionen für symbolische Rechnungen vorgestellt. Dieser Abschnitt ist wenig systematisch; er soll lediglich einen ersten Eindruck von den symbolischen Fähigkeiten des Systems vermitteln.

Das Ansprechen von **MuPAD** erfolgt nach Starten des Programms durch die Eingabe von Befehlen in der **MuPAD**-Sprache. Das System befindet sich im Eingabemodus, d. h., es wartet auf eine Eingabe, wenn das so genannte **Mu**-**PAD**-Prompt erscheint. Unter Windows oder auf dem Macintosh ist dieses Prompt das Zeichen •, unter UNIX ist es >>. Zur Illustration von Beispielen wird im Weiteren das UNIX-Prompt verwendet. Durch das Drücken der <RETURN>-Taste (unter Windows und UNIX) wird eine Eingabe beendet und das eingegebene Kommando von **MuPAD** ausgewertet. Die Tastenkombination <SHIFT> und <RETURN> kann dazu verwendet werden, eine neue Zeile anzufangen, ohne die aktuelle Eingabe zu beenden. Auf dem Macintosh muss zur Ausführung eines Befehls die <ENTER>-Taste betätigt werden, die <RETURN>-Taste bewirkt dort nur einen Zeilenumbruch und **MuPAD** befin-

2. Erste Schritte mit MuPAD

det sich weiterhin im Eingabemodus. In allen graphischen Benutzungsoberflächen kann man die Rollen von <RETURN> und <SHIFT>+<RETURN> vertauschen, indem man im Menü „Ansicht" auf „Optionen" klickt und dann „Shift+Return" als „Evaluationstaste" wählt.

Die Eingabe von

```
>> sin(3.141)
```

gefolgt von <RETURN> bzw. <ENTER> liefert auf dem Bildschirm das Ergebnis

```
0.0005926535551
```

Hierbei wurde die (allgemein bekannte) Sinus-Funktion an der Stelle 3.141 aufgerufen, zurückgegeben wurde eine Gleitpunktnäherung des Sinus-Wertes, wie sie auch – mit eventuell weniger Stellen – ein Taschenrechner geliefert hätte.

Es können mehrere Befehle in einer Zeile eingegeben werden. Zwischen je zwei Befehlen muss entweder ein Semikolon oder ein Doppelpunkt stehen, je nachdem, ob das Ergebnis des ersten Befehls angezeigt werden soll oder nicht:

```
>> diff(sin(x^2), x); int(%, x)
```

$2\,x\,\cos\left(x^2\right)$

$\sin\left(x^2\right)$

Hierbei bedeutet `x^2` das Quadrat von `x`, die MuPAD-Funktionen `diff` bzw. `int` führen die mathematischen Operationen „differenzieren" bzw. „integrieren" durch (Kapitel 7). Der Aufruf von `%` steht für den letzten Ausdruck (also hier für die Ableitung von $\sin(x^2)$). Der `%` unterliegende Mechanismus wird in Kapitel 12 vorgestellt.

Schließt man einen Befehl mit einem Doppelpunkt ab, so wird dieser von MuPAD ausgeführt, das Ergebnis wird aber nicht auf dem Bildschirm angezeigt. So kann die Ausgabe von nicht interessierenden Zwischenergebnissen unterdrückt werden:

```
>> Gleichungen := {x + y = 1, x - y = 1}:
>> solve(Gleichungen)
```

$\{[x = 1, y = 0]\}$

Hierbei wird dem Bezeichner `Gleichungen` eine aus 2 Gleichungen bestehende Menge zugewiesen. Der Befehl `solve(Gleichungen)` (englisch: *to solve* = lösen) liefert die Lösung. Dem Gleichungslöser ist das Kapitel 8 gewidmet.

Eine MuPAD-Sitzung in der Terminalversion wird mit dem Schlüsselwort
quit beendet:

```
>> quit
```

Bei den MuPAD-Versionen mit graphischer Bedienoberfläche funktioniert dies
nicht, hier müssen Sie den entsprechenden Menüpunkt auswählen.

2.1 Erklärungen und Hilfe

Wenn Sie nicht wissen, wie die korrekte Syntax eines MuPAD-Befehls lautet,
so können Sie die benötigten Informationen unmittelbar in der laufenden
Sitzungen dem Hilfesystem entnehmen. Mit der Funktion info erhält man
zu vielen MuPAD-Funktionen eine kurze englische Erklärung:

```
>> info(solve)
   solve -- solve equations and inequalities [try ?solve\
   for options]
>> info(ln)
   ln -- the natural logarithm
```

Detailliertere Informationen erhält man auf der *Hilfeseite* der entsprechenden Funktion. Diese kann mittels help("Funktionsname") aufgerufen werden. Hierbei muss der Name in Anführungszeichen gesetzt werden, da die
help-Funktion Zeichenketten als Eingabe erwartet, welche in MuPAD durch
" erzeugt werden (Abschnitt 4.11). Als Abkürzung für help dient der Operator ?, bei dem keine Anführungszeichen benutzt zu werden brauchen:

```
>> ?solve
```

Die Hilfeseiten in MuPAD werden je nach verwendeter Version formatiert.
Das folgende Beispiel zeigt eine Hilfeseite im ASCII-Format, wie sie von der
Terminalversion MuPADs als Antwort auf ?solve geliefert wird:

```
solve - Lösen von Gleichungen und Ungleichungen

Einführung

  solve(eq, x) liefert die Menge aller komplexen Lösungen der Gleichung
  oder Ungleichung eq bezüglich x.

  solve(system, vars) löst ein System von Gleichungen nach den Variablen
  vars auf.

  solve(eq, vars) bewirkt das selbe wie solve([eq], vars).

  solve(system, x) bewirkt das selbe wie solve(system, [x]).
```

> *solve(eq)* ohne zweites Argument bewirkt das selbe wie *solve(eq, S)*, wobei *S* die Menge aller Unbestimmten in *eq* ist. Dasselbe gilt für *solve(system)*.
>
> Aufruf(e)
>
> *solve(eq, x <, options>)*
> *solve(eq, vars <, options>)*
> *solve(eq <, options>)*
> *solve(system, x <, options>)*
> *solve(system, vars <, options>)*
> *solve(system <, options>)*
> *solve(ODE)*
> *solve(REC)*
>
> Parameter
>
> *eq*   - eine einzelne Gleichung oder eine Ungleichung vom Typ
>   "_equal", "_less", "_leequal", oder "_unequal". Auch ein
>   arithmetischer Ausdruck wird akzeptiert und als Gleichung
>   mit verschwindender rechter Seite interpretiert.
> *x*   - die Unbestimmte, nach der aufgelöst werden soll: Ein
>   Bezeichner oder ein indizierter Bezeichner
> *vars* - eine nichtleere Menge oder Liste von Unbestimmten, nach
>   denen aufgelöst werden soll
> *system* - eine Menge, Liste, Tabelle oder ein Array von Gleichungen
>   bzw. arithmetischen Ausdrücken. Letztere werden als
>   Gleichungen mit verschwindender rechter Seite aufgefasst.
> *ODE*   - eine gewöhnliche Differentialgleichung: Ein Objekt vom Typ
>   *ode*.
> *REC*   - eine Rekurrenzgleichung: Ein Objekt vom Typ *rec*.
>
> ...

Der Rest der Ausgabe wird aus Platzgründen weggelassen. Abbildung 2.1 zeigt einen Ausschnitt des entsprechenden Hypertext-Dokuments, welches bei Benutzung einer graphischen Oberfläche angezeigt wird.

Das Hilfesystem ist als so genanntes Hypertextsystem realisiert. Aktive Worte sind unterstrichen oder eingerahmt. Wenn Sie darauf klicken, erhalten Sie weitere Erklärungen zu diesem Begriff. Die Beispiele auf den Hilfeseiten kann man durch Anklicken der dazugehörigen unterstrichenen oder eingerahmten Prompts automatisch in das Eingabefenster von MuPAD übertragen. Auf Windows-Systemen verwenden Sie bitte einen Doppelklick oder „*drag & drop*".

Aufgabe 2.1: Informieren Sie sich über die Anwendungsweise des MuPAD-Differenzierers `diff`! Berechnen Sie die fünfte Ableitung von `sin(x^2)`!

Abbildung 2.1. Das Hilfefenster unter Windows

2.2 Das Rechnen mit Zahlen

Man kann MuPAD wie einen Taschenrechner zum Rechnen mit Zahlen benutzen. Die folgende Eingabe liefert als Ergebnis eine rationale Zahl:

```
>> 1 + 5/2
```
$$\frac{7}{2}$$

Man sieht, dass MuPAD bei Rechnungen mit ganzen und rationalen Zahlen exakte Ergebnisse (im Gegensatz zu gerundeten Gleitpunktzahlen) liefert:

```
>> (1 + (5/2*3))/(1/7 + 7/9)^2
```
$$\frac{67473}{6728}$$

Das Symbol ^ steht dabei für das Potenzieren. MuPAD kann auch sehr große Zahlen effizient berechnen. Die Größe einer zu berechnenden Zahl ist lediglich durch den zur Verfügung stehenden Hauptspeicher Ihres Computers beschränkt. So ist z. B. die 123-te Potenz von 1234 diese ziemlich große Zahl:[1]

```
>> 1234^123
    17051580621272704287505972762062628265430231311106829\
    04705296193221839138348680074713663067170605985726415\
    92314554345900570589670671499709086102539904846514793\
    13561730556366999395010462203568202735575775507008323\
    84441477783960263870670426857004040032870424806396806\
    96865587865016699383883388831980459159942845372414601\
    80942971772610762859524340680101441852976627983806720\
    3562799104
```

Neben der Grundarithmetik steht eine Reihe von MuPAD-Funktionen zum Rechnen mit Zahlen zur Verfügung. Ein einfaches Beispiel ist die Fakultät $n! = 1 \cdot 2 \cdots n$ einer natürlichen Zahl n, die in mathematischer Notation angefordert werden kann:

```
>> 100!
    93326215443944152681699238856266700490715968264381621\
    46859296389521759999322991560894146397615651828625369\
    7920827223758251185210916864000000000000000000000000
```

Mit isprime kann überprüft werden, ob eine natürliche Zahl eine Primzahl ist. Diese Funktion liefert entweder TRUE (wahr) oder FALSE (falsch):

```
>> isprime(123456789)
    FALSE
```

Mit ifactor (englisch: *integer factorization*) ergibt sich die Primfaktorzerlegung:

```
>> ifactor(123456789)
```
$3^2 \cdot 3607 \cdot 3803$

---

[1] In diesem Ergebnis bedeutet das Zeichen „Backslash" \ am Ende einer Zeile, dass das Ergebnis in der nächsten Zeile fortgesetzt wird.
Lange Ausgaben, die umbrochen werden, werden in MuPAD in einem anderen Format dargestellt als kurze Ausgaben. Details stehen in Kapitel 13.

2.2.1 Exakte Berechnungen

Betrachten wir nun den Fall, dass die Zahl $\sqrt{56}$ „berechnet" werden soll. Hierbei ergibt sich das Problem, dass dieser Wert als irrationale Zahl nicht einfach in der Form Zähler/Nenner mit Hilfe ganzer Zahlen exakt darstellbar ist. Eine „Berechnung" kann daher nur darauf hinauslaufen, eine *möglichst einfache* exakte Darstellung zu finden. Bei der Eingabe von $\sqrt{56}$ mittels sqrt (englisch: *square root* = Quadratwurzel) liefert MuPAD:

```
>> sqrt(56)
```
$$2\sqrt{14}$$

Das Ergebnis ist die Vereinfachung von $\sqrt{56}$ zu dem exakten Wert $2 \cdot \sqrt{14}$, wobei $\sqrt{14}$ oder auch $14^{1/2}$ in MuPAD die positive Lösung der Gleichung $x^2 = 14$ bedeutet. In der Tat ist dies wohl die einfachste exakte Darstellung des Ergebnisses. Man beachte, dass $\sqrt{14}$ von MuPAD als ein Objekt angesehen wird, welches bestimmte Eigenschaften hat (im Wesentlichen, dass sich das Quadrat zu 14 vereinfachen lässt). Diese werden automatisch benutzt, wenn mit solchen Symbolen gerechnet wird, z. B.:

```
>> sqrt(14)^4
    196
```

Als weiteres Beispiel einer exakten Rechnung möge die Bestimmung des Grenzwertes

$$e = \lim_{n \to \infty} \left(1 + \frac{1}{n}\right)^n$$

dienen. Die Funktion limit berechnet Grenzwerte, der Bezeichner infinity steht in MuPAD für „Unendlich":

```
>> limit((1 + 1/n)^n, n = infinity)
    e
```

Um diese Zahl einzugeben, müssen Sie entweder den Buchstaben E oder die Eingabe exp(1) verwenden; exp ist die MuPAD-Schreibweise für die Exponentialfunktion. MuPAD beherrscht auch (exakte) Rechenregeln für dieses Objekt. So liefert z. B. der natürliche Logarithmus ln:

```
>> ln(1/exp(1))
    -1
```

Weitere exakte Berechnungen werden uns im Laufe dieser Einführung begegnen.

2.2.2 Numerische Näherungen

Neben exakten Berechnungen ermöglicht MuPAD auch das Rechnen mit numerischen Näherungen. Wenn Sie z. B. $\sqrt{56}$ in Dezimalschreibweise annähern möchten, so müssen Sie die Funktion float (englisch: *floating point number* = Gleitpunktzahl) benutzen. Diese Funktion berechnet den Wert ihres Argumentes in so genannter *Gleitpunktdarstellung*:

```
>> float(sqrt(56))
    7.483314774
```

Die Genauigkeit der Näherung hängt vom Wert der globalen Variablen DIGITS ab, der Anzahl der Dezimalziffern für numerische Rechnungen. Ihr voreingestellter Standardwert ist 10:

```
>> DIGITS; float(67473/6728)
    10

    10.02868609
```

Globale Variablen wie DIGITS beeinflussen das Verhalten von MuPAD, sie werden auch *Umgebungsvariablen* genannt.[2] Im entsprechenden Abschnitt „Umgebungsvariablen" der MuPAD-Kurzreferenz [O 04] findet man eine vollständige Auflistung der in MuPAD implementierten Umgebungsvariablen.

Die Variable DIGITS kann jeden beliebigen ganzzahligen Wert zwischen 1 und $2^{31} - 1$ annehmen:

```
>> DIGITS := 100: float(67473/6728); DIGITS := 10:
   10.02868608799048751486325802615933412604042806183115\
   33888228299643281807372175980975029726516052187
```

Vor den nächsten Berechnungen haben wir den Wert von DIGITS auf 10 zurückgesetzt. Dieses kann auch durch den Befehl delete DIGITS erreicht werden.

---

[2] Es ist besondere Vorsicht angezeigt, wenn die selbe Rechnung mit verschiedenen Werten von DIGITS durchgeführt wird. Einige der komplexeren numerischen Algorithmen in MuPAD sind mit der Option *"remember"* implementiert, wodurch sich diese Algorithmen an frühere Ergebnisse erinnern (Abschnitt 18.9). Dies kann zu ungenauen numerischen Ergebnissen führen, wenn aus früheren Rechnungen Werte erinnert werden, die mit geringerer Genauigkeit berechnet wurden. Im Zweifelsfall sollte vor dem Heraufsetzen von DIGITS die MuPAD-Sitzung mit reset() neu initialisiert werden (Abschnitt 14.3), wodurch das MuPAD-Gedächtnis gelöscht wird.

Bei arithmetischen Operationen mit Zahlen rechnet MuPAD automatisch immer näherungsweise, sobald *mindestens eine* der beteiligten Zahlen in Gleitpunktdarstellung gegeben ist:

```
>> (1.0 + (5/2*3))/(1/7 + 7/9)^2
   10.02868609
```

Bitte beachten Sie, dass die folgenden Aufrufe

```
>> 2/3*sin(2), 0.6666666666*sin(2)
```

beide *keine* näherungsweise Berechnung von sin(2) zur Folge haben, da sin(2) keine Zahl, sondern ein Ausdruck ist, der für den (exakten) Wert von sin(2) steht:

$$\frac{2\sin(2)}{3},\ 0.6666666666\sin(2)$$

Die Trennung der beiden Werte durch ein Komma erzeugt einen speziellen Datentyp, eine so genannte *Folge*. Dieser Typ wird in Abschnitt 4.5 genauer beschrieben. Um im obigen Fall eine Gleitpunktdarstellung zu erreichen, muss wieder die Funktion float benutzt werden:[3]

```
>> float(2/3*sin(2)), 0.6666666666*float(sin(2))
    0.6061982846, 0.6061982845
```

Die meisten MuPAD-Funktionen wie etwa sqrt, die trigonometrischen Funktionen, die Exponentialfunktion oder der Logarithmus liefern automatisch numerische Ergebnisse, wenn ihr Argument eine Gleitpunktzahl ist:

```
>> sqrt(56.0), sin(3.14)
    7.483314774, 0.001592652916
```

Mit den Konstanten π und e, dargestellt durch PI und E = exp(1), kann man in MuPAD *exakt* rechnen:

```
>> cos(PI), ln(E)
   -1, 1
```

Falls gewünscht, kann man wiederum mit Hilfe der Funktion float eine numerische Approximation dieser Konstanten erhalten:

---

[3] Beachten Sie die letzte Ziffer. Der zweite Befehl liefert ein etwas ungenaueres Ergebnis, da 0.666... bereits eine Näherung von 2/3 ist und sich dieser Fehler auf das Endergebnis auswirkt.

```
>> DIGITS := 100:
   float(PI); float(E);
   delete DIGITS:
   3.1415926535897932384626433832795028841971693993751050\
   8209749445923078164062862089986280348253421170679
   
   2.7182818284590452353602874713526624977572470936999595\
   7496996776279240766303535475945713821785251664274
```

Aufgabe 2.2: Berechnen Sie $\sqrt{27} - 2\sqrt{3}$ und $\cos(\pi/8)$ exakt. Ermitteln Sie auf 5 Dezimalstellen genaue numerische Näherungen!

2.2.3 Komplexe Zahlen

Die imaginäre Einheit $\sqrt{-1}$ wird in MuPAD-Eingaben durch das Symbol I dargestellt, als Ausgabe im Formelsatz (vgl. Kapitel 13) wird ein aufrechtes i verwendet:

```
>> sqrt(-1), I^2
   i, -1
```

Komplexe Zahlen können in MuPAD in der üblichen mathematischen Notation $x + y\,$i eingegeben werden, wobei der Real- bzw. Imaginärteil x bzw. y jeweils ganze Zahlen, rationale Zahlen oder auch Gleitpunktzahlen sein können:

```
>> (1 + 2*I)*(4 + I), (1/2 + I)*(0.1 + I/2)^3
   2 + 9 i, 0.073 - 0.129 i
```

Das Ergebnis von Rechenoperationen wird nicht immer nach Real- und Imaginärteil zerlegt zurückgeliefert, wenn neben Zahlenwerten symbolische Ausdrücke wie z. B. sqrt(2) verwendet wurden:

```
>> 1/(sqrt(2) + I)
        1
      ─────
      √2 + i
```

Die Funktion rectform (englisch: *rectangular form*) erzwingt jedoch die Zerlegung nach Real- und Imaginärteil:

```
>> rectform(1/(sqrt(2) + I))
      √2    i
      ── - ──
      3    3
```

Mittels der Funktionen Re bzw. Im erhält man jeweils den Realteil x bzw. den Imaginärteil y einer komplexen Zahl $x + y\,\mathrm{i}$, der konjugiert komplexe Wert $x - y\,\mathrm{i}$ wird durch conjugate berechnet. Der Absolutbetrag $|x + y\,\mathrm{i}| = \sqrt{x^2 + y^2}$ wird von der MuPAD-Funktion abs geliefert:

```
>> Re(1/(sqrt(2) + I)), Im(1/(sqrt(2) + I)),
   abs(1/(sqrt(2) + I)), conjugate(1/(sqrt(2) + I)),
   rectform(conjugate(1/(sqrt(2) + I)))
```
$$\frac{\sqrt{2}}{3},\ \frac{-1}{3},\ \frac{\sqrt{3}}{3},\ \frac{1}{\sqrt{2} - \mathrm{i}},\ \frac{\sqrt{2}}{3} + \frac{\mathrm{i}}{3}$$

2.3 Symbolisches Rechnen

Dieser Abschnitt enthält einige Beispiele von MuPAD-Sitzungen, mit denen eine kleine Auswahl der symbolischen Möglichkeiten des Systems demonstriert werden soll. Die mathematischen Fähigkeiten stecken im Wesentlichen in den von MuPAD zur Verfügung gestellten Funktionen zum Differenzieren, zum Integrieren, zur Vereinfachung von Ausdrücken usw., wobei einige dieser Funktionen in den folgenden Beispielen vorgestellt werden. Diese Demonstration ist wenig systematisch: Es werden beim Aufrufen der Systemfunktionen Objekte unterschiedlichster Datentypen wie Folgen, Mengen, Listen, Ausdrücke etc. benutzt, die in Kapitel 4 dann jeweils einzeln vorgestellt und genauer diskutiert werden.

2.3.1 Einfache Beispiele

Ein symbolischer Ausdruck in MuPAD darf unbestimmte Größen (Bezeichner) enthalten, mit denen gerechnet werden kann. Der folgende Ausdruck enthält die beiden Unbestimmten x und y:

```
>> f := y^2 + 4*x + 6*x^2 + 4*x^3 + x^4
```
$$4\,x + 6\,x^2 + 4\,x^3 + x^4 + y^2$$

Der Ausdruck wurde hier durch den Zuweisungsoperator := einem Bezeichner f zugewiesen, der nun als Abkürzung für den Ausdruck verwendet werden kann. Man sagt, der Bezeichner f hat nun als *Wert* den zugewiesenen Ausdruck. Beachten Sie bitte, dass MuPAD die eingegebene Reihenfolge der Summanden vertauscht hat.[4]

---

[4] Summanden werden intern nach gewissen Kriterien sortiert, wodurch das System beim Rechnen schneller auf diese Bausteine der Summe zugreifen kann. Solch

2. Erste Schritte mit MuPAD

Zum Differenzieren von Ausdrücken stellt MuPAD die Systemfunktion `diff` zur Verfügung:

```
>> diff(f, x), diff(f, y)
```
$$12\,x + 12\,x^2 + 4\,x^3 + 4,\ 2\,y$$

Es wurde hierbei einmal nach x und einmal nach y abgeleitet. Mehrfache Ableitungen können durch mehrfache `diff`-Aufrufe oder auch durch einen einfachen Aufruf berechnet werden:

```
>> diff(diff(diff(f, x), x), x), diff(f, x, x, x)
```
$$24\,x + 24,\ 24\,x + 24$$

Alternativ kann zum Ableiten der Differentialoperator ' benutzt werden, der einer Funktion ihre Ableitungsfunktion zuordnet:[5]

```
>> sin', sin'(x)
```
$$\cos,\ \cos(x)$$

Der Ableitungsstrich ' ist nur eine verkürzte Eingabeform des Differentialoperators `D`, der mit dem Aufruf `D(Funktion)` die Ableitungsfunktion liefert:

```
>> D(sin), D(sin)(x)
```
$$\cos,\ \cos(x)$$

Integrale können durch `int` berechnet werden. Der folgende Aufruf, in dem ein Integrationsintervall angegeben wird, berechnet ein bestimmtes Integral:

---

eine Umsortierung der Eingabe geschieht natürlich nur bei mathematisch vertauschbaren Operationen wie z. B. der Addition oder der Multiplikation, wo die vertauschte Reihenfolge ein mathematisch äquivalentes Objekt ergibt.

[5] MuPAD verwendet beim Differentialoperator eine mathematisch saubere Notation: ' bzw. `D` differenzieren Funktionen, während `diff` Ausdrücke ableitet. Im Beispiel verwandelt ' den Namen der abzuleitenden Funktion in den Namen der Ableitungsfunktion. Oft wird eine nicht korrekte Notation wie z. B. $(x + x^2)'$ für die Ableitung der Funktion $F : x \mapsto x + x^2$ verwendet, wobei nicht streng zwischen der Abbildung F und dem Bildpunkt $f = F(x)$ an einem Punkt x unterschieden wird. MuPAD unterscheidet streng zwischen der *Funktion* F und dem *Ausdruck* $f = F(x)$, die durch unterschiedliche Datentypen realisiert werden. Die f zugeordnete Abbildung kann in MuPAD durch

```
>> F := x -> x + x^2:
```
definiert werden. Die Ableitung als Ausdruck kann somit auf zwei Arten erhalten werden:
```
>> diff(f, x) = F'(x);
```
$$2\,x + 1 = 2\,x + 1$$
Der MuPAD-Aufruf `f'` nach `f := x + x^2` ist in diesem Zusammenhang unsinnig.

```
>> int(f, x = 0..1)
```
$$y^2 + \frac{26}{5}$$

Der folgende Aufruf ermittelt eine Stammfunktion, einen Ausdruck in x mit einem symbolischen Parameter y. `int` liefert keinen allgemeinen Ausdruck für alle Stammfunktionen (mit additiver Konstante), sondern eine spezielle:

```
>> int(f, x)
```
$$x\,y^2 + 2\,x^2 + 2\,x^3 + x^4 + \frac{x^5}{5}$$

Versucht man, einen Ausdruck zu integrieren, dessen Stammfunktion nicht mit Hilfe elementarer Funktionen darstellbar ist, so liefert `int` sich selbst als symbolischen Ausdruck zurück:

```
>> Stammfunktion := int(1/(exp(x^2) + 1), x)
```
$$\int \frac{1}{e^{x^2}+1}\,\mathrm{d}x$$

Dieses Objekt hat aber durchaus mathematische Eigenschaften. Der Differenzierer erkennt, dass die Ableitung durch den Integranden gegeben ist:

```
>> diff(Stammfunktion, x)
```
$$\frac{1}{e^{x^2}+1}$$

Ein bestimmtes Integral, welches als symbolischer Ausdruck berechnet wird, stellt mathematisch einen Zahlenwert dar:

```
>> int(1/(exp(x^2) + 1), x = 0..1)
```
$$\int_0^1 \frac{1}{e^{x^2}+1}\,\mathrm{d}x$$

Dies ist in MuPAD eine exakte Darstellung dieser Zahl, welche nicht weiter vereinfacht werden konnte. Eine numerische Gleitpunktnäherung kann durch `float` berechnet werden:

```
>> float(%)
```
0.41946648

Das Symbol % (äquivalent zum Aufruf `last(1)`) steht dabei in MuPAD für den letzten berechneten Ausdruck (Kapitel 12).

MuPAD kennt die wichtigsten mathematischen Funktion wie die Wurzelfunktion `sqrt`, die Exponentialfunktion `exp`, die trigonometrischen Funktionen `sin`, `cos`, `tan`, die Hyperbelfunktionen `sinh`, `cosh`, `tanh`, die entsprechenden inversen Funktionen `ln`, `arcsin`, `arccos`, `arctan`, `arcsinh`, `arccosh`, `arctanh` sowie eine Reihe weiterer spezieller Funktionen wie z. B. die Gamma-Funktion, die `erf`-Funktion, Bessel-Funktionen etc. (die MuPAD-Kurzreferenz [O 04] gibt im Abschnitt „Spezielle mathematische Funktionen" einen Überblick). Dies heißt, dass MuPAD die entsprechenden Rechenregeln (z. B. die Additionstheoreme der trigonometrischen Funktionen) kennt und benutzt, numerische Gleitpunktnäherungen wie z. B. `float(exp(1))` = 2.718... berechnen kann und spezielle Werte kennt (z. B. `sin(PI)=0`). Beim Aufruf dieser Funktionen liefern sich diese meist symbolisch zurück, da dies die einfachste exakte Darstellung des Wertes ist:

```
>> sqrt(2), exp(1), sin(x + y)
```
$\sqrt{2},\ e,\ \sin(x+y)$

Die Aufgabe des Systems ist es im Wesentlichen, solche Ausdrücke unter Ausnutzung der Rechenregeln zu vereinfachen oder umzuformen. So erzwingt z. B. die Systemfunktion `expand`, dass Funktionen wie `exp`, `sin` etc. mittels der entsprechenden Additionstheoreme „expandiert" werden, wenn ihr Argument eine symbolische Summe ist:

```
>> expand(exp(x + y)), expand(sin(x + y)),
   expand(tan(x + 3*PI/2))
```
$e^x\, e^y,\ \cos(x)\sin(y) + \cos(y)\sin(x),\ -\dfrac{1}{\tan(x)}$

Allgemein gesprochen ist eine der Hauptaufgaben eines Computeralgebrasystems, Ausdrücke zu manipulieren und zu vereinfachen. MuPAD stellt zur Manipulation neben `expand` die Funktionen `collect`, `combine`, `normal`, `partfrac`, `radsimp`, `rewrite` und `simplify` zur Verfügung, die in Kapitel 9 genauer vorgestellt werden. Einige dieser Hilfsmittel sollen hier schon erwähnt werden:

Mit `normal` werden rationale Ausdrücke zusammengefasst, d. h. auf einen gemeinsamen Nenner gebracht:

```
>> f := x/(1 + x) - 2/(1 - x): g := normal(f)
```
$\dfrac{x + x^2 + 2}{x^2 - 1}$

2.3 Symbolisches Rechnen

Gemeinsame Faktoren in Zähler und Nenner werden durch `normal` gekürzt:

```
>> normal(x^2/(x + y) - y^2/(x + y))
```
$$x - y$$

Umgekehrt wird ein rationaler Ausdruck durch `partfrac` (englisch: *partial fraction* = Partialbruch) in eine Summe rationaler Terme mit einfachen Nennern zerlegt:

```
>> partfrac(g, x)
```
$$\frac{2}{x-1} - \frac{1}{x+1} + 1$$

Die Funktion `simplify` (englisch: *to simplify* = vereinfachen) ist ein universeller Vereinfacher, mit dem MuPAD eine möglichst einfache Darstellung eines Ausdrucks zu erreichen versucht:

```
>> simplify((exp(x) - 1)/(exp(x/2) + 1))
```
$$e^{\frac{x}{2}} - 1$$

Die Vereinfachung kann durch Übergabe zusätzlicher Argumente an `simplify` vom Nutzer gesteuert werden (siehe `?simplify`).

Die Funktion `radsimp` vereinfacht Zahlenausdrücke mit Radikalen (Wurzeln):

```
>> f := sqrt(4 + 2*sqrt(3)): f = radsimp(f)
```
$$\sqrt{\sqrt{3} + 2}\,\sqrt{2} = \sqrt{3} + 1$$

Hierbei wurde eine Gleichung erzeugt, die ein zulässiges Objekt ist.

Eine weitere wichtige Funktion ist der Faktorisierer `factor`, der einen Ausdruck in ein Produkt einfacherer Ausdrücke zerlegt:

```
>> factor(x^3 + 3*x^2 + 3*x + 1),
   factor(2*x*y - 2*x - 2*y + x^2 + y^2),
   factor(x^2/(x + y) - z^2/(x + y))
```
$$(x+1)^3,\ (x+y-2)\cdot(x+y),\ \frac{(x-z)\cdot(x+z)}{(x+y)}$$

Die Funktion `limit` berechnet Grenzwerte. Beispielsweise hat die Funktion $\sin(x)/x$ für $x = 0$ eine stetig behebbare Definitionslücke, wobei der dort passende Funktionswert durch den Grenzwert für $x \to 0$ gegeben ist:

```
>> limit(sin(x)/x, x = 0)
    1
```

Man kann auf mehrere Weisen eigene Funktionen innerhalb einer MuPAD-Sitzung definieren. Ein einfacher und intuitiver Weg benutzt den Abbildungsoperator -> (das Minuszeichen gefolgt vom „größer"-Zeichen):

```
>> F := x -> x^2:  F(x), F(y), F(a + b), F'(x)
```
$x^2,\ y^2,\ (a+b)^2,\ 2\,x$

In Kapitel 18 wird auf die Programmiermöglichkeiten MuPADs eingegangen und die Implementierung beliebig komplexer Algorithmen durch MuPAD-Prozeduren beschrieben. Prozeduren bieten die Möglichkeit, komplizierte Funktionen in MuPAD selbst zu definieren.

Die MuPAD-Versionen, die innerhalb einer Fensterumgebung arbeiten, können die graphischen Fähigkeiten der Umgebung benutzen, um unmittelbar mathematische Objekte zu visualisieren. Die relevanten MuPAD-Funktionen zur Erzeugung von Graphiken sind `plotfunc2d` und `plotfunc3d` sowie die in der Graphik-Bibliothek `plot` installierten Routinen. Mit `plotfunc2d` bzw. `plotfunc3d` können Funktionen mit einem bzw. zwei Argumenten gezeichnet werden:

```
>> plotfunc2d(sin(x^2), x = -2..5)
```

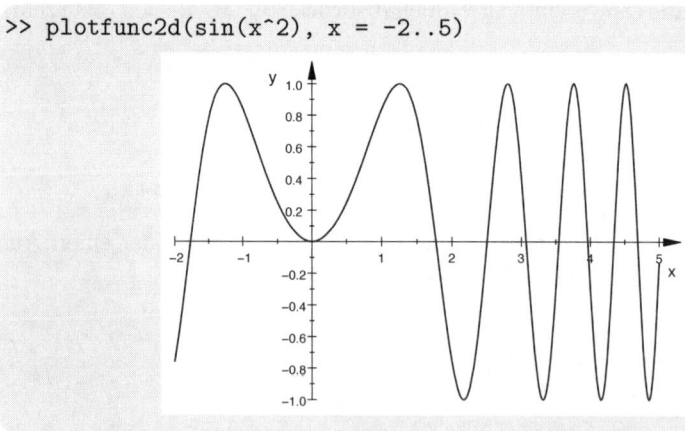

2.3 Symbolisches Rechnen

```
>> plotfunc3d(sin(x^2 + y^2), x = 0..PI, y = 0..PI)
```

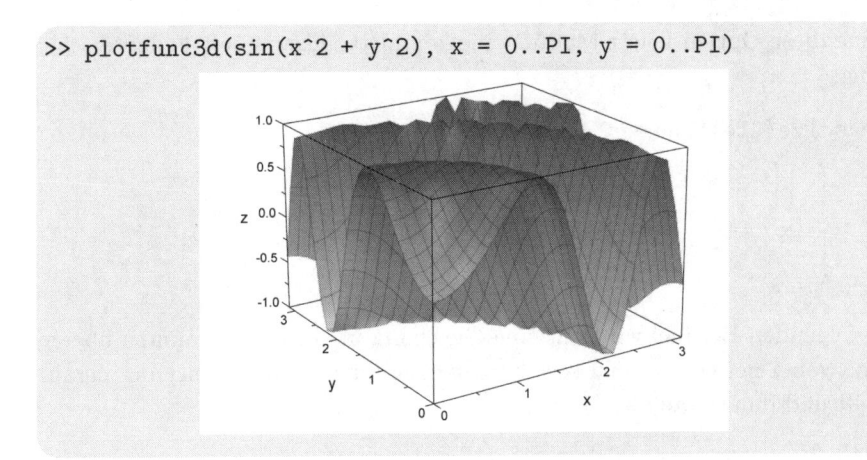

Je nach MuPAD-Version öffnet MuPADs Graphikmodul ein separates Fenster oder die Graphik erscheint im Notebook unterhalb des Aufrufs des Graphikbefehls. Die Graphiken lassen sich interaktiv manipulieren. Eine Beschreibung der graphischen Möglichkeiten MuPADs findet sich in Kapitel 11.

Eine wichtige Aufgabe für ein Computeralgebrasystem ist sicherlich das Lösen von Gleichungen bzw. Gleichungssystemen. MuPAD stellt hierfür die Funktion solve zur Verfügung:

```
>> Gleichungen := {x + y = a, x - a*y = b}:
>> Unbekannte := {x, y}:
>> Optionen := IgnoreSpecialCases:
>> solve(Gleichungen, Unbekannte, Optionen)
```
$$\left\{ \left[x = \frac{b + a^2}{a + 1}, y = \frac{a - b}{a + 1} \right] \right\}$$

Hierbei werden eine Menge mit 2 Gleichungen und eine Menge mit den Unbekannten angegeben, nach denen aufgelöst werden soll. Das Ergebnis ist durch vereinfachte Gleichungen gegeben, aus denen die Lösung abgelesen werden kann. Im obigen Beispiel tauchen neben x und y die symbolischen Parameter a und b in den Gleichungen auf, weshalb solve durch Angabe der Unbekannten mitgeteilt wird, nach welchen Symbolen aufgelöst werden soll. Diese Lösung ist nur korrekt, wenn a nicht -1 ist. Die Option IgnoreSpecialCases („ignoriere Spezialfälle") sagt MuPAD, dass wir an diesem speziellen Fall nicht interessiert sind.

Ohne diese Option liefert MuPAD eine komplette Lösung mit Fallunterscheidung:

```
>> solve(Gleichungen, Unbekannte)
```
$$\begin{cases} \left\{\left[x = \frac{b+a^2}{a+1}, y = \frac{a-b}{a+1}\right]\right\} & \text{if } a \neq -1 \\ \{[x = -y - 1]\} & \text{if } a = -1 \wedge b = -1 \\ \emptyset & \text{if } b \neq -1 \wedge a = -1 \end{cases}$$

Im folgenden Beispiel wird nur eine Gleichung in einer Unbekannten übergeben, wobei `solve` automatisch die Unbestimmte aus der Gleichung herausgreift und danach auflöst:

```
>> solve(x^2 - 2*x + 2 = 0)
```
$$\{[x = 1 - i], [x = 1 + i]\}$$

Das Ausgabeformat ändert sich, wenn zusätzlich die Unbestimmte x angegeben wird, nach der aufgelöst werden soll:

```
>> solve(x^2 - 2*x + 2 = 0, x)
```
$$\{1 - i, 1 + i\}$$

Das Ergebnis ist wieder eine Menge, welche die beiden (komplexen) Lösungen der quadratischen Gleichung enthält. Eine detailliertere Beschreibung von `solve` findet sich in Kapitel 8.

Die Funktionen `sum` und `product` können symbolische Summen und Produkte verarbeiten. Die wohlbekannte Summe der arithmetischen Reihe $1+2+\cdots+n$ ergibt sich beispielsweise durch

```
>> sum(i, i = 1..n)
```
$$\frac{n\,(n+1)}{2}$$

Das Produkt $1 \cdot 2 \cdots n$ läßt sich als Fakultät $n!$ schreiben:

```
>> product(i^3, i = 1..n)
```
$$n!^3$$

Für die Darstellung von Matrizen und Vektoren hält MuPAD mehrere Datentypen bereit. Es können Felder (Abschnitt 4.9) benutzt werden; es ist jedoch wesentlich intuitiver, statt dessen den Datentyp „Matrix" zu benutzen. Zur Erzeugung dient die Systemfunktion `matrix`:

```
>> A := matrix([[1, 2], [a, 4]])
```

$$\begin{pmatrix} 1 & 2 \\ a & 4 \end{pmatrix}$$

Eine angenehme Eigenschaft von so konstruierten Objekten ist, dass die Grundarithmetik +, *, etc. automatisch der mathematischen Bedeutung entsprechend umdefiniert („überladen") ist. Man kann Matrizen (geeigneter Dimension) beispielsweise mit + (komponentenweise) addieren oder mit * multiplizieren:

```
>> B := matrix([[y, 3], [z, 5]]):
>> A, B, A + B, A * B
```

$$\begin{pmatrix} 1 & 2 \\ a & 4 \end{pmatrix}, \begin{pmatrix} y & 3 \\ z & 5 \end{pmatrix}, \begin{pmatrix} y+1 & 5 \\ a+z & 9 \end{pmatrix}, \begin{pmatrix} y+2z & 13 \\ 4z+ay & 3a+20 \end{pmatrix}$$

Die Funktion `linalg::det` aus der `linalg`-Bibliothek für lineare Algebra (Abschnitt 4.15.4) berechnet die Determinante:

```
>> linalg::det(A)
```
$$4 - 2a$$

Die Potenz `A^(-1)` liefert die Inverse der Matrix `A`:

```
>> A^(-1)
```

$$\begin{pmatrix} -\frac{2}{a-2} & \frac{1}{a-2} \\ \frac{a}{2a-4} & -\frac{1}{2a-4} \end{pmatrix}$$

Spaltenvektoren der Dimension n können als $n \times 1$-Matrizen aufgefasst werden:

```
>> b := matrix([1, x])
```

$$\begin{pmatrix} 1 \\ x \end{pmatrix}$$

Die Lösung $A^{-1}\mathbf{b}$ des linearen Gleichungssystem $A\mathbf{x} = \mathbf{b}$ mit der obigen Koeffizientenmatrix A und der gerade definierten rechten Seite $\mathbf{b}$ lässt sich demnach bequem folgendermaßen ermitteln:

```
>> Loesungsvektor := A^(-1)*b
```
$$\begin{pmatrix} \frac{x}{a-2} - \frac{2}{a-2} \\ \frac{a}{2a-4} - \frac{x}{2a-4} \end{pmatrix}$$

Die Funktion `normal` kann mit Hilfe der Systemfunktion `map` auf die Komponenten des Vektors angewendet werden, wodurch sich die Darstellung vereinfacht:

```
>> map(%, normal)
```
$$\begin{pmatrix} \frac{x-2}{a-2} \\ \frac{a-x}{2a-4} \end{pmatrix}$$

Zur Probe wird die Matrix A mit diesem Lösungsvektor multipliziert, wodurch sich die rechte Seite $\mathbf{b}$ des Gleichungssystems ergeben sollte:

```
>> A*%
```
$$\begin{pmatrix} \frac{2(a-x)}{2a-4} + \frac{x-2}{a-2} \\ \frac{4(a-x)}{2a-4} + \frac{a(x-2)}{a-2} \end{pmatrix}$$

Das Ergebnis hat zunächst wenig Ähnlichkeit mit der ursprünglichen rechten Seite. Es muss noch vereinfacht werden, um es identifizieren zu können:

```
>> map(%, normal)
```
$$\begin{pmatrix} 1 \\ x \end{pmatrix}$$

Abschnitt 4.15 liefert weitere Informationen zum Umgang mit Matrizen und Vektoren.

Aufgabe 2.3: Multiplizieren Sie den Ausdruck $(x^2 + y)^5$ aus!

Aufgabe 2.4: Verifizieren Sie mit MuPAD: $\dfrac{x^2 - 1}{x + 1} = x - 1$!

Aufgabe 2.5: Zeichnen Sie den Graphen der Funktion $f(x) = 1/\sin(x)$ im Bereich $1 \leq x \leq 10$!

Aufgabe 2.6: Informieren Sie sich genauer über die Funktion `limit`! Überprüfen Sie mit MuPAD die folgenden Grenzwerte:

$$\lim_{x \to 0} \frac{\sin(x)}{x} = 1, \quad \lim_{x \to 0} \frac{1 - \cos(x)}{x} = 0, \quad \lim_{x \to 0+} \ln(x) = -\infty,$$

$$\lim_{x \to 0} x^{\sin(x)} = 1, \quad \lim_{x \to \infty} \left(1 + \frac{1}{x}\right)^x = e, \quad \lim_{x \to \infty} \frac{\ln(x)}{e^x} = 0,$$

$$\lim_{x \to 0} x^{\ln(x)} = \infty, \quad \lim_{x \to \infty} \left(1 + \frac{\pi}{x}\right)^x = e^\pi, \quad \lim_{x \to 0-} \frac{2}{1 + e^{-1/x}} = 0 \;!$$

Der Grenzwert $\lim_{x \to 0} e^{\cot(x)}$ existiert nicht. Wie reagiert MuPAD?

Aufgabe 2.7: Informieren Sie sich genauer über die Funktion `sum`! Der Aufruf `sum(f(k),k=a..b)` berechnet eine *geschlossene Form* einer endlichen oder unendlichen Summe. Überprüfen Sie mit MuPAD die folgende Identität:

$$\sum_{k=1}^{n} (k^2 + k + 1) = \frac{n(n^2 + 3n + 5)}{3} \;!$$

Bestimmen Sie die Werte der folgenden Reihen:

$$\sum_{k=0}^{\infty} \frac{2k - 3}{(k+1)(k+2)(k+3)}, \quad \sum_{k=2}^{\infty} \frac{k}{(k-1)^2(k+1)^2} \;!$$

Aufgabe 2.8: Berechnen Sie $2 \cdot (A + B)$, $A \cdot B$ und $(A - B)^{-1}$ für

$$A = \begin{pmatrix} 1 & 2 & 3 \\ 4 & 5 & 6 \\ 7 & 8 & 0 \end{pmatrix}, \quad B = \begin{pmatrix} 1 & 1 & 0 \\ 0 & 0 & 1 \\ 0 & 1 & 0 \end{pmatrix} \;!$$

2.3.2 Eine Kurvendiskussion

In der folgenden Beispielsitzung sollen einige der im letzten Abschnitt vorgestellten Systemfunktionen dazu benutzt werden, eine Kurvendiskussion für die rationale Funktion

$$f: x \mapsto \frac{(x-1)^2}{x-2} + a$$

mit einem beliebigen Parameter a durchzuführen. Zunächst sollen mit MuPAD einige charakteristische Größen dieser Funktion bestimmt werden.

```
>> f := x -> (x - 1)^2/(x - 2) + a:
>> Problemstellen := discont(f(x), x)
   {2}
```

Die Funktion `discont` sucht dabei Unstetigkeitsstellen (englisch: *discontinuities*) der durch den Ausdruck $f(x)$ gegebenen Funktion bzgl. der Variablen x. Es wird eine Menge von Unstetigkeitsstellen zurückgeliefert, d. h., das obige f ist für jedes $x \neq 2$ definiert und dort stetig. Wie man der Formel ansieht, handelt es sich bei $x = 2$ um eine Polstelle. In der Tat findet MuPAD die Grenzwerte $\mp\infty$ (englisch: *infinity* = Unendlich), wenn man sich von links bzw. rechts dieser Stelle nähert:

```
>> limit(f(x), x = 2, Left), limit(f(x), x = 2, Right)
   -∞, ∞
```

Die Nullstellen von f erhält man durch Auflösen der Gleichung $f(x) = 0$:

```
>> Nullstellen := solve(f(x) = 0, x)
```
$$\left\{ 1 - \frac{\sqrt{a\,(a+4)}}{2} - \frac{a}{2}, \frac{\sqrt{a\,(a+4)}}{2} - \frac{a}{2} + 1 \right\}$$

Abhängig von a können diese Nullstellen *echt komplex* sein, was bedeutet, dass f über der reellen Achse dann keine Nullstellen hat. Nun sollen Extremstellen von f ermittelt werden. Dazu wird die erste Ableitung `f'` gebildet und deren Nullstellen gesucht:

```
>> f'(x)
```
$$\frac{2x-2}{x-2} - \frac{(x-1)^2}{(x-2)^2}$$

```
>> Extremstellen := solve(f'(x) = 0, x)
   {1,3}
```

Dies sind Kandidaten für lokale Extrema. Es könnten jedoch auch Sattelpunkte an diesen Stellen vorliegen. Falls die zweite Ableitung f'' von f an diesen Stellen nicht verschwindet, handelt es sich wirklich um lokale Extrema. Dies wird nun überprüft:

```
>> f''(1), f''(3)
   -2, 2
```

Aus den bisherigen Ergebnissen können folgende Eigenschaften von f abgelesen werden: Die Funktion besitzt für jeden Wert des Parameters a ein lokales Maximum an der Stelle $x = 1$, eine Polstelle bei $x = 2$ und ein lokales Minimum an der Stelle $x = 3$. Die zugehörigen Extremwerte an diesen Stellen sind von a abhängig:

```
>> Maxwert := f(1)
```
$\quad a$
```
>> Minwert := f(3)
```
$\quad a + 4$

Für $x \to \mp\infty$ strebt f gegen $\mp\infty$:

```
>> limit(f(x), x = -infinity),
   limit(f(x), x = infinity)
```
$\quad -\infty, \infty$

Das Verhalten von f für große Werte von x kann genauer angegeben werden. Die Funktion stimmt dort näherungsweise mit der linearen Funktion $x \mapsto x + a$ überein:

```
>> series(f(x), x = infinity)
```
$$x + a + \frac{1}{x} + \frac{2}{x^2} + \frac{4}{x^3} + \frac{8}{x^4} + O\left(\frac{1}{x^5}\right)$$

Hierbei wurde der Reihenentwickler series (englisch: *series* = Reihe) eingesetzt, um eine so genannte asymptotische Entwicklung der Funktion zu berechnen (Abschnitt 4.13).

Die gefundenen Ergebnisse können leicht anschaulich überprüft werden, indem der Graph von f für verschiedene Werte von a gezeichnet wird:

```
>> F := subs(f(x), a = -4):
   G := subs(f(x), a = 0):
   H := subs(f(x), a = 4):
   F, G, H
```
$$\frac{(x-1)^2}{x-2} - 4, \; \frac{(x-1)^2}{x-2}, \; \frac{(x-1)^2}{x-2} + 4$$

Mit der Funktion subs (Kapitel 6) werden Teilausdrücke ersetzt: Hier wurden für a die konkreten Werte -4, 0 bzw. 4 eingesetzt.

Die Funktionen F, G und H können nun gemeinsam in einer Graphik dargestellt werden:

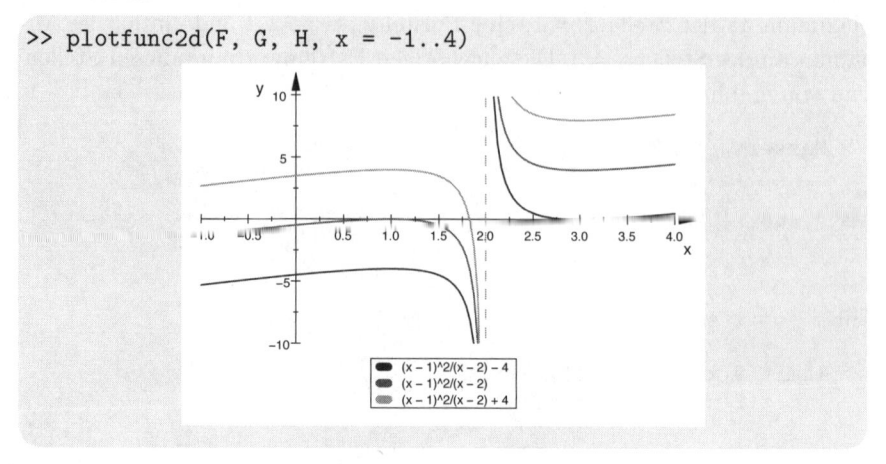

```
>> plotfunc2d(F, G, H, x = -1..4)
```

2.3.3 Elementare Zahlentheorie

MuPAD bietet eine Anzahl von Funktionen der elementaren Zahlentheorie, z. B.:

- `isprime(n)` testet, ob $n \in \mathbb{N}$ eine Primzahl ist,
- `ithprime(n)` liefert die n-te Primzahl zurück,
- `nextprime(n)` liefert die kleinste Primzahl $\geq n$,
- `ifactor(n)` liefert die Primfaktorzerlegung von n.

Diese Routinen sind recht schnell, können aber mit sehr geringer Wahrscheinlichkeit falsche Ergebnisse liefern, da sie probabilistische Primzahltests verwenden.[6] Um eine Zahl garantiert fehlerfrei zu testen, kann statt `isprime` die (langsamere) Funktion `numlib::proveprime` verwendet werden.

Zunächst soll eine Liste aller Primzahlen bis 10 000 erzeugt werden. Dies kann auf viele Arten geschehen, z. B.:

```
>> Primzahlen := select([$ 1..10000], isprime)
      [2, 3, 5, 7, 11, 13, 17, ..., 9949, 9967, 9973]
```

---

[6] In der Praxis braucht man sich darüber keine Sorgen zu machen, denn das Risiko einer falschen Antwort ist vernachlässigbar: Die Wahrscheinlichkeit eines Hardwarefehlers ist viel größer als die Wahrscheinlichkeit, dass der randomisierte Test bei korrekt funktionierender Hardware ein falsches Ergebnis liefert.

Aus Platzgründen ist das Ergebnis hier nicht komplett abgedruckt. Zunächst wurde mittels des Folgengenerators `$` (Abschnitt 4.5) die Folge aller natürlichen Zahlen bis 10 000 erzeugt. Durch Klammerung mit `[ ]` entsteht hieraus eine MuPAD-Liste. Dann wurden mit `select` (Abschnitt 4.6) diejenigen Elemente herausgegriffen, für die die als zweites Argument übergebene Funktion `isprime` den Wert `TRUE` liefert. Die Anzahl dieser Primzahlen ist die Anzahl der Elemente in der Liste, diese wird durch `nops` (Abschnitt 4.1) berechnet:

```
>> nops(Primzahlen)
   1229
```

Alternativ kann die selbe Primzahlliste durch

```
>> Primzahlen := [ithprime(i) $ i = 1..1229]:
```

erzeugt werden. Hierbei wurde ausgenutzt, dass die Anzahl der gesuchten Primzahlen bereits bekannt ist. Man kann auch zunächst eine zu große Liste von Primzahlen erzeugen, von denen mittels `select` diejenigen herausgegriffen werden, die kleiner als 10 000 sind:

```
>> Primzahlen := select([ithprime(i) $ i=1..5000],
                  x -> (x<=10000)):
```

Hierbei ist das Objekt `x -> (x <= 10000)` eine Abbildung, die jedem `x` die Ungleichung `x <= 10000` zuordnet. Nur diejenigen Listenelemente, für die sich diese Ungleichung zu `TRUE` auswerten läßt, werden durch den `select`-Befehl herausgefiltert.

Die nächste Variante benutzt eine `repeat`-Schleife (Kapitel 16), in der mit Hilfe des Konkatenationsoperators . (Abschnitt 4.6) so lange Primzahlen i an die Liste angehängt werden, bis die nächstgrößere Primzahl, die durch `nextprime(i+1)` berechnet wird, den Wert 10 000 überschreitet. Begonnen wird mit der leeren Liste und der ersten Primzahl $i = 2$:

```
>> Primzahlen := [ ]: i := 2:
>> repeat
      Primzahlen := Primzahlen . [i];
      i := nextprime(i + 1)
   until i > 10000 end_repeat:
```

Wir betrachten nun die Vermutung von Goldbach:

> „Jede gerade Zahl größer als 2 kann als Summe zweier Primzahlen geschrieben werden."

32   2. Erste Schritte mit MuPAD

Diese Vermutung soll für die geraden Zahlen bis 10000 überprüft werden. Dazu werden zunächst die ganzen Zahlen [4, 6, ..., 10000] erzeugt:

```
>> Liste := [2*i $ i = 2..5000]:
>> nops(Liste)
   4999
```

Von diesen Zahlen werden die Elemente ausgewählt, die sich nicht in der Form „Primzahl + 2" schreiben lassen. Dazu wird überprüft, ob für eine Zahl i in der Liste $i - 2$ eine Primzahl ist:

```
>> Liste := select(Liste, i -> not isprime(i - 2)):
>> nops(Liste)
   4998
```

Die einzige Zahl, die hierbei eliminiert wurde, ist 4 (denn für größere gerade Zahlen ist $i-2$ gerade und größer als 2, also keine Primzahl). Von den verbleibenden Zahlen werden nun diejenigen der Form „Primzahl + 3" eliminiert:

```
>> Liste := select(Liste, i -> not isprime(i - 3)):
>> nops(Liste)
   3770
```

Es verbleiben 3770 ganze Zahlen, die weder von der Form „Primzahl + 2" noch von der Form „Primzahl + 3" sind. Der Test wird nun durch eine while-Schleife (Kapitel 16) fortgesetzt, wobei jeweils die Zahlen selektiert werden, die nicht von der Form „Primzahl + j" sind. Dabei durchläuft j die Primzahlen > 3. Die Anzahl der verbleibenden Zahlen werden in jedem Schritt mittels eines print-Befehls (Abschnitt 13.1.1) ausgegeben, die Schleife bricht ab, sobald die Liste leer ist:

```
>> j := 3:
>> while Liste <> [] do
      j := nextprime(j + 1):
      Liste := select(Liste,
                      i -> not isprime(i - j)):
      print(j, nops(Liste)):
   end_while:
                    5, 2747

                     ...

                    167, 1

                    173, 0
```

Die Goldbach-Vermutung ist damit für alle geraden Zahlen bis 10 000 richtig. Es wurde sogar gezeigt, dass sich all diese Zahlen als Summe zweier Primzahlen schreiben lassen, von denen eine kleiner gleich 173 ist.

Als weiteres Beispiel soll nun eine Liste der Abstände zwischen je zwei aufeinanderfolgenden Primzahlen bis 500 erstellt werden:

```
>> Primzahlen := select([$ 1..500], isprime):
>> Luecken := [Primzahlen[i] - Primzahlen[i - 1]
              $ i = 2..nops(Primzahlen)]
  [1, 2, 2, 4, 2, 4, 2, 4, 6, 2, 6, 4, 2, 4, 6, 6, 2,

    6, 4, 2, 6, 4, 6, 8, 4, 2, 4, 2, 4, 14, 4, 6, 2,

    10, 2, 6, 6, 4, 6, 6, 2, 10, 2, 4, 2, 12, 12, 4,

    2, 4, 6, 2, 10, 6, 6, 6, 2, 6, 4, 2, 10, 14, 4, 2,

    4, 14, 6, 10, 2, 4, 6, 8, 6, 6, 4, 6, 8, 4, 8, 10,

    2, 10, 2, 6, 4, 6, 8, 4, 2, 4, 12, 8, 4, 8]
```

Mit dem indizierten Aufruf Primzahlen[i] wird hierbei auf das i-te Element der Liste zugegriffen.

Eine alternative Möglichkeit bietet die Funktion zip (Abschnitt 4.6). Der Aufruf zip(a, b, f) verknüpft die Listen $a = [a_1, a_2, \dots]$ und $b = [b_1, b_2, \dots]$ elementweise mit der Funktion f: Die resultierende Liste ist $[f(a_1, b_1), f(a_2, b_2), \dots]$. Das Ergebnis hat so viele Elemente wie die kürzere der beiden Listen. Für die gegebene Primzahlliste $a = [a_1, \dots, a_n]$ können die gewünschten Differenzen durch das Verknüpfen mit einer „verschobenen" Listenkopie $b = [a_2, \dots, a_n]$ mit der Funktion $(x, y) \mapsto y - x$ erstellt werden. Zuerst wird die „verschobene" Liste erzeugt, indem von einer Kopie der Primzahlliste das erste Element gelöscht wird, wobei sich die Liste verkürzt:

```
>> b := Primzahlen: delete b[1]:
```

Der folgende Aufruf ergibt das selbe Ergebnis wie oben:

```
>> Luecken := zip(Primzahlen, b, (x, y) -> (y - x)):
```

Eine andere nützliche Funktion ist der schon in Abschnitt 2.2 vorgestellte Faktorisierer `ifactor` zur Zerlegung einer ganzen Zahl in ihre Primfaktoren: Der Aufruf `ifactor(n)` liefert ein Objekt vom selben Typ wie `factor`, nämlich `Factored`. Objekte vom Datentyp `Factored` werden in einer intuitiv lesbaren Form auf dem Bildschirm ausgegeben:

```
>> ifactor(-123456789)
```
$$-3^2 \cdot 3607 \cdot 3803$$

Intern werden die Primfaktoren und die Exponenten jedoch in Form einer Liste gespeichert, auf deren Elemente man mittels `op` oder indiziert zugreifen kann. Die Hilfeseiten zu `ifactor` und `Factored` geben nähere Informationen.

Die interne Liste hat das Format

$$[s, p_1, e_1, \ldots, p_k, e_k]$$

mit Primzahlen $p_1, \ldots, p_k$, deren Exponenten $e_1, \ldots, e_k$ und dem Vorzeichen $s = \pm 1$; es gilt $n = s \cdot p_1^{e_1} \cdot p_2^{e_2} \cdots p_k^{e_k}$:

```
>> op(%)
```
$$-1,\ 3,\ 2,\ 3607,\ 1,\ 3803,\ 1$$

Mit Hilfe der Funktion `ifactor` soll nun bestimmt werden, wie viele der ganzen Zahlen zwischen 2 und 10 000 genau 2 verschiedene Primfaktoren besitzen. Dazu wird ausgenutzt, dass die von `ifactor(n)` gelieferte Liste $2m+1$ Elemente hat, wobei m die Anzahl der unterschiedlichen Primfaktoren von n ist. Damit liefert die Funktion

```
>> m := (nops@ifactor - 1)/2:
```

die Anzahl der Primfaktoren. Das Zeichen `@` bildet hierbei die Hintereinanderschaltung (Abschnitt 4.12) der Funktionen `ifactor` und `nops`, bei einem Aufruf `m(k)` wird also `m(k) = (nops(ifactor(k))-1)/2` berechnet. Es wird eine Liste der Werte $m(k)$ für die Zahlen $k = 2, \ldots, 10000$ gebildet:

```
>> Liste := [m(k) $ k = 2..10000]:
```

In der folgenden `for`-Schleife (Kapitel 16) wird die Anzahl der Zahlen ausgegeben, die genau $i = 1, 2, 3, \ldots$ unterschiedliche Primfaktoren besitzen:

```
>> for i from 1 to 6 do
     print(i, nops(select(Liste, x -> (x = i))))
   end_for:
```

                                1, 1280

                                2, 4097

                                3, 3695

                                4, 894

                                5, 33

                                6, 0

Damit existieren im durchsuchten Bereich 1280 Zahlen mit genau einem Primfaktor,[7] 4097 Zahlen mit genau 2 verschiedenen Primfaktoren usw. Es ist leicht einzusehen, dass keine ganze Zahl mit 6 verschiedenen Primfaktoren gefunden wurde: Die kleinste dieser Zahlen, $2 \cdot 3 \cdot 5 \cdot 7 \cdot 11 \cdot 13$, ist bereits größer als 10 000.

Zahlreiche Funktionen zur Zahlentheorie sind in der Bibliothek numlib enthalten, unter Anderem die Funktion numlib::numprimedivisors, die die selbe Funktion wie das oben angegebene m erfüllt. Zum Umgang mit MuPAD-Bibliotheken verweisen wir auf das Kapitel 3.

Aufgabe 2.9: Von besonderem Interesse waren schon immer Primzahlen der Form $2^n \pm 1$.

a) Primzahlen der Form $2^p - 1$ (mit einer Primzahl p) sind unter dem Namen *Mersenne-Primzahlen* bekannt. Gesucht sind die ersten Mersenne-Primzahlen im Bereich $1 < p \leq 1000$.

b) Für $n \in \mathbb{N}$ heißt $2^{(2^n)} + 1$ die *n-te Fermatsche Zahl*. Fermat vermutete, dass alle diese Zahlen Primzahlen sind. Widerlegen Sie diese Vermutung!

---

[7] Es war bereits festgestellt worden, dass es 1229 Primzahlen in diesem Bereich gibt. Wie erklärt sich die Differenz?

3. Die **MuPAD**-Bibliotheken

Das meiste mathematische Wissen MuPADs ist in so genannten Bibliotheken enthalten. Eine Bibliothek (englisch: *library*) besteht aus einer Sammlung von Funktionen zur Lösung von Problemen eines speziellen Gebietes wie etwa der linearen Algebra, der Zahlentheorie, der Numerik usw. Die Funktionen einer Bibliothek sind in der MuPAD-Programmiersprache geschrieben. Sie werden in gleicher Weise benutzt wie Kernfunktionen, ohne dass eine Kenntnis der MuPAD-Programmiersprache erforderlich ist.

Eine Übersicht über die Bibliotheken in MuPAD ist im Abschnitt „Bibliotheken" der MuPAD-Kurzreferenz [O 04] zu finden. Eine Auflistung aller verfügbaren Bibliotheken erhält man auch mit dem Aufruf `info()`:

```
>> info()
  -- Libraries:
  Ax,        Cat,       Dom,       Graph,     RGB,
  Series,    Type,      adt,       combinat,  detools,
  fp,        generate,  groebner,  import,    intlib,
  linalg,    linopt,    listlib,   matchlib,  module,
  numeric,   numlib,    ode,       orthpoly,  output,
  plot,      polylib,   prog,      property,  solvelib,
  specfunc,  stats,     stdlib,    stringlib, student,
  transform
```

Die Bibliotheken befinden sich in ständiger Entwicklung, so dass zukünftige MuPAD-Versionen zusätzliche Funktionen zur Verfügung stellen werden. In diesem Kapitel soll auf den allgemeinen Umgang mit Bibliotheken eingegangen werden.

3. Die MuPAD-Bibliotheken

3.1 Informationen über eine Bibliothek

Informationen und Hilfe zu Bibliotheken können mit den Funktionen `info` und `help` angefordert werden.[1]

Mit `info` erhält man eine Auflistung der in der Bibliothek installierten Funktionen. Die Bibliothek `numlib` ist eine Sammlung von Funktionen der Zahlentheorie:

```
>> info(numlib)
   Library 'numlib': the package for elementary
   number theory

   -- Interface:
   numlib::Lambda,        numlib::Omega,
   numlib::contfrac,      numlib::decimal,
   numlib::divisors,      numlib::ecm,
   numlib::fibonacci,     numlib::fromAscii,
   ...
```

Mit `help` bzw. `?` erhält man eine etwas umfangreichere Beschreibung der Bibliothek:

```
>> ?numlib
   numlib - library for number theory

   Table of contents

     o contfrac - the domain of continued fractions

     o decimal - infinite representation of rational numbers

     o divisors - divisors of an integer

     o ecm - factor an integer using the elliptic curve method

     o fibonacci - Fibonacci numbers

     o fromAscii - decoding of ASCII codes

     ...
```

Auf graphischen Oberflächen wird hierbei ein separates Hilfefenster geöffnet, in dem man per Mausklick zu den Hilfeseiten der aufgelisteten Bibliotheksfunktionen navigieren kann.

---

[1] Auch in deutschsprachigen MuPAD-Versionen wird die online-Dokumentation zu einigen Bibliotheken in US-Englisch geliefert.

Die Funktion `numlib::decimal` der `numlib`-Bibliothek liefert die Ziffern der Dezimalentwicklung einer rationalen Zahl:

```
>> numlib::decimal(123/7)
```
$$17, [5, 7, 1, 4, 2, 8]$$

Dieses Ergebnis bedeutet $123/7 = 17.\overline{571428} = 17.571428\,571428\ldots$

Die Bedeutung von Bibliotheksfunktionen kann wie bei anderen Systemfunktionen durch `help` oder abkürzend durch `?` erfragt werden:

```
>> ?numlib::decimal
```

Bibliotheksfunktionen sind typischerweise MuPAD-Prozeduren, deren Inhalt mittels `expose` eingesehen werden kann:

```
>> expose(numlib::decimal)
  proc(a)
    name numlib::decimal;
    local p, q, s, l, i;
  begin
    if not testtype(a, Type::Numeric) then
       ...
  end_proc
```

3.2 Das Exportieren von Bibliotheken

Wie schon im letzten Abschnitt demonstriert, wird eine Bibliotheksfunktion in der Form `Bibliothek::Funktion` aufgerufen. Dabei ist `Bibliothek` der Name der Bibliothek und `Funktion` der Name der Funktion. Die Numerikbibliothek `numeric` enthält beispielsweise die Funktion `numeric::fsolve`, die eine Variante des Newton-Verfahrens zur numerischen Nullstellensuche einer Funktion implementiert. Im folgenden Beispiel wird eine Nullstelle der Sinus-Funktion im Intervall $[2, 4]$ gesucht:

```
>> numeric::fsolve(sin(x), x = 2..4)
```
$$[x = 3.141592654]$$

Mit der Funktion `export` können Funktionen einer Bibliothek „exportiert" („global bekannt gemacht") werden. Danach sind sie direkt ohne den Namen der Bibliothek aufrufbar:

3. Die MuPAD-Bibliotheken

```
>> export(numeric, fsolve): fsolve(sin(x), x = 2..4)
```
$$[x = 3.141592654]$$

Die Funktion `export` gibt eine Warnung zurück, wenn der Name der Funktion in der MuPAD-Sitzung schon vergeben ist und überschreibt den Wert nicht:

```
>> quadrature := 1: export(numeric, quadrature)
   Warning: 'quadrature' already has a value,
   not exported.

>> delete quadrature:
```

Es können mehrere Funktionen gleichzeitig exportiert werden:

```
>> export(numeric, realroots, quadrature):
```

Nun können `realroots` (zur Bestimmung *aller* reellen Nullstellen eines Polynoms) und `quadrature` (zur numerischen Berechnung eines Integrals) direkt benutzt werden. Zur Bedeutung der Eingabeparameter und der Ausgabedaten verweisen wir auf das Hilfesystem:

```
>> realroots(x^4 + x^3 - 6*x^2 + 11*x - 6,
             x = -10..10, 0.001)
```
$$[[-3.623046875, -3.62109375], [0.8217773437, 0.822265625]]$$
```
>> quadrature(exp(x) + 1, x = 0..1)
   2.718281828
```

Wird `export` nur mit dem Namen der Bibliothek aufgerufen, so werden *alle* Funktionen der Bibliothek exportiert. Bei Namenskonflikten mit bereits definierten Bezeichnern werden Warnungen ausgegeben:

```
>> eigenvalues := 1: export(numeric)
   Info: 'numeric::quadrature' already is exported.
   Info: 'numeric::realroots' already is exported.
   Warning: 'indets' already has a value, not exported.
   Info: 'numeric::fsolve' already is exported.
   Warning: 'rationalize' already has a value, not
            exported.
   Warning: 'linsolve' already has a value, not exported.
   Warning: 'sum' already has a value, not exported.
   Warning: 'int' already has a value, not exported.
   Warning: 'solve' already has a value, not exported.
   Warning: 'sort' already has a value, not exported.
   Warning: 'eigenvalues' already has a value, not
            exported.
```

Nach Löschen des Bezeichners kann eine Bibliotheksfunktion mit dem entsprechenden Namen erfolgreich eingeladen werden:

```
>> delete eigenvalues: export(numeric, eigenvalues):
```

Andere Namenskonflikte wie etwa `int`, `solve` etc. können bzw. sollten nicht durch Löschen der entsprechenden Variablen aufgelöst werden. Wichtige Systemfunktionen wie z.B. `int` und `solve` sollten nicht durch ihre numerischen Versionen `numeric::int`, `numeric::solve` ersetzt werden.

3.3 Die Standard-Bibliothek

Die wichtigste Bibliothek ist die Standardbibliothek, welche die am häufigsten gebrauchten Funktionen wie etwa `diff`, `simplify` etc. enthält. Im Gegensatz zu den anderen Bibliotheken hat die Standardbibliothek keinen Namen wie `numeric` und ihre Funktionen werden mit Namen ohne :: angesprochen, können also auch nicht weiter exportiert werden. Praktisch alle Kernfunktionen MuPADs sind in der Standardbibliothek zu finden.

Durch Eingabe von `?stdlib` erhält man mehr Information über die verfügbaren Funktionen der Standardbibliothek. In der MuPAD-Kurzreferenz [O 04] sind die in MuPAD Version 3.0 installierten Funktionen der Standardbibliothek aufgelistet.

Die meisten dieser Funktionen sind als Funktionsumgebungen implementiert (Abschnitt 18.12). Mittels `expose(Funktionsname)` kann der Quellcode eingesehen werden:

```
>> expose(exp)
  proc(x)
    name exp;
    local y, lny, c;
    option noDebug;
  begin
    if args(0) = 0 then
      error("expecting one argument")
    else
      if x::dom::exp <> FAIL then
        return(x::dom::exp(args()))
    ...
  end_proc
```

4. MuPAD-Objekte

Nachdem wir in Kapitel 2 den Umgang mit MuPAD-Objekten wie Zahlen, symbolischen Ausdrücken, Abbildungen oder Matrizen exemplarisch vorgestellt haben, wenden wir uns diesen Objekten nun systematischer zu.

Die Objekte, die zur Auswertung („Evaluierung") an den Kern gesendet werden, können vielerlei Gestalt haben. Es können einfache arithmetische Ausdrücke mit Zahlen wie etwa 1+(1+I)/3 sein, es können arithmetische Ausdrücke mit symbolischen Objekten wie etwa x+(y+I)/3 sein, es kann sich um Listen oder Mengen handeln, es können Gleichungen, Ungleichungen, Abbildungen, Felder, abstrakte mathematische Objekte usw. sein. Jedes MuPAD-Objekt hat einen gewissen Datentyp, den so genannten *Domain-Typ*, der einer bestimmten internen Darstellung des Objektes entspricht. Für die Namen gilt folgende Konvention: Großbuchstaben wie z. B. in DOM_INT, DOM_RAT etc. deuten Datentypen des MuPAD-Kerns an, die in C bzw. C++ implementiert sind. Datentypen mit kleinen Buchstaben wie z. B. Series::Puiseux oder Dom::Matrix(R) sind mit Hilfe der Programmiersprache MuPADs auf „Bibliotheksebene" implementiert. Als wichtigste grundlegende Domain-Typen werden in den folgenden Abschnitten behandelt:

Domain-Typ	Bedeutung
DOM_INT	ganze Zahlen wie z. B. -3, 10^5
DOM_RAT	rationale Zahlen wie z. B. 7/11
DOM_FLOAT	Gleitpunktzahlen wie z. B. 0.123
DOM_COMPLEX	komplexe Zahlen wie z. B. 1+2/3*I
DOM_INTERVAL	Gleitpunktintervalle, z. B. 1.2...3.4
DOM_IDENT	symbolische Bezeichner (englisch: *identifier*) wie z. B. x, y, f
DOM_EXPR	symbolische Ausdrücke (englisch: *expression*) wie z. B. x+y
Series::Puiseux	symbolische Reihenentwicklungen wie z. B. 1+x+2*x^2+x^3+O(x^4)
DOM_LIST	Listen wie z. B. [1, 2, 3]

Domain-Typ	Bedeutung
DOM_SET	Mengen (englisch: *sets*) wie z. B. {1, 2, 3}
DOM_ARRAY	Felder (englisch: *arrays*)
DOM_TABLE	Tabellen (englisch: *tables*)
DOM_BOOL	logische („Boolesche") Werte: TRUE, FALSE, UNKNOWN
DOM_STRING	Zeichenketten (englisch: *strings*) wie z. B. "Ein Text"
Dom::Matrix(R)	Matrizen und Vektoren über dem Ring R
DOM_POLY	Polynome wie z. B. poly(x^2+x+1, [x])
DOM_PROC	Funktionen und Prozeduren (englisch: *procedures*)

Weiterhin kann der Benutzer neue Datentypen selbst definieren, worauf in dieser Einführung jedoch nicht eingegangen werden soll.[1] Die Systemfunktion domtype liefert für jedes MuPAD-Objekt den Domain-Typ.

Im folgenden Abschnitt wird zunächst die wichtige Operandenfunktion op vorgestellt, mit der alle MuPAD-Objekte in ihre Bausteine zerlegt werden können. In den anschließenden Abschnitten werden die oben aufgelisteten Datentypen zusammen mit einigen der wichtigsten Systemfunktionen zu ihrer Behandlung vorgestellt.

4.1 Operanden: Die Funktionen op und nops

Es ist oft notwendig, von MuPAD berechnete Objekte in ihre Bestandteile zu zerlegen, um diese einzeln weiter zu verarbeiten. Die Bausteine, aus denen ein Objekt zusammengesetzt ist, heißen *Operanden*. Die Systemfunktionen zur ihrer Bestimmung sind op und nops (englisch: *number of operands*). Für ein Objekt liefert

---

[1] Ein einfaches Beispiel ist in der „Demonstration II" zu finden, zu der man auf Windows-Systemen durch Wählen von „Einführungen" im „Hilfe"-Menü des MuPAD-Fensters gelangt. Detaillierte Informationen erhält man in [Dre 02].

4.1 Operanden: Die Funktionen op und nops

> nops(Objekt)   die Anzahl der Operanden,
> op(Objekt,i)   den i-ten Operanden,
> op(Objekt,i..j) die Folge der Operanden i bis j mit
> $0 \leq i \leq j \leq$ nops(Objekt),
> op(Objekt)   die Folge op(Objekt,1),
>   op(Objekt,2),... aller Operanden.

Es hängt vom Datentyp des Objektes ab, was die Bedeutung der jeweiligen Operanden ist. Darauf wird in den folgenden Abschnitten bei der Vorstellung der einzelnen Datentypen jeweils eingegangen. Einige Beispiele: Bei einer rationalen Zahl existieren als Operanden der Zähler und der Nenner, bei einer Liste oder einer Menge sind die Elemente die Operanden, bei einem Funktionsaufruf sind es die Argumente. Es gibt aber auch Objekte, bei denen die Zerlegung nach Operanden weniger intuitiv ist, wie z. B. bei Reihenentwicklungen, die durch die Systemfunktionen taylor oder series erzeugt werden (Abschnitt 4.13). Für eine Liste gilt (Abschnitt 4.6):

```
>> Liste := [a, b, c, d, sin(x)]: nops(Liste)
    5
>> op(Liste, 2)
    b
>> op(Liste, 3..5)
    c, d, sin(x)
>> op(Liste)
    a, b, c, d, sin(x)
```

Im Allgemeinen spiegelt die Darstellung eines Ausdrucks am Bildschirm *nicht* die interne Ordnung wider, wohingegen op auf die Operanden in der Reihenfolge der internen Ordnung zugreift!

```
>> 2*a^2*b; op(2*a^2*b)
    2 a^2 b
    a^2, b, 2
```

Durch wiederholte Aufrufe kann die op-Funktion dazu benutzt werden, beliebige MuPAD-Ausdrücke in „atomare" Bestandteile zu zerlegen. In dieser Modellvorstellung sind MuPAD-Atome dadurch definiert, dass sie durch op nicht mehr in kleinere Bestandteile zerlegt werden können, also op(Atom) = Atom gilt.[2] Dies ist im Wesentlichen für ganze Zahlen, Gleitpunktzahlen, Bezeichner ohne zugewiesenen Wert und für Zeichenketten der Fall:

```
>> op(-2), op(0.1234), op(a), op("Ein Text")
   -2, 0.1234, a, "Ein Text"
```

Im folgenden Beispiel einer verschachtelten Liste wird ein Ausdruck vollständig bis auf seine Atome a11, a12, a21, x, 2 zerlegt:

```
>> Liste := [[a11, a12], [a21, x^2]]
```

Die Operanden und Teiloperanden sind:

```
op(Liste, 1)              :  [a11, a12]
op(Liste, 2)              :  [a21, x^2]
op(op(Liste, 1), 1)       :  a11
op(op(Liste, 1), 2)       :  a12
op(op(Liste, 2), 1)       :  a21
op(op(Liste, 2), 2)       :  x^2
op(op(op(Liste, 2), 2), 1):  x
op(op(op(Liste, 2), 2), 2):  2
```

Um die lästigen Mehrfachaufrufe von op zu vermeiden, erlaubt diese Funktion auch die folgende abgekürzte Notation zur Adressierung der Teilausdrücke:

```
op(Liste, [1])       :  [a11, a12]
op(Liste, [2])       :  [a21, x^2]
op(Liste, [1, 1])    :  a11
op(Liste, [1, 2])    :  a12
op(Liste, [2, 1])    :  a21
op(Liste, [2, 2])    :  x^2
op(Liste, [2, 2, 1]) :  x
op(Liste, [2, 2, 2]) :  2
```

Aufgabe 4.1: Bestimmen Sie die Operanden der Potenz a^b, der Gleichung a=b und des symbolischen Funktionsaufrufs f(a, b)!

---

[2] Dieses Modell ist eine gute Annäherung an die interne Arbeitsweise MuPADs, es gibt jedoch Ausnahmen. So können z. B. rationale Zahlen mit op zerlegt werden, werden vom Kern aber wie Atome behandelt. Andererseits können Zeichenketten nicht mit op zerlegt werden, trotzdem kann man auf die einzelnen Zeichen zugreifen (Abschnitt 4.11).

Aufgabe 4.2: Der folgende Aufruf des Gleichungslösers `solve` (Kapitel 8) liefert eine Menge:

```
>> Menge := solve({x + sin(3)*y = exp(a),
                   y - sin(3)*y = exp(-a)}, {x,y})
```
$$\left\{\left[x = \frac{\sin(3)\,e^{-a} - e^{a} + \sin(3)\,e^{a}}{\sin(3) - 1}, y = -\frac{e^{-a}}{\sin(3) - 1}\right]\right\}$$

Extrahieren Sie den Lösungswert für y und weisen Sie ihn dem Bezeichner y zu!

4.2 Zahlen

Der Umgang mit Zahlen wurde bereits in Abschnitt 2.2 demonstriert. Die Datentypen der verschiedenen Arten sind:

```
>> domtype(-10), domtype(2/3), domtype(0.1234),
   domtype(0.1 + 2*I)
   DOM_INT, DOM_RAT, DOM_FLOAT, DOM_COMPLEX
```

Rationale Zahlen und komplexe Zahlen sind dabei jeweils aus Bausteinen zusammengesetzt: Zähler und Nenner bzw. Real- und Imaginärteil. Die Operandenfunktion `op` des letzten Abschnitts kann dazu benutzt werden, diese Bausteine zu extrahieren:

```
>> op(111/223, 1), op(111/223, 2)
   111, 223
>> op(100 + 200*I, 1), op(100 + 200*I, 2)
   100, 200
```

Alternativ können die Systemfunktionen `numer` (englisch: *numerator* = Zähler) und `denom` (englisch: *denominator* = Nenner) bzw. `Re` und `Im` benutzt werden:

```
>> numer(111/223), denom(111/223),
   Re(100 + 200*I), Im(100 + 200*I)
   111, 223, 100, 200
```

Weiterhin gehören zur Arithmetik die Operatoren `div` und `mod`, welche eine ganze Zahl x „modulo" einer anderen Zahl p zerlegen. Gilt $x = k\,p + r$ mit einer ganzen Zahl k und $0 \leq r < |p|$, so liefert `x div p` den „ganzzahligen Quotienten" k und `x mod p` den „Rest" r:

```
>> 25 div 4, 25 mod 4
   6, 1
```

Es folgt eine Zusammenstellung der wichtigsten MuPAD-Funktionen und Operatoren für den Umgang mit Zahlen:

`+, -, *, /, ^`	: Grundarithmetik
`abs`	: Absolutbetrag
`ceil`	: Aufrundung
`div`	: Quotient „modulo"
`fact`	: Fakultät
`float`	: Approximation durch Gleitpunktzahlen
`floor`	: Abrundung
`frac`	: Abschneiden der Vorkommastellen
`ifactor, factor`	: Primfaktorzerlegung
`isprime`	: ist das Argument eine Primzahl?
`mod`	: Rest „modulo"
`round`	: Rundung
`sign`	: Vorzeichen
`sqrt`	: Wurzel
`trunc`	: Abschneiden der Nachkommastellen

Zur genauen Bedeutung und Verwendung dieser Funktionen verweisen wir auf das Hilfe-System (`?abs`, `?ceil` etc.).

Man beachte, dass Größen wie z. B. $\sqrt{2}$ zwar mathematisch Zahlen darstellen, von MuPAD aber als symbolische Ausdrücke (Abschnitt 4.4) behandelt werden:

```
>> domtype(sqrt(2))
   DOM_EXPR
```

Aufgabe 4.3: Welchen Unterschied macht MuPAD zwischen $1/3 + 1/3 + 1/3$ und $1.0/3 + 1/3 + 1/3$?

Aufgabe 4.4: Berechnen Sie die Dezimalentwicklung von $\pi^{(\pi^\pi)}$ und $e^{\frac{1}{3}\pi\sqrt{163}}$ mit einer Genauigkeit von 10 bzw. 100 Stellen! Wie lautet die 234-te Stelle nach dem Komma in der Dezimalentwicklung von π?

Aufgabe 4.5: Nach `x:=10^50/3.0` sind nur die ersten `DIGITS` Dezimalstellen in `x` garantiert richtig.

a) Das Abschneiden von Nachkommastellen durch `trunc` ist damit sehr zweifelhaft. Wie verhält sich MuPAD?

b) Was wird für `x` ausgegeben, wenn `DIGITS` erhöht wird?

4.3 Bezeichner

Bezeichner (englisch: *identifier*) sind Namen wie z. B. `x` oder `f`, welche in einem mathematischen Kontext Variablen und Unbestimmte repräsentieren können. Bezeichner können beliebig aus Buchstaben, Ziffern und dem Unterstrich „_" zusammengesetzt werden, wobei Ziffern als Anfangszeichen nicht zulässig sind. Groß- und Kleinschreibung werden unterschieden. Beispiele für zulässige Bezeichner sind `x`, `_x23`, `Das_MuPAD_System`, während `12x`, `p-2`, `x>y` von MuPAD nicht als Bezeichner akzeptiert werden. MuPAD akzeptiert auch jede Zeichenkette, die zwischen zwei '-Zeichen eingeschlossen ist, als Namen für einen Bezeichner. Beispielsweise ist `'x>y'` ein gültiger Bezeichner. In diesem Tutorium werden solche Bezeichner allerdings nicht verwendet.

Bezeichner, denen kein Wert zugewiesen wurde, stehen nur für sich selbst und repräsentieren in MuPAD symbolische Objekte wie z. B. Unbekannte in Gleichungen. Ihr Domain-Typ ist `DOM_IDENT`:

```
>> domtype(x)
     DOM_IDENT
```

Mit dem *Zuweisungsoperator* `:=` kann einem Bezeichner ein beliebiges Objekt zugewiesen werden, welches dann *Wert* des Bezeichners heißt. Das bedeutet, nach dem folgenden Befehl:

```
>> x := 1 + I:
```

hat der Bezeichner `x` den Wert `1+I`, bei dem es sich um eine komplexe Zahl vom Domain-Typ `DOM_COMPLEX` handelt. Man muss in der Interpretation der Bedeutung eines Bezeichners sehr vorsichtig zwischen dem Bezeichner, seinem Wert und seiner Auswertung unterscheiden. Wir verweisen dazu auf das wichtige Kapitel 5, in dem die Auswertungsstrategie MuPADs beschrieben wird.

4. MuPAD-Objekte

Bei einer Zuweisung wird ein dem Bezeichner eventuell früher zugewiesener Wert gelöscht. Durch y:=x wird dem Bezeichner y nicht der Bezeichner x, sondern der momentane Wert (die Auswertung) von x zugewiesen:

```
>> x := 1: y := x: x, y
    1, 1
```

Damit hat eine spätere Änderung des Wertes von x keinen Einfluss auf y:

```
>> x := 2: x, y
    2, 1
```

Nur wenn x ein symbolischer Bezeichner war, der quasi sich selbst als Wert hatte, dann verweist der neue Bezeichner y auf dieses Symbol:

```
>> delete x: y := x: x, y; x := 2: x, y
    x, x

    2, 2
```

Hierbei wurde der Wert des Bezeichners x durch das Schlüsselwort `delete` (englisch: *to delete* = löschen) gelöscht, wodurch x wieder zu einem symbolischen Bezeichner ohne Wert wurde.

Der Zuweisungsoperator := ist eine verkürzte Eingabe der Systemfunktion `_assign`, welche auch direkt aufgerufen werden kann:

```
>> _assign(x, Wert): x
    Wert
```

Diese Funktion liefert ihr zweites Argument, also die rechte Seite der Zuweisung, an das System zurück, was die Bildschirmausgabe nach einer Zuweisung erklärt:

```
>> y := 2*x
    2 Wert
```

Konsequenterweise kann der zurückgelieferte Wert direkt weiterverarbeitet werden. Damit ist beispielsweise folgende Konstruktion zulässig, wobei eine Zuweisung jedoch syntaktisch geklammert werden muss:

```
>> y := cos((x := 0)): x, y
    0, 1
```

Hierbei wird x der Wert 0 zugewiesen. Der zurückgelieferte Wert der Zuweisung (also 0) wird gleich als Argument der Cosinus-Funktion verwendet, das

Ergebnis cos(0) = 1 wird y zugewiesen. Damit sind gleichzeitig sowohl x als auch y Werte zugewiesen worden.

Als weitere Zuweisungsfunktion existiert `assign`, welche Mengen oder Listen von Gleichungen als Eingabe akzeptiert und die Gleichungen in Zuweisungen verwandelt:

```
>> delete x, y: assign({x = 0, y = 1}): x, y
   0, 1
```

Diese Funktion ist besonders im Zusammenspiel mit dem Gleichungslöser `solve` (Abschnitt 8) nützlich, der Lösungen als Listen „aufgelöster" Gleichungen der Form `Unbekannte=Lösungswert` zurückliefert, ohne den Unbekannten diese Werte zuzuweisen.

In MuPAD existieren viele Bezeichner, die einen vordefinierten Wert haben und z. B. mathematische Funktionen (wie `sin`, `exp` oder `sqrt`), mathematische Konstanten (wie `PI`) oder MuPAD-Algorithmen (wie `diff`, `int` oder `limit`) repräsentieren. Versucht man, die Werte dieser vordefinierten Bezeichner zu ändern, so erhält man eine Warnung oder eine Fehlermeldung:

```
>> sin := neu
   Error: Identifier 'sin' is protected [_assign]
```

Mittels `protect(Bezeichner)` kann man selbst einen solchen Schreibschutz setzen. Mittels `unprotect(Bezeichner)` kann der Schutz sowohl eigener als auch vom System geschützter Bezeichner wieder aufgehoben werden. Das Überschreiben vordefinierter Objekte ist allerdings nicht empfehlenswert, da viele Systemfunktionen hierauf zugreifen und nach einer Umdefinition unkontrollierbare Ergebnisse liefern würden. Alle aktuell definierten Bezeichner, inklusive der vom System vordefinierten, können mit dem Befehl `anames(All)` aufgelistet werden.

Der Konkatenationsoperator „." kann dazu verwendet werden, dynamisch Namen von Bezeichnern zu erzeugen, denen Werte zugewiesen werden dürfen. Aus Bezeichnern x und i kann durch x.i ein neuer Bezeichner erzeugt werden, wobei die *Auswertungen* von x und i zu einem neuen Namen „verschweißt" werden:

```
>> x := z: i := 2: x.i
   z2
>> x.i := Wert: z2
   Wert
```

Im folgenden Beispiel werden den Bezeichnern x1, ..., x1000 durch eine
for-Schleife (Kapitel 16) Werte zugewiesen:

```
>> delete x:
>> for i from 1 to 1000 do x.i := i^2 end_for:
```

Wegen möglicher Seiteneffekte oder Konflikte mit bereits existierenden Bezeichnern wird empfohlen, dieses Konzept nur interaktiv und nicht innerhalb von MuPAD-Prozeduren zu verwenden.

Die Funktion genident (englisch: *generate identifier*) erzeugt freie Bezeichner, die innerhalb der MuPAD-Sitzung noch nicht benutzt worden sind:

```
>> X3 := (X2 := (X1 := 0)): genident()
   X4
```

Auch in " eingeschlossene Zeichenketten (Abschnitt 4.11) können verwendet werden, um dynamisch Bezeichner zu erzeugen:

```
>> a := Zeichen: b := "kette": a.b
   Zeichenkette
```

Enthält die Zeichenkette Leerzeichen oder Operatorsymbole, so wird dennoch ein gültiger Bezeichner erzeugt, den MuPAD in der oben erwähnten '-Notation ausgibt:

```
>> a := Zeichen: b := "kette + x": a.b
   'Zeichenkette + x'
```

Zeichenketten sind keine Bezeichner, ihnen kann kein Wert zugewiesen werden:

```
>> "Zeichenkette" := 1
   Error: Invalid left-hand side in assignment [line 1, \
   col 17]
```

Aufgabe 4.6: Welche der folgenden Namen

x, x2, 2x, x_t, diff, exp, Vorsicht!-!, x-y,
Haensel&Gretel, eine_zulaessige_Variable

sind als Variablennamen zulässig? Welchen Namen können Werte zugewiesen werden?

Aufgabe 4.7: Lesen Sie die Hilfeseite zu `solve`. Lösen Sie das Gleichungssystem

$$x_1 + x_2 = 1, \ x_2 + x_3 = 1, \ \ldots, \ x_{19} + x_{20} = 1, \ x_{20} = \pi$$

mit den Unbekannten $x_1, x_2, \ldots, x_{20}$. Lesen Sie die Hilfeseite zu `assign` und weisen Sie den Unbekannten die Lösungswerte zu!

4.4 Symbolische Ausdrücke

Ein Objekt wie die Gleichung

$$0.3 + \sin(3) + \frac{f(x,y)}{5} = 0,$$

welches unbestimmte symbolische Größen enthalten kann, wird als *Ausdruck* bezeichnet. Ausdrücke vom Domain-Typ `DOM_EXPR` (englisch: *expression* = Ausdruck) stellen den wohl universellsten Datentyp in MuPAD dar. Wie alle MuPAD-Objekte sind Ausdrücke aus atomaren Bestandteilen zusammengesetzt, was mittels *Operatoren* geschieht. Dies sind entweder binäre Operatoren wie z. B. die Grundarithmetik `+`, `-`, `*`, `/`, `^` oder Funktionsaufrufe wie z. B. `sin(·)`, `f(·)`.

4.4.1 Operatoren

MuPAD benutzt durchgehend Funktionen, um Objekte zu verknüpfen oder zu manipulieren.[3] Allerdings wäre es wenig intuitiv, etwa für die Addition `a+b` stets einen Funktionsaufruf der Form `_plus(a,b)` benutzen zu müssen. Daher ist eine Anzahl der wichtigsten Operationen so im System implementiert, dass die mathematisch übliche Notation (die „Operatorschreibweise") als Eingabe verwendet werden kann und auch die Ausgabe in einer entsprechenden Form erfolgt. Im folgenden sollen zunächst die Operatoren aufgelistet werden, mit deren Hilfe komplexere MuPAD-Ausdrücke aus atomaren Bestandteilen zusammengesetzt werden können.

Für die Grundrechenarten sind auch beim Rechnen mit Symbolen die Operatoren `+`, `-`, `*`, `/` sowie `^` (für das Potenzieren) zuständig:

---

[3] Bemerkenswerterweise gilt für MuPAD, dass neben eigentlichen Funktionsaufrufen (z. B. `sin(0.2)`), Zuweisungen oder Arithmetik-Operationen auch Konstrukte der Programmiersprache wie Schleifen (Kapitel 16) oder Fallunterscheidungen (Kapitel 17) vom Kern als Funktionsauswertungen behandelt werden.

4. MuPAD-Objekte

```
>> a + b + c, a - b, a*b*c, a/b, a^b
```
$$a+b+c,\ a-b,\ abc,\ \frac{a}{b},\ a^b$$

Diese Operatoren erlauben die übliche mathematische Eingabe, sind aber in Wirklichkeit Funktionsaufrufe:

```
>> _plus(a, b, c), _subtract(a, b), _mult(a, b, c),
   _divide(a, b), _power(a, b)
```
$$a+b+c,\ a-b,\ abc,\ \frac{a}{b},\ a^b$$

Dasselbe gilt für die Fakultät (englisch: *factorial*) einer Zahl, die in mathematischer Notation n! angefordert werden kann, aber letztlich intern zu einem Aufruf der Funktion fact verwandelt wird:

```
>> n! = fact(n), fact(10)
```
$n! = n!,\ 3628800$

Weiterhin gehören zur Arithmetik die schon in Kapitel 4.2 vorgestellten Operatoren div und mod[4], welche auch im symbolischen Zusammenhang benutzt werden können, dabei aber nur symbolische Ergebnisse liefern:

```
>> x div 4, 25 mod p
```
$x \operatorname{div} 4,\ 25 \operatorname{mod} p$

Folgen sind Aufreihungen beliebiger MuPAD-Objekte, welche durch ein Komma getrennt sind:

```
>> Folge := a, b, c + d
```
$a,\ b,\ c+d$

Der Operator $ dient zur Erzeugung solcher Folgen:

```
>> i^2 $ i = 2..7; x^i $ i = 1..5
```
$4,\ 9,\ 16,\ 25,\ 36,\ 49$

$x,\ x^2,\ x^3,\ x^4,\ x^5$

---

[4] Das Objekt x mod p wird intern in den Funktionsaufruf _mod(x, p) umgewandelt. Definiert man die Funktion _mod z. B. durch _mod := modp um, so ändert sich das Ergebnis des Aufrufs x mod p entsprechend. Kandidaten zur Umdefinition von _mod sind die Systemfunktionen modp und mods, deren Funktionalität auf den entsprechenden Hilfeseiten beschrieben ist.

4.4 Symbolische Ausdrücke

Gleichungen und Ungleichungen sind gewöhnliche MuPAD-Objekte. Sie werden durch das Gleichheitszeichen = bzw. durch <> erzeugt:

```
>> Gleichung := x + y = 2; Ungleichung := x <> y
```
$$x + y = 2$$
$$x \neq y$$

Größenvergleiche zwischen Ausdrücken werden durch <, <=, > bzw. >= realisiert. Die sich ergebenden Ausdrücke stellen Bedingungen dar:

```
>> Bedingung := i <= 2
```
$$i \leq 2$$

Diese lassen sich in einem konkreten Kontext meist zu den logischen („Booleschen") Werten „wahr" (TRUE) bzw. „falsch" (FALSE) auswerten und werden typischerweise für if-Abfragen oder als Abbruchbedingungen von Schleifen eingesetzt. Boolesche Ausdrücke lassen sich mittels der logischen Operatoren and (logisches „und") und or (logisches „oder") verknüpfen bzw. mittels not logisch verneinen:

```
>> Bedingung3 := Bedingung1 and (not Bedingung2)
```
$$\text{Bedingung1} \wedge \neg \text{Bedingung2}$$

Abbildungen (Funktionen) lassen sich auf verschiedene Arten in MuPAD definieren. Der einfachste Weg benutzt den *Abbildungsoperator* -> (das Minuszeichen gefolgt vom „größer"-Zeichen), der einer symbolischen Größe ihren Funktionswert zuordnet:

```
>> f := x -> x^2
```
$$x \mapsto x^2$$

Die so definierte Funktion kann nun wie eine Systemfunktion aufgerufen werden:

```
>> f(4), f(x + 1), f(y)
```
$$16, (x+1)^2, y^2$$

Die Hintereinanderschaltung von Funktionen wird durch den *Kompositionsoperator* @ definiert:

```
>> c := a@b: c(x)
```
$$a(b(x))$$

Die mehrfache Hintereinanderschaltung einer Funktion wird durch den *Iterationsoperator* @@ erreicht:

```
>> f := g@@4: f(x)
```
$$g\left(g\left(g\left(g\left(x\right)\right)\right)\right)$$

Einige Systemfunktionen wie z.B. die Integration int oder der $-Operator verlangen die Angabe eines *Bereichs*, welcher mit dem Operator .. erzeugt wird:

```
>> Intervall := 0..1; int(x, x = Intervall)
```
$$0..1$$
$$\frac{1}{2}$$

Bereiche sollten nicht verwechselt werden mit Gleitpunktintervallen. Diese können über den Operator ... oder die Funktion hull erzeugt werden:

```
>> PI ... 20/3, hull(PI, 20/3)
```
$$3.141592653\ldots 6.666666667,\ 3.141592653\ldots 6.666666667$$

Dieser Datentyp wird im Abschnitt 4.17 genauer vorgestellt.

Allgemein werden Ausdrücke der Art Bezeichner(Argument) von MuPAD als Funktionsaufrufe aufgefasst:

```
>> delete f:
   Ausdruck := sin(x) + f(x, y, z) + int(g(x), x = 0..1)
```
$$\sin(x) + \int_0^1 g(x)\,dx + f(x,y,z)$$

In Tabelle 4.2 sind die oben vorgestellten Operatoren zusammen mit ihrer funktionalen Form aufgelistet. Bei der Eingabe kann man stets zwischen der Operator-Form und dem entsprechenden Funktionsaufruf wählen:

```
>> 2/14 = _divide(2, 14),
   [i $ i = 3..5] = [_seqgen(i, i, 3..5)]
```
$$\frac{1}{7} = \frac{1}{7},\ [3,4,5] = [3,4,5]$$

```
>> a < b = _less(a, b), (f@g)(x) = _fconcat(f, g)(x)
```
$$(a<b) = (a<b),\ f(g(x)) = f(g(x))$$

Operator	System-funktion	Bedeutung	Beispiel
+	_plus	Addition	Summe := a + b
-	_subtract	Subtraktion	Differenz := a - b
*	_mult	Multiplikation	Produkt := a * b
/	_divide	Division	Quotient := a/b
^	_power	Potenz	Potenz := a^b
div	_div	Quotient modulo	Quotient := a div p
mod	_mod	Rest modulo	Rest := a mod p
!	fact	Fakultät	n!
$	_seqgen	Folgengenerator	Folge := i^2 $ i=3..5
,	_exprseq	Folgenverketter	Folge := Folge1, Folge2
union	_union	Vereinigung von Mengen	M := M1 union M2
intersect	_intersect	Schnitt von Mengen	M := M1 intersect M2
minus	_minus	Differenzmenge	M := M1 minus M2
=	_equal	Gleichung	Gleichung := x+y = 2
<>	_unequal	Ungleichung	Bedingung := x<>y
<	_less	Größenvergleich	Bedingung := a<b
>		Größenvergleich	Bedingung := a>b
<=	_leequal	Größenvergleich	Bedingung := a<=b
>=		Größenvergleich	Bedingung := a>=b
not	_not	logische Verneinung	Bedingung2 := not Bedingung1
and	_and	logisches „und"	Bedingung := a<b and b<c
or	_or	logisches „oder"	Bedingung := a<b or b<c
->		Abbildung	Quadrat := x -> x^2
'	D	Ableitungsoperator	f'(x)
@	_fconcat	Komposition	h := f@g
@@	_fnest	Iteration	g := f@@3
.	_concat	Konkatenation	NeuerName := Name1.Name2
..	_range	Bereich	Bereich := a..b
...	hull	Gleitpunktintervall	IV := 1.2 ... 3.4
Bezeichner()		Funktionsaufruf	sin(1), f(x), reset()

Tabelle 4.2. Die wichtigsten Operatoren zur Erzeugung von MuPAD-Ausdrücken

Man beachte, dass einige der Systemfunktionen wie z. B. _plus, _mult, _union oder _concat beliebig viele Argumente akzeptieren, obwohl die entsprechenden Operatoren nur als binäre Operatoren eingesetzt werden können:

```
>> _plus(a, b, u, v), _concat(a, b, u, v), _union()
```
$a + b + u + v$, abuv, $\emptyset$

Es ist oft nützlich, die funktionale Form der Operatoren zu kennen und zu benutzen. Beispielsweise ist es sehr effektiv, lange Summen dadurch zu bilden, dass man _plus mit vielen Argumenten benutzt. Die Argumentenfolge kann dabei schnell durch den Folgengenerator $ gebildet werden:

```
>> _plus(1/i! $ i = 0..100): float(%)
   2.718281828
```

Ein nützliches Hilfsmittel ist die Funktion map, mit der eine Funktion auf die Operanden eines MuPAD-Objektes angewendet werden kann. Beispielsweise liefert

```
>> map([x1, x2, x3], Funktion, y, z)
```

die Liste (Abschnitt 4.6):

$$[\text{Funktion}(x1, y, z), \text{Funktion}(x2, y, z), \text{Funktion}(x3, y, z)]$$

Will man durch Operatoren gegebene Verknüpfungen mittels map anwenden, so ist die entsprechende Funktion einzusetzen:

```
>> map([x1, x2, x3], _power, 5), map([f, g], _fnest, 5)
```
$\left[x1^5, x2^5, x3^5\right]$, $[f \circ f \circ f \circ f \circ f, g \circ g \circ g \circ g \circ g]$

Für die „wichtigsten" Operatoren, nämlich +, -, *, /, ^, =, <>, <, >, <=, >= und ==>, sind die entsprechenden Funktionen auch als '+', '-', '*', etc. erreichbar. Statt '^' kann auch '**' verwendet werden.

```
>> map([1, 2, 3, 4], '*', 3), map([1, 2, 3, 4], '^', 2)
   [3,6,9,12], [1,4,9,16]
```

'-' ist hierbei die Negation, nicht die Subtraktion.

Einige Verknüpfungen, die mathematisch keinen Sinn machen, sind nicht zulässig:

```
>> 3 and x
   Error: Illegal operand [_and]
```

Bei der Auswertung der Eingabe wird die Systemfunktion _and aufgerufen, welche feststellt, dass das Argument 3 in keinem Fall einen logischen Wert symbolisieren kann und daraufhin eine Fehlermeldung ausgibt. Ein symbolischer Ausdruck wie a and b mit symbolischen Bezeichnern a,b wird von MuPAD jedoch akzeptiert. Allerdings kann der resultierende Ausdruck nicht als logischer Ausdruck ausgewertet werden, solange nicht a und b entsprechende Werte besitzen.

Die Operatoren haben unterschiedliche *Bindungsstärken* (Prioritäten, englisch: *priority*), z. B.:

```
a.fact(3)    bedeutet a.(fact(3)) und liefert a6,
a.6^2        bedeutet (a.6)^2 und liefert a6^2,
a*b^c        bedeutet a*(b^c),
a + b*c      bedeutet a + (b*c),
a + b mod c  bedeutet (a + b) mod c,
a = b mod c  bedeutet a = (b mod c),
a, b $ 3     bedeutet a, (b $ 3) und liefert a, b, b, b.
```

Bezeichnet man mit $\prec$ die Relation „schwächer bindend", so gilt:

$$, \prec \$ \prec = \prec \text{mod} \prec + \prec * \prec \hat{\ } \prec . \prec \text{Funktionsaufruf}.$$

Eine vollständige Liste der Operatoren mit ihren Bindungsstärken ist im Abschnitt „Operatoren" der MuPAD-Kurzreferenz [O 04] zu finden. Es können beliebig Klammern gesetzt werden, um die Bindungen explizit und unabhängig von den Bindungsstärken zu setzen:

```
>> 1 + 1 mod 2, 1 + (1 mod 2)
   0, 2
>> i := 2: x.i^2, x.(i^2)
   x2², x4
>> u, v $ 3 ;  (u, v) $ 3
   u, v, v, v

   u, v, u, v, u, v
```

4.4.2 Darstellungsbäume

Eine nützliche Modellvorstellung, welche auch der internen Darstellung eines MuPAD-Ausdrucks entspricht, ist die des *Darstellungsbaums* (im englischen

4. MuPAD-Objekte

Sprachgebrauch: *expression tree*). Die Operatoren bzw. die ihnen entsprechenden Funktionsnamen werden als Knoten interpretiert, die Funktionsargumente bilden davon verzweigende Unterbäume. Der Operator mit der geringsten Bindungsstärke definiert die Wurzel. Dazu einige Beispiele:

`a + b*c + d*e*sin(f)^g`

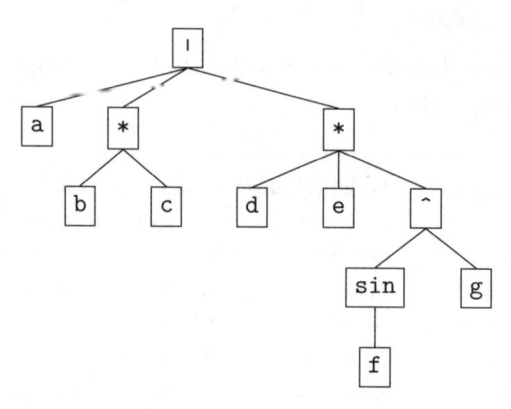

`int(exp(x^4), x = 0..1)`

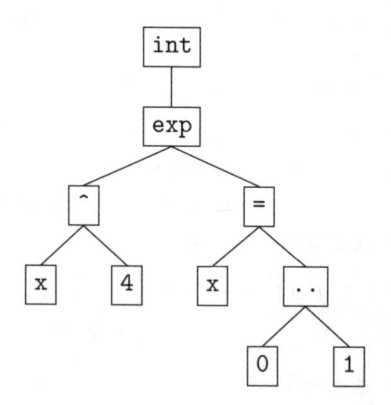

Man beachte, dass eine Differenz `a - b` intern als `a + b*(-1)` dargestellt wird:

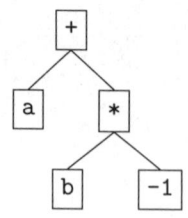

Für einen Quotienten a/b gilt die interne Darstellung a*b^(-1):

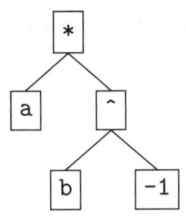

```
         *
        / \
       a   ^
          / \
         b  -1
```

Die Endknoten der Darstellungsbäume sind MuPAD-Atome.

MuPAD bietet mit der Funktion prog::exprtree eine komfortable Möglichkeit, diesen Ausdrucksbaum darzustellen:

```
>> prog::exprtree(a/b):
            _mult
              |
            +-- a
              |
            '-- _power
                  |
                +-- b
                  |
                '-- -1
```

Aufgabe 4.8: Skizzieren Sie den Darstellungsbaum des MuPAD-Ausdrucks a^b-sin(a/b)!

Aufgabe 4.9: Bestimmen Sie die Operanden von 2/3, x/3, 1+2*I und x+2*I! Erklären Sie die beobachteten Unterschiede!

4.4.3 Operanden

Mit den schon in Abschnitt 4.1 vorgestellten Operandenfunktionen op und nops können Ausdrücke systematisch zerlegt werden. Die Operanden eines Ausdrucks entsprechen den von der Wurzel des zugeordneten Darstellungsbaums ausgehenden Teilbäumen.

```
>> Ausdruck := a + b + c + sin(x): nops(Ausdruck)
     4
>> op(Ausdruck)
     a, b, c, sin(x)
```

62   4. MuPAD-Objekte

Zusätzlich existiert für Ausdrücke vom Domain-Typ DOM_EXPR der durch op(·, 0) zugängliche „0-te Operand". Dieser entspricht der Wurzel des Darstellungsbaums und enthält die Information, durch welche Funktion die Operanden zum Ausdruck zusammengesetzt werden:

```
>> op(a + b*c, 0), op(a*b^c, 0), op(a^(b*c), 0)
    _plus, _mult, _power
>> Folge := a, b, c:  op(Folge, 0)
    _exprseq
```

Auch wenn der Ausdruck ein Funktionsaufruf einer durch einen *beliebigen* symbolischen Namen gegebenen Funktion ist, so wird der Bezeichner dieser Funktion durch op(Ausdruck, 0) geliefert:

```
>> op(sin(1), 0), op(f(x), 0), op(diff(y(x), x), 0),
   op(int(exp(x^4), x), 0)
    sin, f, diff, int
```

Man kann den 0-ten Operanden eines Ausdrucks als eine „mathematische Typenbezeichnung" ansehen. Beispielsweise muss ein Algorithmus, der beliebige Ausdrücke differenzieren soll, herausfinden können, ob der zu bearbeitende Ausdruck eine Summe, ein Produkt oder ein Funktionsaufruf ist. Dazu wird er auf den 0-ten Operanden zugreifen, um zu entscheiden, ob die Linearität, die Produktregel oder die Kettenregel der Differentiation zu benutzen ist.

Als Beispiel wird der Ausdruck

```
>> Ausdruck := a + b + sin(x) + c^2:
```

mit dem Darstellungsbaum

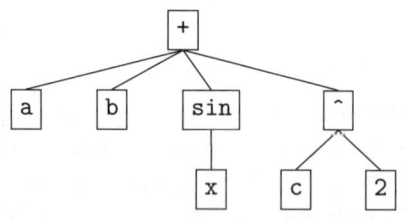

systematisch mit Hilfe der op-Funktion zerlegt:

```
>> op(Ausdruck, 0..nops(Ausdruck))
    _plus, a, b, sin(x), c²
```

Der Zusammenbau des Ausdrucks aus diesen Bausteinen kann in der folgenden Form realisiert werden:

```
>> Wurzel := op(Ausdruck, 0): Operanden := op(Ausdruck):
>> Wurzel(Operanden)
```
$$a + b + \sin(x) + c^2$$

Im folgenden Beispiel wird ein Ausdruck vollständig bis auf seine Atome x, a, b zerlegt (man vergleiche auch mit Abschnitt 4.1):

```
>> Ausdruck := sin(x + cos(a*b)):
```

Die Operanden und Teiloperanden sind:

```
op(Ausdruck, 0)              : sin
op(Ausdruck, 1)              : x+cos(a*b)
op(Ausdruck, [1, 0])         : _plus
op(Ausdruck, [1, 1])         : x
op(Ausdruck, [1, 2])         : cos(a*b)
op(Ausdruck, [1, 2, 0])      : cos
op(Ausdruck, [1, 2, 1])      : a*b
op(Ausdruck, [1, 2, 1, 0])   : _mult
op(Ausdruck, [1, 2, 1, 1])   : a
op(Ausdruck, [1, 2, 1, 2])   : b
```

Aufgabe 4.10: Skizzieren Sie den Darstellungsbaum des folgenden logischen Ausdrucks:

```
>> Bedingung := (not a) and (b or c):
```

Wie können die symbolischen Bezeichner a, b und c mittels op aus dem Objekt Bedingung herausgegriffen werden?

4.5 Folgen

Eine wichtige Struktur in MuPAD sind *Folgen*, aus denen sich Listen und Mengen aufbauen lassen. Wie schon in Abschnitt 4.4 angesprochen wurde, ist eine Folge (englisch: *sequence*) eine Aneinanderreihung von beliebigen MuPAD-Objekten, welche durch Kommata getrennt sind.

```
>> Folge1 := a, b, c; Folge2 := c, d, e
```
a, b, c

c, d, e

4. MuPAD-Objekte

Das Komma dient auch zur Verkettung mehrerer Folgen:

```
>> Folge3 := Folge1, Folge2
   a, b, c, c, d, e
```

Folgen sind MuPAD-Ausdrücke vom Domain-Typ DOM_EXPR.

Sind m und n ganze Zahlen, dann erzeugt der Aufruf Objekt(i) $ i=m..n die Folge
$$Objekt(m), Objekt(m+1), \ldots, Objekt(n):$$

```
>> i^2 $ i = 2..7 , x^i $ i = 1..5
   4, 9, 16, 25, 36, 49, x, x^2, x^3, x^4, x^5
```

Der Operator $ wird *Folgengenerator* genannt. Die äquivalente funktionale Form ist _seqgen(Objekt(i),i,m..n):

```
>> _seqgen(i^2, i, 2..7) , _seqgen(x^i, i, 1..5)
   4, 9, 16, 25, 36, 49, x, x^2, x^3, x^4, x^5
```

Üblicherweise ist die Operatornotation zu bevorzugen. Die funktionale Form ist in Verbindung mit map, zip oder ähnlichen Funktionen nützlich.

Eine Folge aufeinanderfolgender natürlicher Zahlen kann in der Form

```
>> $ 23..30
   23, 24, 25, 26, 27, 28, 29, 30
```

erzeugt werden. Der Aufruf Objekt $ n liefert eine Folge aus n identischen Objekten:

```
>> x^2 $ 10
   x^2, x^2, x^2, x^2, x^2, x^2, x^2, x^2, x^2, x^2
```

Der Folgengenerator kann auch mit dem Schlüsselwort in aufgerufen werden, wobei die Laufvariable dann die Operanden des angegebenen Objektes durchläuft:

```
>> f(x) $ x in [a, b, c, d]
```
$f(a), f(b), f(c), f(d)$
```
>> f(x) $ x in a + b + c + d + sin(sqrt(2))
```
$f(a), f(b), f(c), f(d), f\left(\sin\left(\sqrt{2}\right)\right)$

Man kann mit $ auch leicht eine Folge von Befehlen ausführen. Im folgenden Beispiel werden in jedem Folgenschritt zwei (durch Semikolons getrennte) Zuweisungsbefehle ausgeführt. Nach Durchlauf der Folge haben die Bezeichner die entsprechenden Werte:

```
>> (x.i := sin(i); y.i := x.i) $ i=1..4:
>> x1, x2, y3, y4
```
$\sin(1), \sin(2), \sin(3), \sin(4)$

Als einfaches Beispiel für die Anwendung von Folgen betrachten wir den MuPAD-Differenzierer diff, der mit dem Aufruf diff(f(x),x) die Ableitung von $f(x)$ berechnet. Höhere Ableitungen werden durch diff(f(x),x,x), diff(f(x),x,x,x), usw. angefordert. Somit kann die 10-te Ableitung von $f(x) = \sin(x^2)$ bequem mit Hilfe des Folgengenerators in der Form

```
>> diff(sin(x^2), x $ 10)
                    2              4       2
         30240 cos(x ) - 403200 x  cos(x ) +

                 8       2             2       2
           23040 x  cos(x ) - 302400 x  sin(x ) +

                 6       2          10      2
           161280 x  sin(x ) - 1024 x   sin(x )
```

berechnet werden.

Es existieren auch leere Folgen, repräsentiert durch das so genannte „leere MuPAD-Objekt" (Abschnitt 4.18). Dieses kann durch den Aufruf null() oder _exprseq() erzeugt werden. Es wird automatisch aus Folgen entfernt:

```
>> Folge := null(): Folge := Folge, a, b, null(), c
```
a, b, c

4. MuPAD-Objekte

Einige Systemfunktionen wie z. B. der Befehl `print` zur Bildschirmausgabe (Abschnitt 13.1.1) liefern das `null()`-Objekt als Funktionswert:

```
>> Folge := a, b, print(Hallo), c
                     Hallo

   a, b, c
```

Auf den i-ten Eintrag einer Folge kann mit `Folge[i]` zugegriffen werden, Umdefinitionen können in der Form `Folge[i]:=neu` erfolgen:

```
>> F := a, b, c: F[2]
   b
>> F[2] := neu: F
   a, neu, c
```

Der Zugriff und die Auswahl von Teilfolgen kann auch mit der Operandenfunktion `op` (Abschnitt 4.1) erfolgen:[5]

```
>> F := a, b, c, d, e: op(F, 2); op(F, 2..4)
   b

   b, c, d
```

Das Löschen von Einträgen geschieht mittels `delete`, wobei sich die Folge verkürzt:

```
>> F;
   delete F[2]: F;
   delete F[3]: F
   a, b, c, d, e

   a, c, d, e

   a, c, e
```

Der Hauptzweck von Folgen in MuPAD ist die Erzeugung von Listen und Mengen sowie die Aneinanderreihung von Argumenten für Funktionsaufrufe. So können z. B. die Funktionen `max` bzw. `min` das Maximum bzw. Minimum beliebig vieler Argumente berechnen:

---

[5] Man beachte, dass der Folgenbezeichner F als Argument an op zu übergeben ist. Ein direkter Aufruf der Form op(a, b, c, d, e, 2) wird von der op-Funktion als (unzulässiger) Aufruf mit 6 Argumenten interpretiert und führt zu einer Fehlermeldung. Durch Verwendung zusätzlicher Klammern kann dieser Fehler vermieden werden: op((a, b, c, d, e), 2).

```
>> Folge := 1, 2, -1, 3, 0: max(Folge), min(Folge)
   3, -1
```

Aufgabe 4.11: Weisen Sie den Bezeichnern $x_1, x_2, \ldots, x_{100}$ die Werte $x_1 = 1$, $x_2 = 2, \ldots, x_{100} = 100$ zu!

Aufgabe 4.12: Erzeugen Sie die Folge

$$x_1, \underbrace{x_2, x_2}_{2}, \underbrace{x_3, x_3, x_3}_{3}, \ldots, \underbrace{x_{10}, x_{10}, \ldots, x_{10}}_{10}!$$

Aufgabe 4.13: Berechnen Sie mit einem einfachen Befehl die Doppelsumme

$$\sum_{i=1}^{10} \sum_{j=1}^{i} \frac{1}{i+j}.$$

Anleitung: Der Summierer _plus akzeptiert beliebig viele Argumente. Erzeugen Sie eine geeignete Argumentenfolge!

4.6 Listen

Eine Liste (englisch: *list*) ist eine geordnete Folge beliebiger MuPAD-Objekte, die in eckigen Klammern eingeschlossen wird:

```
>> Liste := [a, 5, sin(x)^2 + 4, [a, b, c], hallo,
             3/4, 3.9087]
```
$$\left[a, 5, \sin(x)^2 + 4, [a, b, c], \text{hallo}, \frac{3}{4}, 3.9087\right]$$

Eine Liste darf selbst wieder Listen als Elemente enthalten. Listen können auch leer sein:

```
>> Liste := [ ]
   []
```

Die Möglichkeit, automatisch mittels des $-Operators lange Folgen zu erzeugen, hilft bei der Konstruktion langer Listen:

```
>> Folge := i $ i = 1..10 : Liste := [Folge]
```
$[1, 2, 3, 4, 5, 6, 7, 8, 9, 10]$
```
>> Liste := [x^i $ i = 0..12]
```
$[1, x, x^2, x^3, x^4, x^5, x^6, x^7, x^8, x^9, x^{10}, x^{11}, x^{12}]$

Eine Liste kann auch auf der linken Seite einer Zuweisung benutzt werden, wodurch mehreren Bezeichnern gleichzeitig Werte zugewiesen werden können:

```
>> [A, B, C] := [a, b, c]: A + B^C
```
$a + b^c$

Eine nützliche Eigenschaft dieser Notation ist, dass alle Zuweisungen gleichzeitig durchgeführt werden, was man zum Vertauschen von Variablenwerten verwenden kann:

```
>> a := 1: b:= 2: a, b;
   [a, b] := [b, a]: a, b
```
1, 2

2, 1

Die Anzahl der Elemente einer Liste kann mit der Funktion nops festgestellt werden, die Elemente können mit Hilfe der Funktion op ausgelesen werden: op(Liste) liefert die Folge der Elemente, d. h. die Folge, welche durch Klammerung mit [ ] die Liste erzeugte. Der Aufruf op(Liste, i) liefert das i-te Element der Liste, op(Liste, i..j) extrahiert die Folge vom i-ten bis zum j-ten Element:

```
>> delete a, b, c: Liste := [a, b, sin(x), c]: op(Liste)
```
$a, b, \sin(x), c$
```
>> op(Liste, 2..3)
```
$b, \sin(x)$

Eine alternative Möglichkeit, auf einzelne Listenelemente zuzugreifen, liefert der Index-Operator:

```
>> Liste[1], Liste[2]
```
a, b

Das Verändern eines Elementes erfolgt durch die indizierte Zuweisung eines neuen Wertes:

```
>> Liste := [a, b, c]: Liste[1] := neu: Liste
   [neu, b, c]
```

Ist der Index ein Bereich, wird eine Teilliste angesprochen:

```
>> Liste[2..3]
   [b, c]
```

Bei einer Zuweisung an eine Teilliste kann sich die Länge der Gesamtliste ändern:

```
>> Liste[2..3] := [e, f, g, h]: Liste
   [neu, e, f, g, h]
```

subsop(Liste, i=neu) (Kapitel 6) liefert eine Kopie der Liste mit umdefiniertem i-ten Operanden:

```
>> Liste := [a, b, c]: Liste2 := subsop(Liste, 1 = neu)
   [neu, b, c]
```

Achtung: Falls L ein Bezeichner ohne Wert ist, wird durch eine indizierte Zuweisung

```
>> L[index] := Wert:
```

keine Liste erzeugt, sondern eine Tabelle (Abschnitt 4.8):

```
>> delete L: L[1] := a: L
   [ 1 = a
```

Das Entfernen eines Elementes aus einer Liste erfolgt durch delete, wobei sich die Liste verkürzt:

```
>> Liste := [a, b, c]: delete Liste[1]: Liste
   [b, c]
```

Man kann mit Hilfe der Funktion contains prüfen, ob ein MuPAD-Objekt Element einer Liste ist. Es wird die Position (des ersten Auftretens) des Elementes in der Liste zurückgeliefert. Falls das Objekt nicht in der Liste enthalten ist, wird die Zahl 0 zurückgegeben:

```
>> contains([x + 1, a, x + 1], x + 1)
     1
>> contains([sin(a), b, c], a)
     0
```

Mit der Funktion append können Elemente an eine Liste angehängt werden:

```
>> Liste := [a, b, c]: append(Liste, 3, 4, 5)
     [a, b, c, 3, 4, 5]
```

Mehrere Listen können mit dem Punkt-Operator . zusammengefügt werden:

```
>> Liste1 := [1, 2, 3]: Liste2 := [4, 5, 6]:
>> Liste1.Liste2, Liste2.Liste1
     [1, 2, 3, 4, 5, 6], [4, 5, 6, 1, 2, 3]
```

Die entsprechende Systemfunktion _concat kann mit beliebig vielen Argumenten aufgerufen werden und erlaubt so das Aneinanderfügen vieler Listen:

```
>> _concat(Liste1 $ 5)
     [1, 2, 3, 1, 2, 3, 1, 2, 3, 1, 2, 3, 1, 2, 3]
```

Mit sort werden Listen sortiert. Numerische Werte werden ihrer Größe nach, Zeichenketten (Abschnitt 4.11) werden lexikographisch angeordnet:

```
>> sort([-1.23, 4, 3, 2, 1/2])
```
$$\left[-1.23, \frac{1}{2}, 2, 3, 4\right]$$
```
>> sort(["A", "b", "a", "c", "C", "c", "B", "a1", "abc"])
     ["A", "B", "C", "a", "a1", "abc", "b", "c", "c"]
>> sort(["x10002", "x10011", "x10003"])
     ["x10002", "x10003", "x10011"]
```

Man beachte, dass die lexikographische Anordnung nur bei Benutzung von mit " erzeugten Zeichenketten verwendet wird. Bei Namen von Bezeichnern wird nach anderen (internen) Kriterien sortiert, wobei u. a. die Länge der Namen berücksichtigt wird:

```
>> delete A, B, C, a, b, c, a1, abc:
   sort([A, b, a, c, C, c, B, a1, abc])
```
$[A, B, C, a, \text{a}1, \text{abc}, b, c, c]$
```
>> sort([x10002, x10011, x10003])
```
$[\text{x}10002, \text{x}10011, \text{x}10003]$

In MuPAD können Listen von Funktionsnamen auch als listenwertige Funktionen aufgefasst werden:

```
>> [sin, cos, f](x)
```
$[\sin(x), \cos(x), f(x)]$

Umgekehrt können auch Funktionen mit Hilfe der Funktion map auf die Elemente einer Liste angewendet werden:

```
>> map([x, 1, 0, PI, 0.3], sin)
```
$[\sin(x), \sin(1), 0, 0, 0.2955202067]$

Erwartet die anzuwendende Funktion mehrere Argumente, so werden durch map die Listenelemente als erstes Argument eingesetzt. Die zusätzlichen Argumente müssen als weitere Argumente an map übergeben werden:

```
>> map([a, b, c], f, y, z)
```
$[f(a, y, z), f(b, y, z), f(c, y, z)]$

Diese map-Konstruktion ist ein mächtiges Hilfsmittel zum Umgang mit Listen (und auch anderen MuPAD-Objekten). Im folgenden Beispiel ist eine verschachtelte Liste $[L_1, L_2, \ldots]$ gegeben, wobei jeweils das erste (durch op($\cdot$, 1) gegebene) Element der Listen $L_1, L_2, \ldots$ extrahiert werden soll:

```
>> L := [[a1, b1], [a2, b2], [a3, b3]]: map(L, op, 1)
```
$[\text{a}1, \text{a}2, \text{a}3]$

Die Funktion select dient dazu, Listenelemente mit bestimmten Eigenschaften aus einer Liste heraus zu filtern. Man braucht dazu eine Funktion, welche Eigenschaften von Objekten überprüft und jeweils TRUE oder FALSE liefert. Der Aufruf has(objekt1, objekt2) liefert beispielsweise den Wert TRUE, falls objekt2 einer der Operanden oder Teiloperanden von objekt1 ist, anderenfalls wird FALSE zurückgeliefert:

```
>> has(1 + sin(1 + x), x), has(1 + sin(1 + x), y)
   TRUE, FALSE
```

72   4. MuPAD-Objekte

Mit dem folgenden Befehl werden alle Listenelemente herausgefiltert, für die has(·, a) den Wert TRUE liefert:

```
>> select([a + 2, x, y, z, sin(a)], has, a)
```
$[a + 2, \sin(a)]$

Eine Liste kann durch die Funktion split in drei Listen aufgespalten werden, von denen die Elemente der ersten Liste eine bestimmte Eigenschaft haben und die Elemente der zweiten Liste nicht. Falls es Elemente gibt, bei denen das Testen der geforderten Eigenschaft den logischen Wert UNKNOWN (unbekannt) liefert, so werden diese Elemente in einer dritten Liste gespeichert. Sonst ist die dritte Liste leer. Die Rückgabe erfolgt in Form einer Liste, die aus den drei oben beschriebenen Listen besteht:

```
>> split([sin(x), x^2, y, 11], has, x)
```
$[[\sin(x), x^2], [y, 11], []]$

Weiterhin existiert in MuPAD die Funktion zip (englisch: *to zip* = mit einem Reißverschluss verschließen). Mit dieser Funktion ist es möglich, die Elemente zweier Listen paarweise zu einer neuen Liste zu verknüpfen:

```
>> L1 := [a, b, c]: L2 := [d, e, f]:
>> zip(L1, L2, _plus), zip(L1, L2, _mult),
   zip(L1, L2, _power)
```
$[a + d, b + e, c + f], \; [a\,d, b\,e, c\,f], \; [a^d, b^e, c^f]$

Das dritte Argument in zip muss eine Funktion zweier Argumente sein, mit der die Elemente der Listen verknüpft werden. Im Beispiel wurden die MuPAD-Funktionen _plus, _mult, _power für die Addition, die Multiplikation bzw. die Exponentiation verwendet. Für Listen unterschiedlicher Länge hängt das Verhalten von zip davon ab, ob ein zusätzliches viertes Argument angegeben wird. Ohne dieses Argument werden nur so viele Paare bearbeitet, wie aus den beiden Listen gebildet werden können. Mit dem vierten Argument werden „fehlende" Listeneinträge durch dieses Argument ersetzt:

```
>> L1 := [a, b, c, 1, 2]: L2 := [d, e, f]:
>> zip(L1, L2, _plus)
```
$[a + d, b + e, c + f]$

```
>> zip(L1, L2, _plus, hallo)
```
$[a + d, b + e, c + f, \text{hallo} + 1, \text{hallo} + 2]$

Es folgt eine Zusammenfassung der angesprochenen Listenoperationen:

. bzw. _concat	: Aneinanderfügen
append	: Anhängen von Elementen
contains(Liste,x)	: enthält Liste das Element x?
Liste[i]	: Zugriff auf Element i
map	: Anwendung einer Funktion
nops	: Länge
op	: Zugriff auf die Elemente
select	: Filtern nach Eigenschaften
sort	: sortieren
split	: Zerlegen nach Eigenschaften
subsop	: Änderung einzelner Elemente
delete	: Löschen von Elementen
zip	: Verknüpfung zweier Listen

Aufgabe 4.14: Erzeugen Sie Listen mit den Einträgen a, b, c, d bzw. $1, 2, 3, 4$. Hängen Sie die Listen aneinander! Multiplizieren Sie die Listen elementweise!

Aufgabe 4.15: Multiplizieren Sie alle Einträge der Liste [1, x, 2] mit einem Faktor! Gegeben sei eine Liste, dessen Elemente Listen von Zahlen oder Ausdrücken sind, z. B. [[1, x, 2], [PI], [2/3, 1]]. Wie können alle Einträge mit dem Faktor 2 multipliziert werden?

Aufgabe 4.16: Seien $X = [x_1, \ldots, x_n]$ und $Y = [y_1, \ldots, y_n]$ zwei Listen der selben Länge. Finde Sie einen einfachen Weg, ihr

- „Skalarprodukt" (X als Zeilenvektor und Y als Spaltenvektor)

$$x_1 y_1 + \cdots + x_n y_n$$

- „Matrixprodukt" (X als Spaltenvektor und Y als Zeilenvektor)

$$[[x_1 y_1, x_1 y_2, \ldots, x_1 y_n], [x_2 y_1, x_2 y_2, \ldots, x_2 y_n],$$
$$[x_3 y_1, x_3 y_2, \ldots, x_3 y_n], \ldots, [x_n y_1, x_n y_2, \ldots, x_n y_n]]$$

zu berechnen. Dies kann mit zip, _plus, map und geeigneten Funktionen (Abschnitt 4.12) jeweils in einer einzigen Kommandozeile geschehen, Schleifen (Kapitel 16) sind nicht nötig.

Aufgabe 4.17: In der Zahlentheorie interessiert man sich oft für die Primzahldichten in Folgen der Form $f(1), f(2), \ldots$, wobei f ein Polynom ist. Untersuchen Sie für $m = 0, 1, \ldots, 41$ jeweils, wie viele der Zahlen $n^2 + n + m$ mit $n = 1, 2, \ldots, 100$ Primzahlen sind!

Aufgabe 4.18: In welcher Reihenfolge werden n Kinder durch einen m-silbigen Abzählvers abgezählt? Beispielsweise scheiden beim Abzählvers „e-ne-me-ne-mu und raus bist du" 12 Kinder in der Reihenfolge 9–6–4–3–5–8–12–10–11–7–1–2 aus. Anleitung: Man kodiere die Namen der Kinder durch die Liste [1, 2, ...] und entferne nach jedem Abzählen ein Element aus dieser Liste.

4.7 Mengen

Mengen (englisch: *sets*) bestehen aus einer (ungeordneten) Folge beliebiger Objekte, die in geschweiften Klammern eingeschlossen werden. Sie sind vom Domain-Typ `DOM_SET`:

```
>> {34, 1, 89, x, -9, 8}
    {1, 8, -9, 34, 89, x}
```

Die Reihenfolge, in der die Elemente gespeichert werden, wirkt dabei zufällig! Die Anordnung wird vom MuPAD-Kern nach internen Prinzipien durchgeführt und kann vom Nutzer nicht kontrolliert werden. Es ist nicht einmal sichergestellt, dass identische Mengen intern identisch repräsentiert werden, beispielsweise, wenn die Elemente in einer anderen Reihenfolge eingefügt werden. Für die Darstellung am Bildschirm werden die Einträge aber sortiert, so dass Mengen mit identischen Einträgen auch gleich dargestellt werden.

Man sollte Mengen nur verwenden, wenn die Anordnung der eingegebenen Ausdrücke keine Rolle spielt. Zum Bearbeiten einer Folge von beliebigen Ausdrücken, die in einer bestimmten Reihenfolge stehen sollen, stellt MuPAD die im vorangegangenen Abschnitt vorgestellten Listen zur Verfügung.

Eine Menge kann auch leer sein:

```
>> LeereMenge := {}
    ∅
```

4.7 Mengen

Eine Menge enthält jedes Element nur einmal, d. h., Duplikate eingegebener Elemente werden eliminiert:

```
>> Menge := {a, 1, 2, 3, 4, a, b, 1, 2, a}
```
$\{1, 2, 3, 4, a, b\}$

Die Anzahl der Elemente einer Menge kann mit der Funktion nops erfragt werden. Wie bei Folgen und Listen können mittels op einzelne Elemente aus der Menge ausgelesen werden:

```
>> op(Menge)
```
a, 1, 2, 3, 4, b
```
>> op(Menge, 2..4)
```
1, 2, 3

Achtung: Da Mengenelemente nach Eingabe intern umgeordnet worden sein können, muss genau überlegt werden, ob das Auslesen des i-ten Elementes sinnvoll ist. Mit subsop(Menge,i=neu) (Abschnitt 6) kann man beispielsweise das i-te Element durch einen neuen Wert ersetzen, wobei man aber vorher (mit op) überprüfen sollte, ob das zu ersetzende Element wirklich als i-tes Element gespeichert wurde.

Der Befehl op(set,i) gibt das i-te Element der Menge set in der internen Ordnung zurück. Dieses unterscheidet sich üblicherweise vom i-ten auf dem Bildschirm angezeigten Element. Man kann mittels set[i] auf das i-te auf dem Bildschirm angezeigte Element zugreifen.

Mit den Funktionen union, intersect und minus können die Vereinigungsmenge, die Schnittmenge und die Differenzmenge mehrerer Mengen gebildet werden:

```
>> M1 := {1, 2, 3, a, b}: M2 := {a, b, c, 4, 5}:
>> M1 union M2, M1 intersect M2, M1 minus M2, M2 minus M1
```
$\{1, 2, 3, 4, 5, a, b, c\}$, $\{a, b\}$, $\{1, 2, 3\}$, $\{4, 5, c\}$

Speziell können durch minus einzelne Elemente aus einer Menge entfernt werden:

```
>> {1, 2, 3, a, b} minus {3, a}
```
$\{1, 2, b\}$

Damit kann ein Element einer Menge gezielt durch einen neuen Wert ersetzt werden, ohne vorher die Reihenfolge der Elemente in der Menge überprüfen zu müssen:

```
>> delete a, b, c, d: Menge := {a, b, alt, c, d}:
>> Menge minus {alt} union {neu}
```
$\{a, b, c, d, \text{neu}\}$

Man kann mittels contains prüfen, ob ein Element in einer Menge enthalten ist. Es wird jeweils TRUE oder FALSE zurückgeliefert.[6]

```
>> contains({a, b, c}, a), contains({a, b, c + d}, c)
```
TRUE, FALSE

In MuPAD können Mengen von Funktionsnamen als mengenwertige Funktion aufgefasst werden:

```
>> {sin, cos, f}(x)
```
$\{\cos(x), f(x), \sin(x)\}$

Andererseits können auch Funktionen mit Hilfe der Funktion map auf die Elemente einer Menge angewendet werden:

```
>> map({x, 1, 0, PI, 0.3}, sin)
```
$\{0.2955202067, 0, \sin(1), \sin(x)\}$

Analog zu Listen können mit der select-Funktion Mengenelemente mit bestimmten Eigenschaften herausgefiltert werden. Sie wirkt wie bei Listen, liefert aber diesmal eine Menge:

```
>> select({{a, x, b}, {a}, {x, 1}}, contains, x)
```
$\{\{1, x\}, \{a, b, x\}\}$

Analog zu Listen werden Mengen durch die Funktion split in drei Mengen aufgespalten, deren Elemente bestimmte Eigenschaften haben oder nicht haben bzw. für die das Testen der Eigenschaft den logischen Wert UNKNOWN ergibt. Die Rückgabe erfolgt in Form einer Liste, die aus den drei oben beschriebenen Mengen besteht:

```
>> split({{a, x, b}, {a}, {x, 1}}, contains, x)
```
$[\{\{1, x\}, \{a, b, x\}\}, \{\{a\}\}, \emptyset]$

---

[6] Man beachte das unterschiedliche Verhalten von contains bei Listen: Dort ist die Reihenfolge der Elemente bei der Erzeugung festgelegt, und contains liefert die Position des Elementes in der Liste.

4.7 Mengen

Es folgt eine Zusammenfassung der angesprochenen Mengenoperationen:

```
contains(M,x) : enthält M das Element x?
intersect     : Schnittmenge
map           : Anwendung einer Funktion
minus         : Differenzmenge
nops          : Mächtigkeit
op            : Zugriff auf die Elemente
select        : Filtern nach Eigenschaften
split         : Zerlegen nach Eigenschaften
subsop        : Änderung einzelner Elemente
union         : Vereinigungsmenge
```

Weiterhin enthält die Bibliothek combinat eine Reihe kombinatorischer Funktionen für endliche Mengen. Eine Übersicht erhält man mit ?combinat. Ein Beispiel der dort installierten Routinen ist die Funktion combinat::subsets, welche die Potenzmenge einer Menge erzeugt. (Nähere Informationen wie immer mittels ?combinat::subsets.)

MuPAD stellt auch die Datenstruktur Dom::ImageSet für unendliche Mengen zur Verfügung (siehe Abschnitt 8.2).

Aufgabe 4.19: Wie konvertiert man eine Liste in eine Menge und zurück?

Aufgabe 4.20: Erzeugen Sie die Mengen $A = \{a, b, c\}$, $B = \{b, c, d\}$ und $C = \{b, c, e\}$. Bestimmen Sie die Vereinigung $A \cup B \cup C$, den Schnitt $A \cap B \cap C$ und die Differenzmenge $A \setminus (B \cup C)$!

Aufgabe 4.21: Vereinigungen und Schnitte von Mengen können statt mit den binären Operatoren intersect und union auch durch die entsprechenden MuPAD-Funktionen _intersect und _union berechnet werden. Diese Funktionen akzeptieren beliebig viele Argumente. Berechnen Sie mit einfachen Befehlen die Vereinigung und den Durchschnitt aller Elemente in M:

```
>> M := {{2, 3}, {3, 4}, {3, 7}, {5, 3}, {1, 2, 3, 4}}:
```

Aufgabe 4.22: Die combinat-Bibliothek enthält eine Funktion zur Erzeugung aller k-elementigen Teilmengen einer endlichen Menge. Finden Sie sie, und lesen Sie die entsprechende Hilfeseite!

Erzeugen Sie damit alle 3-elementigen Teilmengen von $\{5, 6, \ldots, 20\}$! Wie viele solcher Teilmengen gibt es?

4.8 Tabellen

Eine Tabelle (englisch: *table*) ist ein MuPAD-Objekt vom Typ DOM_TABLE, welches eine Ansammlung von Gleichungen der Form Index=Wert darstellt. Indizes und Werte können dabei beliebige MuPAD-Objekte sein. Dadurch sind Tabellen sehr vielseitig und flexibel. Sie können mittels der Systemfunktion table eingegeben werden („explizite Tabellenerzeugung"):

```
>> T := table(a = b, c = d)
```
$$\begin{bmatrix} a = b \\ c = d \end{bmatrix}$$

Weitere Einträge können durch „indizierte Zuweisungen", also Befehle der Form Tabelle[Index]:=Wert, erzeugt werden, bereits definierte Einträge können in dieser Form abgeändert werden:

```
>> T[f(x)] := sin(x): T[1, 2] := 5:
>> T[1, 2, 3] := {a, b, c}: T[a] := B:
>> T
```
$$\begin{bmatrix} a & = & B \\ c & = & d \\ f(x) & = & \sin(x) \\ (1,2) & = & 5 \\ (1,2,3) & = & \{a,b,c\} \end{bmatrix}$$

Es ist nicht unbedingt notwendig, eine Tabelle mittels table zu initialisieren. Eine indizierte Zuweisung der Art T[Index]:=Wert mit einem Bezeichner T ohne Wert weist dem Bezeichner automatisch eine Tabellenstruktur zu („implizite Tabellenerzeugung"):

```
>> delete T: T[a] := b: T[b] := c: T
```
$$\begin{bmatrix} a = b \\ b = c \end{bmatrix}$$

Tabellen können leer sein:

```
>> T := table()
```
$$[$$

4.8 Tabellen

Einträge einer Tabelle können mit `delete Tabelle[Index]` gelöscht werden:

```
>> T := table(a = b, c = d, d = a*c): delete T[a], T[c]:
>> T
```
$$\left[d = ac \right.$$

Mit `Tabelle[Index]` wird auf den Tabelleninhalt zugegriffen: Es wird der dem Index zugeordnete Wert zurückgeliefert. Falls ein Index nicht in der Tabelle enthalten ist, wird `Tabelle[Index]` symbolisch zurückgegeben:

```
>> T := table(a = b, c = d, d = a*c):
>> T[a], T[b], T[c], T[d]
```
b, T_b, d, ac

Der gesamte Inhalt einer Tabelle, also alle Zuordnungen `Index = Wert` als Folge, kann mittels `op(Tabelle)` ermittelt werden:

```
>> op(table(a = A, b = B, c = C))
```
$a = A, b = B, c = C$

Man beachte jedoch, dass die Anordnung, in der die Tabelleneinträge gespeichert werden, nicht mit der Reihenfolge bei der Erzeugung übereinstimmen muss und zufällig wirkt:

```
>> op(table(a.i = i^2 $ i = 1..17))
    a9 = 81, a10 = 100, a8 = 64, a11 = 121, a7 = 49,
      a12 = 144, a6 = 36, a13 = 169, a5 = 25, a14 = 196,
      a4 = 16, a15 = 225, a3 = 9, a16 = 256, a2 = 4,
      a17 = 289, a1 = 1
```

Mit `map` kann eine Funktion auf die in einer Tabelle gespeicherten *Werte* (nicht auf die Indizes) angewendet werden:

```
>> T := table((x.i=sqrt(i)) $ i=1..5):
   map(T, float)
```
$$\begin{bmatrix} x1 &=& 1.0 \\ x2 &=& 1.414213562 \\ x3 &=& 1.732050808 \\ x4 &=& 2.0 \\ x5 &=& 2.236067977 \end{bmatrix}$$

Die Funktion `contains` überprüft, ob ein bestimmter *Index* in einer Tabelle enthalten ist, die *Werte* werden dabei jedoch nicht untersucht:

```
>> T := table(a = b): contains(T, a), contains(T, b)
   TRUE, FALSE
```

Mit `select` und `split` können sowohl Indizes als auch Werte einer Tabelle untersucht und nach gewissen Kriterien herausgefiltert werden. Diese Funktionen arbeiten auf Tabellen genauso wie auf Listen (Abschnitt 4.6) und Mengen (Abschnitt 4.7):

```
>> T := table(1 = "Zahl", 1.0 = "Zahl", x = "Symbol"):
>> select(T, has, "Symbol")
```
$$\left[\; x \;=\; \text{"Symbol"} \right]$$
```
>> select(T, has, 1.0)
```
$$\left[\; 1.0 \;=\; \text{"Zahl"} \right]$$
```
>> split(T, has, "Zahl")
```
$$\left[\left[\begin{array}{rcl} 1 & = & \text{"Zahl"} \\ 1.0 & = & \text{"Zahl"} \end{array}\right], \left[\; x \;=\; \text{"Symbol"} \right], [\;]\right]$$

Tabellen sind Datenstrukturen, die für das Speichern großer Datenmengen gut geeignet sind. Indizierte Zugriffe auf *einzelne* Elemente sind auch bei großen Tabellen sehr schnell, da beim Schreiben oder Lesen intern nicht die gesamte Datenstruktur durchsucht wird.

Aufgabe 4.23: Erzeugen Sie eine Tabelle `Telefonbuch` mit den folgenden Einträgen:

Meier 1815, Schulz 4711, Schmidt 1234, Müller 5678!

Schlagen Sie die Nummer von Meier nach! Wie finden Sie den Teilnehmer mit der Nummer 5678 heraus?

Aufgabe 4.24: Wie konstruiert man für eine gegebene Tabelle eine Liste aller Indizes bzw. eine Liste aller Werte?

Aufgabe 4.25: Erzeugen Sie die Tabelle `table(1=1, 2=2, ..., n=n)` sowie die Liste [1, 2, ..., n] der Länge $n = 100\,000$! Erweitern Sie die Tabelle und die Liste um einen zusätzlichen Eintrag! Wieviel Zeit wird jeweils benötigt?

Anleitung: Mit `time((a:=b))` wird die für eine Zuweisung benötigte Zeit ausgegeben.

4.9 Felder

Felder (englisch: *arrays*) vom Domain-Typ `DOM_ARRAY` wirken für den Nutzer wie spezielle Tabellen, d. h., sie sind wiederum als Sammlungen von Gleichungen der Form `Index = Wert` vorstellbar. Im Gegensatz zu Tabellen können die Indizes aber nur durch ganze Zahlen spezifiziert werden. Eindimensionale Felder bestehen aus Zuordnungen der Form `i = Wert` und stellen mathematisch Vektoren dar, deren i-te Komponente den Wert `Wert` besitzt. Zweidimensionale Felder stellen Matrizen dar, deren Komponenten i, j durch Zuordnungen der Form `(i,j) = Wert` gespeichert werden. Es können Felder beliebiger Dimension `(i, j, k, ...)` erzeugt werden.

Die Erzeugung von Feldern geschieht durch die Systemfunktion `array`. Die einfachste Form der Initialisierung übergibt eine Folge von Bereichen, welche die Dimension und die Größe des Feldes festlegen:

```
>> A := array(0..1, 1..3)
                 +-                              -+
                 |   ?[0, 1],  ?[0, 2],  ?[0, 3]  |
                 |                                |
                 |   ?[1, 1],  ?[1, 2],  ?[1, 3]  |
                 +-                              -+
```

Man sieht hier, dass der erste Bereich `0..1` die Anzahl der Zeilen und der zweite Bereich `1..3` die Anzahl der Spalten des Feldes festlegt. Die Ausgabe `?[0, 1]` bedeutet, dass diesem Index noch kein Wert zugewiesen wurde. Mit der obigen Initialisierung wurde also ein leeres Feld erzeugt. Den einzelnen Indizes können nun Werte zugewiesen werden:

```
>> A[0, 1] := 1: A[0, 2] := 2: A[0, 3] := 3:
>> A[1, 3] := HALLO: A
```
$$\begin{pmatrix} 1 & 2 & 3 \\ A_{1,1} & A_{1,2} & \text{HALLO} \end{pmatrix}$$

Die Erzeugung eines vollständigen Feldes kann auch unmittelbar während der Initialisierung mit `array` geschehen, wobei die Werte mit Hilfe von (verschachtelten) Listen übergeben werden:

```
>> A := array(1..2, 1..3, [[1, 2, 3], [4, 5, 6]])
```

$$\begin{pmatrix} 1 & 2 & 3 \\ 4 & 5 & 6 \end{pmatrix}$$

Das Zugreifen und Verändern von Feldelementen erfolgt analog zu den Tabellen:

```
>> A[2, 3] := A[2, 3] + 10: A
```

$$\begin{pmatrix} 1 & 2 & 3 \\ 4 & 5 & 16 \end{pmatrix}$$

Das Löschen eines Elementes erfolgt wiederum mittels `delete`:

```
>> delete A[1, 1], A[2, 3]:  A , A[2, 3]
```

$$\begin{pmatrix} A_{1,1} & 2 & 3 \\ 4 & 5 & A_{2,3} \end{pmatrix}, A_{2,3}$$

Für Felder existiert ein „0-ter Operand" `op(Feld, 0)`, der Informationen über die Dimension und die Größe des Feldes enthält. Er besteht aus einer Folge $d, a_1 .. b_1, \ldots, a_d .. b_d$, wo d die Dimension (also die Anzahl der Indizes) ist und $a_i .. b_i$ jeweils den zulässigen Bereich des i-ten Indexes angeben:

```
>> Vektor := array(1..3, [x, y, z]): op(Vektor, 0)
   1, 1..3
>> Matrix := array(1..2, 1..3, [[a, b, c], [d, e, f]]):
>> op(Matrix, 0)
   2, 1..2, 1..3
```

Die Größe einer $m \times n$-Matrix `array(1..m, 1..n)` ist demnach als

```
m = op(Matrix, [0, 2, 2]), n = op(Matrix, [0, 3, 2])
```

im Feld gespeichert. Die interne Struktur von Feldern unterscheidet sich von der Tabellenstruktur. Die Zuordnungen `Index=Wert` werden nicht als Gleichungen gespeichert:

```
>> op(Matrix)
   a, b, c, d, e, f
```

Im Vergleich zu Feldern ist der Tabellen-Datentyp wesentlich flexibler: Dort sind beliebige Indizes zugelassen und die Größe von Tabellen kann dynamisch wachsen. Felder sind dazu gedacht, Vektoren und Matrizen fixierter Größe zu speichern. Beim indizierten Aufruf wird jeweils überprüft, ob die aufgerufenen Indizes kompatibel sind mit dem bei der Initialisierung spezifizierten Bereich. So ergibt sich etwa bei der obigen 2 × 3-Matrix:

```
>> Matrix[4, 7]
   Error: Illegal argument [array]
```

Mit `map` kann eine Funktion auf die Feldkomponenten angewendet werden. So liefert beispielsweise

```
>> A := array(1..2, [PI, 1/7]): map(A, float)
```

$$\begin{pmatrix} 3.141592654 & 0.1428571429 \end{pmatrix}$$

den einfachsten Weg, alle im Feld gespeicherten Werte in Gleitpunktzahlen umzuwandeln.

Achtung: Falls M ein Bezeichner ohne Wert ist, so wird durch eine indizierte Zuweisung der Form `M[index, index, ...] := Wert` kein Feld vom Typ `DOM_ARRAY` erzeugt, sondern eine Tabelle (Abschnitt 4.8):

```
>> delete M: M[1, 1] := a: M
```

$$\begin{bmatrix} (1,1) = a \end{bmatrix}$$

Zusätzlich stellt MuPAD für das Rechnen mit Vektoren und Matrizen eine weitere Datenstruktur mit dem Domain-Typ `Dom::Matrix` zur Verfügung, die in Abschnitt 4.15 vorgestellt wird. Diese Objekte sind besonders angenehm zu handhaben: Matrix-Matrix- oder Matrix-Vektor-Multiplikationen werden einfach mit dem üblichen Multiplikationssymbol * geschrieben, Matrizen können mittels + einfach komponentenweise addiert werden. Bei der Benutzung von Feldern muss z. B. für eine Matrix-Matrix-Multiplikation eine eigene kleine Prozedur geschrieben werden. Man vergleiche dazu die Beispiele `MatrixProdukt` bzw. `MatrixMult` in den Abschnitten 18.4 bzw. 18.5.

Aufgabe 4.26: Erzeugen Sie die so genannte Hilbert-Matrix der Dimension 20 × 20 mit den Einträgen

$$H_{ij} = \frac{1}{i+j-1} \,!$$

4.10 Logische Ausdrücke

In MuPAD sind die drei logischen („Booleschen") Werte TRUE („wahr"), FALSE („unwahr") und UNKNOWN („unbekannt") implementiert:

```
>> domtype(TRUE), domtype(FALSE), domtype(UNKNOWN)
    DOM_BOOL, DOM_BOOL, DOM_BOOL
```

Mit and (logisches „und"), or (logisches „oder") bzw. der logischen Verneinung not können diese Werte miteinander verknüpft und wieder zu einem der 3 logischen Werte vereinfacht werden:

```
>> TRUE and FALSE, not (TRUE or FALSE),
   TRUE and UNKNOWN, TRUE or UNKNOWN
    FALSE, FALSE, UNKNOWN, TRUE
```

Gleichungen, Ungleichungen oder Größenvergleiche mittels >, >=, <, <= können durch die Funktion bool zu TRUE oder FALSE ausgewertet werden:

```
>> a := 1: b := 2:
>> bool(a = b), bool(a <> b),
   bool(a <= b) or not bool(a > b)
    FALSE, TRUE, TRUE
```

Man beachte, dass bool lediglich MuPAD Zahlen vom Typ DOM_INT (ganze Zahlen), DOM_RAT (rationale Zahlen) bzw. DOM_FLOAT (reelle Gleitpunktzahlen) miteinander vergleichen kann. Exakte numerische Ausdrücke wie sqrt(2), exp(3) oder PI können nicht verglichen werden:[7]

```
>> bool(3 <= PI)
    Error: Can't evaluate to boolean [_leequal]
```

Die typische Anwendung dieser Konstrukte sind die Verzweigungsbedingungen in if-Abfragen (Kapitel 17) oder die Abbruchbedingungen in repeat-Schleifen (Kapitel 16). Das folgende Beispiel untersucht die Zahlen 1, 2, 3 und gibt aus, ob es sich jeweils um eine Primzahl handelt. Die Systemfunktion isprime („ist das Argument eine Primzahl?") liefert dabei jeweils TRUE oder FALSE, die repeat-Schleife wird beendet, sobald die Abbruchbedingung $i = 3$ zu TRUE ausgewertet wird:

---

[7] Natürlich können Gleitpunkt-Approximationen verglichen werden: bool(3 <= float(PI)) liefert TRUE.

```
>> i := 0:
   repeat
     i := i + 1;
     if isprime(i)
         then print(i, "ist eine Primzahl")
         else print(i, "ist keine Primzahl")
     end_if
   until i = 3 end_repeat
                     1, "ist keine Primzahl"

                     2, "ist eine Primzahl"

                     3, "ist eine Primzahl"
```

Hierbei wurden für die Ausgabe in " eingeschlossene Zeichenketten verwendet, die in Abschnitt 4.11 behandelt werden. Man beachte, dass in `if`-Abfragen bzw. in Schleifenbedingungen die Funktion `bool` nicht benutzt zu werden braucht, um die (typischerweise als Gleichungen, Ungleichungen oder Größenvergleiche gegebenen) Bedingungen zu TRUE oder FALSE auszuwerten.

Aufgabe 4.27: Mit $\wedge$ wird das logische „und" bezeichnet, mit $\vee$ das logische „oder", das Zeichen $\neg$ steht für die logische Verneinung. Welchen Wert ergibt

$$\text{wahr} \wedge (\text{unwahr} \vee \neg (\text{unwahr} \vee \neg \text{unwahr}))\,?$$

Aufgabe 4.28: Gegeben seien zwei MuPAD-Listen L1, L2 gleicher Länge. Wie findet man heraus, ob für alle Listenelemente L1[i] < L2[i] gilt?

4.11 Zeichenketten

Texte stehen in MuPAD als *Zeichenketten* (englisch: *strings*) zur Verfügung, welche zur Gestaltung der Ausgabe dienen. Sie sind Aneinanderreihungen beliebiger Zeichen, die durch die „Stringbegrenzer" " eingeschlossen werden. Ihr Domain-Typ ist DOM_STRING.

```
>> Text1 := "Mit * wird multipliziert"; Text2 := ", ";
   Text3 := "mit ^ wird potenziert."
                  "Mit * wird multipliziert"

                           ", "

                  "mit ^ wird potenziert."
```

4. MuPAD-Objekte

Mit dem Konkatenationsoperator . können Zeichenketten zusammengefügt werden:

```
>> Text4 := Text1.Text2.Text3
   "Mit * wird multipliziert, mit ^ wird potenziert."
```

Der Punkt-Operator ist eine Abkürzung für die Funktion _concat, die (beliebig viele) Zeichenketten zusammenfügt:

```
>> _concat("Dies ist ", "ein Text", ".")
              "Dies ist ein Text."
```

Mit dem Indexoperator [] können die einzelnen Zeichen aus einer Zeichenkette extrahiert werden:[8]

```
>> Text4[1], Text4[2], Text4[3], Text4[4], Text4[5]
            "M", "i", "t", " ", "*"
```

Der Befehl print dient zur Ausgabe von Zwischenergebnissen in Schleifen oder Prozeduren (Abschnitt 13.1.1). Diese Funktion gibt für Zeichenketten standardmäßig die Anführungszeichen mit aus, was durch das Verwenden der Option Unquoted unterdrückt werden kann:

```
>> print(Text4)
   "Mit * wird multipliziert, mit ^ wird potenziert."

>> print(Unquoted, Text4)
    Mit * wird multipliziert, mit ^ wird potenziert.
```

Zeichenketten sind keine gültigen Bezeichner in MuPAD, d.h., sie können nicht mittels Zuweisungen als symbolische Namen für MuPAD-Objekte benutzt werden:

```
>> "Name" := sin(x)
   Error: Invalid left-hand side in assignment [line 1, \
   col 9]
```

Auch ist mit ihnen keine Arithmetik möglich:

```
>> 1 + "x"
   Error: Illegal operand [_plus]
```

---

[8] Bis MuPAD 2.5 begann die Zählung in Zeichenketten bei 0, im Gegensatz zu anderen Objekten.

Sie können aber durchaus in Gleichungen verwendet werden:

```
>> "Ableitung von sin(x)" = cos(x)
```
"Ableitung von sin(x)" $= \cos(x)$

Mit `expr2text` (englisch: *expression to text*) können MuPAD-Objekte in Zeichenketten umgewandelt werden, mit denen sich die Ausgabe in der vom Anwender gewünschten Form gestalten lässt:

```
>> i := 7:
>> print(Unquoted, expr2text(i)." ist eine Primzahl.")
                7 ist eine Primzahl.

>> a := sin(x):
>> print(Unquoted, "Die Ableitung von " . expr2text(a) .
              " ist " . expr2text(diff(a, x)). ".")
            Die Ableitung von sin(x) ist cos(x).
```

Ein fortgeschrittenes Beispiel zur formatierten Ausgabe mit `print` finden Sie auf der entsprechenden Hilfeseite: `?print`.

Es existieren zahlreiche weitere nützliche Funktionen zum Umgang mit Zeichenketten in der Standardbibliothek (Abschnitt „Zeichenketten" der MuPAD-Kurzreferenz [O 04]) sowie in der String-Bibliothek (siehe `?stringlib`).

Aufgabe 4.29: Mit dem Aufruf `anames(All)`, der in Abschnitt 4.3 erwähnt wurde, wird die Menge aller Bezeichner erzeugt, die innerhalb der aktuellen MuPAD-Sitzung einen Wert haben. Lassen Sie sich eine *alphabetisch* geordnete Liste dieser Bezeichner anzeigen!

Aufgabe 4.30: Wie erhält man das „Spiegelbild" einer Zeichenkette? Hinweis: Die Funktion `length` gibt die Anzahl der Zeichen in einer Zeichenkette an.

4.12 Funktionen

Mit dem aus dem Minus- und dem „größer"-Zeichen gebildeten Abbildungsoperator `->` lassen sich einfach Objekte erzeugen, welche mathematischen Abbildungen entsprechen:

```
>> f := (x, y) -> x^2 + y^2
```
$(x, y) \mapsto x^2 + y^2$

4. MuPAD-Objekte

Die so definierte Funktion f kann nun wie eine beliebige Systemfunktion aufgerufen werden und ordnet hier zwei beliebigen Eingangsparametern (den „Argumenten") die Quadratsumme zu:

```
>> f(a, b + 1)
```
$$(b+1)^2 + a^2$$

Im folgenden Beispiel liefert die if-Abfrage (Kapitel 17) einen Wert, der als Funktionswert benutzt wird:

```
>> Betrag := x -> (if x >= 0 then x else -x end_if):
>> Betrag(-2.3)
```
$$2.3$$

Wie schon in Abschnitt 4.4.1 vorgestellt, wird die durch Hintereinanderschaltung zweier Funktionen f und g definierte Funktion $h : x \to f(g(x))$ mittels des Operators @ durch f@g erzeugt:

```
>> f := x -> 1/(1 + x): g := x -> sin(x^2):
>> h := f@g: h(a)
```
$$\frac{1}{\sin(a^2) + 1}$$

Durch den Iterationsoperator @@ kann die mehrfache Hintereinanderschaltung $f(f(f(\cdot)))$ einer Funktion definiert werden:

```
>> fff := f@@3: fff(a)
```
$$\frac{1}{\frac{1}{\frac{1}{a+1}+1}+1}$$

Diese Konstruktionen funktionieren natürlich auch mit den Systemfunktionen. So liefert z. B. abs@Re den Absolutbetrag des Realteils einer komplexen Zahl:

```
>> f := abs@Re: f(-2 + 3*I)
```
$$2$$

4.12 Funktionen

Man hat bei symbolischen Rechnungen oft die Alternative, eine mathematische Funktion entweder als *Abbildung* Argumente → Wert darzustellen oder auch als *Ausdruck* Funktion(Argumente):

```
>> Abbildung := x -> 2*x*cos(x^2):
>> Ausdruck := 2*x*cos(x^2):
>> int(Abbildung(x), x), int(Ausdruck, x)
```

$\sin\left(x^2\right)$, $\sin\left(x^2\right)$

Eine Konvertierung zwischen diesen Darstellungsformen kann leicht durchgeführt werden. So liefert z. B. die Funktion unapply aus der fp-Bibliothek (englisch: *functional programming*) die Möglichkeit, einen Ausdruck in eine Abbildung umzuwandeln:

```
>> h := fp::unapply(Ausdruck);
   h'
```

$x \mapsto 2\,x\,\cos\left(x^2\right)$

$x \mapsto 2\,\cos\left(x^2\right) - 4\,x^2\,\sin\left(x^2\right)$

Tatsächlich ist h' das funktionale Äquivalent von diff(Ausdruck,x):

```
>> h'(x) = diff(Ausdruck, x)
```

$2\,\cos\left(x^2\right) - 4\,x^2\,\sin\left(x^2\right) = 2\,\cos\left(x^2\right) - 4\,x^2\,\sin\left(x^2\right)$

Die Funktion h' ist ein Beispiel für die in MuPAD mögliche Darstellung von Abbildungen mittels *funktionaler Ausdrücke*: Komplexere Funktionen werden aus einfachen Funktionen (etwa sin, cos, exp, ln, id) aufgebaut, indem die Bezeichner dieser einfachen Funktionen durch Operatoren miteinander verknüpft werden. Diese Verknüpfung kann mit Hilfe des Kompositionsoperators @ für die Hintereinanderschaltung sowie der üblichen Arithmetikoperatoren +, * etc. geschehen. Man beachte hierbei, dass die Arithmetik dabei Funktionen erzeugt, welche (wie es mathematisch auch sinnvoll ist) *punktweise* definiert sind: $f + g$ ist die Abbildung $x \to f(x) + g(x)$, $f\,g$ ist die Abbildung $x \to f(x)\,g(x)$ etc.:

```
>> delete f, g:
>> a := f + g: b := f*g: c := f/g: a(x), b(x), c(x)
```

$f(x) + g(x),\ f(x)\,g(x),\ \dfrac{f(x)}{g(x)}$

Es ist hierbei durchaus erlaubt, Zahlenwerte in die Funktionsdefinition mit aufzunehmen: Zahlen werden dann als konstante Funktionen interpretiert, deren Wert die entsprechende Zahl ist:

```
>> 1(x), 0.1(x, y, z), PI(x)
   1, 0.1, π
>> a := f + 1: b := f*3/4:
   c := f + 0.1: d := f + sqrt(2):
>> a(x), b(x), c(x), d(x)
```

$$f(x)+1, \ \frac{3f(x)}{4}, \ f(x)+0.1, \ f(x)+\sqrt{2}$$

Die Definition von Funktionen mit Hilfe von -> bietet sich bei sehr einfachen Funktionen an, bei denen das Endergebnis ohne Zwischenrechnungen aus den Eingangsparametern ermittelt werden kann. Bei Funktionen, in denen komplexere Algorithmen zur Berechnung zu durchlaufen sind, werden in der Regel viele Befehle und Hilfsvariablen benötigt werden, um Zwischenergebnisse zu berechnen und zu speichern. Dies lässt sich zwar durchaus mit -> realisieren, hat aber den Nachteil, dass meist *globale Variablen* benutzt werden müssen. Es bietet sich statt dessen die Deklaration einer Prozedur mittels proc() begin ... end_proc an. Dieses wesentlich flexiblere Konstrukt der Programmiersprache MuPADs wird in Kapitel 18 genauer vorgestellt.

Aufgabe 4.31: Definieren Sie die Funktionen $f(x) = x^2$ und $g(x) = \sqrt{x}$! Berechnen Sie $f(f(g(2)))$ und $\underbrace{f(f(\ldots f(x)\ldots))}_{100 \text{ mal}}$!

Aufgabe 4.32: Definieren Sie eine Funktion, die die Reihenfolge der Elemente einer Liste umkehrt!

Aufgabe 4.33: Die *Chebyshev-Polynome* sind rekursiv durch die folgenden Formeln definiert:

$$T_0(x) = 1, \quad T_1(x) = x, \quad T_k(x) = 2\,x\,T_{k-1}(x) - T_{k-2}(x).$$

Berechnen Sie die Werte von $T_2(x), \ldots, T_5(x)$ für $x = 1/3$, $x = 0.33$ sowie für symbolisches x!

4.13 Reihenentwicklungen

Ausdrücke wie z. B. `1/(1-x)` erlauben Reihenentwicklungen nach den symbolischen Parametern. Dieses Beispiel ist besonders einfach, es ist die Summe der geometrischen Reihe:

$$\frac{1}{1-x} = 1 + x + x^2 + x^3 + \cdots .$$

Der Beginn solcher Reihen (englisch: *series*) kann durch die Funktion `taylor` berechnet werden:

```
>> Reihe := taylor(1/(1 - x), x = 0, 9)
```
$$1 + x + x^2 + x^3 + x^4 + x^5 + x^6 + x^7 + x^8 + O\left(x^9\right)$$

Es handelt sich hierbei um die Taylor-Entwicklung des Ausdrucks um den Entwicklungspunkt $x = 0$, der durch das zweite Argument des Aufrufs bestimmt wurde. Die unendliche Reihe wurde vor dem Term x^9 abgebrochen, der Reihenrest wurde im so genannten „Landau"-Symbol $O(x^9)$ zusammengefasst. Der Abbruch wird durch das (optionale) dritte Argument des `taylor`-Aufrufs gesteuert. Wird kein drittes Argument übergeben, so wird der Wert der Umgebungsvariablen `ORDER` eingesetzt, deren Voreinstellung 6 ist:

```
>> Reihe := taylor(1/(1 - x), x = 0)
```
$$1 + x + x^2 + x^3 + x^4 + x^5 + O\left(x^6\right)$$

Die berechnete Reihe sieht aus wie eine gewöhnliche Summe, wenngleich mit einem zusätzlichen Term $O(\cdot)$. Das Ergebnis ist jedoch eine eigene MuPAD-Datenstruktur vom Domain-Typ `Series::Puiseux`:

```
>> domtype(Reihe)
```
Series::Puiseux

Der Ordnungsterm selbst wird mit einer eigenständigen Datenstruktur vom Domain-Typ `O` ausgegeben, für die spezielle Rechenregeln gelten:

```
>> 2*O(x^2) + O(x^3), x^2*O(x^10), O(x^5)*O(x^20),
   diff(O(x^3), x)
```
$$O\left(x^2\right),\; O\left(x^{12}\right),\; O\left(x^{25}\right),\; O\left(x^2\right)$$

Die Reihenfolge der Terme ist bei Taylor-Reihen festgelegt: von niedrigen zu hohen Potenzen. Dies ist anderes als bei gewöhnlichen Summen, deren Anordnung zufällig wirkt:

```
>> Summe := expr(Reihe)
```
$$x + x^2 + x^3 + x^4 + x^5 + 1$$

Hierbei wurde die Reihe mittels der Systemfunktion `expr` in einen Ausdruck vom Domain-Typ `DOM_EXPR` umgewandelt, was in der Ausgabe durch das Abschneiden des Terms $O(\cdot)$ sichtbar wird.

Auch die Bedeutung der durch `op` herausgefilterten Operanden ist anders als bei Summen:

```
>> op(Reihe)
```
$$0,\ 1,\ 0,\ 6,\ [1,1,1,1,1,1],\ x = 0,\ \text{Undirected}$$

Der erste Operand ist lediglich für interne Zwecke bestimmt. Der zweite Operand ist der „Verzweigungsgrad"; er gibt Informationen über Mehrdeutigkeiten der Entwicklung.[9] Der dritte und vierte Operand geben die führende Potenz der Entwicklung bzw. die Potenz des Restterms $O(\cdot)$ an. Der fünfte Operand ist eine Liste mit den Entwicklungskoeffizienten. Der sechste Operand enthält die Informationen über den Entwicklungspunkt. Der letzte Operand ist eine interne Information, die angibt, ob die Entwicklung in einer komplexen Umgebung des Entwicklungspunktes oder nur längs der reellen Achse.

Der Benutzer braucht solche Interna der Datenstruktur nicht wirklich zu kennen. Die Entwicklungskoeffizienten können wesentlich intuitiver mit der Funktion `coeff` extrahiert werden, wobei `coeff(Reihe,i)` den Koeffizienten vor x^i liefert:

```
>> Reihe := taylor(cos(x^2), x, 20)
```
$$1 - \frac{x^4}{2} + \frac{x^8}{24} - \frac{x^{12}}{720} + \frac{x^{16}}{40320} - \frac{x^{20}}{3628800} + O(x^{24})$$

```
>> coeff(Reihe, 0), coeff(Reihe, 1), coeff(Reihe, 20),
   coeff(Reihe, 25)
```
$$1,\ 0,\ \frac{-1}{3628800},\ \text{FAIL}$$

Im letzten Beispiel wurde der Entwicklungsparameter x als Bezeichner, nicht als Gleichung, übergeben. In diesem Fall wird automatisch der Entwicklungspunkt x = 0 angenommen.

---

[9] Dies ist relevant, wenn man mehrdeutige Funktionen wie z.B. $\sqrt{x}$ um $x = 0$ entwickelt. Hierzu muss statt `taylor` die Funktion `series` benutzt werden. Der Taylor-Entwickler ruft intern auch `series` auf.

4.13 Reihenentwicklungen

Die übliche Arithmetik funktioniert auch mit Reihen:

```
>> a := taylor(cos(x), x, 3): b := taylor(sin(x), x, 4):
>> a, b
```
$$1 - \frac{x^2}{2} + O(x^4), \; x - \frac{x^3}{6} + O(x^5)$$
```
>> a + b, 2*a*b, a^2
```
$$1 + x - \frac{x^2}{2} - \frac{x^3}{6} + O(x^4), \; 2x - \frac{4x^3}{3} + O(x^5), \; 1 - x^2 + O(x^4)$$

Auch der Kompositionsoperator @ und der Iterationsoperator @@ sind für Reihen einsetzbar:

```
>> a := taylor(sin(x), x, 20):
>> b := taylor(arcsin(x), x, 20): a@b
```
$$x + O(x^{21})$$

Versucht man, die Taylor-Entwicklung einer Funktion zu berechnen, welche keine Taylor-Reihe besitzt, so bricht taylor mit einer Fehlermeldung ab. Der allgemeinere Reihenentwickler series ist aber in der Lage, auch allgemeinere Entwicklungen (Laurent-Reihen, Puiseux-Reihen) zu berechnen:

```
>> taylor(cos(x)/x, x = 0, 10)
   Error: does not have a Taylor series expansion, try \
   'series' [taylor]
>> series(cos(x)/x, x = 0, 10)
```
$$\frac{1}{x} - \frac{x}{2} + \frac{x^3}{24} - \frac{x^5}{720} + \frac{x^7}{40320} + O(x^9)$$

Reihenentwicklungen nach fallenden Potenzen des Entwicklungsparameters lassen sich dadurch erzeugen, dass man um den Punkt infinity (englisch: *infinity* = Unendlich) entwickelt:

```
>> series((x^2 + 1)/(x + 1), x = infinity)
```
$$x - 1 + \frac{2}{x} - \frac{2}{x^2} + \frac{2}{x^3} - \frac{2}{x^4} + O\left(\frac{1}{x^5}\right)$$

Dies ist ein Beispiel einer so genannten „asymptotischen" Entwicklung, die das Verhalten einer Funktion für große Parameterwerte annähert. Hierbei entwickelt series im einfachsten Fall nach negativen Potenzen von x, es können aber auch Entwicklungen nach anderen Funktionen auftreten:

```
>> series((exp(x) - exp(-x))/(exp(x) + exp(-x)),
        x = infinity)
```

$$1 - \frac{2}{(e^x)^2} + \frac{2}{(e^x)^4} - \frac{2}{(e^x)^6} + \frac{2}{(e^x)^8} - \frac{2}{(e^x)^{10}} + O\left(\frac{1}{(e^x)^{12}}\right)$$

Aufgabe 4.34: Die Ordnung p einer Nullstelle x einer Funktion f ist durch die Anzahl der Ableitungen gegeben, die an der Nullstelle verschwinden:

$$f(x) = f'(x) = \cdots = f^{(p-1)}(x) = 0, \quad f^{(p)}(x) \neq 0.$$

Welche Ordnung hat die Nullstelle $x = 0$ von $f(x) = \tan(\sin(x)) - \sin(\tan(x))$?

Aufgabe 4.35: Auf Reihenentwicklungen können neben den Arithmetikoperatoren auch einige der Systemfunktionen wie `diff` oder `int` direkt angewendet werden. Vergleichen Sie das Ergebnis des Aufrufs `taylor(cos(x),x)` mit der Ableitung von `taylor(sin(x),x)`! Mathematisch sind beide Reihen identisch. Wie erklärt sich der Unterschied in MuPAD?

Aufgabe 4.36: Für $f(x) = \sqrt{x+1} - \sqrt{x-1}$ gilt $\lim_{x \to \infty} f(x) = 0$. Zeigen Sie, dass für $x \gg 1$ die Näherung $f(x) \approx 1/\sqrt{x}$ gilt. Bestimmen Sie bessere Näherungen von $f(x)$ für großes x!

Aufgabe 4.37: Berechnen Sie die ersten Terme der Reihenentwicklung der Funktion `f:=sin(x+x^3)` um $x = 0$! Informieren Sie sich über die MuPAD-Funktion `revert`! Bestimmen Sie damit den Beginn der Reihenentwicklung der (in einer Umgebung von $x = 0$ wohldefinierten) Umkehrfunktion von f!

4.14 Algebraische Strukturen: Körper, Ringe usw.

Grundlegende Datenstrukturen wie Zahlen, Mengen, Tabellen etc. werden vom MuPAD-Kern als Domain-Typen zur Verfügung gestellt. Darüber hinaus hat der Nutzer die Möglichkeit, sich zusätzlich im Rahmen der MuPAD-Sprache eigene Datenstrukturen zu konstruieren, mit denen er dann symbolisch operieren kann. Auf die Konstruktion solcher eigenen Datentypen („Domains") soll in dieser elementaren Einführung nicht eingegangen werden. Es gibt neben den Kern-Domains aber eine Reihe solcher auf Bibliotheksebene definierter Domains, die von den MuPAD-Entwicklern vorgefertigt wurden

4.14 Algebraische Strukturen: Körper, Ringe usw.

und so unmittelbar vom System zur Verfügung gestellt werden. Diese sind in der Bibliothek Dom installiert, eine Übersicht erhält man mit info(Dom):

```
>> info(Dom)
   Library 'Dom': basic domain constructors

   -- Interface:
   Dom::AlgebraicExtension,
   Dom::ArithmeticalExpression,
   Dom::BaseDomain,
   Dom::Complex,
   ...
```

Informationen zu den einzelnen Datenstrukturen erhält man durch die entsprechenden Hilfeseiten, z. B. ?Dom::Complex. In diesem Abschnitt sollen einige besonders nützliche Domains angesprochen werden, die komplexeren mathematischen Gebilden wie Körpern, Ringen etc. entsprechen. In Abschnitt 4.15 wird weiterhin auf den Datentyp der Matrizen eingegangen, der für viele Aufgabenstellungen in der linearen Algebra geeignet ist.

Ein Domain besteht im Wesentlichen aus einem *Erzeuger* („Konstruktor"), dessen Aufruf die Erzeugung von Objekten des Datentyps ermöglicht. Außerdem sind dem Erzeuger so genannte *Methoden* angeheftet, die den mathematischen Operationen entsprechen, die für diese Objekte definiert sind.

Einige der bekanntesten in der Dom-Bibliothek implementierten mathematischen Strukturen sind:

- der Ring der ganzen Zahlen $\mathbb{Z}$: Dom::Integer,
- der Körper der rationalen Zahlen $\mathbb{Q}$: Dom::Rational,
- der Körper der reellen Zahlen $\mathbb{R}$: Dom::Real oder Dom::Float[10],
- der Körper der komplexen Zahlen $\mathbb{C}$: Dom::Complex,
- der Ring der ganzen Zahlen modulo n : Dom::IntegerMod(n).

Wir betrachten speziell den Restklassenring der ganzen Zahlen modulo n: er besteht aus den Zahlen $0, 1, \ldots, n-1$, für welche die Addition und Multiplikation „modulo n" definiert sind. Dazu addiert oder multipliziert man wie üblich mit ganzen Zahlen, ermittelt vom Ergebnis aber nur den in $0, 1, \ldots, n-1$ liegenden Rest, der sich nicht als ganzzahliges Vielfaches von n darstellen lässt:

---

[10] Dom::Real entspricht dabei symbolischen Darstellungen reeller Zahlen, während Dom::Float den Gleitpunktzahlen entspricht.

```
>> 3*5 mod 7
     1
```

In diesem Beispiel wurden die Datentypen des MuPAD-Kerns verwendet: Die ganzen Zahlen 3 und 5 wurden wie üblich zum Ergebnis 15 multipliziert, der Operator mod bestimmt die Zerlegung $15 = 2 \cdot 7 + 1$ und liefert 1 als den „Rest modulo 7".

Mit Dom::IntegerMod(7) bietet MuPAD auch ein fertiges Domain, das als Erzeuger von Elementen des Restklassenrings modulo 7 in dieser Rechnung verwendet werden kann:[11]

```
>> Erzeuger := Dom::IntegerMod(7):
>> x := Erzeuger(3); y := Erzeuger(5)
     3 mod 7

     5 mod 7
```

Wie schon an der Bildschirmausgabe sichtbar wird, haben die Bezeichner x und y nicht mehr die ganzen Zahlen 3 und 5 als Werte, sondern diese Zahlen sind nach wie vor Elemente des Restklassenrings:

```
>> domtype(x), domtype(y)
     Z_7, Z_7
```

Nun kann die übliche Arithmetik verwendet werden, wobei automatisch gemäß der Regeln des Restklassenrings gerechnet wird:

```
>> x*y, x^123*y^17 - x + y
     1 mod 7, 6 mod 7
```

Der spezielle Ring Dom::IntegerMod(7) hat eine Körperstruktur, d. h., es kann durch alle Ringelemente außer 0 mod 7 geteilt werden:

```
>> x/y
     2 mod 7
```

---

[11] Sollen nur einige Modulo-Operationen durchgeführt werden, so ist oft die Benutzung des im MuPAD-Kern implementierten schnellen Operators mod günstiger. Dabei sind aber Feinheiten zu beachten. Beispielsweise dauert die Berechnung von 17^29999 mod 7 recht lange, da als erstes eine sehr große ganze Zahl berechnet wird. In diesem Fall ist die Berechnung durch x^29999 mit x:=Dom::IntegerMod(7)(17) schneller, da intern in der modularen Arithmetik keine großen Zahlen anfallen. Mit powermod(17,29999,7) kann das Ergebnis mit Hilfe der speziellen Funktion powermod aber auch ohne Benutzung von Dom::IntegerMod(7) schnell berechnet werden.

4.14 Algebraische Strukturen: Körper, Ringe usw.

Ein abstrakteres Beispiel ist die Körpererweiterung

$$K = \mathbb{Q}[\sqrt{2}] = \{p + q\sqrt{2}\,;\, p, q \in \mathbb{Q}\}\,.$$

Dieser Körper kann in MuPAD durch

```
>> K := Dom::AlgebraicExtension(Dom::Rational,
                                Sqrt2^2 = 2, Sqrt2):
```

definiert werden. Hierbei wird der Bezeichner Sqrt2 ($= \sqrt{2}$) zur Erweiterung der rationalen Zahlen Dom::Rational benutzt, wobei dieser Bezeichner als eine (beliebige) Lösung der Gleichung Sqrt2^2 = 2 festgelegt wird. In diesem Körper kann nun gerechnet werden:

```
>> x := K(1/2 + 2*Sqrt2): y := K(1 + 2/3*Sqrt2):
>> x^2*y + y^4
```

$$\frac{677\,\text{Sqrt2}}{54} + \frac{5845}{324}$$

Das Domain Dom::ExpressionField(Normalisierer,Nulltester) repräsentiert den Körper[12] der (symbolischen) MuPAD-Ausdrücke. Der Erzeuger ist durch die beiden vom Anwender wählbaren Funktionen Normalisierer und Nulltester parametrisiert.

Die Funktion Nulltester wird intern von allen Algorithmen aufgerufen, die zu entscheiden haben, ob ein Objekt mathematisch als 0 anzusehen ist. Typischerweise wird die Systemfunktion iszero verwendet, welche nicht nur die ganze Zahl 0, sondern auch andere Objekte wie etwa die Gleitpunktzahl 0.0 oder triviale Polynome poly(0, [x]) (Abschnitt 4.16) als 0 identifiziert.

Die Funktion Normalisierer ist dafür zuständig, eine Normalform von MuPAD-Objekten des Datentyps Dom::ExpressionField(·,·) zu erzeugen. Bei Operationen mit solchen Objekten wird das Ergebnis zunächst durch diese Funktion vereinfacht, bevor es endgültig zurückgeliefert wird. Übergibt man beispielsweise die identische Abbildung id, so werden Operationen auf Objekten dieses Domains wie auf gewöhnlichen MuPAD-Ausdrücken ohne zusätzliche Normalisierung durchgeführt.

---

[12] Streng genommen handelt es sich hierbei nicht um einen Körper, da es beispielsweise voneinander verschiedene Null-Elemente gibt. Es ist für das Arbeiten mit dem System aber von Vorteil, hier die mathematische Strenge nicht zu weit zu treiben.

4. MuPAD-Objekte

```
>> Erzeuger := Dom::ExpressionField(id, iszero):
>> x := Erzeuger(a/(a + b)^2):
   y := Erzeuger(b/(a + b)^2):
>> x + y
```
$$\frac{a}{(a+b)^2} + \frac{b}{(a+b)^2}$$

Übergibt man statt dessen die Systemfunktion **normal**, so wird das Ergebnis automatisch vereinfacht (Abschnitt 9.1):

```
>> Erzeuger := Dom::ExpressionField(normal, iszero):
>> x := Erzeuger(a/(a + b)^2):
   y := Erzeuger(b/(a + b)^2):
>> x + y
```
$$\frac{1}{a+b}$$

Es ist anzumerken, dass die Aufgabe solcher MuPAD-Domains nicht immer das direkte Erzeugen der Datenstrukturen und das Rechnen mit den entsprechenden Objekten ist. In der Tat liefern einige Erzeuger einfach nur Objekte der grundlegenden Domain-Typen des MuPAD-Kerns zurück, wenn solche existieren:

```
>> domtype(Dom::Integer(2)),
   domtype(Dom::Rational(2/3)),
   domtype(Dom::Float(PI)),
   domtype(Dom::ExpressionField(id, iszero)(a + b))
```
   DOM_INT, DOM_RAT, DOM_FLOAT, DOM_EXPR

Damit hat man in diesen Fällen keinen unmittelbaren Nutzen vom Gebrauch dieser Erzeuger: Man kann direkt mit Objekten der Domain-Typen des MuPAD-Kerns rechnen. Die Anwendung dieser speziellen Datenstrukturen liegt eher in der Konstruktion komplexerer mathematischer Strukturen. Ein einfaches Beispiel dazu ist die Konstruktion von Matrizen (Abschnitt 4.15) oder Polynomen (Abschnitt 4.16) über einem speziellen Ring, wo die Matrix- oder Polynomarithmetik gemäß der Regeln des Rings durchgeführt werden soll.

4.15 Vektoren und Matrizen

In Abschnitt 4.14 wurden Beispiele spezieller Datentypen („Domains") vorgestellt, mit denen in MuPAD algebraische Strukturen wie Ringe, Körper etc. definiert werden. In diesem Abschnitt werden zwei weitere Domains diskutiert, die zur Erzeugung von Vektoren und Matrizen dienen, mit denen in bequemer Weise gerechnet werden kann: `Dom::Matrix` und `Dom::SquareMatrix`. Im Prinzip können Felder (Abschnitt 4.9) zur Speicherung von Vektoren oder Matrizen verwendet werden, jedoch muss sich der Nutzer dann mit Hilfe der Programmiersprache MuPADs (Kapitel 18) eigene Routinen zur Addition, Multiplikation, Invertierung, Determinantenberechnung etc. definieren. Für die im Folgenden vorgestellten speziellen Matrixtypen existieren diese Routinen bereits als den Matrizen „angeheftete" Methoden. Alternativ können die Funktionen der `linalg`-Bibliothek (lineare Algebra, Abschnitt 4.15.4) verwendet werden, die Matrizen der Typen `Dom::Matrix` und `Dom::SquareMatrix` verarbeiten.

4.15.1 Definition von Matrizen und Vektoren

Vektoren werden in MuPAD als spezielle Matrizen der Dimension $1 \times n$ bzw. $n \times 1$ dargestellt. Das Kommando `matrix` kann benutzt werden, um Matrizen bzw. Vektoren beliebiger Dimension zu erzeugen:

```
>> matrix([[  1,      2,      3,     4   ],
           [  a,      b,      c,     d   ],
           [sin(x), cos(x), exp(x), ln(x)]]),
   matrix([x1, x2, x3, x4])
```

$$\begin{pmatrix} 1 & 2 & 3 & 4 \\ a & b & c & d \\ \sin(x) & \cos(x) & e^x & \ln(x) \end{pmatrix}, \begin{pmatrix} x1 \\ x2 \\ x3 \\ x4 \end{pmatrix}$$

Hierbei können beliebige MuPAD-Ausdrücke als Matrixelemente benutzt werden. Wenngleich durch `matrix` erzeugte Matrizen für die meisten Anwendungen geeignet sind, stellt MuPAD ein allgemeineres Konzept für Matrizen zur Verfügung. Typischerweise wird Matrizen ein „Koeffizientenring" für die Einträge angeheftet. In der Tat ist die Funktion `matrix` ein Matrixkonstruktor für spezielle Matrizen vom Domain-Typ `Dom::Matrix(R)` mit einem speziellen Koeffizientenring R, der beliebige MuPAD-Ausdrücke darstellt.

Wir erklären das allgemeine Konzept. MuPAD stellt für Matrizen beliebiger Dimension $m \times n$ den Datentyp `Dom::Matrix`[13] zur Verfügung. Der Datentyp

---

[13] Mit MuPAD Version 3.0 wurde die interne Darstellung von Matrizen dieses Typs umgestellt. Ein Matrixobjekt vom Typ `Dom::Matrix(R)` in Version 3.0 entspricht einer Matrix vom Typ `Dom::SparseMatrix(R)` in Version 2.5. Matrizen vom Typ `Dom::Matrix(R)` in Version 2.5 existieren immer noch und können mittels `Dom::DenseMatrix(R)` in Version 3.0 erzeugt werden.

Dom::SquareMatrix stellt quadratische $n \times n$-Matrizen dar. Diese Typen sind Teil der Bibliothek Dom, in der auch Datentypen für mathematische Strukturen wie Körper oder Ringe installiert sind (Abschnitt 4.14). Matrizen können mit Einträgen aus einer Menge definiert werden, welche mathematisch eine Ringstruktur aufweisen muss. Beispielsweise können die in der Dom-Bibliothek vordefinierten Körper und Ringe wie Dom::Integer, Dom::IntegerMod(n) etc. benutzt werden.

Der Erzeuger von Matrizen beliebiger Dimension $m \times n$ über dem Komponentenring R ist Dom::Matrix(R). Hiermit erzeugte Matrizen können nur Werte im angegebenen Ring annehmen. Das führt dazu, dass Berechnungen fehlschlagen, die Matrizen außerhalb des Rings erzeugen würden (beispielsweise hat die Inverse einer ganzzahligen Matrix i. A. nicht ganzzahlige, sondern rationale Komponenten).

Das folgende Beispiel liefert den Erzeuger für Matrizen über den rationalen Zahlen:[14]

```
>> Erzeuger := Dom::Matrix(Dom::Rational)
```
$\quad$ Dom::Matrix($\mathbb{Q}$)

Hiermit können nun Matrizen beliebiger Dimension erzeugt werden. Das folgende Beispiel liefert eine 2×3-Matrix, deren Komponenten mit 0 initialisiert werden:

```
>> Matrix := Erzeuger(2, 3)
```
$$\begin{pmatrix} 0 & 0 & 0 \\ 0 & 0 & 0 \end{pmatrix}$$

Man kann bei der Erzeugung eine Funktion f zweier Argumente übergeben, wodurch die Matrix mit den Komponenten f(i,j) initialisiert wird:

```
>> f := (i, j) -> i * j:  Matrix := Erzeuger(2, 3, f)
```
$$\begin{pmatrix} 1 & 2 & 3 \\ 2 & 4 & 6 \end{pmatrix}$$

Alternativ kann die Matrix durch Übergabe von (geschachtelten) Listen initialisiert werden. Jedes Listenelement entspricht einer Zeile, die ihrerseits als Liste übergeben wird. Der folgende Befehl erzeugt die selbe Matrix wie im letzten Beispiel:

---

[14] Nach dem Exportieren (Abschnitt 3.2) der Bibliothek Dom mittels export(Dom) kann man kürzer Erzeuger:=Matrix(Rational) eingeben.

4.15 Vektoren und Matrizen

```
>> Matrix := Erzeuger(2, 3, [[1, 2, 3], [2, 4, 6]]):
```

Die Übergabe der Dimensionsparameter ist hier optional, denn die Listenstruktur definiert die Matrix eindeutig. Daher liefert

```
>> Matrix := Erzeuger([[1, 2, 3], [2, 4, 6]]):
```

ebenfalls die gewünschte Matrix. Auch in einem Feld vom Domain-Typ DOM_ARRAY (Abschnitt 4.9) gespeicherte Daten können unmittelbar zur Matrixerzeugung verwendet werden:

```
>> Feld := array(1..2, 1..3, [[1, 2, 3], [2, 4, 6]]):
>> Matrix := Erzeuger(Feld):
```

Spaltenvektoren können als $m \times 1$-Matrizen definiert werden, Zeilenvektoren als $1 \times n$-Matrizen. Werden zur Initialisierung Listen verwendet, so brauchen diese nicht verschachtelt zu sein:

```
>> Spalte := Erzeuger(3, 1, [1, 2, 3])
```

$$\begin{pmatrix} 1 \\ 2 \\ 3 \end{pmatrix}$$

```
>> Zeile := Erzeuger(1, 3, [1, 2, 3])
```

$$\begin{pmatrix} 1 & 2 & 3 \end{pmatrix}$$

Gibt man nur eine einfache Liste an, so wird ein Spaltenvektor erzeugt:

```
>> Spalte := Erzeuger([1, 2, 3])
```

$$\begin{pmatrix} 1 \\ 2 \\ 3 \end{pmatrix}$$

Auf die Komponenten kann in der Form Matrix[i,j], Zeile[i], Spalte[j] zugegriffen werden. Da Vektoren als spezielle Matrizen aufgefasst werden können, können Vektorkomponenten auch in der Form Zeile[1,i] bzw. Spalte[j,1] adressiert werden:

```
>> Matrix[2, 3], Zeile[3], Zeile[1, 3],
   Spalte[2], Spalte[2, 1]
     6, 3, 3, 2, 2
```

4. MuPAD-Objekte

Teilmatrizen können in der folgenden Form gebildet werden:

```
>> Matrix[1..2, 1..2], Zeile[1..1, 1..2],
   Spalte[1..2, 1..1]
```

$$\begin{pmatrix} 1 & 2 \\ 2 & 4 \end{pmatrix}, \begin{pmatrix} 1 & 2 \end{pmatrix}, \begin{pmatrix} 1 \\ 2 \end{pmatrix}$$

Durch indizierte Zuweisung können Matrixeinträge verändert werden:

```
>> Matrix[2, 3] := 23: Zeile[2] := 5: Spalte[2, 1] := 5:
>> Matrix, Zeile, Spalte
```

$$\begin{pmatrix} 1 & 2 & 3 \\ 2 & 4 & 23 \end{pmatrix}, \begin{pmatrix} 1 & 5 & 3 \end{pmatrix}, \begin{pmatrix} 1 \\ 5 \\ 3 \end{pmatrix}$$

Die Verwendung von Schleifen (Kapitel 16) liefert damit eine weitere Möglichkeit, die Matrixkomponenten zu setzen:

```
>> m := 2: n := 3: Matrix := Erzeuger(m, n):
>> for i from 1 to m do
     for j from 1 to n do
         Matrix[i, j] := i*j
     end_for
   end_for:
```

Diagonalmatrizen können bequem mit der Option `Diagonal` erzeugt werden. Das dritte Argument des Erzeugeraufrufs kann dann entweder eine Liste mit den Diagonalelementen oder eine Funktion f sein, wobei f(i) das i-te Diagonalelement definiert:

```
>> Erzeuger(2, 2, [11, 12], Diagonal)
```

$$\begin{pmatrix} 11 & 0 \\ 0 & 12 \end{pmatrix}$$

Im nächsten Beispiel wird eine Einheitsmatrix definiert, wobei 1 als Funktion zur Definition der Diagonalelemente übergeben wird:[15]

```
>> Erzeuger(2, 2, 1, Diagonal)
```

$$\begin{pmatrix} 1 & 0 \\ 0 & 1 \end{pmatrix}$$

---

[15] Vgl. Seite 90.

Alternativ kann die Einheitsmatrix über die `"identity"`-Methode des Matrizendomains erzeugt werden:

```
>> Erzeuger::identity(2)
```
$$\begin{pmatrix} 1 & 0 \\ 0 & 1 \end{pmatrix}$$

Der bislang betrachtete Erzeuger liefert Matrizen, deren Komponenten rationale Zahlen sind. Dementsprechend scheitert der folgende Versuch, eine Matrix mit nicht zulässigen Werten zu erzeugen:

```
>> Erzeuger([[1, 2, 3], [2, 4, 1 + I]])
   Error: unable to define matrix over Dom::Rational \
   [(Dom::Matrix(Dom::Rational))::new]
```

Es muss ein geeigneter Ring für die Matrixkomponenten gewählt werden, um diese Daten in einer Matrixstruktur unterzubringen. Im folgenden Beispiel werden die komplexen Zahlen als Matrixeinträge vereinbart, indem ein neuer Erzeuger gewählt wird:

```
>> Erzeuger := Dom::Matrix(Dom::Complex):
>> Erzeuger([[1, 2, 3], [2, 4, 1 + I]])
```
$$\begin{pmatrix} 1 & 2 & 3 \\ 2 & 4 & 1+i \end{pmatrix}$$

Mit Hilfe des „Körpers" `Dom::ExpressionField(id, iszero)` (siehe Abschnitt 4.14) können Matrizen erzeugt werden, die beliebige symbolische MuPAD-Ausdrücke als Komponenten zulassen. Dies ist der Standardring für Matrizen, über dem immer gerechnet werden kann, wenn der Komponentenring und seine Eigenschaften nicht wichtig sind. Der entsprechende Erzeuger kann dadurch erstellt werden, dass man `Dom::Matrix` ohne Argumente aufruft. Noch bequemer ist jedoch die Verwendung der Systemfunktion `matrix`, die mit dem Erzeuger `Dom::Matrix()` vordefiniert ist:

```
>> matrix
   Dom::Matrix()
>> matrix([[1, x + y, 1/x^2], [sin(x), 0, cos(x)],
          [x*PI, 1 + I, -x*PI]])
```
$$\begin{pmatrix} 1 & x+y & \frac{1}{x^2} \\ \sin(x) & 0 & \cos(x) \\ \pi\,x & 1+i & -\pi\,x \end{pmatrix}$$

Benutzt man Dom::ExpressionField(normal,iszero), so werden den Ausführungen in Abschnitt 4.14 entsprechend alle Matrixkomponenten durch die Funktion normal vereinfacht. Arithmetische Operationen mit solchen Matrizen sind relativ langsam, da ein Aufruf von normal zeitaufwendig sein kann. Dafür sind die gelieferten Ergebnisse i. A. von einfacherer Gestalt als die (äquivalenten) Resultate, die bei Benutzung von Dom::ExpressionField(id, iszero) erzeugt werden.

Mittels Dom::SquareMatrix(n,R) wird der Ring der quadratischen $n \times n$-Matrizen über dem Komponentenring R erzeugt. Wird R nicht angegeben, so wird automatisch der Komponentenring der allgemeinen MuPAD-Ausdrücke verwendet. Die folgende Anweisung erzeugt damit den Erzeuger der zweizeiligen quadratischen Matrizen über allgemeinen MuPAD-Ausdrücken:

```
>> Erzeuger := Dom::SquareMatrix(2)
    Dom::SquareMatrix(2)
>> Erzeuger([[0, y], [x^2, 1]])
```
$$\begin{pmatrix} 0 & y \\ x^2 & 1 \end{pmatrix}$$

4.15.2 Rechnen mit Matrizen

Operationen zwischen Matrizen können mit den üblichen arithmetischen Operatoren ausgeführt werden:

```
>> A := matrix([[1, 2], [3, 4]]):
>> B := matrix([[a, b], [c, d]]):
>> A + B, A*B, A*B - B*A, A^2 + B
   +-             -+  +-                    -+
   |  a + 1, b + 2  |  |   a + 2 c,  b + 2 d  |
   |                |, |                      |,
   |  c + 3, d + 4  |  |  3 a + 4 c, 3 b + 4 d |
   +-             -+  +-                    -+

   +-                                    -+
   |    - 3 b + 2 c,   - 2 a - 3 b + 2 d  |
   |                                      |,
   |  3 a + 3 c - 3 d,      3 b - 2 c     |
   +-                                    -+

   +-               -+
   |  a + 7, b + 10   |
   |                  |
   |  c + 15, d + 22  |
   +-               -+
```

Die Multiplikation einer Matrix mit einer Zahl wird komponentenweise ausgeführt:

```
>> 2*B
```
$$\begin{pmatrix} 2a & 2b \\ 2c & 2d \end{pmatrix}$$

Die Inverse einer Matrix wird durch 1/A bzw. A^(-1) bestimmt:

```
>> C := 1/A
```
$$\begin{pmatrix} -2 & 1 \\ \frac{3}{2} & \frac{-1}{2} \end{pmatrix}$$

Ein einfacher Test zeigt die Korrektheit der Invertierung:

```
>> A*C, C*A
```
$$\begin{pmatrix} 1 & 0 \\ 0 & 1 \end{pmatrix}, \begin{pmatrix} 1 & 0 \\ 0 & 1 \end{pmatrix}$$

Eine Invertierung liefert FAIL, wenn die Matrix in ihrem Koeffizientenring keine Inverse besitzt. Die folgende Matrix ist nicht invertierbar:

```
>> C := matrix([[1, 1], [1, 1]]): C^(-1)
   FAIL
```

Auch der Konkatenationsoperator ., mit dem Listen (Abschnitt 4.6) und Zeichenketten (Abschnitt 4.11) zusammengefügt werden, ist für Matrizen „uberladen". Mit ihm können Matrizen mit gleicher Zeilenzahl aneinander gehängt werden:

```
>> A, B, A.B
```

$$\begin{pmatrix} 1 & 2 \\ 3 & 4 \end{pmatrix}, \begin{pmatrix} a & b \\ c & d \end{pmatrix}, \begin{pmatrix} 1 & 2 & a & b \\ 3 & 4 & c & d \end{pmatrix}$$

Neben den Arithmetikoperatoren können auch andere Systemfunktionen direkt auf Matrizen angewendet werden, z. B.:

- conjugate(A) ersetzt die Komponenten durch ihre komplex konjugierten Werte,

- diff(A,x) differenziert komponentenweise nach x,

- exp(A) berechnet $e^A = \sum_{i=0}^{\infty} \frac{1}{i!} A^i$,

- expand(A) wendet expand auf alle Komponenten von A an,

- expr(A) konvertiert A in ein Feld vom Domain-Typ DOM_ARRAY,

- float(A) wendet float auf alle Komponenten von A an,

- has(A, Ausdruck) untersucht, ob ein Ausdruck in mindestens einer Komponente von A enthalten ist,

- int(A, x) integriert komponentenweise bzgl. x,

- iszero(A) überprüft, ob alle Komponenten von A verschwinden,

- map(A, Funktion) wendet die Funktion komponentenweise an,

- `norm(A)` (identisch mit `norm(A,Infinity)`) berechnet die Zeilensummennorm,[16]

- `subs(A,Gleichung)` wendet `subs(·,Gleichung)` auf alle Komponenten von A an,

- `C:=zip(A,B,f)` liefert die durch $C_{ij} = f(A_{ij}, B_{ij})$ definierte Matrix.

Die Bibliothek `linalg` für lineare Algebra und die numerische Bibliothek `numeric` (Abschnitt 4.15.4) enthalten viele weitere Funktionen zur Behandlung von Matrizen.

Aufgabe 4.38: Erzeugen Sie die 15×15 Hilbert-Matrix $H = (H_{ij})$ mit $H_{ij} = 1/(i+j-1)$! Erzeugen Sie den Vektor $\mathbf{b} = H\mathbf{e}$ mit $\mathbf{e} = (1,\ldots,1)$! Berechnen Sie den exakten Lösungsvektor $\mathbf{x}$ des Gleichungssystems $H\mathbf{x} = \mathbf{b}$ (natürlich muss sich $\mathbf{x} = \mathbf{e}$ ergeben)! Wandeln Sie die Einträge von H in Gleitpunktzahlen um, und lösen Sie das Gleichungssystem erneut! Vergleichen Sie das Resultat mit der exakten Lösung! Sie werden einen dramatischen Unterschied bemerken, der von den numerischen Rundungsfehlern stammt. Größere Hilbert-Matrizen lassen sich mit der Genauigkeit üblicher numerischer Software nicht invertieren!

4.15.3 Methoden für Matrizen

Ein Erzeuger, der mit `Dom::Matrix` oder `Dom::SquareMatrix` erzeugt wurde, enthält viele spezielle Funktionen für den Datentyp.

Ist `M:=Dom::Matrix(Ring)` ein Erzeuger und `A:=M(·)` eine hiermit gemäß Abschnitt 4.15.1 erzeugte Matrix, so stehen als wichtigste Methoden die folgenden Funktionsaufrufe zur Verfügung:

- `M::col(A,i)` liefert die i-te Spalte von `A` (englisch: *column* = Spalte),

- `M::delCol(A,i)` entfernt die i-te Spalte aus `A` (englisch: *delete column*),

- `M::swapCol(A,i,j)` tauscht die Spalten i und j aus (englisch: *to swap* = vertauschen),

- `M::row(A,i)` liefert die i-te Zeile von `A` (englisch: *row* = Zeile),

---

[16] `norm(A, 1)` liefert die Spaltensummennorm, `norm(A, Frobenius)` die Frobenius-Norm $\left(\sum_{i,j} |A_{ij}|^2 \right)^{1/2}$.

- M::delRow(A,i) entfernt die i-te Zeile aus A (englisch: *delete row*),
- M::swapRow(A,i,j) tauscht die Zeilen i und j aus,
- M::matdim(A) liefert die Dimension [m,n] der $m \times n$-Matrix A,
- M::random() liefert eine Zufallsmatrix (englisch: *random* = zufällig),
- M::tr(A) liefert die Spur $\sum_i A_{ii}$ von A (englisch: *trace* = Spur),
- M::transpose(A) liefert die transponierte Matrix (A_{ji}) von $A = (A_{ij})$.

```
>> M := Dom::Matrix(): A := M([[x, 1], [2, y]])
```
$$\begin{pmatrix} x & 1 \\ 2 & y \end{pmatrix}$$

```
>> M::col(A, 1), M::delCol(A, 1), M::matdim(A)
```
$$\begin{pmatrix} x \\ 2 \end{pmatrix}, \begin{pmatrix} 1 \\ y \end{pmatrix}, [2,2]$$

```
>> M::swapCol(A, 1, 2), M::tr(A), M::transpose(A)
```
$$\begin{pmatrix} 1 & x \\ y & 2 \end{pmatrix}, x+y, \begin{pmatrix} x & 2 \\ 1 & y \end{pmatrix}$$

Man kann solche Methoden auch in der Form A::dom::method aufrufen:

```
>> A::dom::tr(A)
```
$$x+y$$

4.15 Vektoren und Matrizen

Einen Überblick über diese Methoden erhält man durch die Funktion `info`:

```
>> info(Dom::Matrix())
  -- Domain:
  Dom::Matrix()

  -- Constructor:
  Dom::Matrix

  -- Super-Domains:
  Dom::BaseDomain

  -- Categories:
  Cat::Matrix(Dom::ExpressionField()), Cat::BaseCategor\
  y

  -- No Axioms.

  -- Entries:
  Name, Simplify, TeX, _concat, _divide, _index, _inver\
  t, _mod, _mult, _mult1, _mult2, _multNC1, _multNC2, _\
  negate, _plus, _power, _subtract, addCol, addRow, all\
  Axioms, allCategories, allEntries, allSuperDomains, a\
  ssignElements, coeffRing, coerce, col, concatMatrix, \
  conjugate, convert, convert_to, cos, create, create_d\
  om, delCol, delRow, diff, doprint, equal, equiv, exp,\
   expand, expr, expr2text, factor, float, gaussElim, g\
  etAxioms, getCategories, getSuperDomain, has, hasProp\
  , identity, indets, info, is, isDense, isSparse, isze\
  ro, key, kroneckerProduct, length, map, mapNonZeroes,\
   mapcoeffs, matdim, mkSparse, modp, mods, multCol, mu\
  ltRow, multcoeffs, new, nonZeroOperands, nonZeroes, n\
  onZeros, nops, norm, normal, op, print, printMaxSize,\
   printMethods, random, randomDimen, row, setCol, setR\
  ow, set_index, simplify, sin, stackMatrix, subs, subs\
  ex, subsop, swapCol, swapRow, testtype, tr, transpose\
  , unapply, undefinedEntries, whichEntry, zip
```

Die mit `Entries` überschriebene Aufzählung gibt alle Methoden des Domains an. Durch den Aufruf `?Dom::Matrix` erhält man eine vollständige Beschreibung dieser Methoden.

4.15.4 Die Bibliotheken linalg und numeric

Neben den auf Matrizen operierenden Systemfunktionen existiert eine große Zahl weiterer Funktionen zur linearen Algebra in der Bibliothek[17] linalg:

```
>> info(linalg)
   Library 'linalg': the linear algebra package

   -- Interface:
   linalg::addCol,        linalg::addRow,
   linalg::adjoint,       linalg::angle,
   ...
   linalg::transpose,     linalg::vandermondeSolve,
   linalg::vecdim,        linalg::vectorPotential,
   linalg::wiedemann

   -- Exported:
   conjugate, exp, norm, normal
```

Einige dieser Funktionen wie z. B. linalg::col oder linalg::delCol rufen die in Abschnitt 4.15.3 beschriebenen internen Methoden der Matrizen auf und bieten insofern keine zusätzliche Funktionalität. Es existieren in linalg aber auch viele über diese Methoden hinausgehenden Algorithmen. Eine Auflistung aller Funktionen mit einer kurzen Beschreibung ihrer Bedeutung erhält man durch ?linalg. Eine detaillierte Beschreibung der einzelnen Funktionen ist auf der entsprechenden Hilfeseite zu finden, z. B.:

```
>> ?linalg::det
   linalg::det -- Determinante einer Matrix

   Einführung

       linalg::det(A) berechnet die Determinante der quadratischen
       Matrix A.
   ...
```

Wie üblich können diese Bibliotheksfunktionen mit ihrem vollständigen „Pfadnamen" Bibliothek::Funktion aufgerufen werden:

```
>> A := matrix([[a, b], [c, d]]): linalg::det(A)
   a d - b c
```

---

[17] Zur allgemeinen Organisation von Bibliotheken, dem Exportieren, etc. verweisen wir auf Kapitel 3.

Das charakteristische Polynom $\det(x E - A)$ dieser Matrix ist

```
>> linalg::charpoly(A, x)
```
$$x^2 + (-a - d)x + a\,d - b\,c$$

Die Eigenwerte sind

```
>> linalg::eigenvalues(A)
```
$$\left\{\frac{a}{2} + \frac{d}{2} - \frac{\sqrt{4\,b\,c - 2\,a\,d + a^2 + d^2}}{2},\, \frac{a}{2} + \frac{d}{2} + \frac{\sqrt{4\,b\,c - 2\,a\,d + a^2 + d^2}}{2}\right\}$$

Die numerische Bibliothek `numeric` (siehe `?numeric`) enthält eine Reihe von Funktionen zur numerischen Behandlung von Matrizen:

`numeric::det`	: Determinantenberechnung
`numeric::expMatrix`	: Funktionalkalkül
`numeric::factorCholesky`	: Cholesky-Faktorisierung
`numeric::factorLU`	: LU-Faktorisierung
`numeric::factorQR`	: QR-Faktorisierung
`numeric::fMatrix`	: Funktionalkalkül
`numeric::inverse`	: Invertierung
`numeric::eigenvalues`	: Eigenwerte
`numeric::eigenvectors`	: Eigenwerte und -vektoren
`numeric::singularvalues`	: Singulärwerte
`numeric::singularvectors`	: Singulärwerte und -vektoren

Diese können teilweise auch symbolisch über `Dom::ExpressionField` arbeiten und sind dabei bei größeren Matrizen effizienter als die Funktionen der `linalg`-Bibliothek, welche dafür mit beliebigen Komponentenringen arbeiten können.

Aufgabe 4.39: Für welche Werte von a, b, c ist die Matrix $\begin{pmatrix} 1 & a & b \\ 1 & 1 & c \\ 1 & 1 & 1 \end{pmatrix}$ nicht invertierbar?

Aufgabe 4.40: Gegeben sind die folgenden Matrizen:

$$A = \begin{pmatrix} 1 & 3 & 0 \\ -1 & 2 & 7 \\ 0 & 8 & 1 \end{pmatrix}, \quad B = \begin{pmatrix} 7 & -1 \\ 2 & 3 \\ 0 & 1 \end{pmatrix}.$$

Die Transponierte von B sei mit B^T bezeichnet. Berechnen Sie die Inverse von $2A + BB^T$, wobei Sie die Matrizen einmal über den rationalen Zahlen und dann über dem Restklassenring modulo 7 betrachten!

Aufgabe 4.41: Erstellen Sie die $n \times n$ Matrix

$$A_{ij} = \begin{cases} 0 & \text{für } i = j, \\ 1 & \text{für } i \neq j. \end{cases}$$

Berechnen Sie die Determinante, das charakteristische Polynom und die Eigenwerte! Berechnen Sie zu jedem Eigenwert eine Basis des zugehörigen Eigenraums!

4.15.5 Dünnbesetzte Matrizen

Mit MuPAD Version 2.5 wurde der Matrixtyp Dom::SparseMatrix zur Darstellung dünnbesetzter Matrizen eingeführt. Er diente dazu, sehr effizient mit (großen) Matrizen rechnen zu können, in denen die meisten Einträge Null sind. Mit MuPAD Version 3.0 wurde die interne Darstellung von mittels matrix oder auch Dom::Matrix(R) erzeugter Matrizen angepasst. Nun dienen diese „Standardmatrizen" sowohl zur effizienten Darstellung von dicht- als auch dünnbesetzten Matrizen. Der Datentyp Dom::SparseMatrix in MuPAD 2.5 wurde damit überflüssig.

Hier einige Bemerkungen zur Effizienz, wenn mit großen dünnbesetzten Matrizen gearbeitet werden soll:

- Man benutze den Standardring Dom::ExpressionField() allgemeiner MuPAD-Ausdrücke als Koeffizientenring, wenn dies möglich ist. Wie im vorigen Abschnitt dargestellt, erzeugt der Konstruktor Dom::Matrix() Matrizen dieses Typs. Zur Bequemlichkeit steht dieser Konstruktor auch als Funktion matrix zur Verfügung.

- Indiziertes Auslesen und Beschreiben einzelner Matrixeinträge ist relativ teuer. Wenn möglich sollte man es vermeiden, zunächst mittels matrix(m, n) große leere Matrizen zu erzeugen, um dann die nicht-leeren Einträge durch indizierte Zuweisungen zu setzen. Man sollte stattdessen diese Einträge direkt beim Erzeugen der Matrix setzen.

Beispielsweise können die zu setzenden Einträge als Listen von Gleichungen an den Matrixkonstruktor übergeben werden. Die folgende Matrix A der Dimension 1000×1000 besteht aus einem Diagonalband und zwei zusätzlichen

Einträgen in der rechten oberen und der linken unteren Ecke. Einige Einträge der 10-ten Matrixpotenz werden ausgegeben:

```
>> n := 1000:
   A := matrix(n, n, [(i, i) = i $ i = 1..n,
                      (n, 1) = 1, (1, n) = 1]):
   B := A^10:
   B[1, 1], B[1, n]
      10020100220500861221300089, 10010090150400661101119105055
```

Im folgenden Beispiel erzeugen wir eine tri-diagonale 100×100 Toeplitz-Matrix A und lösen die Gleichung $A\mathbf{x} = \mathbf{b}$, wo $\mathbf{b}$ der Spaltenvektor $(1, \ldots, 1)^T$ ist:

```
>> A := matrix(100, 100, [-1, 2, -1], Banded):
   b := matrix(100, 1, [1 $ 100]):
   x := (1/A)*b
```

$$\begin{pmatrix} 50 \\ 99 \\ \ldots \\ 50 \end{pmatrix}$$

Hier haben wir die Inverse $1/A$ von A auf die rechte Seite der Gleichung angewendet. Man beachte jedoch, dass es meist keine gute Idee ist, die Inverse einer dünnbesetzten Matrix zu berechnen, da diese i. A. nicht wieder dünnbesetzt ist. Es ist wesentlich effizienter, eine Matrixfaktorisierung zu benutzen, um die Lösung eines dünnbesetzten linearen Gleichungssystems zu berechnen. Wir setzen den linearen Gleichungslöser `numeric::matlinsolve` mit der Option `Symbolic` ein, um die Lösung eines dünnbesetzten Systems zu berechnen, das 1000 lineare Gleichungen für 1000 Unbekannte darstellt. Die `numeric`-Routine nutzt die Dünnbesetztheit in optimaler Weise aus:

```
>> A := matrix(1000, 1000, [-1, 2, -1], Banded):
   b := matrix(1000, 1, [1 $ 1000]):
   [x, kernel] := numeric::matlinsolve(A, b, Symbolic):
```

Wir stellen nur einige wenige Komponenten des Lösungsvektors dar:

```
>> x[1], x[2], x[3], x[4], x[5], x[999], x[1000]
      500, 999, 1497, 1994, 2490, 999, 500
```

4.15.6 Eine Anwendung

Es soll die symbolische Lösung $a(t), b(t)$ des Differentialgleichungssystems zweiter Ordnung

$$\frac{\mathrm{d}^2}{\mathrm{d}t^2}\, a(t) = 2\,c\, \frac{\mathrm{d}}{\mathrm{d}t}\, b(t)\,, \quad \frac{\mathrm{d}^2}{\mathrm{d}t^2}\, b(t) = -2\,c\, \frac{\mathrm{d}}{\mathrm{d}t}\, a(t) + 3\,c^2\, b(t)$$

berechnet werden, wobei c eine beliebige positive Konstante ist. Führt man $a'(t) = \frac{\mathrm{d}}{\mathrm{d}t}\, a(t)$, $b'(t) = \frac{\mathrm{d}}{\mathrm{d}t}\, b(t)$ ein, so lassen sich diese Differentialgleichungen als System erster Ordnung in den Variablen $x(t) = (a(t), a'(t), b(t), b'(t))$ schreiben:

$$\frac{\mathrm{d}}{\mathrm{d}t}\, x(t) = A\, x(t)\,, \quad A = \begin{pmatrix} 0 & 1 & 0 & 0 \\ 0 & 0 & 0 & 2\,c \\ 0 & 0 & 0 & 1 \\ 0 & -2\,c & 3\,c^2 & 0 \end{pmatrix}.$$

Die Lösung dieses Systems ist durch die Exponentialfunktion der Matrix A wirkend auf die Anfangsbedingung gegeben: $x(t) = e^{tA} x(0)$.

```
>> delete c, t:
   A := matrix([[0,   1,    0,    0 ],
                [0,   0,    0,   2*c],
                [0,   0,    0,    1 ],
                [0, -2*c, 3*c^2,  0 ]]):
```

Zur Berechnung von $B = e^{tA}$ wird die Funktion `exp` verwendet:

```
>> B := exp(t*A)
```

$$\begin{pmatrix} 1 & \frac{2\mathrm{i}e^{-\mathrm{i}ct}}{c} - 3t - \frac{2\mathrm{i}e^{\mathrm{i}ct}}{c} & 3\mathrm{i}e^{\mathrm{i}ct} - 3\mathrm{i}e^{-\mathrm{i}ct} + 6ct & \frac{2}{c} - \frac{e^{\mathrm{i}ct}}{c} - \frac{e^{-\mathrm{i}ct}}{c} \\ 0 & 2e^{-\mathrm{i}ct} + 2e^{\mathrm{i}ct} - 3 & 6c - 3ce^{-\mathrm{i}ct} - 3ce^{\mathrm{i}ct} & \mathrm{i}e^{-\mathrm{i}ct} - \mathrm{i}e^{\mathrm{i}ct} \\ 0 & \frac{e^{-\mathrm{i}ct}}{c} + \frac{e^{\mathrm{i}ct}}{c} - \frac{2}{c} & 4 - \frac{3e^{\mathrm{i}ct}}{2} - \frac{3e^{-\mathrm{i}ct}}{2} & \frac{\frac{\mathrm{i}}{2}e^{-\mathrm{i}ct}}{c} - \frac{\frac{\mathrm{i}}{2}e^{\mathrm{i}ct}}{c} \\ 0 & \mathrm{i}e^{\mathrm{i}ct} - \mathrm{i}e^{-\mathrm{i}ct} & \frac{3\mathrm{i}}{2}ce^{-\mathrm{i}ct} - \frac{3\mathrm{i}}{2}ce^{\mathrm{i}ct} & \frac{e^{-\mathrm{i}ct}}{2} + \frac{e^{\mathrm{i}ct}}{2} \end{pmatrix}$$

Die (komplexe) Exponentialfunktion soll durch die trigonometrischen Funktionen `sin` und `cos` ersetzt werden. Dies wird durch Anwenden der Routine `rewrite` (Abschnitt 9.1). mit der Option `sincos` erreicht. Die Funktion `map` wird verwendet, um dieses Kommando auf alle Einträge der Matrix B anzuwenden:

```
>> B := map(B, rewrite, sincos):
```

4.15 Vektoren und Matrizen

Nun sieht die Matrix B noch etwas komplizierter aus, z. B.:

```
>> B[1, 2]
```

$$\frac{2\mathrm{i}\,(\cos(ct) - \mathrm{i}\sin(ct))}{c} - 3t - \frac{2\mathrm{i}\,(\cos(ct) + \mathrm{i}\sin(ct))}{c}$$

Um diese Ausdrücke zu vereinfachen, wenden wir die Funktion expand an:

```
>> B := expand(B)
```

$$\begin{pmatrix} 1 & \frac{4\sin(ct)}{c} - 3t & 6ct - 6\sin(ct) & \frac{2}{c} - \frac{2\cos(ct)}{c} \\ 0 & 4\cos(ct) - 3 & 6c - 6c\cos(ct) & 2\sin(ct) \\ 0 & \frac{2\cos(ct)}{c} - \frac{2}{c} & 4 - 3\cos(ct) & \frac{\sin(ct)}{c} \\ 0 & -2\sin(ct) & 3c\sin(ct) & \cos(ct) \end{pmatrix}$$

Eine beliebige Anfangsbedingung wird im Vektor x(0) gesetzt:

```
>> x(0) := matrix([a(0), a'(0), b(0), b'(0)]):
```

Damit ergibt sich die gesuchte symbolische Lösung des Differentialgleichungssystems durch

```
>> x(t) := B*x(0):
```

Die gesuchten Lösungsfunktionen $a(t)$ und $b(t)$ mit beliebigen Anfangsbedingungen $a(0)$, $a'(0)$ (=D(a)(0)), $b(0)$, $b'(0)$ (=D(b)(0)) sind:

```
>> a(t) := expand(x(t)[1])

                          2 D(b)(0)
    a(0) - 6 b(0) sin(c t) + --------- - 3 t D(a)(0) -
                              c

    2 D(b)(0) cos(c t)   4 D(a)(0) sin(c t)
    ------------------ + ------------------ +
            c                    c

    6 c t b(0)

>> b(t) := expand(x(t)[3])
```

$$4b(0) - 3b(0)\cos(ct) - \frac{2a'(0)}{c} + \frac{2a'(0)\cos(ct)}{c} + \frac{b'(0)\sin(ct)}{c}$$

Zuletzt wird überprüft, ob die gefundenen Ausdrücke wirklich die Differentialgleichungen erfüllen:

```
>> expand(diff(a(t),t,t) - 2*c*diff(b(t),t)),
   expand(diff(b(t),t,t) + 2*c*diff(a(t),t) - 3*c^2*b(t))
   0, 0
```

4.16 Polynome

Polynomberechnungen sind ein wichtiger Aufgabenbereich eines Computeralgebra-Systems. Man kann in MuPAD ein Polynom natürlich als einen Ausdruck im Sinne von Abschnitt 4.4 realisieren und die übliche Arithmetik verwenden:

```
>> PolynomAusdruck := 1 + x + x^2:
>> expand(PolynomAusdruck^2)
```
$$2x + 3x^2 + 2x^3 + x^4 + 1$$

Es gibt in MuPAD jedoch einen speziellen Datentyp DOM_POLY und darauf operierende Kern- und Bibliotheksfunktionen, mit denen solche Rechnungen einfacher und effizienter durchgeführt werden können.

4.16.1 Definition von Polynomen

Die Erzeugung eines MuPAD-Polynoms geschieht mit der Systemfunktion poly:

```
>> poly(1 + 2*x + 3*x^2)
```
$$\text{poly}\left(3x^2 + 2x + 1, [x]\right)$$

Hierbei wird der Ausdruck $1 + 2x + 3x^2$ (vom Domain-Typ DOM_EXPR) an poly übergeben, welches diesen Ausdruck in ein neues Objekt vom Domain-Typ DOM_POLY umwandelt. Die Angabe der Unbestimmten [x] ist dabei ein fester Bestandteil dieses Datentyps. Dies wird relevant, wenn zwischen Unbestimmten und (symbolischen) Koeffizienten unterschieden werden muss. Soll z. B. der Ausdruck $a_0 + a_1 x + a_2 x^2$ als Polynom in x mit den Koeffizienten a_0, a_1, a_2 aufgefasst werden, so liefert die obige Form des Aufrufs von poly nicht das gewünschte Resultat:

4.16 Polynome

```
>> poly(a0 + a1*x + a2*x^2)
```
$$\mathrm{poly}\left(a0 + a1\,x + a2\,x^2, [a0, a1, a2, x]\right)$$

Dieses Ergebnis stellt kein Polynom in x dar, sondern ist ein „multivariates Polynom" in den vier Variablen x, a_0, a_1, a_2. Die Unbestimmten (Variablen) eines Polynoms können in Form einer Liste an `poly` übergeben werden, woraufhin dann alle anderen symbolischen Bezeichner im übergebenen Ausdruck als symbolische Koeffizienten angesehen werden:

```
>> poly(a0 + a1*x + a2*x^2, [x])
```
$$\mathrm{poly}\left(a2\,x^2 + a1\,x + a0, [x]\right)$$

Wenn die Liste mit Unbestimmten nicht angegeben wird, so ermittelt `poly` mittels der Funktion `indets` die symbolischen Bezeichner des Ausdrucks, welche dann als die Unbestimmten des Polynoms interpretiert werden:

```
>> indets(a0 + a1*x + a2*x^2, PolyExpr)
```
$$\{a0, a1, a2, x\}$$

Die Unterscheidung zwischen Unbestimmten und Koeffizienten wirkt sich unter Anderem auf die Ausgabe des Polynoms aus:

```
>> Ausdruck := 1 + x + x^2 + a*x + PI*x^2 - b
```
$$x - b + \pi\,x^2 + a\,x + x^2 + 1$$
```
>> poly(Ausdruck, [a, x])
```
$$\mathrm{poly}\left(a\,x + (\pi + 1)\,x^2 + x + (1 - b), [a, x]\right)$$
```
>> poly(Ausdruck, [x])
```
$$\mathrm{poly}\left((\pi + 1)\,x^2 + (a + 1)\,x + (1 - b), [x]\right)$$

Man sieht, dass in Polynomen die Koeffizienten jeder Potenz der Unbestimmten gesammelt werden, die Terme sind stets den Exponenten nach fallend geordnet.

Statt über einen Ausdruck kann ein Polynom auch mittels einer Liste erzeugt werden, welche die nicht-trivialen Koeffizienten zusammen mit den zugehörigen Exponenten enthält. Dies ist auch die interne Darstellung, in der MuPAD Polynome speichert. Aus der Liste

$$[[a_0, n_0], [a_1, n_1], \ldots, [a_k, n_k]]$$

wird durch den Aufruf `poly(Liste, [x])` das Polynom $\sum_{i=0}^{k} a_i\,x^{n_i}$ erzeugt:

```
>> Liste := [[1, 0], [a, 3], [b, 5]]: poly(Liste, [x])
```
$\quad \mathrm{poly}\left(b\,x^5 + a\,x^3 + 1, [x]\right)$

Für die Erzeugung multivariater Polynome übergibt man die Exponenten als Listen von Exponenten der einzelnen Variablen:

```
>> poly([[3, [2, 1]], [2, [3, 4]]], [x, y])
```
$\quad \mathrm{poly}\left(2\,x^3\,y^4 + 3\,x^2\,y, [x, y]\right)$

Umgekehrt kann ein Polynom mit poly2list in eine Listenstruktur zurück verwandelt werden:

```
>> poly2list(poly(b*x^5 + a*x^3 + 1, [x]))
```
$\quad [[b, 5], [a, 3], [1, 0]]$

Für abstraktere Rechnungen ist von Interesse, dass man die Koeffizienten eines Polynoms auf gewisse Mengen (mathematisch: auf einen *Ring*) einschränken kann, welche in MuPAD durch spezielle Datenstrukturen dargestellt werden. Typische Beispiele von Ringen und entsprechenden MuPAD-Domains wurden in Abschnitt 4.14 bereits vorgestellt: die ganzen Zahlen Dom::Integer, die rationalen Zahlen Dom::Rational oder der Restklassenring Dom::IntegerMod(n) („die ganzen Zahlen modulo n").

Der Koeffizientenring kann bei der Erzeugung eines Polynoms als Argument an poly übergeben werden:

```
>> poly(x + 1, [x], Dom::Integer)
```
$\quad \mathrm{poly}\left(x + 1, [x], \mathbb{Z}\right)$
```
>> poly(2*x - 1/2, [x], Dom::Rational)
```
$\quad \mathrm{poly}\left(2\,x - \left(\frac{1}{2}\right), [x], \mathbb{Q}\right)$
```
>> poly(4*x + 11, [x], Dom::IntegerMod(3))
```
$\quad \mathrm{poly}\left(x + 2, [x], \mathbb{Z}_3\right)$

Im letzten Beispiel beachte man, dass die Koeffizienten automatisch gemäß der Rechenregeln der ganzen Zahlen modulo 3 vereinfacht wurden:[18]

---

[18] Dieser Koeffizientenring hätte auch in der Form poly(4*x+11, [x], IntMod(3)) übergeben werden können, wobei als Repräsentanten der ganzen Zahlen modulo 3 nicht wie bei Dom::IntegerMod(3) die Zahlen 0, 1, 2, sondern −1, 0, 1 benutzt werden. Die Arithmetik ist bei Benutzung von IntMod(3) schneller.

```
>> 4 mod 3, 11 mod 3
   1, 2
```

Im folgenden Beispiel konvertiert `poly` die Koeffizienten auf den angegebenen Bereich der Gleitpunktzahlen:

```
>> poly(PI*x - 1/2, [x], Dom::Float)
```
$$\text{poly}\,(3.141592654\,x - 0.5, [x], \text{Dom::Float})$$

Wird kein Koeffizientenring angegeben, so wird standardmäßig der Ring `Expr` benutzt, der für beliebige MuPAD-Ausdrücke steht. In diesem Fall können symbolische Bezeichner als Koeffizienten verwendet werden:

```
>> Polynom := poly(a + x + b*y, [x, y]); op(Polynom)
```
$$\text{poly}\,(x + b\,y + a, [x, y])$$
$$a + x + b\,y,\ [x, y],\ \text{Expr}$$

Wir halten fest, dass ein MuPAD-Polynom aus drei Teilen besteht:

1. einem polynomialen Ausdruck der Form $\sum a_{i_1 i_2 \ldots}\, x_1^{i_1} x_2^{i_2} \cdots$,
2. einer Liste von Unbestimmten $[x_1, x_2, \ldots]$,
3. dem Koeffizientenring.

Dies sind die drei Operanden eines MuPAD-Polynoms p, auf die mit `op(p, 1)`, `op(p, 2)` bzw. `op(p, 3)` zugegriffen werden kann. Die Umwandlung eines Polynoms in einen mathematisch äquivalenten Ausdruck vom Domain-Typ `DOM_EXPR` kann dementsprechend durch

```
>> Ausdruck := op(Polynom, 1):
```

geschehen. Man sollte jedoch die Systemfunktion `expr` vorziehen, welche diverse Domain-Typen wie z. B. Polynome oder Reihen in Ausdrücke konvertiert:

```
>> Polynom := poly(x^3 + 5*x + 3)
```
$$\text{poly}\,(x^3 + 5\,x + 3, [x])$$
```
>> op(Polynom, 1) = expr(Polynom)
```
$$5\,x + x^3 + 3 = 5\,x + x^3 + 3$$

4.16.2 Rechnen mit Polynomen

Mit der Funktion degree kann der Grad eines Polynoms bestimmt werden:

```
>> p := poly(1 + x + a*x^2*y, [x, y]):
>> degree(p, x), degree(p, y)
    2, 1
```

Übergibt man nicht den Namen einer Unbestimmten als zweites Argument, so liefert degree den „totalen Grad":

```
>> degree(p), degree(poly(x^27 + x + 1))
    3, 27
```

Die Funktion coeff dient dazu, einzelne Koeffizienten eines Polynoms zu extrahieren:

```
>> p := poly(1 + a*x + 7*x^7, [x]):
>> coeff(p, 1), coeff(p, 2), coeff(p, 8)
    a, 0, 0
```

Bei multivariaten Polynomen ist der Koeffizient einer Potenz einer Unbestimmten ein Polynom in den restlichen Unbestimmten:

```
>> p := poly(1 + x + a*x^2*y, [x, y]):
>> coeff(p, y, 0), coeff(p, y, 1)
    poly(x + 1, [x]), poly(a x^2, [x])
```

Die Standardoperatoren +, -, * und ^ können für die übliche Polynomarithmetik verwendet werden:

```
>> p := poly(1 + a*x^2, [x]): q := poly(b + c*x, [x]):
>> p + q, p - q, p*q, p^2
              2
    poly(a x  + c x + (b + 1), [x]),

                2
    poly(a x  + (-c) x + (- b + 1), [x]),

              3         2
    poly((a c) x  + (a b) x  + c x + b, [x]),

          2  4         2
    poly(a  x  + (2 a) x  + 1, [x])
```

4.16 Polynome

Für die „Division mit Rest" steht die Funktion `divide` zur Verfügung:

```
>> p := poly(x^3 + 1): q := poly(x^2 - 1): divide(p, q)
```
$\operatorname{poly}(x, [x])$, $\operatorname{poly}(x+1, [x])$

Das Ergebnis ist eine Folge mit zwei Operanden: dem Quotienten und dem Rest der Division. Mit

```
>> quotient := op(divide(p, q), 1):
   rest     := op(divide(p, q), 2):
```

gilt p = quotient * q + rest:

```
>> quotient*q + rest
```
$\operatorname{poly}\left(x^3 + 1, [x]\right)$

Das mit `rest` bezeichnete Polynom hat einen niedrigeren Polynomgrad als q, wodurch die Zerlegung des p = quotient * q + rest eindeutig festgelegt ist. Die Division zweier Polynome durch den üblichen Divisionsoperator / ist nur in den Spezialfällen sinnvoll, in denen der von `divide` gelieferte Rest verschwindet:

```
>> p := poly(x^2 - 1): q := poly(x - 1): p/q
```
$\operatorname{poly}(x+1, [x])$
```
>> p := poly(x^2 + 1): q := poly(x - 1): p/q
```
FAIL

Man beachte, dass die Arithmetik nur Polynome exakt gleichen Typs verknüpft:

```
>> poly(x + y, [x, y]) + poly(x^2, [x, y]),
   poly(x) + poly(x, [x], Expr)
```
$\operatorname{poly}\left(x^2 + x + y, [x,y]\right)$, $\operatorname{poly}(2x, [x])$

Sowohl die Liste der Unbestimmten als auch der Koeffizientenring müssen übereinstimmen, anderenfalls wird die Eingabe als symbolischer Ausdruck zurückgeliefert:

```
>> poly(x + y, [x, y]) + poly(x^2, [x])
```
$\operatorname{poly}\left(x^2, [x]\right) + \operatorname{poly}(x + y, [x,y])$
```
>> poly(x, Dom::Integer) + poly(x)
```
$\operatorname{poly}(x, [x], \mathbb{Z}) + \operatorname{poly}(x, [x])$

Die Polynomarithmetik berücksichtigt den Koeffizientenring und führt Additionen und Multiplikationen nach den Rechenregeln des Ringes aus:

```
>> p := poly(4*x + 11, [x], Dom::IntegerMod(3)):
>> p; p + p; p*p
```
$\quad$ poly $(x + 2, [x], \mathbb{Z}_3)$

$\quad$ poly $(2x + 1, [x], \mathbb{Z}_3)$

$\quad$ poly $(x^2 + x + 1, [x], \mathbb{Z}_3)$

Der Standardoperator * für die Multiplikation eines Polynoms mit einem Skalar funktioniert nicht unmittelbar, sondern erst nach Umwandlung des skalaren Faktors in ein Polynom:

```
>> p := poly(x^2 + y):
>> Skalar*p; poly(Skalar, op(p, 2..3))*p
```
$\quad$ Skalar poly $(x^2 + y, [x, y])$

$\quad$ poly $(\text{Skalar}\, x^2 + \text{Skalar}\, y, [x, y])$

Hierbei wird durch Übergabe von op(p, 2..3) (=[x, y], Expr) sichergestellt, dass das vom skalaren Faktor erzeugte Polynom vom selben Typ ist wie p.

Alternativ kann die Funktion multcoeffs verwendet werden, welche die Polynomkoeffizienten mit dem skalaren Faktor multipliziert:

```
>> multcoeffs(p, Skalar)
```
$\quad$ poly $(\text{Skalar}\, x^2 + \text{Skalar}\, y, [x, y])$

Mittels mapcoeffs kann eine beliebige Funktion f auf die Koeffizienten angewendet werden:

```
>> p := poly(2*x^2 + 3*y): mapcoeffs(p, f)
```
$\quad$ poly $(f(2)\, x^2 + f(3)\, y, [x, y])$

Dies erlaubt eine weitere Form der Multiplikation mit einem Skalar:

```
>> mapcoeffs(p, _mult, Skalar)
```
$\quad$ poly $((2\,\text{Skalar})\, x^2 + (3\,\text{Skalar})\, y, [x, y])$

Eine weitere wichtige Operation ist die Auswertung eines Polynoms an einer bestimmten Stelle (Berechnung des Funktionswerts). Dies kann mit der Funktion evalp geschehen:

4.16 Polynome

```
>> p := poly(x^2 + 1, [x]):
   evalp(p, x = 2), evalp(p, x = x + y)
```
$$5,\ (x+y)^2 + 1$$

Diese Berechnung ist auch für multivariate Polynome zulässig und gibt ein Polynom in den verbleibenden Unbestimmten oder (bei nur einer Unbestimmten) ein Element des Koeffizientenringes zurück:

```
>> p := poly(x^2 + y):
>> q := evalp(p, x = 0); evalp(q, y = 2)
```
$$\text{poly}(y, [y])$$
$$2$$

Man kann ein Polynom aber auch als Funktion der Unbestimmten auffassen und das Polynom an einer Stelle aufrufen:

```
>> p(2, z)
```
$$z + 4$$

Eine Reihe von MuPAD-Funktionen akzeptiert Polynome als Eingabe. Eine wichtige Operation ist die Faktorisierung, welche gemäß der Rechenregeln des Koeffizientenringes durchgeführt wird. Mit der Funktion `factor` kann man Polynome faktorisieren:

```
>> factor(poly(x^3 - 1))
```
$$\text{poly}(x - 1, [x]) \cdot \text{poly}(x^2 + x + 1, [x])$$
```
>> factor(poly(x^2 + 1, Dom::IntegerMod(2)))
```
$$\text{poly}(x + 1, [x], \mathbb{Z}_2)^2$$

Mit D können Polynome differenziert werden:

```
>> D(poly(x^7 + x + 1))
```
$$\text{poly}(7 x^6 + 1, [x])$$

Auch MuPADs Differenzierer `diff` kann in der Form `diff(Polynom,x)` benutzt werden.

Man kann Polynome mit `int` integrieren:

```
>> p := poly(x^7 + x + 1): int(p, x)
```
$$\text{poly}\left(\left(\frac{1}{8}\right) x^8 + \left(\frac{1}{2}\right) x^2 + x, [x]\right)$$

Die Funktion gcd (englisch: *greatest common divisor*) berechnet den *größten gemeinsamen Teiler* von Polynomen:

```
>> p := poly((x + 1)^2*(x + 2)):
>> q := poly((x + 1)*(x + 2)^2):
>> factor(gcd(p, q))
    poly (x + 2, [x]) · poly (x + 1, [x])
```

Die interne Darstellung eines Polynoms berücksichtigt nur diejenigen Potenzen der Unbestimmten, deren Koeffizient ungleich 0 ist. Dies ist besonders bei „dünnbesetzten" Polynomen hohen Grades mit nur wenigen Termen vorteilhaft und beschleunigt die Arithmetikoperationen. Die Anzahl der nichttrivialen Terme eines Polynoms wird durch nterms (englisch: *number of terms*) geliefert. Durch nthmonomial können die einzelnen Monome (das Produkt aus Koeffizient und Potenz der Unbekannten) extrahiert werden, nthcoeff und nthterm liefern den jeweiligen Koeffizienten bzw. die Potenz der Unbekannten:

```
>> p := poly(a*x^100 + b*x^10 + c, [x]):
>> nterms(p), nthmonomial(p, 2),
   nthcoeff(p, 2), nthterm(p, 2)
   3, poly (b x^10, [x]) , b, poly (x^10, [x])
```

Es folgt eine Zusammenfassung der angesprochenen Polynomoperationen:

+, -, *, ^	: Arithmetik
coeff	: Extrahieren der Koeffizienten
degree	: Polynomgrad
diff, D	: Differentiation
divide	: Division mit Rest
evalp	: Berechnung des Funktionswerts
expr	: Konvertierung in einen Ausdruck
factor	: Faktorisierung
gcd	: größter gemeinsamer Teiler
mapcoeffs	: Anwendung einer Funktion
multcoeffs	: skalare Multiplikation
nterms	: Anzahl nichttrivialer Koeffizienten
nthcoeff	: n-ter Koeffizient
nthmonomial	: n-tes Monom
nthterm	: n-ter Term
poly	: Erzeugung von Polynomen
poly2list	: Konvertierung in eine Liste

Im Abschnitt „Polynome" der MuPAD-Kurzreferenz [O 04] sind weitere Funktionen der Standardbibliothek aufgelistet. In der Bibliothek groebner sind Funktionen für die Behandlung von durch multivariate Polynome erzeugten Idealen installiert (?groebner).

Aufgabe 4.42: Betrachten Sie die Polynome $p = x^7 - x^4 + x^3 - 1$ und $q = x^3 - 1$. Berechnen Sie $p - q^2$! Ist p durch q teilbar? Faktorisieren Sie p und q!

Aufgabe 4.43: Ein Polynom heißt irreduzibel (über einem Koeffizientenkörper), wenn es nicht als Produkt mehrerer nichtkonstanter Polynome faktorisiert werden kann. Mit Hilfe der Funktion irreducible kann die Irreduzibilität geprüft werden. Bestimmen Sie alle irreduziblen Polynome $a x^2 + b x + c$, $a \neq 0$ zweiten Grades über dem Körper der ganzen Zahlen modulo 3!

4.17 Intervallarithmetik

In MuPAD gibt es den Kerndatentyp DOM_INTERVAL, der reelle oder komplexe Gleitpunktintervalle darstellt. Damit lässt sich u. a. eines der fundamentalen Probleme der Gleitpunktarithmetik abschätzbar und kontrollierbar machen: Rundungsfehler.

Die grundsätzliche Idee ist wie folgt: Statt (Gleitpunkt-) Zahlen x_1, x_2 etc., von denen man nur weiß, dass sie in gegebenen Intervallen X_1, X_2 etc. liegen, betrachte man diese Intervalle X_1, X_2 etc. Man möchte nun eine garantierte Aussage haben, in welchem Intervall Y der Werte $y = f(x_1, x_2, \ldots)$ einer gegebenen Funktion f liegt. Mathematisch ist nach der Bildmenge

$$Y = f(X_1, X_2, \ldots) = \{f(\xi_1, \xi_2, \ldots); \ \xi_1 \in X_1; \ \xi_2 \in X_2; \ \ldots\}$$

gefragt. Eine *exakte* Berechnung ist eine Herausforderung, die nur in einfachen Fällen zu bewältigen ist. In der Tat ist es viel zu ehrgeizig, nach einer exakten Angabe der Bildmenge zu fragen, wenn die Funktionsauswertung (der „Algorithmus") über schnelle und speicherplatzeffiziente Gleitpunktarithmetik geschehen soll. Daher wird in der so genannten „Intervallarithmetik" die Funktion f durch einen Intervallalgorithmus $\hat{f}$ ersetzt, der eine berechenbare Bildmenge $\hat{f}(X_1, X_2, \ldots)$ erzeugt, von der man garantieren kann, dass sie die exakte Bildmenge von f überdeckt:

$$f(X_1, X_2, \ldots) \subset \hat{f}(X_1, X_2, \ldots).$$

Stellt man sich die Intervalle X_1, X_2 etc. als um Rundungsungenauigkeiten erweiterte Fassungen der Gleitpunktzahlen x_1, x_2 etc. vor, so liefert die Intervallversion $\hat f$ der Funktion f verifizierte untere und obere Schranken für das Ergebnis der Berechnung von $y = f(x_1, x_2, \dots)$, in dem sich die Rundungsfehler von x_1, x_2 etc. fortgepflanzt haben. Ebenso können die Intervalle auch Ungenauigkeiten in physikalischen Messungen repräsentieren oder eine andere Interpretation haben („angenommen, dieser Parameter liegt zwischen 1 und 2..."). In diesem Kontext liefert die Auswertung $\hat f(X_1, X_2, \dots)$ ein Intervall, das *alle* möglichen Ergebnisse enthält – mit der Sicherheit eines mathematischen Beweises.

In MuPAD werden Gleitpunktintervalle mit der Funktion hull oder dem äquivalenten Operator ... aus exakten numerischen Objekten oder Gleitpunktzahlen erzeugt:

```
>> X1 := hull(PI)
    3.141592653 ... 3.141592654
>> X2 := cos(7*PI/9) ... cos(13*PI/9)
    -0.7660444432 ... - 0.1736481776
```

Komplexe Intervalle sind rechteckige Gebiete in der komplexen Ebene, die durch ein Intervall für den Realteil und ein Intervall für den Imaginärteil gegeben sind. In der Eingabe mittels hull oder ... können auch die Eckpunkte des Rechtecks „links unten" und „rechts oben" angegeben werden:

```
>> X3 := (2 - 3*I) ... (4 + 5*I)
    (2.0 ... 4.0) + i (-3.0 ... 5.0)
```

MuPAD-Funktionen, die Intervallarithmetik unterstützen, sind sowohl die arithmetischen Grundoperationen +, -, *, /, ^ als auch die meisten der speziellen Funktionen wie sin, cos, exp, ln, abs etc.:

```
>> X1^2 + X2
    9.103559957 ... 9.695956224
>> X1 - I*X2 + X3
    (5.141592653 ... 7.141592654) + i (-2.826351823 ... 5.766044444)
>> sin(X1) + exp(abs(X3))
    7.389056098 ... 148.4131592
```

Teilt man durch ein Intervall, das die 0 enthält, so ergibt sich ein unendliches Intervall. Die Objekte RD_INF und RD_NINF (englisch: *"rounded infinity"* bzw. *"rounded negative infinity"*) stellen die Werte $\pm\infty$ in einem Intervallkontext dar:

```
>> sin(X2^2 - 1/2)
```
$-0.4527492553 \ldots 0.08671504384$
```
>> 1/%
```
$\text{RD\_NINF} \ldots -2.208728094 \cup 11.53202438 \ldots \text{RD\_INF}$

Diese Beispiel zeigt auch, dass die Arithmetik „symbolische" Vereinigungen von Gleitpunktintervallen liefern kann, die technisch aber immer noch vom Typ DOM_INTERVAL sind.

```
>> domtype(%)
```
DOM_INTERVAL

In der Tat können die Operatoren union und intersect zum Vereinigen bzw. Schneiden von Mengen auch für Intervalle benutzt werden:

```
>> X1 union X2^2
```
$0.03015368960 \ldots 0.5868240889 \cup 3.141592653 \ldots 3.141592654$
```
>> cos(X1*X2) intersect X2
```
$-0.7418354081 \ldots -0.1736481776$

Symbolische Objekte wie Bezeichner (Abschnitt 4.3) und Gleitpunktintervalle können gemischt werden. Die Funktion interval ersetzt alle numerischen Teilausdrücke eines Ausdrucks (Abschnitt 4.4) durch Gleitpunktintervalle:

```
>> interval(2*x^2 + PI)
```
$(2.0 \ldots 2.0)\, x^2 + (3.141592653 \ldots 3.141592654)$

In MuPAD stehen alle Bezeichner implizit für beliebige *komplexe* Werte. Dementsprechend ersetzt die Funktion hull den Bezeichner x durch das Intervall, das die gesamte komplexe Ebene darstellt:

```
>> hull(%)
```
$(\text{RD\_NINF} \ldots \text{RD\_INF}) + i\,(\text{RD\_NINF} \ldots \text{RD\_INF})$

Hierbei werden einige Eigenschaften (Abschnitt 9.3) berücksichtigt (aber nicht alle):

```
>> assume(x > 0): hull(x);
```
$0.0 \ldots \text{RD\_INF}$

Es gibt eine Reihe spezialisierter Funktionen für die Intervallarithmetik, die dem Kerndatentyp DOM_INTERVAL als Methoden angeheftet sind. Insbesonde-

128   4. MuPAD-Objekte

re kann der Mittelpunkt und die Breite eines Intervalls oder einer Vereinigung von Intervallen mittels `DOM_INTERVAL::center` bzw. `DOM_INTERVAL::width` ermittelt werden:

```
>> DOM_INTERVAL::center(2 ... 5 union 7 ... 9)
   5.5
>> DOM_INTERVAL::width(2 ... 5 union 7 ... 9)
   7.0
```

Die Hilfeseite von `DOM_INTERVAL` liefert einen Überblick über die zur Verfügung stehenden Methoden.

Weiterhin gibt es einen in der MuPAD Sprache implementierten Bibliotheksdatentyp `Dom::FloatIV` für Gleitpunktintervalle, der aber nur eine „Fassade" für den in C++ implementierten Kerndatentyp `DOM_INTERVAL` darstellt. Er wird benötigt, um Gleitpunktintervalle in „Behältern" wie z. B. Matrizen (Abschnitt 4.15) oder Polynomen (Abschnitt 4.16) einzubetten. Diese Behälter erfordern die Angabe eines Koeffizientenbereichs, der die mathematischen Eigenschaften eines Rings haben muss. Damit Gleitpunktintervalle in solche Behälter eingebettet werden können, wurde dem Domain `Dom::FloatIV` eine Reihe mathematischer Attribute („Kategorien", englisch: *categories*) zugestanden:

```
>> Dom::FloatIV::allCategories()
     [Cat::Field, ..., Cat::Ring, ...]
```

Speziell wird die Menge aller Gleitpunktintervalle also nicht nur als ein Ring, sondern sogar als ein Körper (englisch: *field*) angesehen. Streng genommen lassen sich Gleitpunktintervalle nicht wirklich in diese mathematischen Kategorien einordnen. Beispielsweise liefert die Subtraktion eines Intervalls von sich selbst ein Intervall, das sich nicht als Null (das neutrale Element bezüglich der Addition) interpretieren lässt:

```
>> (2 ... 3) - (2 ... 3)
   -1.0 ... 1.0
```

Pragmatisch wurden die mathematischen Attribute trotzdem gesetzt, um Intervallrechnungen für Matrizen, Polynome etc. zu ermöglichen.

Als Beispiel betrachten wir die Inverse einer Hilbert-Matrix (siehe auch Aufgabe 4.38). Diese Matrizen sind für ihre schlechte Konditionierung berüchtigt: Sie lassen sich durch Gleitpunktrechnungen praktisch nicht invertieren. Für die 8×8 Hilbert-Matrix ist die numerische „Konditionszahl" (das Verhältnis des größten zum kleinsten Eigenwert):

```
>> A := linalg::hilbert(8):
   ev := numeric::eigenvalues(A):
   max(op(ev))/min(op(ev))
```
   15257583501.0

Grob vereinfachend bedeutet dies, dass bei Invertierung durch einen beliebigen Gleitpunktalgorithmus *prinzipiell* der Verlust von etwa 10 Dezimalstellen relativer Genauigkeit zu erwarten ist:

```
>> log(10, %)
```
   10.18348576

Dementsprechend wird bei kleinen Werten von DIGITS die Inverse von numerischen Rundungsfehlern dominiert sein. In der Tat, nach Konvertierung von A in eine Matrix von Gleitpunktintervallen kann der generische Invertierungsalgorithmus für Matrizen verwendet werden und liefert:

```
>> B := Dom::Matrix(Dom::FloatIV)(A)^(-1)
      array(1..8, 1..8,
        (1, 1) = -73.29144677 ... 201.2914468,
           ...
        (3, 2) = -955198.1290 ... -949921.8709,
           ...
        (8, 8) = 176679046.2 ... 176679673.8
      )
```

Jeder Eintrag der Inversen liegt *garantiert* in dem jeweils berechneten Intervall. Die (8,8)-Komponente der Inversen ist zwar auf die führenden 6 Dezimalstellen genau bestimmt, über die (1,1)-Komponente kann man aber nur aussagen, dass sie irgendwo zwischen -73.29 und 201.3 liegt. Man beachte jedoch hierbei, dass der generische Invertierungsalgorithmus für Matrizen dazu tendiert, die Intervalllängen drastisch zu überschätzen. Eine numerische Rechnung mit „normalen" Gleitpunktzahlen *könnte* durchaus genauere Werte liefern, wobei sich aber am Ergebnis keinerlei Angaben über die Genauigkeit ablesen ließen. Die exakten Werte der Inversen stehen in MuPAD ebenfalls zur Verfügung (inverse Hilbert-Matrizen haben ganzzahlige Einträge):

```
>> C := linalg::invhilbert(8)
          array(1..8, 1..8,
            (1, 1) = 64,
               ...
            (3, 2) = -952560,
               ...
            (8, 8) = 176679360
          )
```

Intervalle bieten die Möglichkeit, mit dem Operator `in` zu prüfen, ob eine Zahl im Intervall liegt. Wir verwenden hier `zip` (Abschnitt 4.15.2), um für alle Einträge der exakten Inversen C zu prüfen, ob diese Zahlen wirklich in den in B gespeicherten Intervallen liegen. Der folgende Befehl verwandelt die Matrizen per `op` in Listen aller Einträge. Die beiden Listen werden dann per `zip` zu einer einzigen Liste zusammengefügt, die aus den Ergebnissen von `bool(C[i,j] in B[i,j])` besteht:

```
>> zip([op(C)], [op(B)], (c, b) -> bool(c in b))
       [TRUE, TRUE, TRUE, TRUE, ..., TRUE]
```

4.18 Null-Objekte: null(), NIL, FAIL und undefined

Es gibt verschiedene Objekte, die in MuPAD das „Nichts" darstellen. Zunächst existiert die durch `null()` erzeugte „leere Folge" vom Domain-Typ `DOM_NULL`, welche keinerlei Ausgabe auf dem Bildschirm erzeugt. Systemfunktionen wie `reset` (Abschnitt 14.3) oder `print` (Abschnitt 13.1.1), die keine mathematisch sinnvollen Werte zurückliefern können, liefern dieses MuPAD-Objekt:

```
>> a := reset(): b := print("hallo"):
                  "hallo"
>> domtype(a), domtype(b)
    DOM_NULL, DOM_NULL
```

Das Objekt `null()` ist speziell im Umgang mit Folgen (Abschnitt 4.5) nützlich. Weil es automatisch aus Folgen entfernt wird, kann es beispielsweise dazu benutzt werden, gezielt Einträge aus Folgen zu entfernen:

```
>> delete a, b, c: Folge := a, b, c:
   Folge := eval(subs(Folge, b = null()))
     a, c
```

Hierbei wurde der Substitutionsbefehl `subs` (Kapitel 6) verwendet, um b durch `null()` zu ersetzen.

Das von `null()` verschiedene MuPAD-Objekt NIL hat intuitiv die Bedeutung „kein Wert". Einige Systemfunktionen liefern das NIL-Objekt, wenn sie mit Parametern aufgerufen werden, für die nichts zu berechnen ist. Ein typisches Beispiel ist die Funktion `_if`, die intuitiver in der Form einer `if`-Abfrage aufgerufen werden kann (Kapitel 17):

4.18 Null-Objekte: null(), NIL, FAIL und undefined

```
>> Bedingung := FALSE: if Bedingung then x := 1 end_if
     NIL
```

Uninitialisierte lokale Variablen und nicht benutzte Aufrufparameter von MuPAD-Prozeduren haben ebenfalls den Wert NIL (Abschnitt 18.4).

Das MuPAD-Objekt FAIL hat die intuitive Bedeutung „es konnte kein Wert gefunden werden". Es wird von Systemfunktionen zurückgeliefert, wenn den Eingabeparametern kein sinnvolles Ergebnis zugeordnet werden kann. Im folgenden Beispiel soll die Inverse einer singulären Matrix berechnet werden:

```
>> A := matrix([[1, 2], [2, 4]])
```
$$\begin{pmatrix} 1 & 2 \\ 2 & 4 \end{pmatrix}$$
```
>> A^(-1)
     FAIL
```

Ein weiteres Objekt mit ähnlicher Bedeutung ist undefined. Die MuPAD-Funktion limit zum Beispiel gibt dieses Objekt zurück, wenn der zu berechnende Grenzwert nicht existiert:

```
>> limit(1/x, x = 0)
     undefined
```

Arithmetische Operationen mit undefined liefern wieder undefined:

```
>> undefined + 1, 2^undefined
     undefined, undefined
```

5. Auswertung und Vereinfachung

5.1 Bezeichner und ihre Werte

Man betrachte:

```
>> delete x, a: y := a + x
```
$$a + x$$

Da die Bezeichner a und x nur für sich selbst stehen, ist der „Wert" von y der symbolische Ausdruck $a+x$. Sie müssen genau zwischen dem Bezeichner y und seinem Wert unterscheiden: Als *Wert* eines Bezeichners soll dasjenige MuPAD-Objekt bezeichnet werden, welches das System durch Auswertung und Vereinfachung der rechten Seite der Zuweisung `Bezeichner:=Wert` *zum Zeitpunkt der Zuweisung* berechnet.

Man beachte aber, dass im obigen Beispiel der Wert von y aus den symbolischen Bezeichnern a und x zusammengesetzt ist, denen zu einem späteren Zeitpunkt Werte zugewiesen werden können. Weisen wir etwa dem Bezeichner a den Wert 1 zu, so wird a im Ausdruck $a+x$ durch seinen Wert 1 ersetzt, und wir erhalten beim Aufruf von y als Ergebnis $x + 1$:

```
>> a := 1: y
```
$$x + 1$$

Man sagt, die *Auswertung* des Bezeichners y liefert das Ergebnis $x + 1$, aber der *Wert* von y ist weiterhin der Ausdruck $a + x$:

> Man hat zu unterscheiden zwischen dem Bezeichner, seinem Wert und seiner Auswertung: *Der* Wert *bezeichnet die Auswertung* zum Zeitpunkt der Zuweisung, *eine spätere* Auswertung *liefert einen eventuell anderen* „momentanen Wert".

Weisen wir nun noch x den Wert 2 zu, so werden sowohl a als auch x bei einer erneuten Auswertung durch ihre Werte ersetzt. Als Ergebnis erhält man also die Summe $2 + 1$, die von MuPAD automatisch zu 3 zusammengefasst wird:

5. Auswertung und Vereinfachung

```
>> x := 2: y
    3
```

Die *Auswertung* von y liefert demnach nun die Zahl 3, während sein *Wert* immer noch $a + x$ ist.

Es ist gerechtfertigt, als Wert von y das Ergebnis zum Zeitpunkt der Zuweisung zu bezeichnen. Setzt man nämlich im obigen Beispiel die Bezeichner a und x wieder zurück, so erhält man als Auswertung den ursprünglichen Wert von y, der unmittelbar nach der Zuweisung vorlag:

```
>> delete a, x: y
    a + x
```

Folgendes passiert, wenn a oder x bereits einen Wert haben, *bevor* y der Ausdruck a+x zugewiesen wird:

```
>> x := 1: y := a + x: y
    a + 1
```

Zum Zeitpunkt der Zuweisung erhält y hier als Wert die Auswertung von a+x, also $a + 1$. In der Tat ist dies nun der Wert von y, der keine Referenz auf x hat:

```
>> delete x: y
    a + 1
```

Es folgen einige weitere Beispiele für diesen Mechanismus. Zunächst wird x die rationale Zahl 1/3 zugewiesen, dann wird dem Bezeichner Liste das Listenobjekt [x, x^2, x^3] zugewiesen. Bei der Zuweisung wird die rechte Seite ausgewertet, womit der Bezeichner x automatisch vom System durch seinen Wert ersetzt wird. Zum Zeitpunkt der Zuweisung erhält der Bezeichner Liste damit den Wert $[1/3, 1/9, 1/27]$, nicht $[x, x^2, x^3]$:

```
>> x := 1/3: Liste := [x, x^2, x^3]
```
$$\left[\frac{1}{3}, \frac{1}{9}, \frac{1}{27}\right]$$
```
>> delete x: Liste
```
$$\left[\frac{1}{3}, \frac{1}{9}, \frac{1}{27}\right]$$

Der selbe Auswertungsmechanismus gilt auch bei symbolischen Funktionsaufrufen:

```
>> delete f: y := f(PI)
```
$f(\pi)$

Nach einer Zuweisung von f

```
>> f := sin:
```

erhält man die Auswertung:

```
>> y
```
0

Hierbei wurde für f der Wert des Bezeichners sin eingesetzt. Dieser Wert ist eine Prozedur, die den ihr einprogrammierten Algorithmus durchläuft und dabei sin(π) als 0 zurückgibt.

5.2 Vollständige, unvollständige und erzwungene Auswertung

Betrachten wir noch einmal das erste Beispiel des letzten Abschnitts, wo dem Bezeichner y der Ausdruck a+x zugewiesen wurde, wobei a und x keinen Wert hatten:

```
>> delete a, x: y := a + x: a := 1: y
```
$x+1$

Es soll nun etwas genauer erläutert werden, wie die letzte Auswertung von MuPAD vorgenommen wurde.

Zunächst („level 1") wird der Wert $a+x$ von y betrachtet. Da dieser Wert selbst Bezeichner x und a erhält, ist ein weiterer Schritt („level 2") der Evaluierung notwendig, wo die Werte dieser Bezeichner angefordert werden. Es wird festgestellt, dass a den Wert 1 hat, während x keinen Wert besitzt (und damit mathematisch eine Unbestimmte repräsentiert). Nun können diese Ergebnisse von der Arithmetik zu $x+1$ verarbeitet werden, was die Auswertung von y liefert. Die Bilder 5.1-5.3 veranschaulichen diesen Prozess. Hier steht ein Rechteck für einen Bezeichner und seinen Wert (bzw. · , wenn er keinen Wert hat). Der Pfeil repräsentiert jeweils einen Schritt der Auswertung.

Analog zur Darstellung symbolischer Ausdrücke durch die in Abschnitt 4.4.2 vorgestellten Darstellungsbäume kann man sich den Auswertungsprozess als *Auswertungsbaum* vorstellen, dessen Knoten durch Ausdrücke mit symbolischen Bezeichnern gegeben sind und deren Äste auf die jeweiligen Werte

5. Auswertung und Vereinfachung

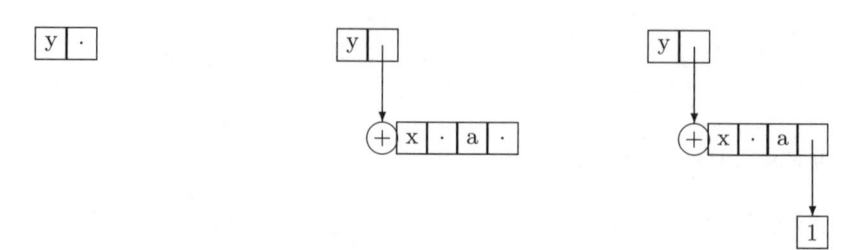

Abbildung 5.1. Der Bezeichner y ohne Wert.

Abbildung 5.2. Nach der Zuweisung y := a + n.

Abbildung 5.3. Nach der Zuweisung a:=1 erhält man als Auswertung von y schließlich x + 1.

dieser Bezeichner zeigen. Das System durchläuft diesen Baum so weit, bis keine Bezeichner mehr gefunden werden bzw. bis sich herausgestellt hat, dass keiner der verbleibenden Bezeichner einen Wert besitzt.

Die Ebenen (englisch: *levels*) dieses Baums können vom Benutzer gezielt mittels der Systemfunktion `level` angesteuert werden. Dazu folgendes Beispiel:

```
>> delete a, b, c: x := a + b: a := b + 1: b := c:
```

Hiernach ist der Auswertungsbaum für x:

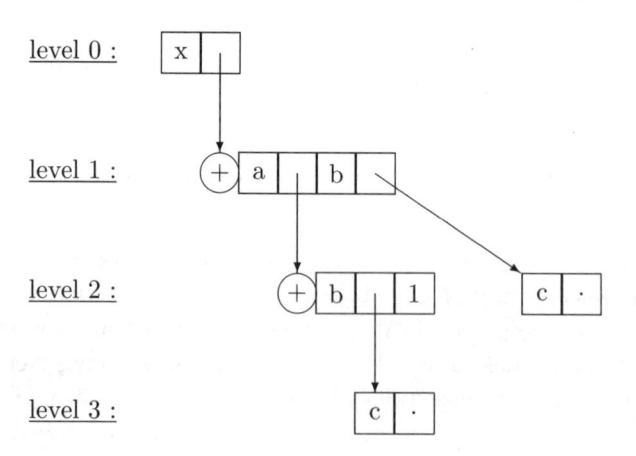

level 0 :

level 1 :

level 2 :

level 3 :

Der Bezeichner x ist die oberste Ebene (die Wurzel, Ebene 0) seines eigenen Auswertungsbaums:

```
>> level(x, 0)
    x
```

Der Wert von x wird durch die nächste Ebene 1 geliefert:

5.2 Vollständige, unvollständige, erzwungene Auswertung

```
>> level(x, 1)
```
$$a + b$$

In der folgenden Ebene 2 wird a durch seinen Wert $b + 1$ und b durch seinen Wert c ersetzt:

```
>> level(x, 2)
```
$$b + c + 1$$

Erst in der nächsten Ebene 3 wird das verbleibende b durch seinen Wert c ersetzt:

```
>> level(x, 3)
```
$$2c + 1$$

Die beschriebene Auswertung bezeichnet man als *vollständige Auswertung*, d. h. rekursiv werden Bezeichner solange durch ihren Wert ersetzt, bis keine weiteren Auswertungen mehr möglich sind. Die Umgebungsvariable LEVEL mit dem voreingestellten Standardwert 100 bestimmt, wie tief MuPAD die Auswertungsbäume verfolgt.

Auf interaktiver Ebene wertet MuPAD vollständig aus!

Dies heißt genauer, dass interaktiv bis LEVEL ausgewertet wird.[1]

```
>> delete a0, a1, a2: LEVEL := 2:
>> a0 := a1: a0
   a1
>> a1 := a2: a0
   a2
```

Bis hierher hat der Auswertungsbaum für a0 die Tiefe 2, so dass mit dem LEVEL-Wert 2 eine vollständige Auswertung erreicht wird. Im nächsten Schritt wird der Wert von a2 jedoch nicht mehr eingesetzt:

```
>> a2 := a3: a0
   a2
>> delete LEVEL:
```

---

[1] Dies ist nicht zu verwechseln mit der Auswirkung von Aufrufen der Systemfunktionen, zu deren Funktionalität es teilweise gehört, *nicht vollständig ausgewertete Objekte* zu liefern. Ein Beispiel ist der Substituierer subs (Kapitel 6). Der Aufruf subs(sin(x), x=0) liefert als Ergebnis sin(0), nicht 0! Die Funktionalität von subs besteht darin, lediglich die Ersetzung vorzunehmen und das so entstehende Objekt direkt ohne Auswertung zurückzuliefern.

5. Auswertung und Vereinfachung

Sollte das System feststellen, dass eine Auswertungstiefe erreicht wird, welche dem Wert der Umgebungsvariablen `MAXLEVEL` (mit der Voreinstellung 100) entspricht, so nimmt es an, in einer Endlosschleife zu sein. Die Auswertung wird dann mit einer Fehlermeldung abgebrochen:

```
>> MAXLEVEL := 2: a0
   Error: Recursive definition [See ?MAXLEVEL]
>> delete MAXLEVEL:
```

Es gibt einige Ausnahmen von der Regel der vollständigen Evaluierung, die jetzt vorgestellt werden:

Die Aufrufe von `last(i)` bzw. `%i` oder `%` (Kapitel 12) führen nicht zur Auswertung! Wir betrachten dazu das Beispiel

```
>> delete x: [sin(x), cos(x)]: x := 0:
```

Mit `%2` wird auf die Liste zugegriffen, ohne dass es zu einer Auswertung kommt:

```
>> %2
```
$[\sin(x), \cos(x)]$

Die Auswertung kann jedoch mittels `eval` erzwungen werden:

```
>> eval(%)
```
$[0, 1]$

Man vergleiche dies mit den folgenden Befehlen, wo der Aufruf des Bezeichners `Liste` zur üblichen vollständigen Auswertung führt:

```
>> delete x: Liste := [sin(x), cos(x)]: x := 0: Liste
```
$[0, 1]$

Felder vom Domain-Typ `DOM_ARRAY` werden nur mit der Tiefe 1 ausgewertet:

```
>> delete a, b: A := array(1..2, [a, b]): b := a: a := 1:
>> A
```
$\begin{pmatrix} a & b \end{pmatrix}$

Wie man sieht, wird beim Aufruf von `A` der Wert (das Feld) zurückgeliefert, die Werte von `a` und `b` werden aber nicht eingesetzt. Der folgende Aufruf erzwingt die Auswertung der Einträge:

5.2 Vollständige, unvollständige, erzwungene Auswertung

```
>> map(A, eval)
```
$$\begin{pmatrix} 1 & 1 \end{pmatrix}$$

Man beachte, dass im Gegensatz zum obigen Verhalten ein indizierter Aufruf einzelner Komponenten vollständig evaluiert wird:

```
>> A[1], A[2]
   1, 1
```

Auch Matrizen vom Typ `Dom::Matrix(R)` (Abschnitt 4.15), Tabellen (Abschnitt 4.8) und Polynome (Abschnitt 4.16) verhalten sich so. Weiterhin wird innerhalb von Prozeduren nicht vollständig, sondern nur mit der Tiefe 1 ausgewertet (Abschnitt 18.11). Wenn dies nicht ausreicht, kann der Programmierer die Auswertungstiefe aber mit der Funktion `level` explizit steuern.

Der Aufruf `hold(Objekt)` wirkt ähnlich wie `level(Objekt,0)` und verhindert, dass das `Objekt` durch seinen Wert ersetzt wird. Dies kann in vielen Situationen ein sehr erwünschter Effekt sein. Die genaueren Unterschiede zwischen `hold` und `level(·,0)` finden Sie auf der Hilfeseite zu `level`.

Ein Beispiel, wo die frühzeitige Auswertung eines Objektes unerwünscht ist, ist die folgende Betragsfunktion, welche für symbolische Argumente nicht ausgewertet werden kann:

```
>> Betrag := X -> (if X >= 0 then X else -X end_if):
>> Betrag(X)
   Error: Can't evaluate to boolean [_leequal];
   during evaluation of 'Betrag'
```

Will man diese Funktion mittels `numeric::int` integrieren, führt der erste Versuch zum gleichen Fehler:

```
>> numeric::int(Betrag(X), X = -1..1)
   Error: Can't evaluate to boolean [_leequal];
   during evaluation of 'Betrag'
```

Verzögert man jedoch die Auswertung von `Betrag(X)` bei der Übergabe, liefert MuPAD das gewünschte Ergebnis:

```
>> numeric::int(hold(Betrag)(X), X = -1..1)
   1.0
```

Dies liegt daran, dass `numeric::int` intern X durch numerische Stützstellen ersetzt, für die sich `Betrag` dann problemlos auswerten lässt.

140   5. Auswertung und Vereinfachung

Ein weiteres Beispiel: Wie die meisten MuPAD-Funktionen wertet die Funktion domtype ihr Argument aus, d. h., mit dem Aufruf domtype(Objekt) erhält man den Domain-Typ der *Auswertung* von Objekt:

```
>> x := 1: y := 1: x, x + y, sin(0), sin(0.1)
   1, 2, 0, 0.09983341665
>> domtype(x), domtype(x + y), domtype(sin(0)),
   domtype(sin(0.1))
   DOM_INT, DOM_INT, DOM_INT, DOM_FLOAT
```

Kapselt man die Argumente mit hold, so erhält man die Domain-Typen der Objekte selbst: x ist ein Bezeichner, x+y ist ein Ausdruck, sin(0) und sin(0.1) sind Funktionsaufrufe, also ebenfalls Ausdrücke:

```
>> domtype(hold(x)), domtype(hold(x + y)),
   domtype(hold(sin(0))), domtype(hold(sin(0.1)))
   DOM_IDENT, DOM_EXPR, DOM_EXPR, DOM_EXPR
```

Weitere Informationen finden Sie mittels ?level bzw. ?hold auf den entsprechenden Hilfeseiten.

Aufgabe 5.1: Welche *Werte* haben die Bezeichner x, y bzw. z nach den folgenden Eingaben? Zu welchen *Auswertungen* führt der jeweils letzte Aufruf?

```
>> delete a1, b1, c1, x:
   x := a1: a1 := b1: a1 := c1: x
>> delete a2, b2, c2, y:
   a2 := b2: y := a2: b2 := c2: y
>> delete a3, b3, z:
   b3 := a3: z := b3: a3 := 10: z
```

Was erwarten Sie bei der Ausführung der folgenden Eingabesequenzen?

```
>> delete u1, v1, w1:
   u1 := v1: v1 := w1: w1 := u1: u1
>> delete u2, v2:
   u2 := v2: u2 := u2^2 - 1: u2
```

5.3 Automatische Vereinfachungen

Viele Objekte wie z. B. bestimmte Funktionsauswertungen oder arithmetische Ausdrücke mit Zahlen werden von MuPAD automatisch vereinfacht:

```
>> sin(15*PI), exp(0), (1 + I)*(1 - I)
   0, 1, 2
```

Dasselbe gilt für arithmetische Ausdrücke, die das Objekt infinity (englisch: *infinity* = Unendlich) enthalten:

```
>> 2*infinity - 5
   ∞
```

Solche automatischen Vereinfachungen werden ohne explizite Anforderung durch den Benutzer durchgeführt und vermindern die Komplexität von Ausdrücken:

```
>> cos(1 + exp((-1)^(1/2)*PI))
   1
```

Allerdings kann der automatische Vereinfacher vom Benutzer weder erweitert noch verändert werden.

In vielen Fällen führt MuPAD aber *keine* automatische Vereinfachung durch. Das liegt daran, dass das System generell nicht entscheiden kann, welche Art der Vereinfachung am sinnvollsten ist. Betrachten wir z. B. den folgenden Ausdruck, für den keine Vereinfachung vorgenommen wird:

```
>> y := (-4*x + x^2 + x^3 - 4)*(7*x - 5*x^2 + x^3 - 3)
```
$$\left(4\,x - x^2 - x^3 + 4\right)\left(5\,x^2 - 7\,x - x^3 + 3\right)$$

Man kann den Ausdruck natürlich ausmultiplizieren lassen, was z. B. als Vorbereitung zum Integrieren des Ausdrucks sinnvoll sein kann:

```
>> expand(y)
```
$$20\,x^3 - 11\,x^2 - 16\,x - 2\,x^4 - 4\,x^5 + x^6 + 12$$

Falls man allerdings mehr an den Nullstellen des Polynoms interessiert ist, so lässt man besser durch Faktorisierung die Linearfaktoren des Ausdrucks berechnen:

```
>> factor(y)
```
$$(x-2)\cdot(x+2)\cdot(x+1)\cdot(x-3)\cdot(x-1)^2$$

Welche dieser beiden Darstellung „einfacher" ist, kann nicht allgemein beantwortet werden und hängt davon ab, was der Benutzer mit diesen Objekten beabsichtigt. Dementsprechend muss der Benutzer selbst gezielt durch Anwendung geeigneter Systemfunktionen (hier `expand` oder `factor`) die Vereinfachung steuern.

Noch ein weiterer Punkt spricht gegen eine automatische Vereinfachung. Das Symbol f könnte z. B. eine beschränkte Funktion repräsentieren, für welche sich der Grenzwert $\lim_{r \to 0} r\, f(r)$ stets zu 0 vereinfachen lässt. Für Funktionen f mit einer Singularität am Nullpunkt (etwa $f(x) = 1/x$) kann dies aber falsch sein! Automatische Vereinfachungen wie z. B. $0 \cdot f(0) = 0$ sind demnach zweifelhaft, solange dem System keine zusätzlichen Annahmen über die verwendeten Symbole bekannt sind. Allgemein kann das System nicht wissen, welche Regel angewendet werden darf und welche nicht. Aus diesem Grund könnte man nun meinen, dass MuPAD lieber gar keine als falsche automatische Vereinfachungen durchführen sollte. Leider ist so ein Vorgehen auch nicht sinnvoll, denn dann würden Ausdrücke beim symbolischen Rechnen sehr schnell ziemlich groß werden und die Effizienz des Systems beeinträchtigen. In der Tat vereinfacht MuPAD einen Ausdruck der Form `0 * y` meistens zu `0`. (Ausnahmen sind beispielsweise die Fälle, wo `y` einen der Werte `infinity`, `FAIL` oder `undefined` annimmt.) Der Benutzer muss sich darüber im Klaren sein, dass dieses vereinfachte Ergebnis in Extremfällen falsch sein kann.

Ein weiteres Beispiel ist das Lösen der Gleichung $x/x = 1$ für $x \neq 0$:

```
>> solve(x/x = 1, x)
    ℂ
```

Dieses von MuPADs Gleichungslöser `solve` (Kapitel 8) gelieferte Ergebnis stellt die Menge $\mathbb{C}$ aller komplexen Zahlen dar. Damit liefert MuPAD das Ergebnis, dass *beliebige* komplexe Werte x eine Lösung der Gleichung $x/x = 1$ liefern. Da beim Lösen dieser Gleichung der Ausdruck x/x zunächst automatisch zu 1 vereinfacht wird, löst MuPAD tatsächlich die Gleichung $1 = 1$. Der Ausnahmefall $x = 0$, für den das gestellte Problem gar nicht sinnvoll ist, wird in der vereinfachten Ausgabe ignoriert!

In diesem Sinne werden von MuPAD nur einige Vereinfachungen automatisch vorgenommen, viele Vereinfachungen muss der Benutzer selbst gezielt anfordern. Zu diesem Zwecke existieren in MuPAD verschiedene Funktionen, von denen einige in Abschnitt 9.2 näher beschrieben werden.

6. Substitution: subs, subsex und subsop

Alle MuPAD-Objekte bestehen aus Operanden (Abschnitt 4.1). Eine wichtige Eigenschaft eines Computeralgebra-Systems besteht in der Möglichkeit, diese Bausteine durch neue Werte zu ersetzen. MuPAD stellt hierzu die Funktionen subs (englisch: *substitute*), subsex (englisch: *substitute expression*) und subsop (englisch: *substitute operand*) zur Verfügung.

Mit dem Aufruf subs(Objekt, alt = neu) werden alle Teilausdrücke alt in Objekt durch den Wert neu ersetzt:

```
>> f := a + b*c^b: g := subs(f, b = 2):  f, g
```
$a + b\,c^b,\ a + 2\,c^2$

Wie man sieht, liefert subs den veränderten Wert von f zurück, der Bezeichner f behält jedoch seinen ursprünglichen Wert. Stellt man eine Abbildung F durch einen Ausdruck $f = F(x)$ dar, so bietet subs die Möglichkeit, die Funktion an bestimmten Stellen auszuwerten:

```
>> f := 1 + x + x^2:
>> subs(f, x = 0), subs(f, x = 1),
   subs(f, x = 2), subs(f, x = 3)
```
$1,\ 3,\ 7,\ 13$

Der interne Vereinfacher des MuPAD-Kerns liefert den durch subs veränderten Wert mit den üblichen Vereinfachungen zurück. Im obigen Beispiel wurde nach subs(f, x = 0) das sich ergebende Objekt 1 + 0 + 0^2 automatisch *vereinfacht*. Es findet aber keine *Auswertung* (Kapitel 5) statt. Der Unterschied liegt darin, dass bei einer Auswertung auch alle Bezeichner eines Ausdrucks durch ihre Werte ersetzt werden.

Die Funktion subs führt die Ersetzung durch; das entstehende neue Objekt wird nur vereinfacht, aber nicht vollständig ausgewertet zurückgeliefert!

6. Substitution: subs, subsex und subsop

Ein Beispiel:

```
>> f := x + sin(x): g := subs(f, x = 0)
```
$\sin(0)$

Hier wurde der Bezeichner sin der Sinus-Funktion nicht durch die entsprechende MuPAD-Funktion ersetzt, welche sin(0) = 0 liefern würde. Erst der nächste Aufruf liefert die vollständige Auswertung:

```
>> g
```
0

Mit eval kann die Auswertung erzwungen werden:

```
>> eval(subs(f, x = 0))
```
0

Man kann beliebige MuPAD-Objekte ersetzen. Speziell können Funktionen oder Prozeduren als neue Werte eingesetzt werden:

```
>> eval(subs(h(a + b), h = (x -> 1 + x^2)))
```
$(a+b)^2 + 1$

Um Systemfunktionen zu substituieren, müssen sie mit hold gekapselt werden:

```
>> eval(subs(sin(a + b),
             hold(sin) = (x -> x - x^3/3)))
```
$a + b - \dfrac{(a+b)^3}{3}$

Der Substituierer kann auch komplexere Teilausdrücke ersetzen:

```
>> subs(sin(x)/(sin(x) + cos(x)), sin(x) + cos(x) = 1)
```
$\sin(x)$

Bei solchen Substitutionen muss jedoch sehr sorgfältig verfahren werden: Der Aufruf subs(Objekt, alt = neu) ersetzt alle Vorkommnisse des Ausdrucks alt, *die mittels der Operandenfunktion op ermittelt werden können*. Dies erklärt, warum im folgenden Beispiel keine Ersetzung durchgeführt wird:

```
>> subs(a + b + c, a + b = 1), subs(a*b*c, a*b = 1)
```
$a+b+c,\ abc$

Hierbei ist die Teilsumme a+b bzw. das Teilprodukt a*b *nicht* Operand des Ausdrucks. Im Gegensatz dazu ergibt sich:

```
>> f := a + b + sin(a + b): subs(f, a + b = 1)
```
$$a + b + \sin(1)$$

Mit op kann hier wiederum die Teilsumme a+b des Gesamtausdrucks nicht erreicht werden. Das Argument der Sinus-Funktion ist jedoch der Teiloperand op(f, [3,1]) (man vergleiche mit den Abschnitten 4.1 und 4.4.3) und wird dementsprechend substituiert. Im Gegensatz zu subs ersetzt die Funktion subsex auch Teilsummen und Teilprodukte:

```
>> subsex(f, a + b = x + y), subsex(a*b*c, a*b = x + y)
```
$$x + y + \sin(x + y), \; c\,(x + y)$$

Hierzu muss der Darstellungsbaum des Ausdrucks genauer durchsucht werden, weshalb subsex bei größeren Objekten wesentlich langsamer ist als subs. Man darf sich bei der Substitution komplexerer Teilausdrücke nicht von der Ausgabeform von Ausdrücken täuschen lassen:

```
>> f := a/(b*c)
```
$$\frac{a}{b\,c}$$
```
>> subs(f, b*c = neu), subsex(f, b*c = neu)
```
$$\frac{a}{b\,c}, \; \frac{a}{b\,c}$$

Betrachtet man die Operanden von f, so wird klar, dass der Darstellungsbaum gar nicht das Produkt b * c enthält, weshalb keine Ersetzung von b * c vorgenommen wurde:

```
>> op(f)
```
$$a, \; \frac{1}{b}, \; \frac{1}{c}$$

Mehrfache Substitutionen können mit einem einfachen subs-Aufruf durchgeführt werden:

```
>> subs(a + b + c, a = A, b = B, c = C)
```
$$A + B + C$$

Dies ist äquivalent zum mehrfachen Aufruf

```
>> subs(subs(subs(a + b + c, a = A), b = B), c = C):
```

Dementsprechend ergibt sich:

```
>> subs(a + b^2, a = b, b = a)
```
$$a + a^2$$

Zunächst wird hierbei a durch b ersetzt, wodurch sich b+b^2 ergibt. Dann wird in diesem neuen Ausdruck b durch a ersetzt, was das Endergebnis liefert. Im Gegensatz dazu können *simultane Substitutionen* dadurch erreicht werden, dass man die Folge von Ersetzungsgleichungen als Menge oder Liste an subs übergibt:

```
>> subs(a + b^2, [a = b, b = a]),
   subs(a + b^2, {a = b, b = a})
```
$$b + a^2,\ b + a^2$$

Die Ausgabe des Gleichungslösers solve (Kapitel 8) unterstützt die Funktionalität von subs: Es werden i. A. Listen von Gleichungen zurückgeliefert, die unmittelbar mit subs in andere Ausdrücke eingesetzt werden können:

```
>> Gleichungen := {x + y = 2, x - y = 1}:
>> Loesung := solve(Gleichungen, {x, y})
```
$$\left\{\left[x = \frac{3}{2}, y = \frac{1}{2}\right]\right\}$$

```
>> subs(Gleichungen, op(Loesung, 1))
```
$$\{1 = 1, 2 = 2\}$$

Eine andere Variante der Substitution wird durch die Funktion subsop zur Verfügung gestellt: subsop(Objekt, i = neu) ersetzt gezielt den *i*-ten Operanden des Objektes durch den Wert neu:

```
>> subsop(2*c + a^2, 2 = d^5)
```
$$2c + d^5$$

Hier wurde der zweite Operand a^2 der Summe durch d^5 ersetzt. Im folgenden Beispiel wird der Exponent des zweiten Summanden (dies ist der Operand [2, 2] der Summe) ersetzt, danach der erste Summand:

```
>> subsop(2*c + a^2, [2, 2] = 4, 1 = x*y)
```
$$x y + a^4$$

6. Substitution: subs, subsex und subsop

Im folgenden Ausdruck wird zunächst der erste Summand ersetzt, wodurch sich der Ausdruck x*y+c^2 ergibt. Dann wird der zweite Faktor des ersten Summanden (dies ist nun y) durch z ersetzt:

```
>> subsop(a*b + c^2, 1 = x*y, [1, 2] = z)
```
$$x\,z + c^2$$

Der Ausdruck a+2 ist eine symbolische Summe, die einen 0-ten Operanden besitzt. Dies ist die Systemfunktion _plus, welche Summen erzeugt:

```
>> op(a + 2, 0)
```
_plus

Dieser Operand kann durch eine andere Funktion ersetzt werden, z. B. durch die Systemfunktion _mult, die ihre Argumente multipliziert:

```
>> subsop(a + 2, 0 = _mult)
```
$$2\,a$$

Bei der Benutzung von subsop muss die Position des zu ersetzenden Operanden bekannt sein. Dabei ist Vorsicht walten zu lassen, da bei mathematischer Vertauschbarkeit (von Summanden, Faktoren, Elementen einer Menge, etc.) das System nicht unbedingt die eingegebene Reihenfolge einhält:

```
>> Menge := {sin(1 + a), a, b, c^2}
```
$$\{a, b, \sin(a+1), c^2\}$$

Mit subs braucht die genaue Position des zu ersetzenden Teilausdrucks nicht bekannt zu sein. Ein weiterer Unterschied zwischen subs und subsop besteht darin, dass subs den Darstellungsbaum des Objektes *rekursiv* durchsucht und auch Teiloperanden ersetzt:

```
>> subs(Menge, a = a^2)
```
$$\{b, \sin(a^2+1), a^2, c^2\}$$

Aufgabe 6.1: Wird durch subsop(b+a, 1=c) der Bezeichner b durch c ersetzt?

Aufgabe 6.2: Durch

```
>> delete f: g := diff(f(x)/diff(f(x),x), x $ 5)
   25 diff(f(x), x, x) diff(f(x), x, x, x, x)
   ------------------------------------------ -
                          2
                   diff(f(x), x)

      4 diff(f(x), x, x, x, x, x)
      --------------------------- - ...
              diff(f(x), x)
```

wird ein länglicher Ausdruck erzeugt, der symbolische Ableitungen enthält. Machen Sie den Ausdruck lesbarer, indem Sie diese Ableitungen durch einfache Namen $f_0 = f(x)$, $f_1 = f'(x)$ etc. ersetzen!

7. Differenzieren und Integrieren

Die MuPAD-Befehle zum Differenzieren und Integrieren sind schon mehrfach angesprochen worden. Wegen ihrer Wichtigkeit sollen die Besonderheiten dieser Funktionen hier detailliert behandelt werden.

7.1 Differenzieren

Der Aufruf diff(Ausdruck,x) berechnet die Ableitung eines Ausdrucks nach einer Unbestimmten:

```
>> diff(sin(x^2), x)
```
$$2\,x\,\cos\left(x^2\right)$$

Enthält der zu differenzierende Ausdruck symbolische Funktionsaufrufe von Funktionen, deren Ableitung nicht bekannt ist, so liefert sich diff symbolisch zurück:

```
>> diff(x*f(x), x)
```
$$f(x) + x\,\frac{\partial}{\partial x} f(x)$$

Höhere Ableitungen können in der Form diff(Ausdruck,x,x,...) berechnet werden, wobei die Bezeichnerfolge x,x,... bequem mittels des Folgengenerators $ (Abschnitt 4.5) erzeugt werden kann:

```
>> diff(sin(x^2), x, x, x) = diff(sin(x^2), x $ 3)
```
$$-12\,x\,\sin\left(x^2\right) - 8\,x^3\,\cos\left(x^2\right) = -12\,x\,\sin\left(x^2\right) - 8\,x^3\,\cos\left(x^2\right)$$

Auch partielle Ableitungen können so berechnet werden. Die Reihenfolge gemischter partieller Ableitungen ist mathematisch unter schwachen Glattheitsannahmen an die Funktion vertauschbar. MuPAD benutzt diese Symmetrie, um partielle Ableitungen automatisch zu vereinfachen:

```
>> diff(f(x,y), x, y) - diff(f(x,y), y, x)
   0
```

Sind mathematische Abbildungen nicht als Ausdrücke, sondern als Funktionen gegeben, so bildet der Differentialoperator D die Ableitungsfunktion:

```
>> D(sin), D(exp), D(ln), D(sin*cos), D(sin@ln), D(f+g)
```

$$\cos,\ \exp,\ \frac{1}{\mathrm{id}},\ \cos^2 - \sin^2,\ \frac{\cos \circ \ln}{\mathrm{id}},\ f' + g'$$

```
>> f := x -> sin(ln(x)): D(f)
```

$$x \mapsto \frac{\cos(\ln(x))}{x}$$

Hierbei ist id die identische Abbildung $x \mapsto x$. Durch D(f)(x) können Ableitungswerte an bestimmten Stellen symbolisiert werden:

```
>> D(f)(1), D(f)(y^2), D(g)(0)
```

$$1,\ \frac{\cos(\ln(y^2))}{y^2},\ g'(0)$$

Der Ableitungsstrich ' ist zu einem Aufruf von D äquivalent:

```
>> f'(1), f'(y^2), g'(0)
```

$$1,\ \frac{\cos(\ln(y^2))}{y^2},\ g'(0)$$

Bei Funktionen mit mehreren Argumenten ist D([i], f) die partielle Ableitung nach der i-ten Variablen, D([i, j, ...], f) steht für

$$\mathtt{D([i], D([j], (\ldots)))},$$

also für höhere partielle Ableitungen.

Aufgabe 7.1: Betrachten Sie die Funktion $f : x \to \sin(x)/x$. Berechnen Sie zunächst den Funktionswert von f an der Stelle $x = 1.23$ und anschließend die Ableitung $f'(x)$! Warum liefert

```
>> f := sin(x)/x: x := 1.23: diff(f, x)
```

nicht das gewünschte Ergebnis?

Aufgabe 7.2: Die Regel von de l'Hospital besagt

$$\lim_{x \to x_0} \frac{f(x)}{g(x)} = \lim_{x \to x_0} \frac{f'(x)}{g'(x)} = \cdots = \lim_{x \to x_0} \frac{f^{(k-1)}(x)}{g^{(k-1)}(x)} = \frac{f^{(k)}(x_0)}{g^{(k)}(x_0)},$$

falls $f(x_0) = g(x_0) = \cdots = f^{(k-1)}(x_0) = g^{(k-1)}(x_0) = 0$ und $g^{(k)}(x_0) \neq 0$ gilt.
Berechnen Sie $\lim_{x \to 0} \dfrac{x^3 \sin(x)}{(1 - \cos(x))^2}$ durch interaktive Anwendung dieser Regel.
Überprüfen Sie Ihr Ergebnis mit der Funktion `limit`!

Aufgabe 7.3: Bestimmen Sie die partiellen Ableitungen erster und zweiter Ordnung von $f_1(x_1, x_2) = \sin(x_1 \, x_2)$!
In $f_2(x, y) = x^2 \, y^2$ seien $x = x(t) = \sin(t)$, $y = y(t) = \cos(t)$ Funktionen in t. Bestimmen Sie die Ableitung von $f_2(x(t), y(t))$ nach t!

7.2 Integrieren

Die Funktion `int` erlaubt sowohl bestimmte als auch unbestimmte Integration:

```
>> int(sin(x), x), int(sin(x), x = 0..PI/2)
```
$$-\cos(x),\ 1$$

Bei der unbestimmten Integration fällt hier auf, dass MuPAD keine allgemeine Lösung (mit additiver Konstante) angibt, sondern eine *spezielle* Stammfunktion liefert.

Wird kein Ergebnis gefunden, so liefert `int` sich selbst symbolisch zurück. Im folgenden Beispiel wird der Integrand intern in zwei Summanden aufgespalten, von denen nur einer eine elementar darstellbare Stammfunktion besitzt:

```
>> int((x - 1)/(x*sqrt(x^3 + 1)), x)
```

$$\frac{\ln\left(\frac{(\sqrt{x^3+1}-1)(\sqrt{x^3+1}+1)^3}{x^6}\right)}{3} - \int \frac{1}{\sqrt{x^3+1}} \, dx$$

7. Differenzieren und Integrieren

Die Funktion erf : $x \mapsto \dfrac{2}{\sqrt{\pi}} \displaystyle\int_0^x e^{-t^2} \, dt$ ist als spezielle Funktion in MuPAD implementiert:

```
>> int(exp(-a*x^2), x)
```
$$\dfrac{\sqrt{\pi}\,\operatorname{erf}(\sqrt{a}\,x)}{2\sqrt{a}}$$

int betrachtet die Variable, nach der integriert wird, als reell. Abgesehen davon werden Berechnungen immer im Bereich der komplexen Zahlen durchgeführt, außerdem wird jeder symbolische Bezeichner ohne Annahmen im Integranden als komplexe Konstante aufgefasst.

Im folgenden Beispiel existiert das bestimmte Integral nur, wenn der unbestimmte Parameter a einen positiven Realteil hat, und das System liefert einen symbolischen int-Aufruf zurück:

```
>> int(exp(-a*x^2), x = 0..infinity)
```
$$\int_0^\infty e^{-a x^2} \, dx$$

Die Funktion assume (englisch: *to assume* = annehmen) kann dazu benutzt werden, bestimmte Eigenschaften von Bezeichnern festzulegen (Abschnitt 9.3). Der folgende assume-Aufruf legt a als positive reelle Zahl fest:

```
>> assume(a > 0): int(exp(-a*x^2), x = 0..infinity)
```
$$\dfrac{\sqrt{\pi}}{2\sqrt{a}}$$

Neben der exakten Berechnung bietet MuPAD auch verschiedene numerische Verfahren für die Integration:

```
>> float(int(exp(-x^2), x = 0..2))
   0.8820813908
```

Bei der letzten Berechnung liefert int zuerst ein symbolisches Ergebnis (die erf-Funktion), dieses wird dann von float ausgewertet. Soll ausschließlich numerisch gerechnet werden, so kann durch die Verzögerung mittels hold (Abschnitt 5.2) die symbolische Verarbeitung durch int unterdrückt werden:

```
>> float(hold(int)(exp(-x^2), x = 0..2))
   0.8820813908
```

Alternativ kann die Funktion `numeric::int` aus der `numeric`-Bibliothek benutzt werden:

```
>> numeric::int(exp(-x^2), x = 0..2)
   0.8820813908
```

Diese Funktion erlaubt die Wahl unterschiedlicher numerischer Verfahren zur Berechnung des Integralwertes. `?numeric::int` liefert detaillierte Informationen. Die Routine arbeitet rein numerisch, ohne den Integranden zunächst symbolisch auf Problemstellen zu untersuchen. Daher sollte der Integrand glatt und ohne Singularitäten sein. Dann ist `numeric::int` sehr effizient.

Aufgabe 7.4: Bestimmen Sie die folgenden Integrale:

$$\int_0^{\pi/2} \sin(x)\,\cos(x)\,\mathrm{d}x, \quad \int_0^1 \frac{\mathrm{d}x}{\sqrt{1-x^2}}, \quad \int_0^1 x\,\arctan(x)\,\mathrm{d}x\,!$$

Überprüfen Sie mit MuPAD: $\int_{-2}^{-1} \frac{\mathrm{d}x}{x} = -\ln(2)$!

Aufgabe 7.5: Bestimmen Sie mit MuPAD die folgenden unbestimmten Integrale:

$$\int \frac{x\,\mathrm{d}x}{\sqrt{(2\,a\,x - x^2)^3}}, \quad \int \sqrt{x^2 - a^2}\,\mathrm{d}x, \quad \int \frac{\mathrm{d}x}{x\,\sqrt{1+x^2}}\,!$$

Aufgabe 7.6: Die Funktion `intlib::changevar` erlaubt die Durchführung einer Variablensubstitution in symbolischen Integralen. Lesen Sie die entsprechende Hilfeseite! Das Integral

$$\int_{-\pi/2}^{\pi/2} \sin(x)\,\sqrt{1+\sin(x)}\,\mathrm{d}x$$

wird von MuPAD nicht gefunden. Helfen Sie dem Integrierer mit der Substitution `t = sin(x)`! Vergleichen Sie den gefundenen Wert mit dem numerischen Ergebnis von `numeric::int`!

8. Das Lösen von Gleichungen: solve

Mit der Funktion `solve` (englisch: *to solve* = lösen) können Gleichungssysteme gelöst werden. Diese Funktion stellt eine Sammelroutine dar, in der eine Reihe von Methoden zur Lösung verschiedener Gleichungstypen zusammengefasst sind. Neben „algebraischen" Gleichungen können auch gewisse Klassen von Differential- und Rekurrenzgleichungen gelöst werden. Weiterhin existiert eine Reihe spezialisierter Lösungsfunktionen, die jeweils einzelne Gleichungsklassen behandeln. Viele dieser Algorithmen werden von dem „universellen" `solve` aufgerufen, sobald er den Typ der Gleichungen identifiziert hat. Die speziellen Löser können auch direkt aufgerufen werden. Mit `?solvers` erhält man eine Hilfeseite, die einen Überblick über alle in MuPAD zur Verfügung stehenden Gleichungslöser bietet.

8.1 Polynomgleichungen

Einzelne Gleichungen können direkt als erstes Argument an `solve` übergeben werden. Die Unbekannte, nach der die Gleichung aufgelöst werden soll, ist das zweite Argument:

```
>> solve(x^2 + x = y/4, x), solve(x^2 + x - y/4 = 0, y)
```
$$\left\{-\frac{\sqrt{y+1}}{2} - \frac{1}{2}, \frac{\sqrt{y+1}}{2} - \frac{1}{2}\right\}, \{4x\,(x+1)\}$$

In diesem Fall wird eine Menge von Lösungen zurückgeliefert. Wird statt einer Gleichung ein Ausdruck übergeben, so nimmt `solve` an, dass die Gleichung `Ausdruck = 0` gemeint ist:

```
>> solve(x^2 + x - y/4, y)
```
$$\{4x\,(x+1)\}$$

Bei Polynomen vom Grad 5 oder höher ist es prinzipiell nicht möglich, in jedem Fall eine geschlossene Darstellung der Lösungen mit Hilfe von rationalen

Zahlen, Additionen, Multiplikationen, Divisionen und Wurzeln zu erreichen. In diesem Fall benutzt MuPAD ein RootOf-Objekt:

```
>> solve(x^7 + x^2 + x, x)
```
$\{0\} \cup \text{RootOf}(X1^6 + X1 + 1, X1)$

Hierbei repräsentiert RootOf(x^6+x+1,x) alle Lösungen der Gleichung x^6+x+1=0. Mit float können solche Objekte durch Gleitpunktzahlen approximiert werden, wobei intern ein numerisches Verfahren benutzt wird, das alle (komplexen) Lösungen des Polynoms bestimmt:

```
>> map(%, float)
   {0.0, 0.9454023333 + 0.6118366938 I,

     0.9454023333 - 0.6118366938 I,

     - 0.1547351445 + 1.038380754 I,

     - 0.1547351445 - 1.038380754 I,

     - 0.7906671888 - 0.3005069203 I,

     - 0.7906671888 + 0.3005069203 I}
```

Soll statt einer einzelnen Gleichung eine Menge von Gleichungen nach eventuell mehreren Unbekannten aufgelöst werden, so müssen die Gleichungen und die Unbekannten als Menge übergeben werden. Im folgenden Beispiel werden zwei *lineare* Gleichungen mit drei Unbekannten gelöst:

```
>> Gleichungen := {x + y + z = 3, x + y = 2}:
>> Loesung := solve(Gleichungen, {x, y, z})
```
$\{[x = 2 - y, z = 1]\}$

Löst man Gleichungen nach mehreren Variablen, so ist das Ergebnis eine Menge „aufgelöster Gleichungssysteme", die zum ursprünglichen Gleichungssystem äquivalent sind. Die Lösungen lassen sich nun unmittelbar ablesen: Die Unbekannte z muss den Wert 1 haben, die Unbekannte y ist beliebig, zu gegebenem y muss $x = 2 - y$ gelten. Die Werte der Unbekannten werden durch den Aufruf von solve nicht gesetzt, x und z sind weiterhin Unbekannte. Die Ausgabeform als Liste aufgelöster Gleichungen ist aber so gewählt, dass die gefundenen Lösungswerte bequem mit subs (Kapitel 6) in andere Objekte eingesetzt werden können.

8.1 Polynomgleichungen

Beispielsweise kann die Lösung zu Kontrollzwecken in die ursprünglichen Gleichungen eingesetzt werden:

```
>> subs(Gleichungen, op(Loesung, 1))
```
$$\{2 = 2, 3 = 3\}$$

Mit `assign(op(Loesung,1))` könnte man den Bezeichnern x und z die Lösungswerte zuweisen.

Im nächsten Beispiel lösen wir zwei *nichtlineare* polynomiale Gleichungen in mehreren Unbekannten:

```
>> Gleichungen := {x^2 + y = 1, x - y = 2}:
>> Loesungen := solve(Gleichungen, {x, y})
```
$$\left\{\left[x = -\frac{\sqrt{13}}{2} - \frac{1}{2}, y = -\frac{\sqrt{13}}{2} - \frac{5}{2}\right], \left[x = \frac{\sqrt{13}}{2} - \frac{1}{2}, y = \frac{\sqrt{13}}{2} - \frac{5}{2}\right]\right\}$$

MuPAD hat zwei verschiedene Lösungen gefunden. Wieder können die Lösungen unmittelbar mit `subs` in andere Ausdrücke eingesetzt werden:

```
>> map(subs(Gleichungen, op(Loesungen, 1)), expand),
   map(subs(Gleichungen, op(Loesungen, 2)), expand)
```
$$\{1 = 1, 2 = 2\}, \{1 = 1, 2 = 2\}$$

Oft ist die Benutzung von `RootOf` die einzige Darstellungsmöglichkeit der Lösungsmenge:

```
>> solve({x^3 + x^2 + x + x = y, y^2 = x^3}, {x, y})
                      3
    {[x = 0, y = 0], [x = 4 y - y  + 4,

                 4       3      2
     y in RootOf(X2  - 3 X2  - 2 X2  + 5 X2 + 8, X2)]}
```

Übergibt man die Option `MaxDegree=n`, so werden `RootOf`-Ausdrücke mit Polynomen bis zum Grad n durch Wurzeldarstellungen ersetzt. Hierbei kann n maximal den Wert 4 haben. Man beachte jedoch, dass die Wurzeln von Polynomen höheren Grades dazu tendieren, ziemlich kompliziert zu sein:

8. Das Lösen von Gleichungen: solve

```
>> solve({x^3 + x^2 + 2*x = y, y^2 = x^3}, {x, y},
        MaxDegree = 4)
  {                       --
  {                       |
  { [x = 0, y = 0],       |   x = 7 -
  {                       |
  {                       |
  {                       |
  {                       |
  {                       --

       /  /                1/2    1/2              1/3
       |  |  129  (5/18 I 3     73     + 3485/54)
       |  2 |  ------------------------------------------- +
       \  \                          4


              -- )
         ...  |  )
              |  )
              -- )
```

Die Angabe der Unbekannten, nach denen aufgelöst werden soll, ist optional. Für den speziellen Fall einer Gleichung mit genau einer Unbekannten hängt das Ausgabeformat davon ab, ob die Unbekannte angegeben ist oder nicht. Die allgemeine Regel lautet:

> *Ein Aufruf der Form* solve(Gleichung, Unbestimmte), *wobei der Parameter* Gleichung *eine einzelne Gleichung (oder ein Polynom) und* Unbestimmte *ein (indizierter) Bezeichner ist, liefert ein MuPAD-Objekt zurück, das eine Menge von Zahlen darstellt. Alle anderen Aufrufformen von* solve *für (eine oder mehrere) polynomiale Gleichungen geben eine Menge von Listen von Gleichungen oder Ausdrücke mit* RootOf *zurück.*

Es folgen einige Beispiele:

```
>> solve(x^2 - 3*x + 2 = 0, x), solve(x^2 - 3*x + 2, x)
   {1, 2}, {1, 2}
>> solve(x^2 - 3*x + 2 = 0), solve(x^2 - 3*x + 2)
   {[x = 1], [x = 2]}, {[x = 1], [x = 2]}
>> solve({x^2 - 3*x + 2 = 0}, x),
   solve({x^2 - 3*x + 2}, x)
   {[x = 1], [x = 2]}, {[x = 1], [x = 2]}
```

```
>> solve({x^2 - 3*x + y = 0, y - 2*x = 0}, {x, y})
```
$\{[x = 0, y = 0], [x = 1, y = 2]\}$
```
>> solve({x^2 - 3*x + y = 0, y - 2*x = 0})
```
$\{[x = 0, y = 0], [x = 1, y = 2]\}$

Werden keine Unbekannte übergeben, nach denen aufgelöst werden soll, so bestimmt solve intern mittels der Systemfunktion indets die symbolischen Bezeichner innerhalb der Gleichungen und verwendet sie als Unbekannte:

```
>> solve({x + y^2 = 1, x^2 - y = 0})
```
$\left\{\left[x = 1 - y^2, y \in \mathrm{RootOf}(\mathrm{X3}^4 - 2\,\mathrm{X3}^2 - \mathrm{X3} + 1, \mathrm{X3})\right]\right\}$

Standardmäßig versucht solve, alle *komplexen* Lösungen der angegebenen Gleichung(en) zu finden. Man kann die Option Domain=Dom::Real verwenden oder vorher assume(x, Type::Real) aufrufen, um nur die reellen Lösungen zu erhalten:

```
>> solve(x^3 + x = 0, x)
```
$\{0, -i, i\}$
```
>> solve(x^3 + x = 0, x, Domain = Dom::Real)
```
$\{0\}$

Durch Angabe einer der Optionen Domain=Dom::Rational oder Domain=Dom::Integer erhält man nur rationale bzw. ganzzahlige Lösungen. Ist eine gegebene Gleichung für alle komplexen Zahlen erfüllt, liefert solve die Menge $\mathbb{C}$ der komplexen Zahlen:

```
>> solve(sin(x) = cos(x - PI/2), x)
```
$\mathbb{C}$
```
>> domtype(%)
```
solvelib::BasicSet

Um $\mathbb{C}$ einzugeben, müssen Sie die Schreibweise C_ verwenden. Es gibt vier solche „Grundmengen" in MuPAD: die ganzen Zahlen $\mathbb{Z}$ (Z_), die rationalen Zahlen $\mathbb{Q}$ (Q_), die reellen Zahlen $\mathbb{R}$ (R_) und die komplexen Zahlen $\mathbb{C}$ (C_).

Zur Bestimmung *numerischer* Lösungen kann die Funktion `float` verwendet werden. Allerdings wird bei einem Aufruf der Form

```
>> float(solve(Gleichungen, Unbekannte))
```

`solve` zunächst versuchen, die Gleichungen symbolisch zu lösen, und `float` verarbeitet das von `solve` gelieferte Ergebnis. Soll ausschließlich numerisch gerechnet werden, so kann durch die Verzögerung mittels `hold` (Abschnitt 5.2) die symbolische Verarbeitung durch `solve` unterdrückt werden:

```
>> float(hold(solve)({x^3 + x^2 + 2*x = y, y^2 = x^2},
                     {x, y}))
   {[x = - 0.5 - 1.658312395 I, y = 0.5 + 1.658312395 I],

    [x = - 0.5 + 1.658312395 I, y = 0.5 - 1.658312395 I

    ], [x = - 0.5 - 0.8660254038 I,

    y = - 0.5 - 0.8660254038 I],

    [x = - 0.5 + 0.8660254038 I,

    y = - 0.5 + 0.8660254038 I], [x = 0.0, y = 0.0]}
```

Weiterhin stehen in der Bibliothek `numeric` zur numerischen Lösung die Funktionen `numeric::solve`[1], `numeric::realroots` etc. zur Verfügung. Details zur Verwendung dieser Routinen können über das Hilfesystem erfragt werden: `?numeric::solve` etc. Mit `?solvers` erhält man einen Überblick.

Aufgabe 8.1: Bestimmen Sie die allgemeine Lösung des linearen Gleichungssystems

$$\begin{aligned} a + b + c + d + e &= 1, \\ a + 2b + 3c + 4d + 5e &= 2, \\ a - 2b - 3c - 4d - 5e &= 2, \\ a - b - c - d - e &= 3\,! \end{aligned}$$

Wie viele freie Parameter enthält die Lösung?

---

[1] Die Aufrufe `float(hold(solve)(...))` und `numeric::solve(...)` sind völlig äquivalent.

8.2 Allgemeine Gleichungen

MuPADs solve kann eine große Anzahl allgemeiner (auch nichtpolynomialer) Gleichungen lösen. Beispielsweise besitzt die Gleichung exp(x) = 8 in der komplexen Ebene unendlich viele Lösungen der Form $\ln(8) + 2\,\mathrm{i}\,\pi\,k$ mit $k = 0, \pm 1, \pm 2, \ldots$:

```
>> S := solve(exp(x) = 8, x)
```
$\{3\ln(2) + 2\,\mathrm{i}\,\pi\,k \mid k \in \mathbb{Z}\}$

Der Datentyp des zurückgelieferten Ergebnisses ist eine so genannte „Bildmenge" (englisch: *image set*). Er stellt eine mathematische Menge der Form $\{f(x) \mid x \in A\}$ da, wobei A wiederum eine Menge ist:

```
>> domtype(S)
```
Dom::ImageSet

Dieser Datentyp kann unendlich viele Lösungen repräsentieren.

Wird beim Lösungen von Gleichungen mit unendlich vielen Lösungen die Variable weggelassen, nach der gelöst werden soll, so gibt das System eine logische Formel zurück, die den MuPAD-Operator in enthält:

```
>> solve(exp(x) = 8)
```
$x \in \{3\ln(2) + 2\,\mathrm{i}\,\pi\,k \mid k \in \mathbb{Z}\}$

Man kann mittels map eine Funktion auf eine Bildmenge anwenden:

```
>> map(S, _plus, -ln(8))
```
$\{2\,\mathrm{i}\,\pi\,k \mid k \in \mathbb{Z}\}$

Die Funktion is (Abschnitt 9.3) kann Mengen dieses Typs verarbeiten:

```
>> S := solve(sin(PI*x/2) = 0, x)
```
$\{2k \mid k \in \mathbb{Z}\}$
```
>> is(1 in S), is(4 in S)
```
FALSE, TRUE

Auch die Gleichung exp(x) = sin(x) besitzt unendlich viele Lösungen, für die MuPAD jedoch keine exakte Darstellungsform kennt. In diesem Fall wird der solve-Aufruf symbolisch zurückgeliefert:

8. Das Lösen von Gleichungen: solve

```
>> Loesungen := solve(exp(x) = sin(x), x)
```
solve $(e^x - \sin(x) = 0, x)$

Achtung: im Gegensatz zu Polynomgleichungen wird beim numerischen Lösen nichtpolynomialer Gleichungen nur *eine* Lösung gesucht:

```
>> float(Loesungen)
```
$\{-226.1946711\}$

Es ist allerdings möglich, ein Suchintervall anzugeben, in dem eine bestimmte numerische Lösung berechnet werden soll:

```
>> float(hold(solve)(exp(x) = sin(x), x = -10..-9))
```
$\{-9.424858654\}$

Mit numeric::realroots bietet MuPAD auch die Möglichkeit, numerische Einschließungen für alle reellen Lösungen in einem Suchbereich zu finden:[2]

```
>> numeric::realroots(exp(x) = sin(x), x = -10..-5)
```
$[[-9.43359375, -9.423828125], [-6.2890625, -6.279296875]]$

MuPAD hat einen speziellen Datentyp für die Lösung parametrischer Gleichungen: piecewise. Die Menge der Lösungen $x \in \mathbb{C}$ der Gleichung $(ax^2 - 4)(x - b) = 0$ hängt beispielsweise vom Wert des Parameters a ab:

```
>> delete a: p := solve((a*x^2 - 4)*(x - b), x)
```
$$\begin{cases} \{b\} & \text{if } a = 0 \\ \left\{b, -\frac{2}{\sqrt{a}}, \frac{2}{\sqrt{a}}\right\} & \text{if } a \neq 0 \end{cases}$$

```
>> domtype(p)
```
piecewise

Die Funktion map wendet eine Funktion auf alle Zweige eines solchen Objekts an:

```
>> map(p, _power, 2)
```
$$\begin{cases} \{b^2\} & \text{if } a = 0 \\ \left\{\frac{4}{a}, b^2\right\} & \text{if } a \neq 0 \end{cases}$$

---

[2] Liegen Lösungen sehr dicht beieinander, werden sie u. U. nicht als verschieden erkannt.

Nach der folgenden Ersetzung wird das `piecewise`-Objekt zu einer Menge vereinfacht:

```
>> eval(subs(%, [a = 4, b = 2]))
```
$$\{1,4\}$$

Die Funktion `solve` kann auch Ungleichungen lösen. In so einem Fall wird ein Intervall oder eine Vereinigung von Intervallen vom Typ `Dom::Interval` zurückgeliefert:

```
>> solve(x^2 < 1, x)
```
$$(-1,1)$$
```
>> domtype(%)
```
Dom::Interval
```
>> S := solve(x^2 >= 1, x)
```
$$[1,\infty) \cup (-\infty,-1]$$
```
>> is(-2 in S), is(0 in S)
```
TRUE, FALSE

8.3 Differential- und Rekurrenzgleichungen

Mit der Funktion `ode` (englisch: *ordinary differential equation*) werden gewöhnliche Differentialgleichungen definiert. Eine solche Differentialgleichung besteht aus zwei Teilen: einer Gleichung und der Funktion, für die eine Lösung gesucht wird.

```
>> diffgleichung := ode(y'(x) = y(x)^2, y(x))
```
$$\text{ode}\left(\frac{\partial}{\partial x}y(x) - y(x)^2, y(x)\right)$$

Durch den folgenden Aufruf von `solve` wird die allgemeine Lösung ermittelt, die eine beliebige Konstante C_2 enthält:

```
>> solve(diffgleichung)
```
$$\left\{0, \frac{1}{C2-x}\right\}$$

Auch Differentialgleichungen höherer Ordnung können behandelt werden:

```
>> solve(ode(y''(x) = y(x), y(x)))
```
$$\{C4\,e^{-x} + C5\,e^{x}\}$$

Anfangswerte oder Randbedingungen lassen sich beim Aufruf von ode in die Definition der Differentialgleichung aufnehmen, welche dabei als Menge übergeben wird:

```
>> diffgleichung :=
     ode({y''(x) = y(x), y(0) = 1, y'(0) = 0}, y(x)):
```

Die freien Konstanten der allgemeinen Lösung werden nun den Anfangsbedingungen angepasst:

```
>> solve(diffgleichung)
```
$$\left\{\frac{e^{x}}{2} + \frac{e^{-x}}{2}\right\}$$

Systeme von Gleichungen mit mehreren Funktionen werden als Mengen übergeben:

```
>> solve(ode({y'(x) = y(x) + 2*z(x), z'(x) = y(x)},
             {y(x), z(x)}))
```
$$\left\{\left[z(x) = \frac{C10\,e^{2x}}{2} - C9\,e^{-x}, y(x) = C10\,e^{2x} + C9\,e^{-x}\right]\right\}$$

Die Funktion `numeric::odesolve` der `numeric`-Bibliothek dient zur numerischen Lösung eines Anfangswertproblems $Y'(x) = f(x, Y(x))$, $Y(x_0) = Y_0$. Die rechte Seite der Differentialgleichung muss dabei als Funktion $f(x, Y)$ zweier Argumente übergeben werden, wobei x ein skalarer Wert ist, während Y einen Vektor darstellt. Fasst man im letzten Beispiel die Komponenten y und z zu einem Vektor $Y = (y, z)$ zusammen, so kann die rechte Seite der Gleichung

$$\frac{d}{dx}Y = \frac{d}{dx}\begin{pmatrix} y \\ z \end{pmatrix} = \begin{pmatrix} y + 2z \\ y \end{pmatrix} = \begin{pmatrix} \mathtt{Y[1]} + 2 \cdot \mathtt{Y[2]} \\ \mathtt{Y[1]} \end{pmatrix} =: \mathtt{f(x, Y)}$$

in der Form

```
>> f := (x, Y) -> [Y[1] + 2*Y[2], Y[1]]:
```

definiert werden. Die vektorwertige Angabe der Funktion wird hierbei durch eine Liste mit den Komponenten der rechten Seite der Differentialgleichung realisiert.

Der Aufruf

```
>> numeric::odesolve(0..1, f, [1, 1])
```
  [9.729448318, 5.04866388]

integriert das Differentialgleichungssystem mit den als Liste übergebenen speziellen Anfangswerten $Y(0) = (y(0), z(0)) = (1,1)$ über dem Intervall $x \in [0,1]$ und liefert den numerischen Lösungsvektor $Y(1) = (y(1), z(1))$.

Rekurrenzgleichungen sind Gleichungen für Funktionen, die von einem diskreten Parameter (einem Index) abhängen. Sie werden mit der Funktion rec erzeugt, wobei eine Gleichung, die zu bestimmende Funktion und (optional) eine Menge von Anfangsbedingungen anzugeben sind:

```
>> gleichung := rec(y(n + 2) = y(n + 1) + 2*y(n), y(n)):
>> solve(gleichung)
```
  $\{(-1)^n \, C11 + 2^n \, C12\}$

Die allgemeine Lösung enthält zwei beliebige Konstanten C_{11}, C_{12}, die bei Angabe einer Menge von Anfangsbedingungen angepasst werden:

```
>> solve(rec(y(n + 2) = 2*y(n) + y(n + 1), y(n),
             {y(0) = 1}))
```
  $\{2^n \, C14 - (-1)^n \, (C14 - 1)\}$
```
>> solve(rec(y(n + 2) = 2*y(n) + y(n + 1), y(n),
             {y(0) = 1, y(1) = 1}))
```
  $\left\{\dfrac{(-1)^n}{3} + \dfrac{2\,2^n}{3}\right\}$

Aufgabe 8.2: Verifizieren Sie die oben gefundenen numerischen Lösungswerte $y(1) = 5.812\ldots$ und $z(1) = 3.798\ldots$ des Differentialgleichungssystems

$$y'(x) = y(x) + z(x) \,,\quad z'(x) = y(x) \,,$$

indem Sie die Anfangswerte $y(0) = 1$, $z(0) = 1$ in die allgemeine symbolische Lösung einsetzen, hieraus die Werte der freien Konstanten ermitteln und dann die symbolische Lösung für $x = 1$ numerisch auswerten!

Aufgabe 8.3:

1) Bestimmen Sie die allgemeine Lösung $y(x)$ der Differentialgleichung $y' = y^2/x$!

2) Bestimmen Sie jeweils die Lösung $y(x)$ der beiden Anfangswertprobleme

$$a)\ y' - y\sin(x) = 0\ ,\ y'(1) = 1, \quad b)\ 2y' + \frac{y}{x} = 0\ ,\ y'(1) = \pi\ !$$

3) Bestimmen Sie die allgemeine Lösung des folgenden Systems gewöhnlicher Differentialgleichungen in $x(t), y(t), z(t)$:

$$x' = -3yz\ ,\ y' = 3xz\ ,\ z' = -xy\ !$$

Aufgabe 8.4: Die Fibonacci-Zahlen sind durch die Rekurrenz $F_n = F_{n-1} + F_{n-2}$ mit den Startwerten $F_0 = 0$, $F_1 = 1$ definiert. Bestimmen Sie mittels solve eine explizite Darstellung von F_n.

9. Manipulation von Ausdrücken

MuPAD nimmt bei der Auswertung von Objekten eine Reihe von Vereinfachungen automatisch vor. So werden Arithmetikoperationen zwischen Zahlen stets ausgeführt oder $\exp(\ln(x))$ wird zu x vereinfacht. Andere mathematisch mögliche Vereinfachungen wie z. B. $\sin(x)^2 + \cos(x)^2 = 1$, $\ln(\exp(x)) = x$, $(x^2-1)/(x-1) = x+1$ oder auch $\sqrt{x^2} = x$ werden jedoch nicht automatisch vorgenommen. Dies liegt einerseits daran, dass solche Regeln oft nur eine beschränkte Gültigkeit haben: Beispielsweise gilt $\sqrt{x^2} = x$ nicht für $x = -2$. Andere Vereinfachungen wie $\sin(x)^2 + \cos(x)^2 = 1$ sind zwar allgemein gültig, es würde die Effizienz der Rechnungen jedoch stark beeinträchtigen, wenn MuPAD jeden zu bearbeitenden Ausdruck auf das Vorhandensein von sin- und cos-Termen durchsuchen müsste.

Weiterhin ist nicht allgemein klar, welche von mehreren mathematisch äquivalenten Darstellungen für den Nutzer nützlich ist. So könnte es beispielsweise sinnvoll sein, einen Ausdruck wie $\sin(x)$ durch seine komplex-exponentielle Repräsentation zu ersetzen:

$$\sin(x) = -\frac{\mathrm{i}}{2}\exp(x\,\mathrm{i}) + \frac{\mathrm{i}}{2}\exp(-x\,\mathrm{i}).$$

In solchen Situationen muss der Nutzer durch Anwendung von Systemfunktionen gezielt die Umformung bzw. Vereinfachung von Ausdrücken steuern. Hierfür stehen die folgenden Funktionen zur Verfügung, von denen einige schon in Abschnitt 2.3 vorgestellt wurden:

168   9. Manipulation von Ausdrücken

> ```
> collect  : Sammeln von Koeffizienten
> combine  : Zusammenfassen von Teilausdrücken
> expand   : Expansion („Ausmultiplizieren")
> factor   : Faktorisierung
> normal   : Normalform für Brüche
> partfrac : Partialbruchzerlegung
> radsimp  : Vereinfachung von Wurzelausdrücken
> rectform : kartesische Darstellung komplexer Größen
> rewrite  : Umformung über Identitäten zwischen Funktionen
> simplify : universeller Vereinfacher
> ```

9.1 Umformung von Ausdrücken

Durch den Aufruf collect(Ausdruck,Unbestimmte) (englisch: *to collect* = sammeln) wird der Ausdruck als ein Polynom in den Unbestimmten aufgefasst, und die Koeffizienten aller Potenzen werden gesammelt:

```
>> x^2 + a*x + sqrt(2)*x + b*x^2 + sin(x) + a*sin(x):
>> collect(%, x)
```

$$\sin(x) + x^2(b+1) + x\left(a + \sqrt{2}\right) + a\sin(x)$$

Mehrere „Unbekannte", welche auch Ausdrücke sein können, werden als Liste übergeben:

```
>> collect(%, [x, sin(x)])
```

$$\sin(x)(a+1) + x^2(b+1) + x\left(a + \sqrt{2}\right)$$

Durch combine(Ausdruck,Option) (englisch: *to combine* = zusammenfassen) werden Teilausdrücke zusammengefaßt. Hierbei werden mathematische Identitäten von Funktionen benutzt, die durch Option angegeben werden. Die Optionen, die übergeben werden können, sind in Tabelle 9.1 auf Seite 174 aufgezählt.

Ohne Angabe einer Option werden nur die Identitäten $a^b\,a^c = a^{b+c}$, $a^c\,b^c = (a\,b)^c$ und $(a^b)^c = a^{bc}$ für Potenzen benutzt, sofern sie gelten[1]:

---

[1] Diese Rechengesetze gelten nicht allgemein, beispielsweise ist $((-1)^2)^{1/2} \neq -1$.

```
>> f := x^(n + 1)*x^PI/x^2: f = combine(f)
```
$$\frac{x^{n+1}\,x^{\pi}}{x^2} = x^{\pi+n-1}$$

```
>> f := a^x*3^y/2^x/9^y: f = combine(f)
```
$$\frac{3^y\,a^x}{2^x\,9^y} = \left(\frac{1}{3}\right)^y\frac{a^x}{2}$$

```
>> combine(sqrt(6)*sqrt(7)*sqrt(x))
```
$$\sqrt{42\,x}$$

```
>> f := (PI^(1/2))^x: f = combine(f)
```
$$\sqrt{\pi}^x = \pi^{\frac{x}{2}}$$

Die Inverse arctan der Tangens-Funktion erfüllt folgende Identität:

```
>> f := arctan(x) + arctan(y): f = combine(f, arctan)
```
$$\arctan(x) + \arctan(y) = -\arctan\left(\frac{x+y}{x\,y-1}\right)$$

Für die Exponentialfunktion gilt $\exp(x)\exp(y) = \exp(x+y)$:

```
>> combine(exp(x)*exp(y)^2/exp(-z), exp)
```
$$e^{x+2\,y+z}$$

Die Logarithmus-Funktion erfüllt unter gewissen Annahmen an x, y die Regeln $\ln(x) + \ln(y) = \ln(x\,y)$ und $x\,\ln(y) = \ln(y^x)$:

```
>> combine(ln(x) + ln(2) + 3*ln(3/2), ln)
```
$$\ln\left(\frac{27\,x}{4}\right)$$

Die trigonometrischen Funktionen erfüllen eine Reihe von Identitäten, über die sich Produkte zusammenfassen lassen:

```
>> combine(sin(x)*cos(y), sincos),
   combine(sin(x)^2, sincos)
```
$$\frac{\sin(x-y)}{2} + \frac{\sin(x+y)}{2},\ \frac{1}{2} - \frac{\cos(2\,x)}{2}$$

9. Manipulation von Ausdrücken

Analoges gilt für die Hyperbel-Funktionen:

```
>> combine(sinh(x)*cosh(y), sinhcosh),
   combine(sinh(x)^2, sinhcosh)
```
$$\frac{\sinh(x+y)}{2} + \frac{\sinh(x-y)}{2}, \frac{\cosh(2x)}{2} - \frac{1}{2}$$

Die Funktion `expand` benutzt die in `combine` verwendeten Identitäten in der anderen Richtung: Spezielle Funktionsaufrufe mit zusammengesetzten Argumenten werden über „Additionstheoreme" in Summen oder Produkte von Funktionsaufrufen einfacherer Argumente zerlegt:

```
>> expand(x^(y + z)), expand(exp(x + y - z + 4)),
   expand(ln(2*PI*x*y))
```
$$x^y\, x^z,\ \frac{e^4\, e^x\, e^y}{e^z},\ \ln(2) + \ln(\pi) + \ln(x\, y)$$

```
>> expand(sin(x + y)), expand(cosh(x + y))
```
$$\cos(x)\sin(y) + \cos(y)\sin(x),\ \cosh(x)\cosh(y) + \sinh(x)\sinh(y)$$

```
>> expand(sqrt(42*x*y))
```
$$\sqrt{42}\,\sqrt{x\,y}$$

Hierbei werden einige „Expansionen" wie etwa $\ln(x\,y) = \ln(x) + \ln(y)$ nicht durchgeführt, denn solch eine „Identität" gilt nur unter speziellen Annahmen (z. B. für positive reelle x und y).

Sehr oft wird `expand` dazu eingesetzt, ein Produkt von Summen auszumultiplizieren:

```
>> expand((x + y)^2*(x - y)^2)
```
$$x^4 - 2\,x^2\,y^2 + y^4$$

Dabei wird `expand` rekursiv auf alle Teilausdrücke angewendet:

```
>> expand((x - y)*(x + y)*sin(exp(x + y + z)))
```
$$x^2 \sin(e^x\, e^y\, e^z) - y^2 \sin(e^x\, e^y\, e^z)$$

Man kann Teilausdrücke als zusätzliche Argumente an `expand` übergeben. Diese Teilausdrücke werden *nicht* expandiert:

```
>> expand((x - y)*(x + y)*sin(exp(x + y + z)),
          x - y, x + y + z)
```
$$x \sin\left(e^{x+y+z}\right)(x - y) + y \sin\left(e^{x+y+z}\right)(x - y)$$

Die Funktion `factor` dient zur Faktorisierung von Polynomen und Ausdrücken:

```
>> factor(x^3 + 3*x^2 + 3*x + 1)
```
$$(x+1)^3$$

Hierbei wird „über den rationalen Zahlen" faktorisiert: Es wird nach Faktorpolynomen gesucht, dessen Koeffizienten rationale Zahlen sind. Dementsprechend wird beispielsweise keine Faktorisierung des Ausdrucks $x^2 - 2 = (x - \sqrt{2})\,(x + \sqrt{2})$ gefunden:[2]

```
>> factor(x^2 - 2)
```
$$\left(x^2 - 2\right)$$

Summen rationaler Ausdrücke werden durch `factor` auf einen gemeinsamen Nenner gebracht, dann werden Zähler und Nenner faktorisiert:

```
>> f := (x^3 + 3*y^2)/(x^2 - y^2) + 3: f = factor(f)
```
$$\frac{x^3 + 3\,y^2}{x^2 - y^2} + 3 = \frac{x^2 \cdot (x+3)}{(x-y) \cdot (x+y)}$$

Nicht nur polynomiale und rationale Ausdrücke können faktorisiert werden. Bei allgemeinen Ausdrücken werden intern Teilausdrücke wie symbolische Funktionsaufrufe durch Bezeichner ersetzt, der entstehende polynomiale oder rationale Ausdruck wird faktorisiert und die temporär eingeführten Bezeichner werden wieder ersetzt:

```
>> factor((exp(x)^2 - 1)/(cos(x)^2 - sin(x)^2))
```
$$\frac{(e^x - 1) \cdot (e^x + 1)}{(\cos(x) - \sin(x)) \cdot (\cos(x) + \sin(x))}$$

---

[2] Man hat jedoch die Möglichkeit, über anderen Ringen zu faktorisieren. Dazu muss der Ausdruck als Polynom über dem entsprechenden Koeffizientenring geschrieben werden. Wählt man etwa die in Abschnitt 4.14 betrachtete Körpererweiterung der rationalen Zahlen mit $Z = \sqrt{2}$

```
>> alias(K = Dom::AlgebraicExtension(Dom::Rational, Z^2 = 2, Z)):
```
so kann das Polynom
```
>> p := poly(x^2 - 2, [x], K):
```
über dem Ring K faktorisiert werden:
```
>> factor(p)
            poly(x - Z, [x], K) poly(x + Z, [x], K)
```

9. Manipulation von Ausdrücken

Die Funktion `normal` erzeugt eine „Normalform" rationaler Ausdrücke: Wie bei `factor` werden Summen rationaler Ausdrücke auf einen gemeinsamen Nenner gebracht, allerdings werden dann Zähler und Nenner nicht faktorisiert, sondern expandiert:

```
>> f := ((x + 6)^2 - 17)/(x - 1)/(x + 1) + 1:
   f, factor(f), normal(f)
```

$$\frac{(x+6)^2 - 17}{(x-1)(x+1)} + 1, \quad \frac{2 \cdot (x+3)^2}{(x-1) \cdot (x+1)}, \quad \frac{12x + 2x^2 + 18}{x^2 - 1}$$

Trotzdem werden gemeinsame Faktoren in Zähler und Nenner durch `normal` gefunden und gekürzt:

```
>> f := x^2/(x + y) - y^2/(x + y): f = normal(f)
```

$$\frac{x^2}{x+y} - \frac{y^2}{x+y} = x - y$$

Analog zu `factor` verarbeitet `normal` auch beliebige Ausdrücke:

```
>> f := (exp(x)^2-exp(y)^2)/(exp(x)^3 - exp(y)^3):
>> f = normal(f)
```

$$\frac{(e^x)^2 - (e^y)^2}{(e^x)^3 - (e^y)^3} = \frac{e^x + e^y}{e^x e^y + (e^x)^2 + (e^y)^2}$$

Durch `partfrac` (englisch: *partial fraction* = Partialbruch) wird ein rationaler Ausdruck in eine Summe rationaler Terme zerlegt, in denen jeweils der Zählergrad kleiner als der Nennergrad ist (Partialbruchzerlegung):

```
>> f := x^2/(x^2 - 1): f = partfrac(f, x)
```

$$\frac{x^2}{x^2 - 1} = \frac{1}{2(x-1)} - \frac{1}{2(x+1)} + 1$$

Die Nenner der Summanden sind dabei die Faktoren, die MuPAD bei Faktorisierung des Hauptnenners findet:

```
>> Nenner := x^5 + x^4 - 7*x^3 - 11*x^2 - 8*x - 12:
>> factor(Nenner)
```

$$(x-3) \cdot (x^2 + 1) \cdot (x+2)^2$$

```
>> partfrac(1/Nenner, x)
```

$$\frac{\frac{9x}{250} - \frac{13}{250}}{x^2 + 1} - \frac{1}{25(x+2)} - \frac{1}{25(x+2)^2} + \frac{1}{250(x-3)}$$

Eine weitere Funktion zur Umformung von Ausdrücken ist rewrite. Sie benutzt Identitäten, mit denen gewisse Funktionen vollständig aus einem Ausdruck eliminiert werden können, indem sie durch andere Funktionen ersetzt werden. Beispielsweise lassen sich sin- und cos-Ausdrücke stets durch den Tangens halber Argumente ausdrücken. Andererseits sind die trigonometrischen Funktionen auch mit der komplexen Exponentialfunktion verknüpft:

$$\sin(x) = \frac{2\tan(x/2)}{1+\tan(x/2)^2}, \quad \cos(x) = \frac{1-\tan(x/2)^2}{1+\tan(x/2)^2},$$

$$\sin(x) = -\frac{i}{2}\exp(ix) + \frac{i}{2}\exp(-ix),$$

$$\cos(x) = \frac{1}{2}\exp(ix) + \frac{1}{2}\exp(-ix).$$

Die Hyperbel-Funktionen und ihre Umkehrfunktionen können durch die Exponentialfunktion bzw. durch den Logarithmus ausgedrückt werden:

$$\sinh(x) = \frac{\exp(x)-\exp(-x)}{2}, \quad \cosh(x) = \frac{\exp(x)+\exp(-x)}{2},$$

$$\operatorname{arcsinh}(x) = \ln(x+\sqrt{x^2+1}), \quad \operatorname{arccosh}(x) = \ln(x+\sqrt{x^2-1}).$$

Durch Aufruf von rewrite(Ausdruck,Option) werden diese Identitäten benutzt. Die implementierten Regeln stehen in Tabelle 9.1.

```
>> rewrite(u''(x), diff)
```

$$\frac{\partial^2}{\partial x^2}u(x)$$

```
>> rewrite(sin(x)/cos(x), exp) = rewrite(tan(x), exp)
```

$$\frac{\frac{i}{2}e^{-ix} - \frac{i}{2}e^{ix}}{\frac{e^{-ix}}{2} + \frac{e^{ix}}{2}} = -\frac{i\left(e^{ix}\right)^2 - i}{\left(e^{ix}\right)^2 + 1}$$

```
>> rewrite(arcsinh(x) - arccosh(x), ln)
```

$$\ln\left(x+\sqrt{x^2+1}\right) - \ln\left(x+\sqrt{x^2-1}\right)$$

Option	: Funktion(en)	→ Zielfunktion(en)
andor	: logische Funktionen xor, ==>, <=>	→ and, or, not
arccos	: inverse trig. Funktionen	→ arccos
arccot	: inverse trig. Funktionen	→ arccot
arcsin	: inverse trig. Funktionen	→ arcsin
arctan	: inverse trig. Funktionen	→ arctan
cos	: Exponentialfunktion exp, trig. und hyperbolische Funktionen	→ cos, ggf. sin
cosh	: Exponentialfunktion exp, trig. und hyperbolische Funktionen	→ cosh, ggf. sinh
cot	: Exponentialfunktion exp, trig. und hyperbolische Funktionen	→ cot
coth	: Exponentialfunktion exp, trig. und hyperbolische Funktionen	→ coth
diff	: Differentialoperator D	→ diff
D	: Ableitungsfunktion diff	→ D
exp	: Potenzen (^), trig. und hyperbolische Funktionen und ihre Inversen, Polarwinkel arg	→ exp, ln
fact	: Γ-Funktion gamma, Doppelfakultät fact2, Binomialkoeffizienten binomial, Beta-Funktion beta	→ fact
gamma	: Fakultätsfunktion fact, Doppelfakultät fact2, Binomialkoeffizienten binomial, Beta-Funktion beta	→ gamma
heaviside	: Vorzeichenfunktion sign	→ heaviside
ln	: inverse trig. und inverse Hyperbel-Funktionen, Polarwinkel arg, log	→ ln
piecewise	: Vorzeichenfunktion sign, Betragsfunktion abs, Sprungfunktion heaviside, Maximum max, Minimum min	→ piecewise
sign	: Sprungfunktion heaviside, Betragsfunktion abs	→ sign
sin	: Exponentialfunktion exp, trig. und hyperbolische Funktionen	→ sin, ggf. cos
sincos	: Exponentialfunktion exp, trig. und hyperbolische Funktionen	→ sin, cos
sinh	: Exponentialfunktion exp, trig. und hyperbolische Funktionen	→ sinh, ggf. cosh
sinhcosh	: Exponentialfunktion exp, trig. und hyperbolische Funktionen	→ sinh, cosh
tan	: Exponentialfunktion exp, trig. und hyperbolische Funktionen	→ tan
tanh	: Exponentialfunktion exp, trig. und hyperbolische Funktionen	→ tanh

Tabelle 9.1. Zielfunktionen von rewrite

9.1 Umformung von Ausdrücken

Bei komplexen *Zahlen*ausdrücken lassen sich Real- und Imaginärteil leicht durch die Funktionen `Re` und `Im` ermitteln:

```
>> z := 2 + 3*I: Re(z), Im(z)
```
   2, 3
```
>> z := sin(2*I) - ln(-1): Re(z), Im(z)
```
   $0, \sinh(2) - \pi$

Bei Ausdrücken mit symbolischen Bezeichnern nimmt MuPAD von allen Unbekannten an, dass es sich um komplexe Größen handelt. Nun liefern sich `Re` und `Im` symbolisch zurück:

```
>> Re(a*b + I), Im(a*b + I)
```
   $\Re(ab), \Im(ab) + 1$

In solch einem Fall kann der Ausdruck mit der Funktion `rectform` (englisch: *rectangular form*) genauer nach Real- und Imaginärteil zerlegt werden. Die Namensgebung dieser Funktion stammt daher, dass eine Aufspaltung in die Koordinaten des üblichen rechtwinkligen Koordinatensystems vorgenommen wird. Die im Ausdruck enthaltenen Symbole werden jeweils nach Real- und Imaginärteil zerlegt, das Endergebnis wird durch diese Daten ausgedrückt:

```
>> rectform(a*b + I)
```
   $\Re(a)\Re(b) - \Im(a)\Im(b) + i\Im(a)\Re(b) + i\Im(b)\Re(a) + i$
```
>> rectform(exp(x))
```
   $\cos(\Im(x)) e^{\Re(x)} + i e^{\Re(x)} \sin(\Im(x))$

Mit `Re` und `Im` können wieder Real- und Imaginärteil extrahiert werden:

```
>> Re(%), Im(%)
```
   $\cos(\Im(x)) e^{\Re(x)}, e^{\Re(x)} \sin(\Im(x))$

Grundsätzlich werden alle symbolischen Bezeichner von `rectform` als komplexe Zahlen aufgefasst. Man kann jedoch `assume` (Abschnitt 9.3) verwenden, um dem System anzugeben, dass ein Bezeichner nur für reelle Zahlen steht:

```
>> assume(a, Type::Real):
   z := rectform(a*b + I)
```
   $a\Re(b) + ia\Im(b) + i$

Die von `rectform` gelieferten Ergebnisse haben einen eigenen Datentyp:

```
>> domtype(z)
    rectform
```

Mit der Funktion `expr` kann ein solches Objekt in einen „normalen" MuPAD-Ausdruck vom Domain-Typ `DOM_EXPR` umgewandelt werden:

```
>> expr(z)
```
$$\mathrm{i}\,a\,\Im(b) + a\,\Re(b) + \mathrm{i}$$

Es sei angemerkt, dass mit der Funktion `rectform` nur Ausdrücke mit Unbekannten umgewandelt werden sollten. Bei Ausdrücken ohne symbolische Bezeichner liefern `Re` und `Im` wesentlich schneller die Zerlegung in Real- und Imaginärteil.

9.2 Vereinfachung von Ausdrücken

In einigen Fällen führen Umwandlungen zu einem einfacheren Ausdruck:

```
>> f := 2^x*3^x/8^x/9^x: f = combine(f)
```
$$\frac{2^x\,3^x}{8^x\,9^x} = \left(\frac{1}{12}\right)^x$$

```
>> f := x/(x + y) + y/(x + y): f = normal(f)
```
$$\frac{x}{x+y} + \frac{y}{x+y} = 1$$

Hierbei muss der Nutzer jedoch den zu bearbeitenden Ausdruck inspizieren und selbst entscheiden, welche Funktion er zur Vereinfachung aufrufen will. MuPAD bietet zwei Hilfsmittel, um *automatisch* diverse Vereinfachungsalgorithmen auf einen Ausdruck anzuwenden: Die Funktionen `simplify` und `Simplify` (englisch: *to simplify* = vereinfachen). Diese beiden Funktionen sind universelle Vereinfacher, mit denen MuPAD eine möglichst einfache Darstellung eines Ausdrucks zu erreichen versucht:

```
>> f := 2^x*3^x/8^x/9^x: f = simplify(f)
```
$$\frac{2^x\,3^x}{8^x\,9^x} = \left(\frac{1}{12}\right)^x$$

9.2 Vereinfachung von Ausdrücken

```
>> f := (1 + (sin(x)^2 + cos(x)^2)^2)/sin(x):
>> f = simplify(f)
```

$$\frac{\left(\cos\left(x\right)^2+\sin\left(x\right)^2\right)^2+1}{\sin\left(x\right)} = \frac{2}{\sin\left(x\right)}$$

```
>> f := x/(x + y) + y/(x + y) - sin(x)^2 - cos(x)^2:
>> f = simplify(f)
```

$$\frac{x}{x+y}+\frac{y}{x+y}-\cos\left(x\right)^2-\sin\left(x\right)^2 = 0$$

```
>> f := (exp(x) - 1)/(exp(x/2) + 1): f = simplify(f)
```

$$\frac{e^x-1}{e^{\frac{x}{2}}+1} = e^{\frac{x}{2}}-1$$

```
>> f := sqrt(997) - (997^3)^(1/6): f = simplify(f)
```

$$\sqrt{997}-\sqrt[6]{991026973} = 0$$

Die Vereinfachung kann durch Übergabe zusätzlicher Argumente vom Nutzer gesteuert werden: Ähnlich wie `combine` können bei `simplify` durch Optionen bestimmte Vereinfachungen angefordert werden. Beispielsweise kann der Vereinfacher angewiesen werden, gezielt Wurzelausdrücke zu vereinfachen:

```
>> f := sqrt(4 + 2*sqrt(3)):
   f = simplify(f, sqrt)
```

$$\sqrt{\sqrt{3}+2\sqrt{2}} = \sqrt{3}+1$$

Die möglichen Optionen sind `exp`, `ln`, `cos`, `sin`, `sqrt`, `logic` und `relation`, wobei `simplify` sich intern jeweils auf diejenigen Vereinfachungsregeln beschränkt, die für die als Option übergebene Funktion gelten. Die Optionen `logic` und `relation` dienen zur Vereinfachung logischer Ausdrücke bzw. von Gleichungen und Ungleichungen (man lese hierzu auch die Hilfeseite: `?simplify`).

Alternativ zu `simplify(Ausdruck,sqrt)` kann auch die Funktion `radsimp` verwendet werden, die Zahlenausdrücke mit Radikalen (Wurzeln) vereinfacht:

```
>> f = radsimp(f)
```

$$\sqrt{\sqrt{3}+2\sqrt{2}} = \sqrt{3}+1$$

```
>> f := 2^(1/4)*2 + 2^(3/4) - sqrt(8 + 6*2^(1/2)):
>> f = radsimp(f)
```

$$2\sqrt[4]{2}-\sqrt{3\sqrt{2}+4}\sqrt{2}+\sqrt[4]{8} = 0$$

Meist ist eine allgemeine Vereinfachung durch `simplify` ohne Option vorzuziehen. Allerdings ist ein solcher Aufruf oft recht zeitaufwendig, da der Vereinfachungsalgorithmus sehr komplex ist. Die Angabe zusätzlicher Optionen kann zur Einsparung von Berechnungszeit sinnvoll sein, da sich die Vereinfachungen dann auf spezielle Funktionen beschränken.

Der zweite Vereinfacher, `Simplify` (mit großem S), ist oft langsamer als `simplify`, dafür aber auch mächtiger und lässt sich wesentlich feiner steuern:

```
>> f := (tanh(x/2) + 1)/(1 - tanh(x/2)):
   f, simplify(f), Simplify(f), Simplify(f, Steps = 100)
```

$$-\frac{\tanh\left(\frac{x}{2}\right)+1}{\tanh\left(\frac{x}{2}\right)-1},\ -\frac{\tanh\left(\frac{x}{2}\right)+1}{\tanh\left(\frac{x}{2}\right)-1},\ \left(e^{\frac{x}{2}}\right)^2,\ e^x$$

Die hier verwendete Option `Steps` gibt an, wie viele einzelne Vereinfachungsschritte `Simplify` maximal versuchen darf. Die meisten dieser Schritte waren im Endeffekt nutzlos, wie man sieht, wenn man sich die tatsächlich durchgeführten Schritte anzeigen lässt:

```
>> Simplify(f, Steps = 100, OutputType = "Proof")
   Input was -1/(tanh(1/2*x) - 1)*(tanh(1/2*x) + 1).
   Applying the rule X -> rewrite(X, exp)(X) to -1/(tanh\
   (1/2*x) - 1)*(tanh(1/2*x) + 1) gives -1/((exp(1/2*x)^\
   2 - 1)/(exp(1/2*x)^2 + 1) - 1)*((exp(1/2*x)^2 - 1)/(e\
   xp(1/2*x)^2 + 1) + 1)
   Applying the rule X -> normal(X)(X) to -1/((exp(1/2*x\
   )^2 - 1)/(exp(1/2*x)^2 + 1) - 1)*((exp(1/2*x)^2 - 1)/\
   (exp(1/2*x)^2 + 1) + 1) gives exp(1/2*x)^2
   Applying the rule proc combine::exp(e) ... end(X) to \
   exp(1/2*x)^2 gives exp(x)
   END OF PROOF
```

Wie diese Ausgabe nahelegt, arbeitet `Simplify` auf der Basis von *Regeln*, die auf Ausdrücke angewendet werden. Die Dokumentation von `Simplify` enthält Beispiele für Regelwerke, die speziell für einzelne Anwendungen geschrieben werden.

Aus den durch diese Regeln erzeugten Ausdrücken werden die „einfachsten" Ausdrücke ausgesucht, wobei der Anwender steuern kann, welche Ausdrücke „einfach" sind. Aufgabe 9.4 stellt diese Funktionalität vor.

Aufgabe 9.1: Produkte von trigonometrischen Funktionen lassen sich als Linearkombinationen von sin- und cos-Termen mit vielfachen Argumenten umschreiben (Fourier-Entwicklung). Finden Sie Konstanten a, b, c, d und e,

mit denen
$$\cos(x)^2 + \sin(x)\,\cos(x) = a + b\,\sin(x) + c\,\cos(x) + d\,\sin(2\,x) + e\,\cos(2\,x)$$
gilt!

Aufgabe 9.2: Zeigen Sie mit MuPAD die folgenden Identitäten:

1) $\dfrac{\cos(5\,x)}{\sin(2\,x)\cos^2(x)} = -5\,\sin(x) + \dfrac{\cos^2(x)}{2\,\sin(x)} + \dfrac{5\,\sin^3(x)}{2\,\cos^2(x)}$,

2) $\dfrac{\sin^2(x) - e^{2\,x}}{\sin^2(x) + 2\,\sin(x)\,e^x + e^{2\,x}} = \dfrac{\sin(x) - e^x}{\sin(x) + e^x}$,

3) $\dfrac{\sin(2\,x) - 5\,\sin(x)\,\cos(x)}{\sin(x)\,(1 + \tan^2(x))} = -\dfrac{9\,\cos(x)}{4} - \dfrac{3\,\cos(3\,x)}{4}$,

4) $\sqrt{14 + 3\,\sqrt{3 + 2\,\sqrt{5 - 12\,\sqrt{3 - 2\,\sqrt{2}}}}} = \sqrt{2} + 3$!

Aufgabe 9.3: MuPAD berechnet die folgende Stammfunktion für $\sqrt{\sin(x) + 1}$:

```
>> f := sqrt(sin(x) + 1): int(f, x)
```
$$\dfrac{2\,(\sin(x) - 1)\,\sqrt{\sin(x) + 1}}{\cos(x)}$$

Als Ableitung ergibt sich nicht unmittelbar der Integrand f:

```
>> diff(%, x)
```
$$\dfrac{\sin(x) - 1}{\sqrt{\sin(x) + 1}} + 2\,\sqrt{\sin(x) + 1} + \dfrac{2\,\sin(x)\,(\sin(x) - 1)\,\sqrt{\sin(x) + 1}}{\cos(x)^2}$$

Vereinfachen Sie diesen Ausdruck!

Aufgabe 9.4: Mit der Option `Valuation` lässt sich der Funktion `Simplify` eine „Bewertungsfunktion" übergeben, die letztendlich entscheidet, als wie „kompliziert" ein Ausdruck angesehen wird. Eine solche Funktion muss eine Zahl zurückliefern – je komplizierter der Ausdruck, desto größer die Zahl.

180   9. Manipulation von Ausdrücken

Versuchen wir einmal ganz naiv, $\tan(x) - \cot(x)$ ohne den Tangens auszudrücken, indem wir Ausdrücke mit `tan` schlechter bewerten (eine größere Zahl zurückgeben) als solche ohne:[3]

```
>> keinTangens := x -> if has(x, hold(tan))
                      then 1
                      else 0 end_if:
   Simplify(tan(x) - cot(x), Valuation = keinTangens)
                                2
                  2 I (exp(1/2 I x)  - 1)
  - --------------------------------------------- -
    /                  2     2        \
    | (exp(1/2 I x)  - 1)              |            2
    | --------------------- + 1 |  (exp(1/2 I x)  + 1)
    |                  2     2        |
    \ (exp(1/2 I x)  + 1)             /


    /    /                  2     2    \
    |    |  (exp(1/2 I x)  - 1)         |
    | 1/2 I  | --------------------- + 1 |
    |    |                  2     2    |
    \    \  (exp(1/2 I x)  + 1)        /

                \
             2  |           2
 (exp(1/2 I x)  + 1) | / (exp(1/2 I x)  - 1)
                |
               /
```

Dieser Ausdruck enthält keinen Tangens, ist aber sicherlich nicht „einfach". Modifizieren Sie `keinTangens` so, dass ein kurzer Ausdruck ohne Tangens-Funktion zurückgegeben wird! (Informieren Sie sich hierzu über die Funktion `length` oder nehmen Sie die Standard-Bewertungsfunktion `Simplify::defaultValuation` zu Hilfe.)

9.3 Annahmen über symbolische Bezeichner

Umformungen oder Vereinfachungen mit symbolischen Bezeichnern werden von MuPAD nur dann vorgenommen, wenn die entsprechenden Regeln allgemein in der komplexen Ebene anwendbar sind. Einige vom Rechnen mit reellen Zahlen vertraute Regeln gelten dort jedoch nicht allgemein. So sind die Wurzelfunktion oder der Logarithmus im Komplexen mehrdeutig, wobei

---

[3] Die Konstruktion mit `if` wird in Kapitel 17 genauer besprochen.

die Verzweigungsschnitte der MuPAD-Funktionen die folgenden Aussagen erlauben:

Umwandlung von → in	hinreichende Bedingung
$\ln(e^x) \to x$	x reell
$\ln(x^n) \to n\ln(x)$	$x > 0$
$\ln(x\,y) \to \ln(x) + \ln(y)$	$x > 0$ oder $y > 0$
$\sqrt{x^2} \to \operatorname{sign}(x)\,x$	x reell
$e^{x/2} \to (e^x)^{1/2}$	x reell

Mit der Funktion assume (englisch: *to assume* = annehmen) kann man den Systemfunktionen wie expand, simplify, limit, solve und int mitteilen, dass für gewisse Bezeichner Annahmen über ihre Bedeutung gemacht wurden. Wir beschränken uns hier auf die Demonstration einfacher Beispiele. Weitere Informationen erhält man auf der entsprechenden Hilfeseite: ?property.

Durch Angabe einer Typenbezeichnung (Kapitel 15) kann den Systemfunktionen MuPADs mitgeteilt werden, dass ein symbolischer Bezeichner nur Werte repräsentieren soll, die der mathematischen Bedeutung des Typenbezeichners entsprechen. Beispielsweise wird mit

```
>> assume(x, Type::Real): assume(y, Type::Real):
   assume(n, Type::Integer):
```

die Bedeutung von x und y auf reelle Zahlen und von n auf ganze Zahlen eingeschränkt. Nun kann simplify zusätzliche Vereinfachungsregeln einsetzen:

```
>> simplify(ln(exp(x))), simplify(sqrt(x^2))
```
   $x,\ x\operatorname{sign}(x)$

Mit assume(x>0) oder auch durch

```
>> assume(x, Type::Positive):
```

wird x auf die positiven reellen Zahlen eingeschränkt. Nun gilt:

```
>> simplify(ln(x^n)), simplify(ln(x*y) - ln(x) - ln(y)),
   simplify(sqrt(x^2))
```
   $n\ln(x),\ 0,\ x$

9. Manipulation von Ausdrücken

Umformungen und Vereinfachungen mit Konstanten werden jedoch ohne explizites Setzen von Annahmen durchgeführt, da ihre mathematische Bedeutung bekannt ist:

```
>> expand(ln(2*PI*z)), sqrt((2*PI*z)^2)
```
$\ln(2) + \ln(\pi) + \ln(z), \; 2\pi\sqrt{z^2}$

Die arithmetischen Operationen berücksichtigen einige der gesetzten mathematischen Eigenschaften automatisch zur Vereinfachung:

```
>> (a*b)^m
```
$(a\,b)^m$
```
>> assume(m, Type::Integer): (a*b)^m
```
$a^m\,b^m$

Die Funktion is überprüft, ob ein MuPAD-Objekt eine bestimmte mathematische Eigenschaft besitzt:

```
>> is(1, Type::Integer), is(PI + 1, Type::Real)
    TRUE, TRUE
```

Dabei berücksichtigt is die mathematischen Eigenschaften von Bezeichnern, die mittels assume gesetzt wurden:

```
>> delete x: is(x, Type::Integer)
    UNKNOWN
>> assume(x, Type::Integer):
>> is(x, Type::Integer), is(x, Type::Real)
    TRUE, TRUE
```

Der logische Wert UNKNOWN (englisch für „unbekannt") drückt hierbei aus, dass das System keine Entscheidung darüber treffen kann, ob x eine ganze Zahl repräsentiert oder nicht.

Im Gegensatz zu is überprüft die in Abschnitt 15.1 vorgestellte Funktion testtype den *technischen* Typ eines MuPAD-Objekts:

```
>> testtype(x, Type::Integer), testtype(x, DOM_IDENT)
    FALSE, TRUE
```

9.3 Annahmen über symbolische Bezeichner

Anfragen der folgenden Art sind ebenfalls möglich:

```
>> assume(y > 5): is(y + 1 > 4)
   TRUE
```

Die Funktion `getprop` gibt eine mathematische Eigenschaft eines Bezeichners oder Ausdrucks zurück:

```
>> getprop(y), getprop(y^2 + 1)
   (5, ∞), (26, ∞)
```

Mit der Funktion `unassume` oder dem Schlüsselwort `delete` kann man die Eigenschaften eines Bezeichners löschen:

```
>> delete y: is(y > 5)
   UNKNOWN
```

Besitzt kein Bezeichner in einem Ausdruck mathematische Eigenschaften, dann liefert `getprop` den Ausdruck selbst zurück:

```
>> getprop(y), getprop(y^2 + 1)
   y, y² + 1
>> getprop(3), getprop(sqrt(2) + 1)
   3, √2 + 1
```

Eine Ausnahme von dieser Regel tritt dann ein, wenn der Ausdruck eine der Funktionen `Re`, `Im` oder `abs` mit symbolischen Argumenten enthält. Die Funktionen `getprop` und `is` „wissen", dass `Re(ex)` und `Im(ex)` immer reell sind und `abs(ex)` immer größer oder gleich 0 ist, selbst wenn der Ausdruck `ex` keine Bezeichner mit Eigenschaften enthält:

```
>> getprop(Re(y)), getprop(abs(y^2 + 1))
   ℝ, [0, ∞)
>> is(abs(y^2 + 1), Type::Real)
   TRUE
```

MuPAD stellt vier Typen von mathematischen Eigenschaften zur Verfügung:

- grundlegende Zahlenbereiche wie die ganzen Zahlen, die rationalen Zahlen, die reellen Zahlen, die positiven reellen Zahlen oder die Primzahlen,
- Intervalle mit Elementen aus einem Grundbereich,
- Restklassen ganzer Zahlen und
- Relationen zwischen einem Bezeichner und einem beliebigen Ausdruck.

Diese Eigenschaften sind in Tabelle 9.2 zusammengefasst.

Ist T ein Typ-Spezifizierer für einen Grundbereich, ein Intervall oder eine Restklasse aus der mittleren Spalte von Tabelle 9.2, dann heftet der Aufruf assume(x, T) die mathematische Eigenschaft „ist ein Element von S" an den Bezeichner x an, wobei S die entsprechende Menge in der rechten Spalte bezeichnet. In ähnlicher Weise überprüft der Befehl is(ex, T), ob der Ausdruck mathematisch zu der Menge S gehört. Die Syntax für Relationen ist etwas intuitiver. Beispielsweise heftet assume(x < b) dem Bezeichner x die mathematische Eigenschaft „ist kleiner als b" an, und is(a < b) überprüft, ob die Relation $a < b$ für die Ausdrücke a und b erfüllt ist.

Oft gibt es mehrere äquivalente Arten, eine Eigenschaft anzugeben. Beispielsweise sind > 0, Type::Positive und Type::Interval(0,infinity) äquivalente Eigenschaften. Ebenso ist Type::Odd äquivalent zum komplizierteren Type::Residue(1,2). Die Type-Bibliothek enthält allerdings auch „syntaktische" Typ-Spezifizierer, für die es in MuPAD keine entsprechenden mathematischen Eigenschaften gibt, wie z. B. Type::PolyOf oder Type::Series. Die meisten dieser Spezifizierer sind keine zulässigen Argumente für assume: beispielsweise kann man nicht Type::PolyOf verwenden, um einem Bezeichner die Eigenschaft anzuheften, ein Polynom zu sein.

Im Folgenden wird jede der verschiedenen Arten von Eigenschaften mit einem kleinen Beispiel illustriert. Die Gleichung $(x^a)^b = x^{ab}$ ist nicht universell gültig, wie das Beispiel $x = -1$, $a = 2$ und $b = 1/2$ zeigt. Sie gilt jedoch in jedem Fall, wenn b eine ganze Zahl ist:

```
>> assume(b, Type::Integer): (x^a)^b
```
  $x^{a\,b}$
```
>> unassume(b): (x^a)^b
```
  $(x^a)^b$

9.3 Annahmen über symbolische Bezeichner   185

Grund-	Type::Complex	$\mathbb{C}$
bereiche	Type::Even	$2\mathbb{Z}$
	Type::Imaginary	$\mathbb{R}i$
	Type::Integer	$\mathbb{Z}$
	Type::Negative	$\mathbb{R}_{<0}$
	Type::NegInt	$\mathbb{Z}_{<0}$
	Type::NegRat	$\mathbb{Q}_{<0}$
	Type::NonNegative	$\mathbb{R}_{\geq 0}$
	Type::NonNegInt	$\mathbb{N}$
	Type::NonNegRat	$\mathbb{Q}_{\geq 0}$
	Type::NonZero	$\mathbb{C} \setminus \{0\}$
	Type::Odd	$2\mathbb{Z}+1$
	Type::PosInt	$\mathbb{N}_{>0}$
	Type::Positive	$\mathbb{R}_{>0}$
	Type::PosRat	$\mathbb{Q}_{>0}$
	Type::Prime	Primzahlen
	Type::Rational	$\mathbb{Q}$
	Type::Real	$\mathbb{R}$
	Type::Zero	$\{0\}$
Intervalle	Type::Interval(a, b, T)	$\{x \in T : a < x < b\}$
	Type::Interval([a], b, T)	$\{x \in T : a \leq x < b\}$
	Type::Interval(a, [b], T)	$\{x \in T : a < x \leq b\}$
	Type::Interval([a], [b], T)	$\{x \in T : a \leq x \leq b\}$
		a,b: Ausdrücke
		T: Grundbereich
Rest-	Type::Residue(a, b) oder	$b \cdot \mathbb{Z} + a$
klassen	b*Type::Integer + a	a,b: ganze Zahlen
Relationen	= b	$\{b\}$
	<> b	$\mathbb{C} \setminus \{b\}$
	< b	$\mathbb{R}_{<b}$
	<= b	$\mathbb{R}_{\leq b}$
	> b	$\mathbb{R}_{>b}$
	>= b	$\mathbb{R}_{\geq b}$
		b: Ausdruck

Tabelle 9.2. Typen in MuPAD verfügbarer mathematischer Eigenschaften.

Die Funktion `linalg::isPosDef` überprüft, ob eine Matrix positiv definit ist. Hat die Matrix jedoch symbolische Einträge, dann kann das möglicherweise gar nicht entschieden werden:

```
>> A := matrix([[1/a, 1], [1, 1/a]])
```
$$\begin{pmatrix} \frac{1}{a} & 1 \\ 1 & \frac{1}{a} \end{pmatrix}$$
```
>> linalg::isPosDef(A)
   Error: cannot check whether matrix component is posit\
   ive [linalg::factorCholesky]
```

9. Manipulation von Ausdrücken

Mit der zusätzlichen Annahme, dass der Parameter a positiv und kleiner als 1 ist, kann MuPAD entscheiden, dass die Matrix positiv definit ist:

```
>> assume(a, Type::Interval(0, 1))
   (0, 1)
>> linalg::isPosDef(A)
   TRUE
```

Eigenschaften dieser Art können auch in der folgenden bequemeren Art eingegeben werden:

```
>> assume(0 < a < 1)
   (0, 1)
```

Die Funktion simplify reagiert auf Eigenschaften:

```
>> assume(k, Type::Residue(3, 4))
   4 Z + 3
>> sin(k*PI/2)
   sin(π k / 2)
>> simplify(%)
   −1
```

Obige Eigenschaft kann ebenso in der folgenden äquivalenten Form angegeben werden:

```
>> assume(k, 4*Type::Integer + 3)
   4 Z + 3
```

Die Funktionen Re, Im, sign und abs berücksichtigen Eigenschaften:

```
>> assume(x > 1):
   Re(x*(x - 1)), sign(x*(x - 1)), abs(x*(x - 1))
   x (x − 1), 1, x (x − 1)
```

Da nur eine begrenzte Zahl mathematischer Eigenschaften und logischer Ableitungsregeln in MuPAD implementiert sind, nimmt das System bei der Bestimmung von Eigenschaften eines komplizierteren Ausdrucks einige Vereinfachungen vor. Daher ist das Ergebnis von getprop manchmal nicht so restriktiv, wie es mathematisch möglich wäre. Beispielsweise gilt $x^2 - x \geq -1/4$ für alle reellen Zahlen x, aber getprop liefert ein ungenaueres Ergebnis:

9.3 Annahmen über symbolische Bezeichner

```
>> assume(x, Type::Real): getprop(x^2 - x)
```
$\mathbb{R}$

Zusätzlich zu den Eigenschaften einzelner Bezeichner gibt es eine *globale Eigenschaft*, die allen Bezeichnern zusätzlich zu ihren individuellen Eigenschaften angeheftet wird. Diese globale Eigenschaft kann man über den speziellen Bezeichner `Global` setzen oder abfragen. Der folgende Befehl legt für alle Bezeichner ohne Wert fest, dass sie nur positive reelle Zahlen repräsentieren:

```
>> assume(Global > 0):
```

Nun hat jeder Bezeichner mindestens diese globale Eigenschaft, selbst wenn ihm keine individuelle Eigenschaft angeheftet wurde:

```
>> unassume(x): is(x > 0)
```
TRUE

Hat ein Bezeichner bereits eine individuelle Eigenschaft, dann verwenden `getprop` und `is` das logische „und" der globalen und der individuellen Eigenschaft:

```
>> assume(x, Type::Integer): getprop(x)
```
$\mathbb{Z} \cap (0, \infty)$

Der Befehl `getprop(Global)` liefert die globale Eigenschaft zurück:

```
>> getprop(Global)
```
$(0, \infty)$

Die globale Eigenschaft kann mittels `unassume` gelöscht werden. Ist keine globale Eigenschaft gesetzt, dann gibt `getprop(Global)` den Bezeichner `Global` zurück:

```
>> unassume(Global): getprop(Global)
```
Global

In vielen Fällen kann das Argument `Global` weggelassen werden. Ist `prop` irgendeine Eigenschaft, dann setzt `assume(prop)` die globale Eigenschaft auf `prop`; `is(prop)` überprüft, ob die Eigenschaft `prop` aus der globalen Eigenschaft folgt; `getprop()` gibt die globale Eigenschaft zurück, und `unassume()` löscht sie.

9. Manipulation von Ausdrücken

Aufgabe 9.5: Zeigen Sie mit MuPAD:

$$\lim_{x\to\infty} x^a = \begin{cases} \infty & \text{für } a > 0, \\ 1 & \text{für } a = 0, \\ 0 & \text{für } a < 0. \end{cases}$$

Verwenden Sie dabei die Funktion `assume`, um die unterschiedlichen Fälle zu betrachten!

10. Zufall und Wahrscheinlichkeit

MuPAD bietet einige Zufallszahlengeneratoren, mit denen viele Experimente durchgeführt werden können.

Der Aufruf `random()` erzeugt eine ganze nichtnegative 12-stellige Zufallszahl. Eine Folge von 4 solcher Zufallszahlen ergibt sich folgendermaßen:

```
>> random(), random(), random(), random()
     427419669081, 321110693270, 343633073697, 474256143563
```

Sollen die Zufallszahlen in einem anderen Bereich liegen, so kann ein Zufallszahlengenerator `Erzeuger:=random(m..n)` erzeugt werden. Dieser Erzeuger wird dann ohne Argumente aufgerufen[1] und liefert ganze Zahlen zwischen m und n. Der Aufruf `random(n)` entspricht `random(0..n-1)`. Die Simulation von 15 Würfen eines Würfels kann damit folgendermaßen durchgeführt werden:

```
>> Wuerfel := random(1..6):
>> WuerfelExperiment := [Wuerfel() $ i = 1..15]
     [5, 3, 6, 3, 2, 2, 2, 4, 4, 3, 3, 2, 1, 4, 4]
```

Man beachte hierbei, dass im Aufruf des Folgengenerators `$` eine Laufvariable benutzt werden muss, da sonst `Wuerfel()` nur einmal aufgerufen und dann eine Folge von Kopien dieses Wertes erzeugt wird:

```
>> Wuerfel() $ 15
     6, 6, 6, 6, 6, 6, 6, 6, 6, 6, 6, 6, 6, 6, 6
```

---

[1] Der Erzeuger kann mit beliebigen Argumenten aufgerufen werden, die in der Erzeugung der Zufallszahlen aber ignoriert werden.

10. Zufall und Wahrscheinlichkeit

Es folgt die Simulation von 8 Würfen einer Münze:

```
>> Muenze := random(2):
>> Muenzwuerfe := [Muenze() $ i = 1..8]
```
$[0, 0, 0, 1, 1, 1, 0, 0]$
```
>> subs(Muenzwuerfe, [0 = Kopf, 1 = Zahl])
```
[Kopf, Kopf, Kopf, Zahl, Zahl, Zahl, Kopf, Kopf]

Die Funktion `frandom` erzeugt gleichverteilte Gleitpunktzahlen aus dem Intervall $[0, 1]$:

```
>> Zufallszahlen := [frandom() $ i = 1..10]
```
   [0.2703567032, 0.8142678572, 0.1145977439,

   0.247668289, 0.436855213, 0.7507294917,

   0.5143284818, 0.47002619, 0.06956333824,

   0.5063265159]

Die Bibliothek `stats` enthält Funktionen zur statistischen Analyse von Daten. Informationen erhält man mittels `info(stats)` und `?stats`. Die Funktion `stats::mean` berechnet den Mittelwert $X = \frac{1}{n} \sum_{i=1}^{n} x_i$ einer Zahlenliste $[x_1, \ldots, x_n]$:

```
>> stats::mean(WuerfelExperiment),
   stats::mean(Muenzwuerfe),
   stats::mean(Zufallszahlen)
```
$\frac{16}{5}, \frac{3}{8}, 0.4194719824$

Die Funktion `stats::variance` liefert die Varianz

$$V = \frac{1}{n-1} \sum_{i=1}^{n}(x_i - X)^2 \; :$$

```
>> stats::variance(WuerfelExperiment),
   stats::variance(Muenzwuerfe),
   stats::variance(Zufallszahlen)
```
$\frac{61}{35}, \frac{15}{56}, 0.06134788071$

Die Standardabweichung (englisch: *standard deviation*) $\sqrt{V}$ wird mit der
Funktion `stats::stdev` berechnet:

```
>> stats::stdev(WuerfelExperiment),
   stats::stdev(Muenzwuerfe),
   stats::stdev(Zufallszahlen)
```
$$\frac{\sqrt{61}\sqrt{35}}{35}, \frac{\sqrt{15}\sqrt{14}}{28}, 0.2476850434$$

Übergibt man die Option `Population`, so wird statt dessen $\sqrt{\frac{n-1}{n} V}$ geliefert:

```
>> stats::stdev(WuerfelExperiment, Population),
   stats::stdev(Muenzwuerfe, Population),
   stats::stdev(Zufallszahlen, Population)
```
$$\frac{\sqrt{122}\sqrt{3}}{15}, \frac{\sqrt{15}}{8}, 0.2349746638$$

Die Datenstruktur `Dom::Multiset` (Informationen: `?Dom::Multiset`) liefert
ein einfaches Hilfsmittel, Häufigkeiten in Folgen oder Listen zu bestimmen.
Der Aufruf `Dom::Multiset(a,b, ...)` liefert eine Multimenge, ausgegeben
als Menge von Listen, die jeweils ein Argument zusammen mit der Anzahl
seiner Vorkommnisse in der Folge a, b, ... enthalten:

```
>> Dom::Multiset(a, b, a, c, b, b, a, a, c, d, e, d)
```
$$\{[a, 4], [b, 3], [c, 2], [d, 2], [e, 1]\}$$

Die Simulation von 1000 Würfen eines Würfels könnte die folgenden Häufigkeiten ergeben:

```
>> Wuerfe := Wuerfel() $ i = 1..1000:
>> Dom::Multiset(Wuerfe)
```
$$\{[2, 152], [1, 158], [3, 164], [6, 162], [5, 176], [4, 188]\}$$

In diesem Fall wurde 158 mal eine 1 gewürfelt, 152 mal eine 2, usw.

Ein Beispiel aus der Zahlentheorie ist die Verteilung der größten gemeinsamen
Teiler (ggT) von Zufallspaaren ganzer Zahlen. Zwei Zufallslisten werden dazu
mittels `zip` (Abschnitt 4.6) über die Funktion `igcd` verknüpft, welche den ggT
ermittelt:

```
>> Liste1 := [random() $ i=1..1000]:
>> Liste2 := [random() $ i=1..1000]:
>> ggTListe := zip(Liste1, Liste2, igcd)
   [1, 7, 1, 1, 1, 5, 1, 3, 1, 1, 1, 3, 6, 1, 3, 5, ... ]
```

192   10. Zufall und Wahrscheinlichkeit

Mit `Dom::Multiset` wird die Häufigkeit des Auftretens der einzelnen ggT gezählt:

```
>> Haeufigkeiten := Dom::Multiset(op(ggTListe))
   {[11, 5], [13, 3], [14, 2], [9, 9], [12, 6], ... }
```

Eine nach dem ersten Eintrag der Unterlisten sortierte Liste ist übersichtlicher. Wir wenden dazu die Funktion `sort` an, der als Sortierkriterium eine Funktion übergeben werden kann. Diese entscheidet, welches von zwei Elementen x, y vor dem anderen einsortiert werden soll. Man lese dazu die entsprechende Hilfeseite: `?sort`. In diesem Fall sind x, y jeweils Listen aus zwei Elementen, und x soll vor y erscheinen, wenn für die ersten Einträge $x[1] < y[1]$ gilt:

```
>> Sortierkriterium := (x, y) -> x[1] < y[1]:
>> sort([op(Haeufigkeiten)], Sortierkriterium)
   [[1, 596], [2, 142], [3, 84], [4, 28], [5, 33], ... ]
```

Von 1000 gewählten Zufallspaaren haben also 596 einen ggT von 1 und sind damit teilerfremd. Dieses Experiment ergibt damit 59.6% als Wahrscheinlichkeit, dass zwei zufällig gewählte ganze Zahlen teilerfremd sind. Der theoretische Wert dieser Wahrscheinlichkeit ist $6/\pi^2 \approx 0.6079.. \,\widehat{=}\, 60.79\%$.

Die `stats`-Bibliothek für Wahrscheinlichkeitstheorie und Statistik bietet zahlreiche Wahrscheinlichkeitsverteilungen an. Zu jeder Verteilung, sagen wir xxx, gehören jeweils 4 Routinen:

- eine (kumulative) Verteilungsfunktion xxxCDF (englisch: *cumulative distribution function*),

- eine Dichtefunktion xxxPDF (englisch: *probability density function*) bei kontinuierlichen Verteilungen bzw. xxxPF (englisch: *probability function*) bei diskreten Verteilungen,

- eine Quantilfunktion xxxQuantile,

- ein Zufallszahlengenerator xxxRandom.

Beispielsweise erzeugt der folgende Aufruf eine Liste von Zufallszahlen, die gemäß der Standardnormalverteilung (mit Erwartungswert 0 und Varianz 1) verteilt sind:

```
>> Generator := stats::normalRandom(0, 1):
   Daten := [Generator() $ i = 1..1000]:
```

Die `stats`-Bibliothek beinhaltet ein Implementation des klassischen χ^2-Tests. Wir setzen ihn hier ein um zu testen, ob die soeben erzeugten Zufallsdaten wirklich einer Normalverteilung gehorchen. Wir geben vor, weder den Erwartungswert noch die Varianz der Daten zu kennen und schätzen diese Parameter statistisch:

```
>> m := stats::mean(Daten)
    0.02413100072
>> V := stats::variance(Daten)
    1.057017094
```

Für den χ^2-Test hat man eine Einteilung der reellen Achse in „Zellen" (Intervalle) vorzugeben, für die die Anzahl der beobachteten Zahlen in jeder Zelle verglichen wird mit der theoretisch erwarteten Anzahl, wenn die Daten einer hypothetischen Verteilung genügen. Ideal ist eine Zelleinteilung, in der alle Zellen die selbe hypothetische Besetzungswahrscheinlichkeit haben. Die Routine `stats::equiprobableCells` ist eine Hilfsfunktion für den Test, mit der bequem eine solche Zelleinteilung erzeugt werden kann. Der folgende Aufruf zerlegt die reelle Achse in 32 Zellen, die alle bezüglich der Normalverteilung mit den oben berechneten empirischen Parametern „gleichwahrscheinlich" sind:

```
>> Zellen := stats::equiprobableCells(32,
                   stats::normalQuantile(m, V))
    [[-infinity, -1.89096853], [-1.89096853, -1.553118836],
     ... , [1.939230531, infinity]]
```

Der χ^2-Anpassungstest ist durch die Routine `stats::csGOFT` implementiert (GOFT: engl. *goodness of fit test*). Der folgende Aufruf führt den Test durch, ob die gegebenen Daten einer Normalverteilung mit dem Erwartungswert m und der Varianz V genügen können:

```
>> stats::csGOFT(Daten, Zellen,
                   CDF = stats::normalCDF(m, V))
    [20.67199999, 0.07970584978, 31.24999998]
```

Der zweite Wert in dieser Liste ist das Signifikanzniveau, das durch die Daten erreicht wird. Wenn dieser Wert nicht sehr dicht bei 1 liegt, bestehen die Daten den Test. Die genaue Interpretation der Rückgabewerte ist auf der Hilfeseite von `stats::csGOFT` zu finden. In diesem Fall zeigt der sehr kleine Wert an, dass die empirische Verteilung der Daten in der Tat sehr gut die hypothetische Normalverteilung annähert.

10. Zufall und Wahrscheinlichkeit

Abschließend „verunreinigen" wir die Daten, indem 35 Nullen hinzugefügt werden:

```
>> Daten := append(Daten, 0 $ 35):
```

Wir überprüfen erneut, ob dieser neue Datensatz immer noch als normalverteilt gelten kann:

```
>> m := stats::mean(Daten): V := stats::variance(Daten):
   Zellen := stats::equiprobableCells(32,
                   stats::normalQuantile(m, V)):
>> stats::csGOFT(Daten, Zellen,
                   CDF = stats::normalCDF(m, V))
```
[60.82222221, 0.9989212671, 32.34374998]

Das erreichte Signifikanzniveau 0.9989... zeigt an, dass die Hypothese einer Normalverteilung der Daten bis zum Niveau $1 - 0.9989... \approx 0.001$ verworfen werden muss.

Aufgabe 10.1: Es wird gleichzeitig mit 3 Würfeln gewürfelt. Die folgende Tabelle gibt die zu erwartenden Häufigkeiten an, mit denen bei 216 Würfen die Augensumme einen der Werte zwischen 3 und 18 annimmt:

Augensumme															
3	4	5	6	7	8	9	10	11	12	13	14	15	16	17	18
1	3	6	10	15	21	25	27	27	25	21	15	10	6	3	1
Häufigkeit															

Simulieren Sie 216 Würfe und vergleichen Sie die beobachteten Häufigkeiten mit diesen Werten!

Aufgabe 10.2: Beim Monte-Carlo-Verfahren zur Abschätzung des Flächeninhalts eines Gebietes $A \subset \mathbb{R}^2$ wird zunächst ein (möglichst kleines) Rechteck Q gewählt, welches A umschließt. Dann werden zufällig n Punkte in Q gewählt. Liegen m dieser Punkte in A, so gilt bei hinreichend großem Stichprobenumfang n:

$$\text{Fläche von } A \approx \frac{m}{n} \times \text{Fläche von } Q.$$

Sei r() ein Generator von auf $[0,1]$ gleichverteilten Zufallszahlen. Hiermit können durch [a*r(), b*r()] auf dem Rechteck $Q = [0,a] \times [0,b]$ gleichmäßig verteilte Zufallsvektoren erzeugt werden.

a) Bestimmen Sie durch Monte-Carlo-Simulation die Fläche des in $Q = [0,1] \times [0,1]$ liegenden Viertelkreises um den Nullpunkt mit Radius 1, und „würfeln" Sie so Approximationen von π!

b) Sei $f : x \mapsto x\sin(x) + \cos(x)\exp(x)$. Bestimmen Sie eine Näherung für $\int_0^1 f(x)\,dx$! Suchen Sie dazu eine obere Schranke M für f auf dem Intervall $[0,1]$ und wenden Sie die Simulation auf $Q = [0,1] \times [0,M]$ an. Vergleichen Sie auch das Ergebnis mit dem exakten Integral.

11. Graphik

11.1 Einleitung

Die gesamte MuPAD-Graphik wurde für die Version 3.0 von Grund auf überarbeitet und erweitert. Die graphischen Renderer für 2D- und 3D-Darstellung wurden vollständig neu implementiert und bieten nun eine Vielzahl neuer Funktionalitäten wie etwa das Abspielen von Animationen, verbesserte interaktive Manipulationsmöglichkeiten u. v. m. Die Anzahl graphischer Attribute wurde drastisch erhöht und erlaubt in MuPAD 3.0, nahezu jeden Aspekt einer Graphik zu beeinflussen. Der MuPAD-Renderer verwendet jetzt OpenGL-Treiber, die 3D-Visualisierung auf höchstem Niveau möglich machen.

Um den Benutzer bei der Feinabstimmung von Graphiken zu unterstützen, wird zusätzlich zu dem *Graphik-Viewer* unter dem Betriebssystem Windows ein *Objekt-Browser* und der so genannte *Inspektor* bereitgestellt. Dieser gibt einen Überblick über Struktur und Einzelbestandteile einer graphischen Szene und erlaubt per Mausklick einen schnellen und unkomplizierten Zugriff auf all ihre Komponenten. Auf diese Weise lassen sich Eigenschaften einzelner Objekte einer Szene auch nach dem Zeichnen auf interaktiver Ebene direkt verändern. Wird im *Objekt-Browser* ein graphisches Objekt ausgewählt, so werden seine Attribute wie z. B. Farbe, Liniendicke, Beschriftung etc. sichtbar und können dann interaktiv mit der Maus ausgewählt und verändert werden (siehe Abschnitt 11.5). Damit lassen sich alle Details einer Graphik, die zuvor mit Hilfe eines entsprechenden MuPAD-Befehls erzeugt wurde, auch im Nachhinein so modifizieren, dass Feinabstimmungen leicht unter visueller Kontrolle vorgenommen werden können.

Die neuen Fähigkeiten der MuPAD-Renderer werden vollständig von der plot-Bibliothek unterstützt. Diese stellt eine beträchtliche Anzahl graphischer Primitive wie z. B. Punkte, Linien, Polygone etc. zur Verfügung, die verwendet werden können, auch hochgradig komplexe graphische Szenen aus ihnen aufzubauen. Die Primitive umfassen auch eine Reihe graphischer Objekte, die keinesfalls „primitiv" sind, sondern – ganz im Gegenteil – mit hochentwickelten Algorithmen und viel Intelligenz ausgestattet wurden. Beispiele hierfür sind u. a. die Routinen zur 2D- und 3D-Funktionsdarstellung (mit automatischem *Clipping* für singuläre Funktionen), Darstellung impliziter Funktionen in 2D und 3D, Darstellung von Vektorfeldern, graphische Lösungen von gewöhnlichen Differentialgleichungen etc.

Dieses Kapitel bietet eine Einführung in die neue MuPAD-Graphik und liefert einen Überblick über die vorhandenen Funktionalitäten. Sie erklärt grundlegende Konzepte und Ideen und bietet zahlreiche Beispiele.

11.2 Elementare graphische Darstellung: Graphen von Funktionen

Die wahrscheinlich wichtigste graphische Aufgabe in einem mathematischen Kontext, die ein Computeralgebrasystem zu bewältigen hat, ist das Darstellen von Funktionsgraphen. Die Routinen `plotfunc2d` und `plotfunc3d` stellen Graphen von Funktionen in einer Veränderlichen wie z. B. $f(x) = \sin(x)$ oder in zwei Veränderlichen wie z. B. $f(x, y) = \sin(x^2 + y^2)$ dar. Die Aufrufsyntax dieser beiden Routinen ist einfach: Man übergibt den Ausdruck, der eine Funktion definiert, und optional einen Darstellungsbereich für die unabhängige(n) Variable(n).

11.2.1 2D-Funktionsgraphen: `plotfunc2d`

Wir betrachten einige Beispiele in 2D, d. h., wir zeichnen Funktionen $f(x)$ in einer Veränderlichen. Das folgende Beispiel stellt die Sinus-Funktion über eine Periode dar:

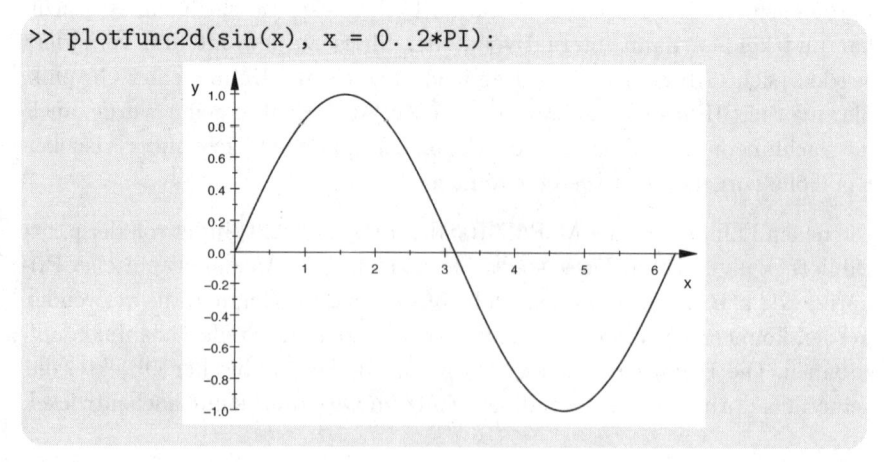

```
>> plotfunc2d(sin(x), x = 0..2*PI):
```

11.2 Elementare graphische Darstellung: Graphen von Funktionen

Sollen mehrere Funktionen in eine graphische Szene gezeichnet werden, so gibt man eine Folge von Funktionstermen an. Alle Funktionen werden dann über dem angegebenen Darstellungsbereich gezeichnet:

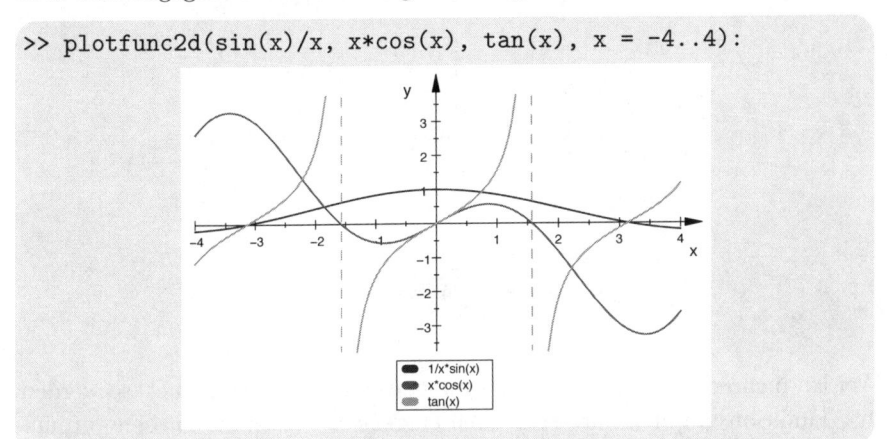

```
>> plotfunc2d(sin(x)/x, x*cos(x), tan(x), x = -4..4):
```

Funktionen, die keine einfache symbolische Darstellung in Form eines Ausdrucks erlauben, können auch mit Hilfe einer Prozedur in MuPAD definiert werden, die ihrerseits numerische Werte $f(x)$ liefert, wenn sie mit einem numerischen Wert x aus dem Darstellungsbereich aufgerufen wird:

```
>> f := x -> max(numeric::eigenvalues(
                matrix([[-x, x, -x ],
                        [ x, x,  x ],
                        [-x, x, x^2]]))):
   plotfunc2d(f, x = -1..1):
```

Der Name x der Variable, der zur Angabe des Darstellungsbereichs verwendet wird, liefert gleichzeitig den Namen zur Beschriftung der horizontalen Achse.

Funktionen können auch als `piecewise`-Objekte definiert werden:

```
>> plotfunc2d(piecewise([x < 1, 1 - x],
                        [1 < x and x < 2, 1/2],
                        [x > 2, 2 - x]),
              x = -2..3):
```

Man beachte, dass die obige Funktion Definitionslücken aufweist: für $x = 1$ und $x = 2$ sind *keine* Funktionswerte angegeben. Dieses bereitet beim Zeichnen jedoch keine Probleme, denn `plotfunc2d` ignoriert alle Punkte, die keine reellen numerischen Funktionswerte liefern. Aus diesem Grund ist auch in der folgenden Graphik die Darstellung automatisch auf die Bereiche eingeschränkt, wo die betreffenden Funktionen reelle Funktionswerte besitzen:

11. Graphik

```
>> plotfunc2d(sqrt(8 - x^4), ln(x^3 + 2)/(x - 1),
              x = -2 ..2):
```

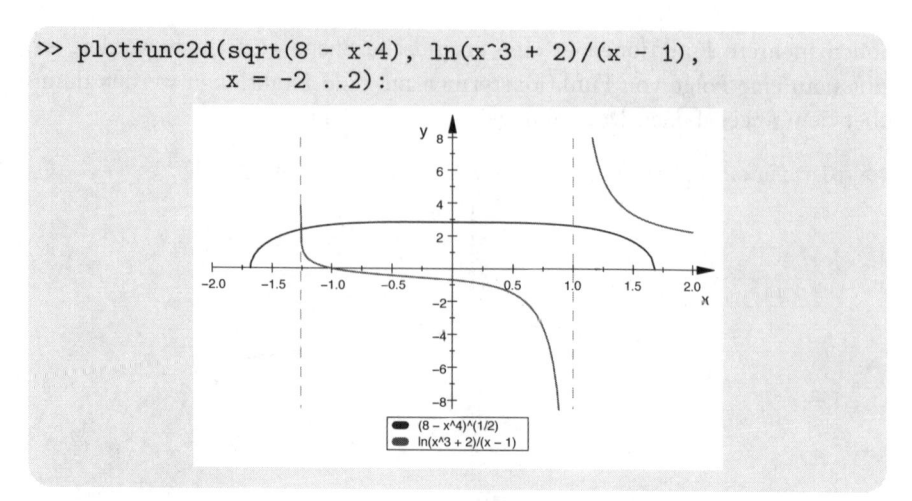

Werden mehrere Funktionen in eine gemeinsame Szene gezeichnet, so werden ihre Funktionsgraphen unterschiedlich eingefärbt, wobei die Farben automatisch von MuPAD ausgewählt werden. Mit dem Colors-Attribut kann man eine eigene Liste von RGB-Farben angeben, die plotfunc2d benutzen soll:

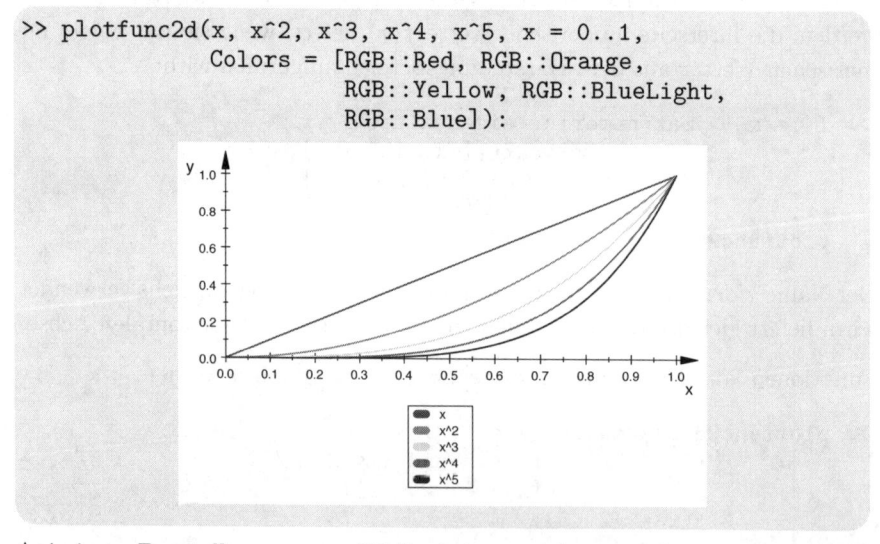

```
>> plotfunc2d(x, x^2, x^3, x^4, x^5, x = 0..1,
              Colors = [RGB::Red, RGB::Orange,
                        RGB::Yellow, RGB::BlueLight,
                        RGB::Blue]):
```

Animierte Darstellungen von 2D-Funktionsgraphen werden erzeugt, indem man neben einem Ausdruck in einer Funktionsvariablen (z. B. x) und einem Animationsparameter (z. B. a) einen Bereich für x und a angibt. In diesem Buch werden Animationen dadurch angedeutet, dass sechs Einzelbilder in einer Art Filmstreifen dargestellt werden:

11.2 Elementare graphische Darstellung: Graphen von Funktionen

```
>> plotfunc2d(cos(a*x), x = 0..2*PI, a = 1..2):
```

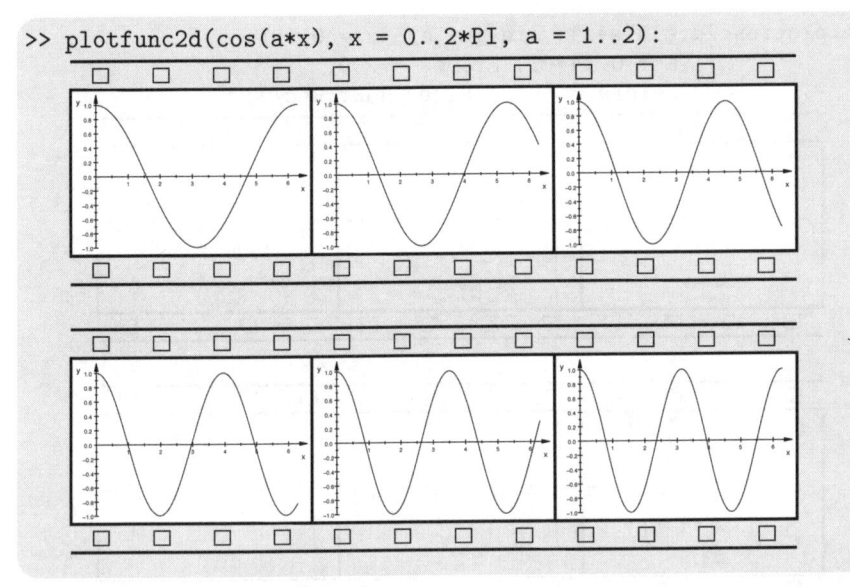

Ist der Befehl ausgeführt, so erscheint statisch das erste Einzelbild der Animation. Nach einem Doppelklick auf die Graphik kann dann die Animation gestartet werden:

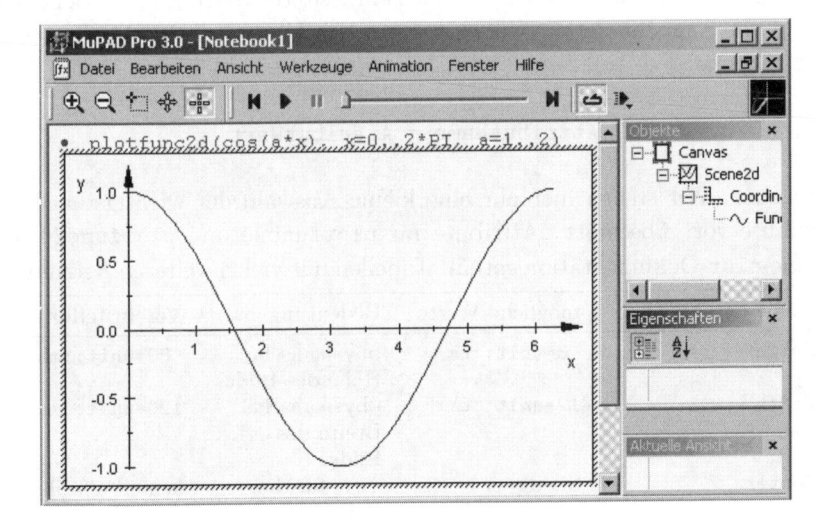

Eine Animation ist aus Einzelbildern zusammengesetzt. Die Voreinstellung für die Anzahl der Einzelbilder ist 50. Wird ein anderer Wert bevorzugt, so lässt sich mit Frames=n die Anzahl n von zu erzeugenden Einzelbildern anfordern:

11. Graphik

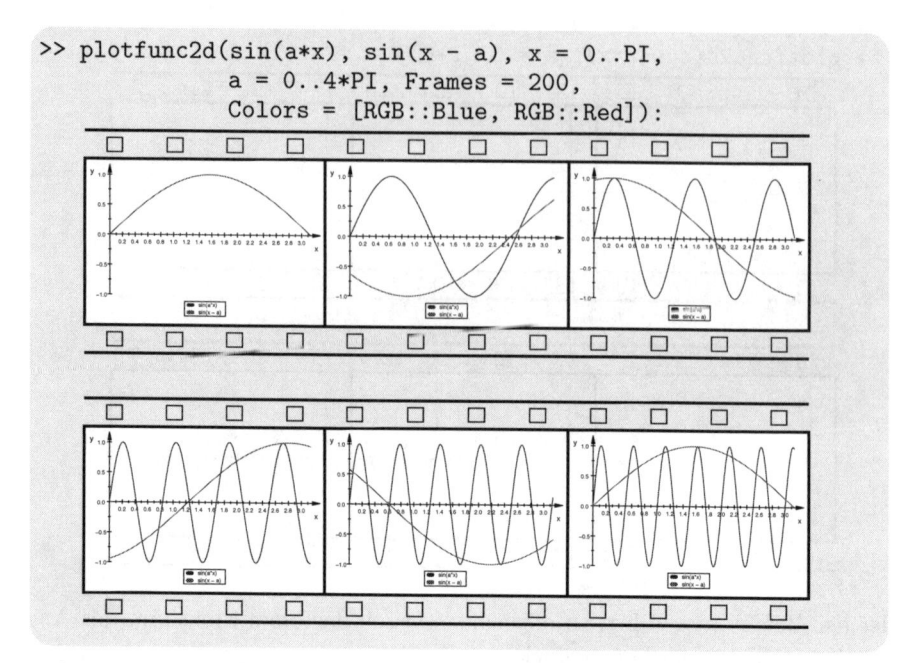

```
>> plotfunc2d(sin(a*x), sin(x - a), x = 0..PI,
              a = 0..4*PI, Frames = 200,
              Colors = [RGB::Blue, RGB::Red]):
```

Neben der Angabe der Farben (`Colors`) oder der Anzahl der Einzelbilder bei Animationen (`Frames`) gibt es eine Vielzahl weiterer Attribute, die bei einem Aufruf von `plotfunc2d` mit angegeben werden können. Jedes Attribut wird als Gleichung

$$\text{AttributName} = \text{AttributWert}$$

übergeben. Wir stellen hier nur eine kleine Auswahl der wichtigsten dieser Attribute vor. Abschnitt „Attribute für `plotfunc2d` und `plotfunc3d`" der Online-`plot`-Dokumentation enthält Tabellen mit vielen weiteren Attributen:

Name des Attributs	mögliche Werte	Bedeutung	Voreinstellung
Height	8*unit::cm	physikalische Höhe des Bildes	80*unit::mm
Width	12*unit::cm	physikalische Breite des Bildes	120*unit::mm
Footer	String	Text für die Fußzeile	keine Fußzeile
Header	String	Überschrift	keine Überschrift
Title	String	Titel des Graphen	kein Titel

Tabelle 11.1: Einige wichtige Attribute für `plotfunc2d`

11.2 Elementare graphische Darstellung: Graphen von Funktionen

Name des Attributs	mögliche Werte	Bedeutung	Voreinstellung
TitlePosition	[reelle Zahl, reelle Zahl]	Koordinaten der linken unteren Ecke des Titels	
GridVisible	TRUE, FALSE	Sichtbarkeit der Koordinatenlinien	FALSE
SubgridVisible	TRUE, FALSE	Sichtbarkeit zusätzlicher Koordinatenlinien	FALSE
AdaptiveMesh	ganze Zahl ≥ 0	adaptive Stützstellenwahl	2
Axes	None, Automatic, Boxed, Frame, Origin	Achsentyp	Automatic
AxesVisible	TRUE, FALSE	Sichtbarkeit der Achsen	TRUE
AxesTitles	[String, String]	Achsentitel	["x","y"]
CoordinateType	LinLin, LinLog, LogLin, LogLog	linear-linear, linear-logarithmisch, log.-linear, log.-log.	LinLin
Colors	Liste von RGB-Farbwerten	Linienfarben	die ersten zehn Einträge von RGB::ColorList
Frames	ganze Zahl ≥ 0	Anzahl der Einzelbilder bei Animationen	50
LegendVisible	TRUE, FALSE	Legende sichtbar/unsichtbar	TRUE
LineColorType	Dichromatic, Flat, Functional, Monochrome, Rainbow	Farbschema	Flat
Mesh	ganze Zahl ≥ 2	Anzahl der Stützstellen des numerischen Netzes	121
Scaling	Automatic, Constrained, Unconstrained	Skalierung	Unconstrained
TicksNumber	None, Low, Normal, High	Anzahl der Skalenmarkierungen	Normal
ViewingBoxYRange (äquivalent: YRange)	ymin .. ymax	eingeschränkter Sichtbereich in y-Richtung	Automatic .. Automatic

Tabelle 11.1: Einige wichtige Attribute für plotfunc2d

11. Graphik

Das folgende Beispiel zeigt die berüchtigte Funktion $\sin(1/x)$, die in der Nähe des Ursprungs wild oszilliert:

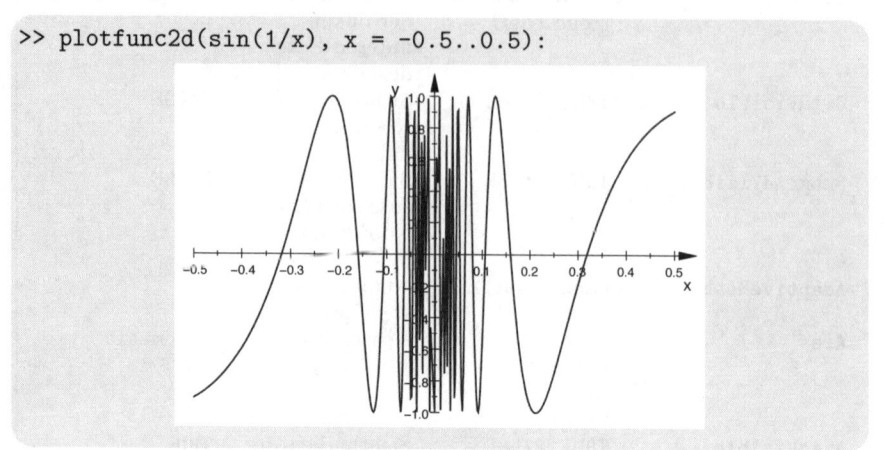

```
>> plotfunc2d(sin(1/x), x = -0.5..0.5):
```

Offensichtlich ist der per Voreinstellung verwendete Wert von 121 Stützstellen zu niedrig. Wir erhöhen daher die Anzahl der verwendeten Stützstellen mit Hilfe des Mesh-Attributs. Zusätzlich erhöhen wir die Auflösung des adaptiven Darstellungsmechanismus von dem voreingestellten Wert AdaptiveMesh=2 auf den Wert AdaptiveMesh=4:

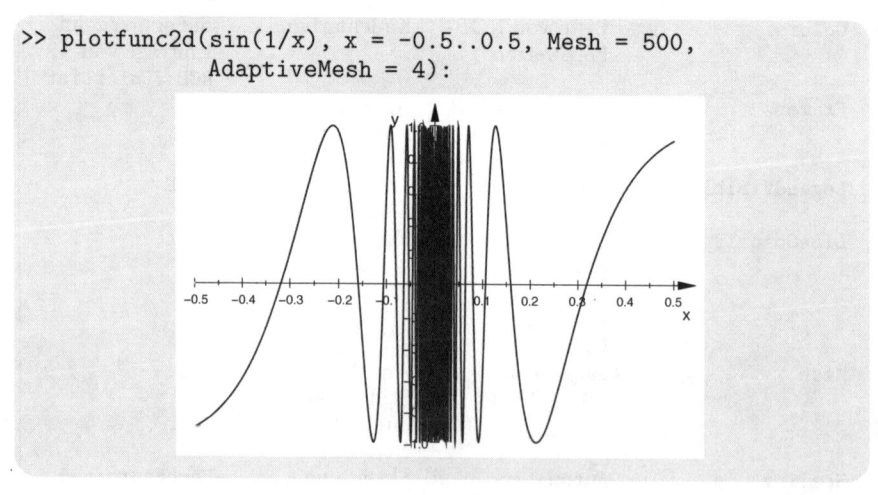

```
>> plotfunc2d(sin(1/x), x = -0.5..0.5, Mesh = 500,
        AdaptiveMesh = 4):
```

11.2 Elementare graphische Darstellung: Graphen von Funktionen

Der folgende Aufruf der Funktion `plotfunc2d` legt mittels `Header="Die Funktion sin(x^2)"` eine entsprechende Überschrift für die Graphik fest. Der Abstand zwischen den beschrifteten Skalenmarkierungen auf der x-Achse wird mit Hilfe von `XTicksDistance=0.5` auf den Wert 0.5 festgelegt. Analog wird der Abstand zwischen den beschrifteten Skalenmarkierungen auf der y-Achse mittels `YTicksDistance=0.2` auf den Wert 0.2 gesetzt. Zusätzlich werden über die Einstellung `XTicksBetween=4` vier weitere unbeschriftete Skalenmarkierungen zwischen je zwei beschrifteten Markierungen auf der x-Achse angebracht. Ganz analog bewirkt dann `YTicksBetween=1`, dass auf der y-Achse zwischen je zwei beschrifteten Skalenmarkierungen eine weitere unbeschriftete Markierung eingezeichnet wird. An die Markierungen angepasste Koordinatenlinien werden mittels `GridVisible=TRUE` und `SubgridVisible=TRUE` zusätzlich mit eingezeichnet:

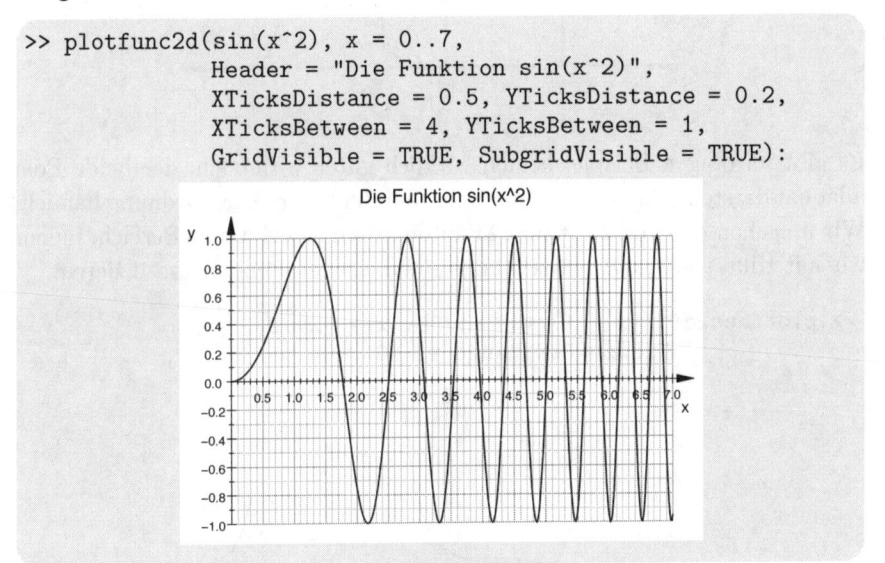

```
>> plotfunc2d(sin(x^2), x = 0..7,
              Header = "Die Funktion sin(x^2)",
              XTicksDistance = 0.5, YTicksDistance = 0.2,
              XTicksBetween = 4, YTicksBetween = 1,
              GridVisible = TRUE, SubgridVisible = TRUE):
```

Hat die darzustellende Funktion Singularitäten, so wird intern ein automatisches *Clipping* aktiviert, das den vertikalen Bereich der Graphik auf sinnvolle Weise einschränkt und mit Hilfe einer speziellen Skalierung die relevanten Bereiche der Graphik in den Zeichenbereich einpasst. Die Heuristik hinter diesem Verfahren muss manchmal per Hand verfeinert werden.

Im folgenden Beispiel ist der automatisch gewählte Darstellungsbereich von $y \approx -1$ bis $y \approx 440$ passend, um den Pol sechster Ordnung bei $x = 1$ darzustellen. Die gewählte Skalierung ist jedoch zur Darstellung des Pols erster Ordnung bei $x = -1$ nicht so sinnvoll:

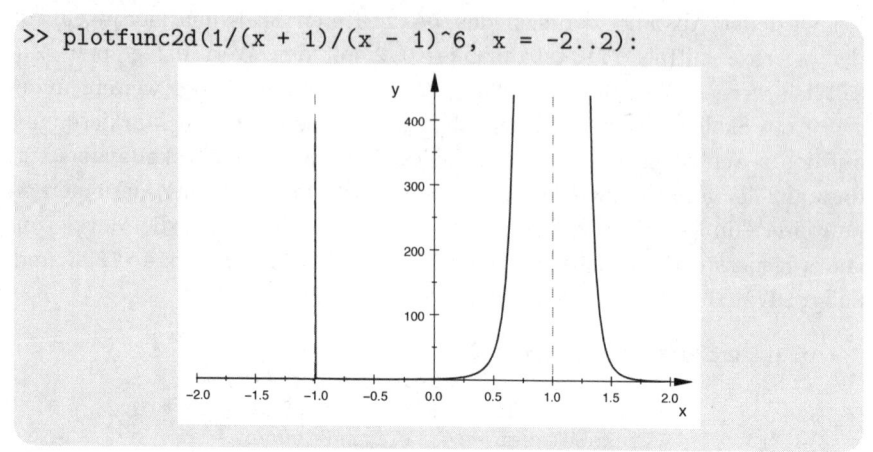

```
>> plotfunc2d(1/(x + 1)/(x - 1)^6, x = -2..2):
```

Es gibt im obigen Beispiel keinen wirklich guten y-Bereich, der beide Pole adäquat darstellt, da es es sich um Pole zu unterschiedlicher Ordnung handelt. Wir umgehen den von `plotfunc2d` automatisch gewählten y-Bereich, indem wir mit Hilfe von `ViewingBoxYRange` einen eigenen Bereich spezifizieren:

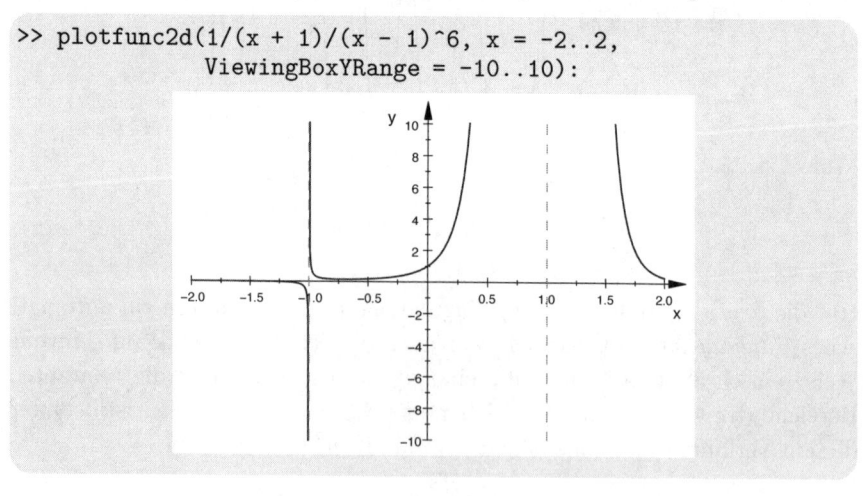

```
>> plotfunc2d(1/(x + 1)/(x - 1)^6, x = -2..2,
             ViewingBoxYRange = -10..10):
```

11.2 Elementare graphische Darstellung: Graphen von Funktionen

Die Funktionswerte der folgenden Funktion sind zwar nach unten beschränkt, wachsen aber nach oben unbeschränkt. Wir verwenden daher das Attribut ViewingBoxYRange=Automatic..10, so dass plotfunc2d mit Hilfe der internen Heuristik zwar automatisch eine untere Grenze für den Sichtbarkeitsbereich findet, aber gleichzeitig den explizit angegebenen Wert 10 als obere Schranke verwendet:

```
>> plotfunc2d(exp(x)*sin(PI*x) + 1/(x + 1)^2/(x - 1)^4,
          x = -2..2, ViewingBoxYRange = Automatic..10):
```

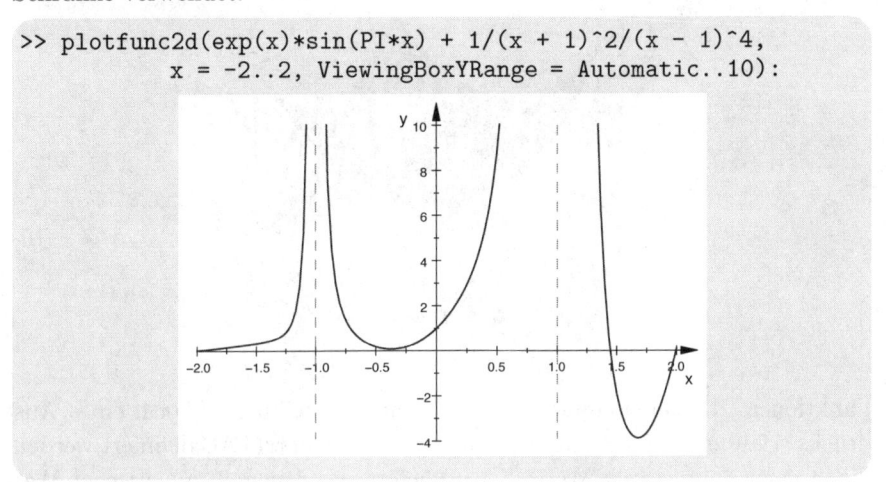

11.2.2 3D-Funktionsgraphen: plotfunc3d

Wir betrachten einige Beispiele in 3D, d. h., wir zeichnen Funktionen $f(x, y)$ in zwei Veränderlichen. Das erste Beispiel stellt die Funktion $\sin(x^2 + y^2)$ dar:

```
>> plotfunc3d(sin(x^2 + y^2), x = -2..2, y = -2..2):
```

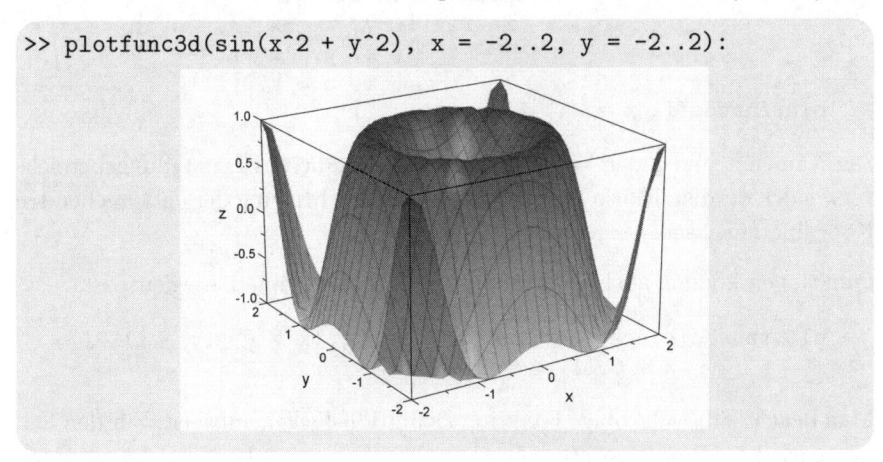

Sollen mehrere Funktionen in eine Szene gezeichnet werden, so gibt man statt eines einzelnen Funktionsterms eine Folge von Funktionstermen an. Alle Funktionen werden dann über dem angegebenen Darstellungsbereich gezeichnet:

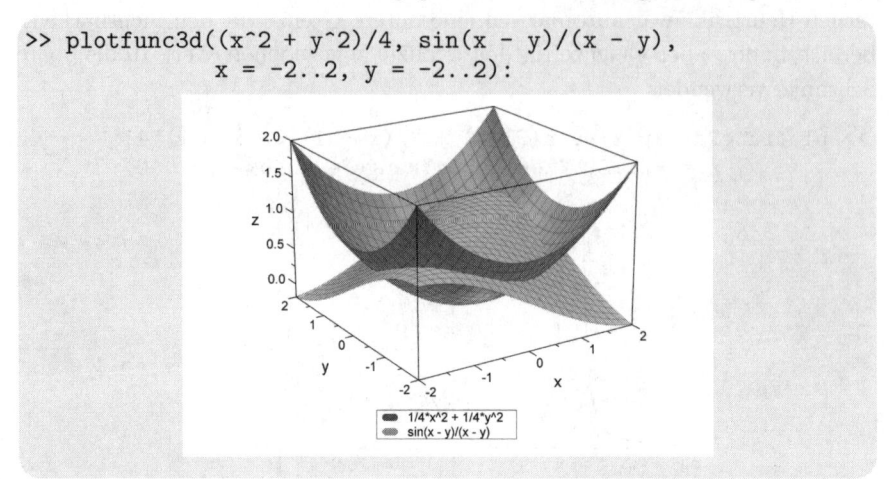

```
>> plotfunc3d((x^2 + y^2)/4, sin(x - y)/(x - y),
        x = -2..2, y = -2..2):
```

Funktionen, die keine einfache symbolische Darstellung in Form eines Ausdrucks erlauben, können mit Hilfe einer Prozedur in MuPAD definiert werden, die ihrerseits numerische Werte $f(x, y)$ liefert, wenn sie mit numerischen Werten x, y aus dem Darstellungsbereich aufgerufen wird. Im folgenden Beispiel betrachten wir den größten Eigenwert einer symmetrischen 3×3 Matrix, die die zwei Parameter x und y enthält. Den maximalen Eigenwert stellen wir als Funktion von x und y dar:

```
>> f := (x, y) -> max(numeric::eigenvalues(
                    matrix([[-y, x, -x ],
                            [ x, y,  x ],
                            [-x, x, y^2]]))):
   plotfunc3d(f, x = -1..1, y = -1..1):
```

Die Namen x und y der Variablen, die zur Angabe des Darstellungsbereichs verwendet werden, liefern die Namen für die Beschriftung der entsprechenden Koordinatenachsen.

Funktionen können auch als `piecewise`-Objekte definiert werden:

```
>> plotfunc3d(piecewise([x < y, y - x], [x > y, (y - x)^2]),
        x = 0..1, y = 0..1)
```

Man beachte, dass die obige Funktion Definitionslücken aufweist. Für den Fall $x = y$ ist *kein* Funktionswert angegeben. Dieses bereitet beim Zeichnen jedoch keine Probleme, denn `plotfunc3d` ignoriert alle Punkte, die keine reellen numerischen Funktionswerte liefern, solange sich passende Funktionswerte in

11.2 Elementare graphische Darstellung: Graphen von Funktionen

einer Umgebung dieser Punkte finden lassen. Daher lösen fehlende Punkte oder Singularitäten keine Fehlermeldungen aus, sofern sie isoliert sind oder auf einer eindimensionalen Kurve in der x-y-Ebene liegen. Im Gegensatz zu plotfunc2d akzeptiert plotfunc3d aber keine Funktionen, die auf Nicht-Nullmengen keine reellen Funktionswerte annehmen. Die folgende Funktion liefert nur auf der Kreisscheibe $x^2 + y^2 \leq 1$ reelle Werte:

```
>> plotfunc3d(sqrt(1 - x^2 - y^2), x = 0..1, y = 0..1):
   Error: cannot evaluate to a real numerical value near\
   the point (1.0, 0.04166666667) [plot::surfaceEval]
```

Werden mehrere Funktionen in eine gemeinsame Szene gezeichnet, so werden ihre Funktionsgraphen in unterschiedlichen Farben eingefärbt, die von MuPAD automatisch ausgewählt werden. Mit dem Attribut Colors lässt sich eine Liste von RGB-Farben angeben, die beim Zeichnen von plotfunc3d verwendet werden sollen:

```
>> plotfunc3d(2 + x^2 + y^2, 1 + x^4 + y^4, x^6 + y^6,
     x = -1..1, y = -1..1,
     Colors = [RGB::Red, RGB::Green, RGB::Blue]):
```

Animierte Darstellungen von 3D-Funktionsgraphen werden erzeugt, indem man neben einem Ausdruck in den Funktionsvariablen x und y und einem Animationsparameter a einen Bereich für x, y und a angibt:

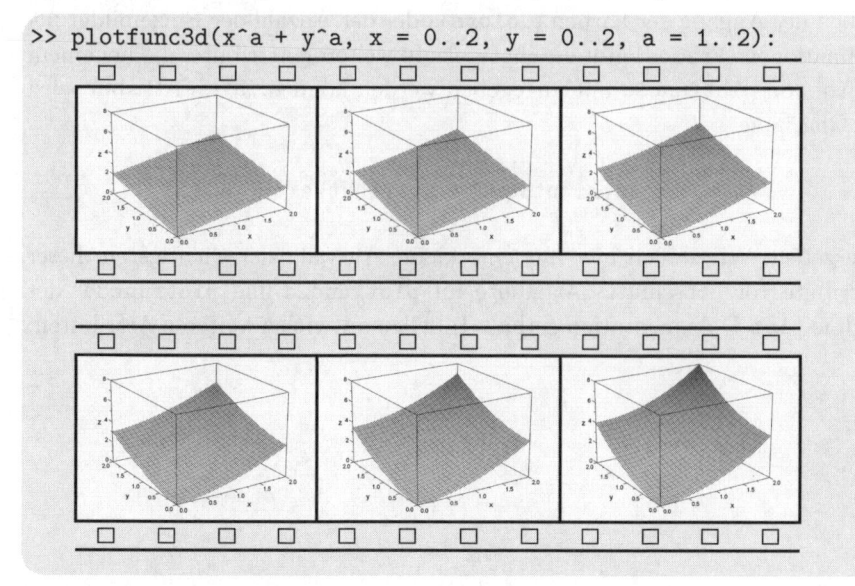

```
>> plotfunc3d(x^a + y^a, x = 0..2, y = 0..2, a = 1..2):
```

Ist der Befehl ausgeführt, so erscheint statisch das erste Bild der Animation. Nach einem Doppelklick auf die Graphik kann dann die Animation gestartet werden.

11. Graphik

Eine Animation ist aus Einzelbildern zusammengesetzt. Die Voreinstellung für die Anzahl der Einzelbilder ist 50. Wird ein anderer Wert bevorzugt, so lässt sich mit Frames=n die Anzahl n von zu erzeugenden Einzelbildern anfordern:

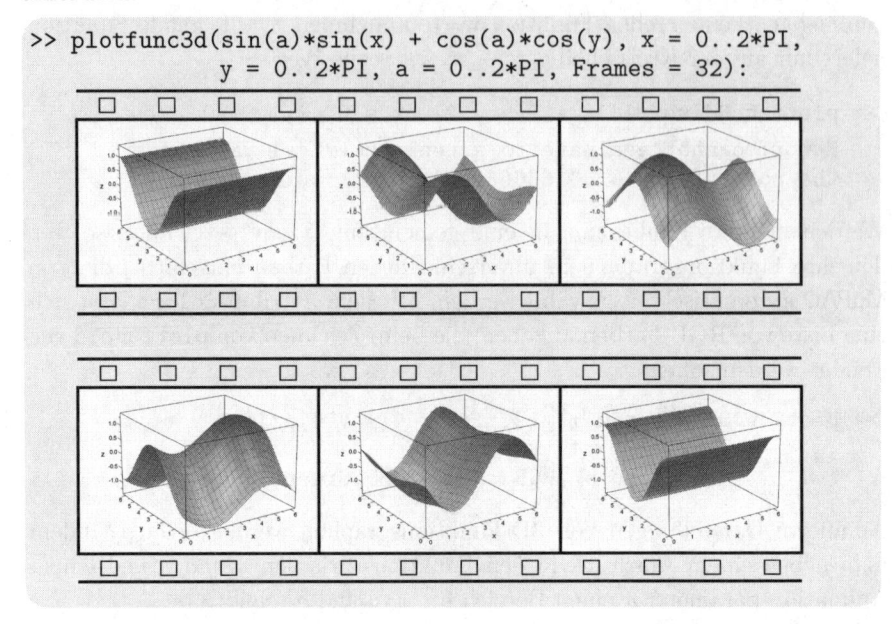

```
>> plotfunc3d(sin(a)*sin(x) + cos(a)*cos(y), x = 0..2*PI,
              y = 0..2*PI, a = 0..2*PI, Frames = 32):
```

Neben der Angabe der Farben (Colors) oder der Anzahl der Einzelbilder bei Animationen (Frames) gibt es eine Vielzahl weiterer Attribute, die bei einem Aufruf von plotfunc3d mit angegeben werden können. Jedes Attribut wird als Gleichung

AttributName = AttributWert

übergeben. Wir stellen hier nur eine kleine Auswahl der wichtigsten dieser Attribute vor. Abschnitt „Attribute für plotfunc2d und plotfunc3d" der Online-plot-Dokumentation enthält Tabellen mit vielen weiteren Attributen:

11.2 Elementare graphische Darstellung: Graphen von Funktionen

Name des Attributs	mögliche Werte	Bedeutung	Voreinstellung
Height	8*unit::cm	physikalische Höhe des Bildes	80*unit::mm
Width	12*unit::cm	physikalische Breite des Bildes	120*unit::mm
Footer	String	Text für die Fußzeile	keine Fußzeile
Header	String	Überschrift	keine Überschrift
Title	String	Titel des Graphen	kein Titel
TitlePosition	[reelle Zahl, reelle Zahl, reelle Zahl]	Koordinaten der linken unteren Ecke des Titels	
GridVisible	TRUE, FALSE	Sichtbarkeit der Koordinatenlinien	FALSE
SubgridVisible	TRUE, FALSE	Sichtbarkeit zusätzlicher Koordinatenlinien	FALSE
AdaptiveMesh	ganze Zahl ≥ 0	adaptive Stützstellenwahl	2
Axes	None, Automatic, Boxed, Frame, Origin	Achsentyp	Automatic
AxesVisible	TRUE, FALSE	Sichtbarkeit der Achsen	TRUE
AxesTitles	[String, String, String]	Achsentitel	["x", "y", "z"]
Colors	Liste von RGB-Farben	Flächenfarben	
Frames	ganze Zahl ≥ 0	Anzahl der Einzelbilder bei Animationen	50
LegendVisible	TRUE, FALSE	Legende sichtbar/unsichtbar	TRUE
FillColorType	Dichromatic, Flat, Functional, Monochrome, Rainbow	Farbschema	Dichromatic
Mesh	[ganze Zahl ≥ 2, ganze Zahl ≥ 2]	Anzahl der Stützstellen des numerischen Netzes	[25, 25]

Tabelle 11.2: Einige wichtige Attribute für plotfunc3d

Name des Attributs	mögliche Werte	Bedeutung	Voreinstellung
Submesh	[ganze Zahl ≥ 0, ganze Zahl ≥ 0]	Anzahl äquidistanter Punkte zwischen je zwei benachbarten Stützstellen des numerischen Netzes	[0, 0]
Scaling	Automatic, Constrained, Unconstrained	Skalierung	Unconstrained
TicksNumber	None, Low, Normal, High	Anzahl der Skalenmarkierungen auf den Achsen	Normal
ViewingBoxZRange (äquivalent: ZRange)	zmin .. zmax	eingeschränkter Sichtbereich in z-Richtung	Automatic .. Automatic

Tabelle 11.2: Einige wichtige Attribute für plotfunc3d

Im folgenden Beispiel ist das per Voreinstellung von plotfunc3d verwendete numerische Netz von 25×25 Stützstellen nicht ausreichend:

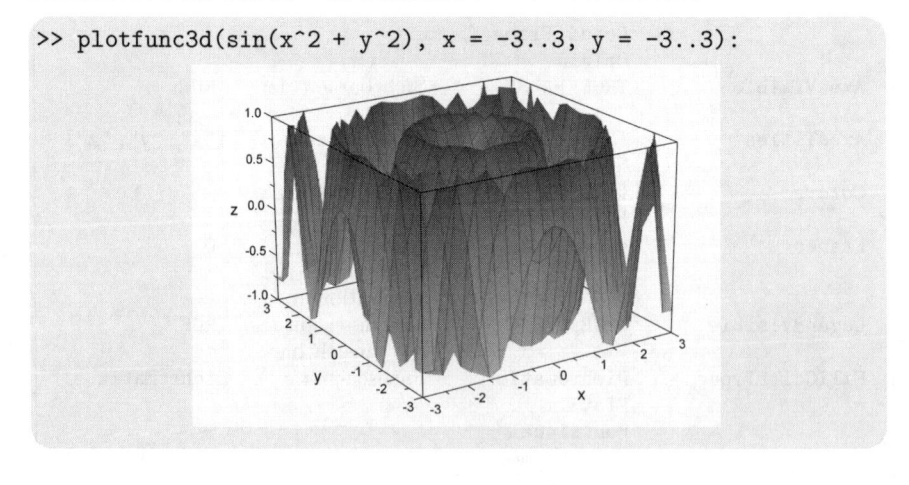

```
>> plotfunc3d(sin(x^2 + y^2), x = -3..3, y = -3..3):
```

11.2 Elementare graphische Darstellung: Graphen von Funktionen   213

Wir erhöhen daher die Stützstellenanzahl mit Hilfe des Submesh-Attributs:

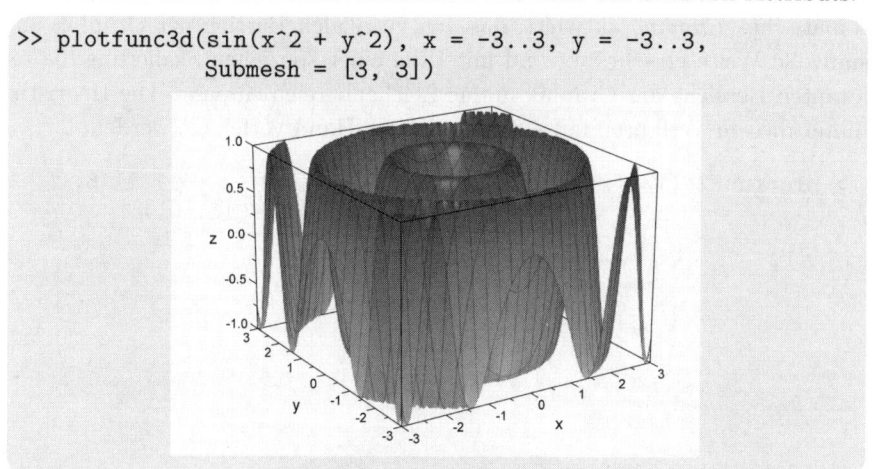

```
>> plotfunc3d(sin(x^2 + y^2), x = -3..3, y = -3..3,
        Submesh = [3, 3])
```

Der folgende Aufruf der Funktion plotfunc3d legt mittels Header = "Die Funktion sin(x - y^2)" eine Überschrift für die Graphik fest. Mit den Optionen GridVisible = TRUE und SubgridVisible = TRUE werden Gitterlinien aktiviert, die an den Skalenmarkierungen der Achsen ausgerichtet sind:

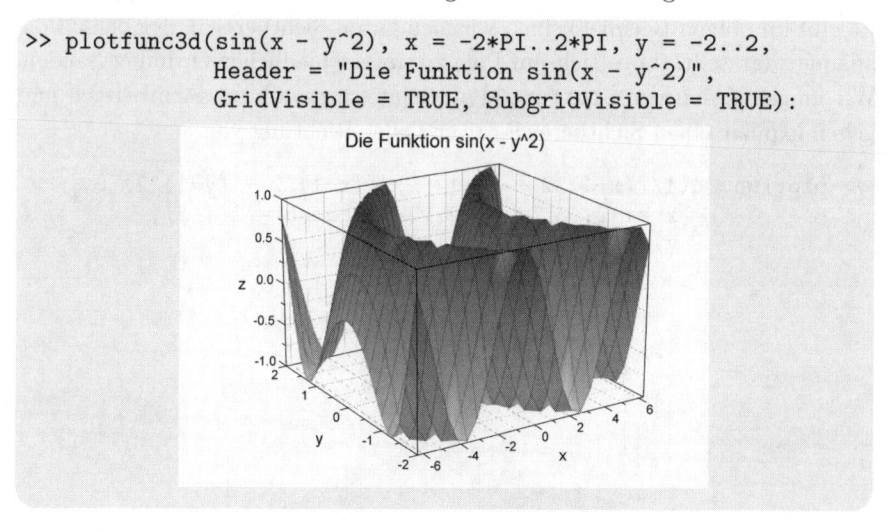

```
>> plotfunc3d(sin(x - y^2), x = -2*PI..2*PI, y = -2..2,
        Header = "Die Funktion sin(x - y^2)",
        GridVisible = TRUE, SubgridVisible = TRUE):
```

11. Graphik

Enthält die darzustellende Funktion Singularitäten, so wird intern ein automatisches *Clipping* aktiviert, das den vertikalen Bereich der Graphik auf sinnvolle Weise einschränkt und mit Hilfe einer speziellen Skalierung die relevanten Bereiche der Graphik in den Zeichenbereich einpasst. Die Heuristik hinter diesem Verfahren muss manchmal per Hand verfeinert werden:

```
>> plotfunc3d(1/((x+1)^2 + (y-1)^2)/((x-1)^2 + (y-1)^2)^5,
      x = -2..3, y = -2..3, Submesh = [3, 3]):
```

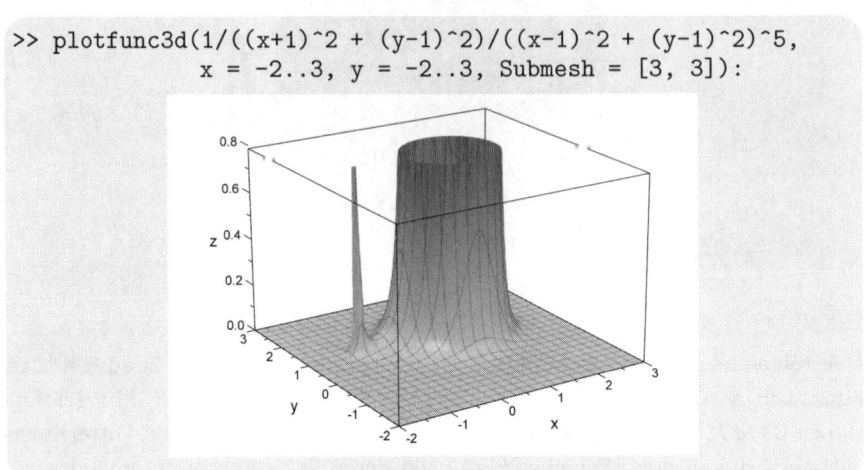

Es gibt im obigen Beispiel keinen wirklich guten Sichtbereich, der beide Pole adäquat darstellt, da es sich um Pole zu unterschiedlicher Ordnung handelt. Wir umgehen den von `plotfunc3d` automatisch gewählten Sichtbereich und geben explizit einen Sichtbereich in vertikaler Richtung vor:

```
>> plotfunc3d(1/((x+1)^2 + (y-1)^2)/((x-1)^2 + (y-1)^2)^5,
      x = -2..3, y = -2..3, Submesh = [3, 3],
      ViewingBoxZRange = 0..0.1):
```

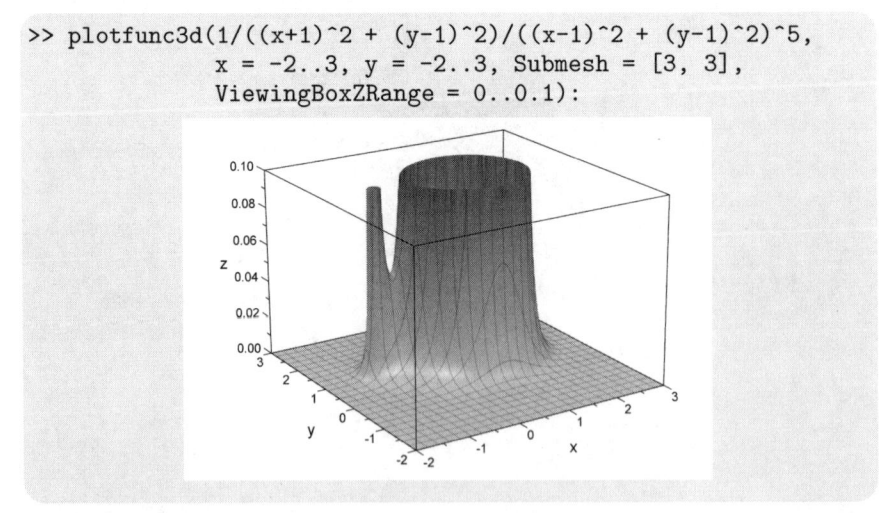

Die Funktionswerte der folgenden Funktion sind zwar nach unten beschränkt, wachsen aber nach oben unbeschränkt. Wir geben `plotfunc3d` mit der Einstellung `ViewingBoxZRange=Automatic..20` eine obere Grenze für den

Sichtbarkeitsbereich vor, lassen aber die interne Heuristik automatisch eine untere Grenze finden:

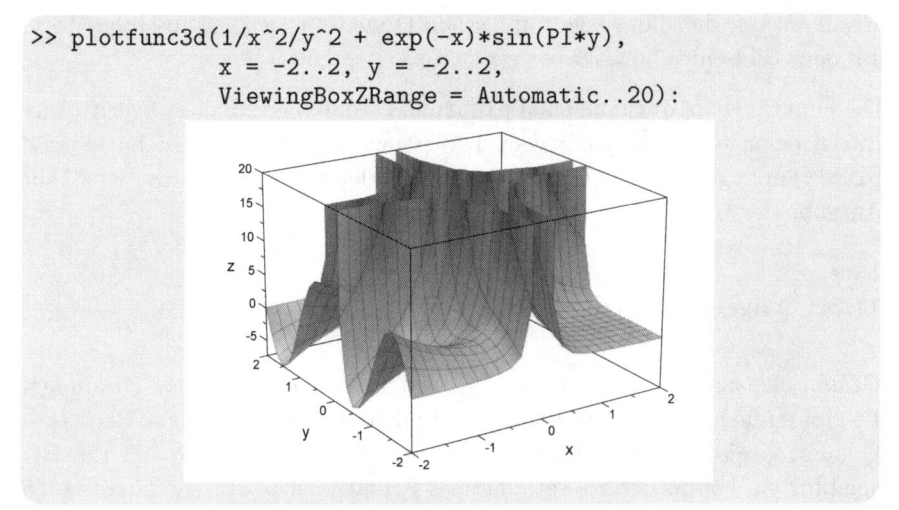

```
>> plotfunc3d(1/x^2/y^2 + exp(-x)*sin(PI*y),
         x = -2..2, y = -2..2,
         ViewingBoxZRange = Automatic..20):
```

11.3 Graphik für Fortgeschrittene: Grundlagen und erste Beispiele

Im vorhergehenden Abschnitt wurden die beiden Funktionen `plotfunc2d` und `plotfunc3d` vorgestellt. Sie dienen dazu, mit einer einfachen Syntax auf möglichst unkomplizierte Weise 2D- und 3D-Funktionsgraphen von MuPAD zeichnen zu lassen. Obwohl sie alle `plot`-Attribute für Funktionsgraphen vom Typ `plot::Function2d` bzw. `plot::Function3d` akzeptieren, entbehren die Funktionen `plotfunc2d/3d` einer gewissen Flexibilität: Die Attribute werden automatisch auf *alle* Funktionsgraphen gleichzeitig angewandt.

Sollen Attribute `attr11`, `attr12` etc. auf einzelne Funktionsgraphen unabhängig voneinander angewandt werden, so muss auf die Funktionen der `plot`-Bibliothek zurückgegriffen werden:

```
>> plot(
     plot::Function2d(f1, x1 = a1..b1, attr11, attr12, ...),
     plot::Function2d(f2, x2 = a2..b2, attr21, attr22, ...),
     ...
   ):
```

Jeder einzelne Aufruf der Funktion `plot::Function2d` erzeugt ein eigenständiges graphisches Objekt, das den Graphen einer Funktion über dem gewählten Darstellungsbereich mit den entsprechenden Attributen darstellt. Die graphischen Objekte werden jedoch nicht direkt auf dem Bildschirm ausgegeben.

Der Befehl `plot` bewirkt die Evaluation der Funktionen auf einem passenden Netz von numerischen Stützstellen und ruft anschließend den MuPAD-Renderer auf, der dann alle graphischen Objekte in der gewünschten Weise auf dem Bildschirm ausgibt.

Die Funktionen `plotfunc2d` und `plotfunc3d` führen genau diese Schritte aus: Intern erzeugen sie Objekte vom Typ `plot::Function2d` beziehungsweise `plot::Function3d` und rufen dann den Renderer über den `plot`-Befehl zur Ausgabe der Graphik auf dem Bildschirm auf.

11.3.1 Allgemeine Grundlagen

Graphische Szenen fassen ganz allgemein *graphische Primitive* zusammen. Es gibt einfache Primitive wie Punkte, Liniensegmente, Polygone, Rechtecke, Quader, Kreise und Kugeln, Histogramme, Tortendiagramme etc. Ein Beispiel für ein komplizierteres graphisches Primitiv ist `plot::VectorField2d`, das eine Menge von Pfeilen in einem rechteckigen Bereich des $\mathbb{R}^2$ zusammenfasst. Auch Funktionsgraphen oder parametrisierte Kurven sind kompliziertere graphische Primitive, die über spezielle Intelligenz verfügen: Die Objekte müssen auf einem numerischen Netz mit eventuell adaptiver Stützstellenwahl ausgewertet werden, und es müssen für die Darstellung spezielle Verfahren zur Behandlung von Singularitäten einbezogen werden. Als Beispiele für hoch entwickelte Primitive der `plot`-Bibliothek nennen wir noch `plot::Ode2d` und `plot::Ode3d`, die automatisch Systeme gewöhnlicher Differentialgleichungen numerisch lösen, sowie die Primitive `plot::Implicit2d` und `plot::Implicit3d`, die Kurven und Flächen mit (impliziten) Bestimmungsleichungen der Form $f(x,y) = 0$ oder $f(x,y,z) = 0$ visualisieren, indem sie diese Gleichungen numerisch lösen.

All diese Primitive sind lediglich graphische *Objekte*, die graphische Entitäten repräsentieren. Sie werden nicht direkt auf dem Bildschirm ausgegeben, sondern dienen als Datenstruktur, die die graphische Bedeutung des jeweiligen Objekts kodiert, Attribute zusammenfasst, den Darstellungsstil festlegt und einige numerische Funktionen bereitstellt. Letztere produzieren dann aus den Eingabeparametern einen Datensatz, der sich schließlich mit Hilfe der Renderer auf dem Bildschirm ausgeben lässt.

Eine beliebige Anzahl von graphischen Primitiven kann in einer graphischen Szene zusammengefasst werden. Auf diese Weise können auch unterschiedlichste graphische Objekte in eine gemeinsame Szene gezeichnet werden, so dass die Primitive der `plot`-Bibliothek dem Benutzer ein Höchstmaß an Flexibilität garantieren. Ist eine Folge von Primitiven erzeugt, so kann diese direkt

11.3 Graphik für Fortgeschrittene: Grundlagen und erste Beispiele

mit dem Befehl `plot` auf dem Bildschirm ausgegeben werden. Das folgende Beispiel zeigt den Graph der Funktion $f(x) = x \cdot \sin(x)$. Der Punkt $(x_0, f(x_0))$ wird zusätzlich durch das entsprechende Primitiv aus der `plot`-Bibliothek visualisiert; die Tangente an den Graphen der Funktion $f(x)$ in diesem Punkt wird mit eingezeichnet:

```
>> f := x -> x*sin(x):
   x0 := 1.2: dx := 1:
   g := plot::Function2d(f(x), x = 0..2*PI):
   p := plot::Point2d(x0, f(x0), PointSize = 3.0*unit::mm):
   t := plot::Line2d([x0 - dx, f(x0) - f'(x0)*dx],
                     [x0 + dx, f(x0) + f'(x0)*dx]):
```

Nachdem die graphischen Primitive (Funktionsgraph, Punkt und Tangente) definiert sind, lassen sie sich mit dem Befehl `plot` auf dem Bildschirm ausgeben:

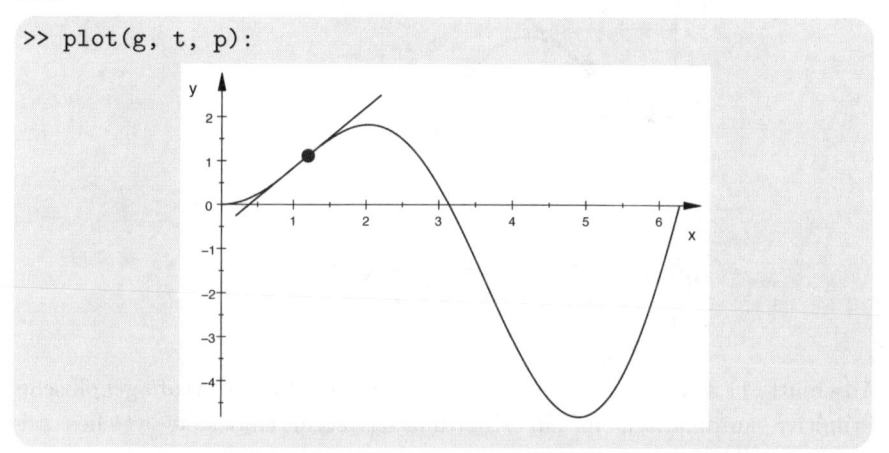

```
>> plot(g, t, p):
```

Jedes einzelne Primitiv akzeptiert eine Vielzahl von Attributen, die in einer Folge von Gleichungen der Form `AttributName = AttributWert` in den erzeugenden Aufruf des jeweiligen Primitivs eingetragen werden können. So ist es z. B. möglich, jedes Primitiv in einer eigenen Farbe darzustellen:

```
>> p := plot::Point2d(x0, f(x0), PointSize = 3.0*unit::mm,
                      Color = RGB::Black):
```

Es ist jedoch nicht unbedingt notwendig, den Befehl, der das graphische Objekt erzeugt, nochmals vollständig „abzuschreiben", sondern man kann auch direkt per *Slot-Zuweisung* auf die Eigenschaften des jeweiligen Objekts zugreifen und diese verändern:

```
>> p::Color := RGB::Black:
   p::PointSize := 4.0*unit::mm:
   t::Color := RGB::Red:
   t::LineWidth := 1.0*unit::mm:
```

Zu jedem Primitiv existiert eine eigene Hilfeseite in der MuPAD-Dokumentation, auf der auch immer eine Liste aller Attribute aufgeführt ist, die von dem betreffenden Primitiv akzeptiert werden.

Gewisse Attribute wie Achsenstil, Sichtbarkeit von Koordinatenlinien im Hintergrund etc. sind der gesamten graphischen Szene und nicht einem einzelnen Objekt zugeordnet. Solche Attribute werden im Aufruf der Funktion plot mit angegeben:

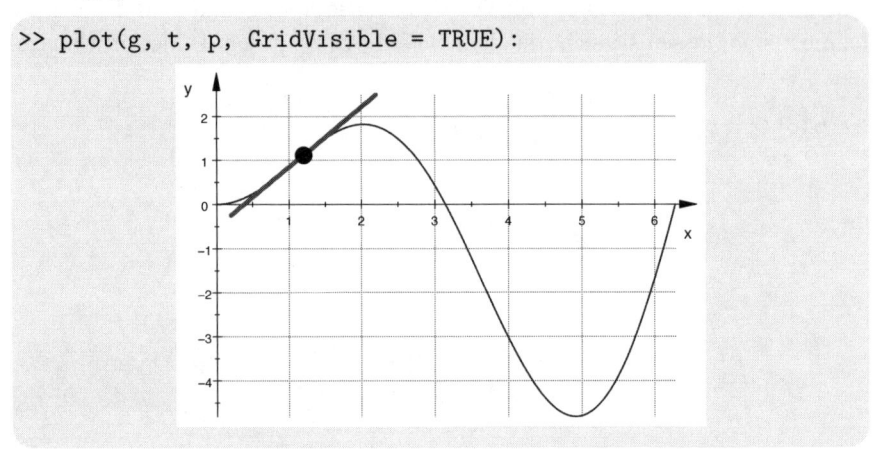

```
>> plot(g, t, p, GridVisible = TRUE):
```

Abschnitt 11.4 beschreibt im Detail, dass der Befehl plot graphische Primitive automatisch in ein Koordinatensystem einbettet, welches seinerseits wiederum in eine graphische Szene eingebettet und anschließend auf einem *Canvas* gezeichnet wird. Die verschiedenen Attribute, die dem allgemeinen Äußeren des Gesamtbildes und nicht einzelnen speziellen Objekten zugeordnet sind, sind der angedeuteten *Gruppierungs-Struktur* untergeordnet. Eine vollständige Liste solcher Attribute wird auf den Hilfeseiten zu plot::Canvas, plot::Scene2d, plot::Scene3d, plot::CoordinateSystem2d, und plot::CoordinateSystem3d bereitgestellt.

Als nächstes wird eine Animation vorgestellt. Es ist bemerkenswert einfach, in MuPAD animierte Graphiken zu erzeugen. Wir wollen hier den Punkt x_0, an dem die Tangente an den Funktionsgraphen gezeichnet wird, wandern lassen. In MuPAD braucht eine solche Animation nicht „Bild für Bild" erstellt zu werden. Stattdessen kann jedem Primitiv einzeln mitgeteilt werden, dass es animiert ist, indem man in seine Definition einen symbolischen Animationspa-

11.3 Graphik für Fortgeschrittene: Grundlagen und erste Beispiele

rameter einbaut und einen Bereich für diesen Parameter übergibt. Statische und animierte Objekte können zusammen dargestellt werden. Der statische Funktionsgraph von $f(x)$, der oben erzeugt wurde, wird auch für die folgende Animation benutzt. Der graphische Punkt $(x_0, f(x_0))$ und die Tangente an diesem Punkt sollen animiert werden, wobei die Koordinate x_0 als symbolischer Animationsparameter benutzt wird. Indem wir den oben gesetzten Wert von x0 löschen, können wir die obigen Definitionen wieder benutzen, aber diesmal mit symbolischen x0. Wir haben lediglich eine Bereichsangabe x0 = 0 .. 2*PI für diesen Parameter hinzuzufügen:

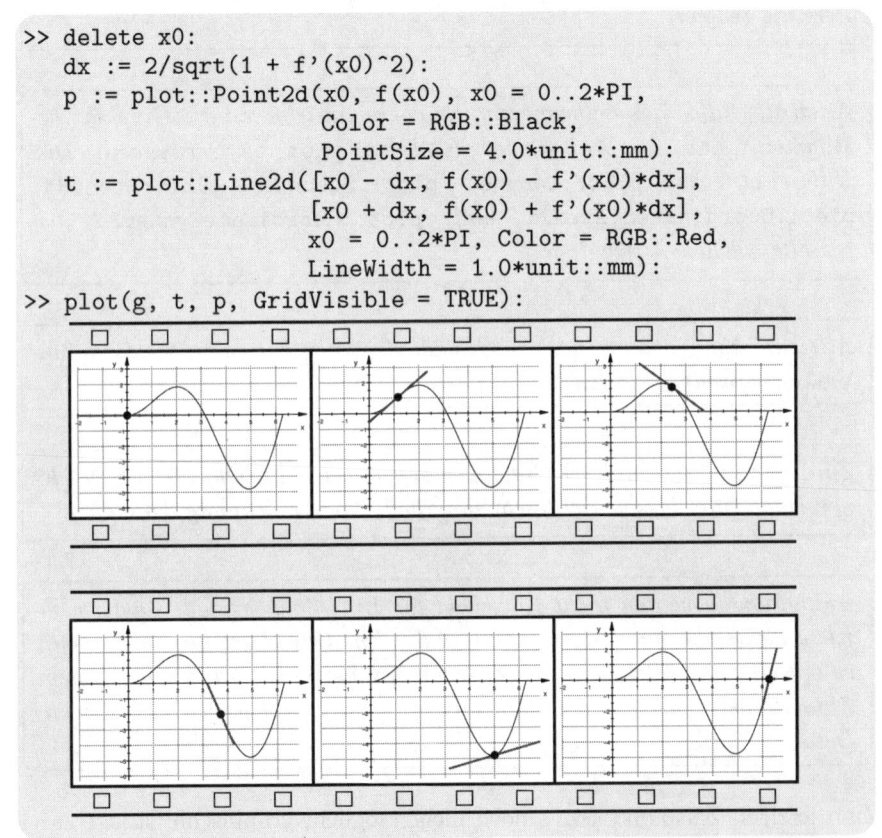

```
>> delete x0:
   dx := 2/sqrt(1 + f'(x0)^2):
   p := plot::Point2d(x0, f(x0), x0 = 0..2*PI,
                      Color = RGB::Black,
                      PointSize = 4.0*unit::mm):
   t := plot::Line2d([x0 - dx, f(x0) - f'(x0)*dx],
                     [x0 + dx, f(x0) + f'(x0)*dx],
                     x0 = 0..2*PI, Color = RGB::Red,
                     LineWidth = 1.0*unit::mm):
>> plot(g, t, p, GridVisible = TRUE):
```

Details zu Animationen und weitere Beispiele finden sich in Abschnitt 11.9.

Wir fassen die Grundlagen zum Erzeugen von Graphiken mit MuPADs plot-Bibliothek zusammen:

> *Graphische Szenen setzen sich aus graphischen Primitiven zusammen. Abschnitt 11.6 gibt einen Überblick über die Primitive der plot-Bibliothek.*

11. Graphik

> *Primitive, die mit den Funktionen der* `plot`*-Bibliothek erzeugt werden, werden nicht direkt auf dem Bildschirm ausgegeben. Erst der Aufruf* `plot(Primitiv1,Primitiv2,...)` *erzeugt das Bild.*

> *Graphische Attribute werden als Gleichungen* `AttributName=AttributWert` *angegeben. Sie können beim Aufruf der Funktion mit aufgeführt werden. Jedes Primitiv hat eine eigene Hilfeseite in der Dokumentation, auf der sich eine Liste aller Attribute findet, auf die das Primitiv reagiert.*

> *Attribute, die das allgemeine Erscheinungsbild einer Graphik bestimmen, sind im Aufruf der Funktion* `plot` *zu verwenden. Die Hilfeseiten zu* `plot::Canvas`, `plot::Scene2d`, `plot::Scene3d`, `plot::CoordinateSystem2d` *und* `plot::CoordinateSystem3d` *listen alle solchen Attribute auf.*

> *Attribute können auch noch nach dem Zeichnen interaktiv im Graphik-Viewer verändert werden.*

> *Zur Zeit sind 2D- und 3D-Graphiken streng getrennt. Objekte verschiedener Dimension lassen sich nicht innerhalb einer Zeichnung darstellen.*

> *Animationen werden nicht Einzelbild für Einzelbild erzeugt, sondern objektweise (siehe auch Abschnitt 11.9.6). Ein Objekt ist animiert, wenn es mit einem zusätzlichen symbolischen Animationsparameter und einem Animationsbereich erzeugt wurde. In Abschnitt 11.9 finden sich weitere Details.*

Zum jetzigen Zeitpunkt ist es noch nicht möglich, graphische Objekt zu einer bereits bestehenden (also angezeigten) MuPAD-Zeichnung hinzuzufügen. Jedoch bietet die Animation in MuPAD die Möglichkeit, verschiedene graphische Objekte nacheinander in Erscheinung treten zu lassen. Siehe auch Abschnitt 11.9.

11.3.2 Einige Beispiele

Beispiel 1: Wir wollen die Interpolation einer Stichprobe diskreter Daten mit kubischen Splines visualisieren. Als erstes definieren wir den Datensatz als Liste von Punkten $[[x_1, y_1], [x_2, y_2], \ldots]$. Die y-Koordinaten der Punkte ergeben sich als Funktionswerte der Funktion $f(x) = x \cdot e^{-x} \cdot \sin(5\,x)$ zu äquidistant gewählten x-Koordinaten:

```
>> f := x -> x*exp(-x)*sin(5*x):
   Daten := [[i/3, f(i/3)] $ i = 0..9]:
```

Wir verwenden die Funktion `numeric::cubicSpline`, um die kubische Spline-Interpolierende durch diesen Datensatz zu berechnen:

```
>> S := numeric::cubicSpline(op(Daten)):
```

Die Zeichnung soll aus der Funktion $f(x)$, mit deren Hilfe wir den Datensatz erzeugt haben, der Spline-Interpolierenden $S(x)$ und dem Datensatz selbst (der Menge von Punkten) bestehen. Wir verwenden `plot::Function2d`, um $f(x)$ und $S(x)$ in MuPAD zu definieren und `plot::PointList2d`, um den Datensatz als Folge von Punkten zu zeichnen:

```
>> plot(plot::Function2d(f(x), x = 0..3, Color = RGB::Red,
                         LegendText = expr2text(f(x))),
        plot::Function2d(S(x), x = 0..3, Color = RGB::Blue,
                         LegendText = "Spline"),
        plot::PointList2d(Daten, Color = RGB::Black),
        GridVisible = TRUE, SubgridVisible = TRUE,
        LegendVisible = TRUE):
```

11. Graphik

Beispiel 2: Eine Zykloide ist diejenige Kurve, die man erhält, wenn man einem festen Punkt auf einem Rad folgt, das über eine gerade Strecke rollt. Wir visualisieren diese Konstruktion mit Hilfe einer Animation, in der wir die x-Koordinate des Mittelpunkts des Rades als Animationsparameter verwenden. Das Rad zeichnen wir als Kreis. Wir fixieren drei Punkte auf dem Rad: einen grünen Punkt auf der Felge, einen roten Punkt innerhalb des Rades und einen blauen Punkt außerhalb des Rades:

```
>> RadRadius := 1:
   RadMittelpunkt := [x, RadRadius]:
   RadFelge := plot::Circle2d(RadRadius, RadMittelpunkt,
                              x = 0..4*PI,
                              LineColor = RGB::Black):
   RadNabe := plot::Point2d(RadMittelpunkt, x = 0..4*PI,
                            PointColor = RGB::Black):
   RadSpeiche := plot::Line2d(RadMittelpunkt,
      [RadMittelpunkt[1] + 1.5*RadRadius*sin(x),
       RadMittelpunkt[2] + 1.5*RadRadius*cos(x)],
      x = 0..4*PI,
      LineColor = RGB::Black):
   Farbe:= [RGB::Red, RGB::Green, RGB::Blue]:
   r := [1.5*RadRadius, 1.0*RadRadius, 0.5*RadRadius]:
   for i from 1 to 3 do
    Punkt[i] := plot::Point2d(
         [RadMittelpunkt[1] + r[i]*sin(x),
          RadMittelpunkt[2] + r[i]*cos(x)],
         x = 0..4*PI, PointColor = Farbe[i],
         PointSize = 2.0*unit::mm):
    Zykloide[i] := plot::Curve2d(
         [y + r[i]*sin(y), RadRadius + r[i]*cos(y)],
         y = 0..x, x = 0..4*PI, LineColor = Farbe[i]):
   end_for:
>> plot(RadFelge, RadNabe, RadSpeiche, Punkt[i] $ i = 1..3,
        Zykloide[i] $ i = 1..3, Scaling = Constrained,
        Width = 120*unit::mm, Height = 35*unit::mm):
```

11.3 Graphik für Fortgeschrittene: Grundlagen und erste Beispiele

Beispiel 3: Wir möchten die Lösung der gewöhnlichen Differentialgleichung $y'(x) = -y(x)^3 + \cos(x)$ zur Anfangsbedingung $y(0) = 0$ darstellen. Die Lösung soll zusammen mit dem zur Differentialgleichung gehörigen Vektorfeld $\mathbf{v}(x,y) = (1, -y^3 + \cos(x))$ gezeichnet werden (die Vektoren dieses Feldes sind Tangenten an die Lösungskurven). Wir verwenden den Befehl numeric::odesolve2 zur Berechnung der Lösung. Weil die numerische Integration das Ergebnis als eine Liste mit einer Gleitkommazahl zurückliefert, muss der einzelne Listeneintrag in der Form $Y(x)[1]$ an plot::Function2d übergeben werden. Das Vektorfeld wird mit Hilfe von plot::VectorField2d erstellt:

```
>> f := (x, y) -> -y^3 + cos(x):
   Y := numeric::odesolve2(
            numeric::ode2vectorfield({y'(x) = f(x, y),
                                      y(0) = 0}, [y(x)])):
>> plot(
       plot::Function2d(Y(x)[1], x = 0..6, Color = RGB::Red,
                   LineWidth = 0.7*unit::mm),
       plot::VectorField2d([1, f(x, y)], x = 0..6,
                   y = -1..1, Mesh = [25, 25],
                   Color = RGB::Blue),
       GridVisible = TRUE, SubgridVisible = TRUE, Axes = Frame):
```

11. Graphik

Beispiel 4: Der Radius r eines rotationssymmetrischen Objekts um die x-Achse wird an verschiedenen Stellen auf der x-Achse gemessen:

x	0.00	0.10	0.20	0.30	0.40	0.50	0.60	0.70	0.80	0.90	0.95	1.00
$r(x)$	0.60	0.58	0.55	0.51	0.46	0.40	0.30	0.15	0.23	0.24	0.20	0.00

Spline-Interpolation wird benutzt, um eine glatte Kurve durch die Messwerte zu legen:

```
>> Messwerte :=
   [0.00, 0.60], [0.10, 0.58], [0.20, 0.55], [0.30, 0.51],
   [0.40, 0.46], [0.50, 0.40], [0.60, 0.30], [0.70, 0.15],
   [0.80, 0.23], [0.90, 0.24], [0.95, 0.20], [1.00, 0.00]:
   r := numeric::cubicSpline(Messwerte):
```

Wir rekonstruieren den Rotationskörper mittels plot::XRotate. Der Rotationswinkel wird eingeschränkt, so dass ein offener Spalt in der entstehenden Fläche zu sehen ist. Die Spline-Interpolierende und die Messwerte werden über plot::Curve3d bzw. plot::PointList3d in diesen Spalt eingezeichnet.

```
>> plot(
     plot::XRotate(r(x), x = 0..1,
                   AngleRange = 0.6*PI..2.4*PI,
                   Color = RGB::MuPADGold),
     plot::Curve3d([x, 0, r(x)], x = 0..1,
                   LineWidth = 0.5*unit::mm,
                   Color = RGB::Black),
     plot::PointList3d([[p[1], 0, p[2]] $ p in Messwerte],
                   PointSize = 2.0*unit::mm,
                   Color = RGB::Red),
     CameraDirection = [70, -70, 40]):
```

11.4 Das gesamte Bild: Graphische Bäume

Um ein umfassendes Verständnis für die interaktiven Fähigkeiten des *Graphik-Viewers* zu erlangen, die im nächsten Abschnitt diskutiert werden sollen, ist es notwendig, einiges über den Aufbau einer MuPAD-Graphik zu wissen. Den Aufbau einer Graphik wollen wir uns im folgenden anhand eines Baumes, des *graphischen Baumes*, verdeutlichen.

Die Wurzel des Baumes bildet ein *Canvas*-Objekt. Dies ist der Zeichenbereich, in dem alle Bildbestandteile dargestellt und positioniert werden. Innerhalb des Canvas können eine oder mehrere *Szenen* enthalten sein, die alle die selbe Dimension haben müssen, also alle vom Typ plot::Scene2d oder vom Typ plot::Scene3d sein müssen. Der folgende Befehl zeichnet vier verschiedene 3D-Szenen. Dabei setzen wir das Attribut BorderWidth für alle Objekte vom Typ plot::Scene3d auf einen positiven Wert, so dass alle Szenen deutlich sichtbar werden:

```
>> plot(plot::Canvas(
     plot::Scene3d(plot::Sphere(1, [0, 0, 0],
                        Color = RGB::Red),
              BackgroundStyle = LeftRight),
     plot::Scene3d(plot::Box(-1..1, -1..1, -1..1,
                        Color = RGB::Green),
              BackgroundStyle = TopBottom),
     plot::Scene3d(plot::Cone(1, [0, 0, 0], [0, 0, 1],
                        Color = RGB::Blue),
              BackgroundStyle = Pyramid),
     plot::Scene3d(plot::Cone(1, [0, 0, 1], [0, 0, 0],
                        Color = RGB::Orange),
              BackgroundStyle = Flat,
              BackgroundColor = RGB::Grey),
     Width = 80*unit::mm, Height = 80*unit::mm,
     Axes = None, BorderWidth = 0.5*unit::mm,
     plot::Scene3d::BorderWidth = 0.5*unit::mm)):
```

Abschnitt „Layout von Canvas-Objekten und Szenen" der Online-`plot`-Dokumentation enthält weitere Details zur Gestaltung von Canvas-Objekten mit mehreren Szenen.

In einer 2D- bzw. 3D-Szene befinden sich jeweils *Koordinatensysteme* vom Typ `plot::CoordinateSystem2d` bzw. `plot::CoordinateSystem3d`. Es können sowohl ein einzelnes Koordinatensystem als auch mehrere Koordinatensysteme in eine Szene eingezeichnet werden. Innerhalb eines Koordinatensystems kann eine beliebige Anzahl von Primitiven positioniert werden (solange es ihre Dimension zulässt). Insgesamt haben wir also immer ein Canvas-Objekt, das eine oder mehrere Szenen enthält, von denen jede Szene wiederum ein oder mehrere Koordinatensysteme enthält. Die graphischen Primitive oder Gruppen von graphischen Primitiven sind in den Koordinatensystemen enthalten. Damit hat jede MuPAD-Graphik die folgende allgemeine Struktur:

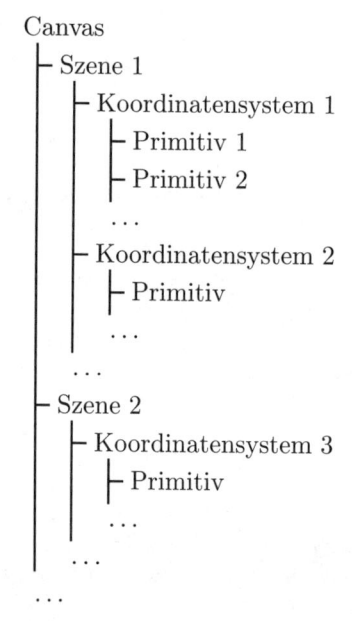

```
Canvas
├─ Szene 1
│   ├─ Koordinatensystem 1
│   │   ├─ Primitiv 1
│   │   ├─ Primitiv 2
│   │   ...
│   ├─ Koordinatensystem 2
│   │   ├─ Primitiv
│   │   ...
│   ...
├─ Szene 2
│   ├─ Koordinatensystem 3
│   │   ├─ Primitiv
│   │   ...
│   ...
```

Dies ist der *graphische Baum*, der vom *Objekt-Browser* im *Graphik-Viewer* von MuPAD Pro unter Windows angezeigt wird (siehe auch Abschnitt 11.5).

Abkürzungen: Für einfache Graphiken, in denen das Canvas-Objekt nur eine einzige Szene mit einem einzigen Koordinatensystem und diversen Primitiven darin enthält, wäre es sehr umständlich, einen Befehl der folgenden Form benutzen zu müssen:

```
>> plot(
     plot::Canvas(
       plot::Scene2d(
         plot::CoordinateSystem2d(Primitiv1, Primitiv2, ...)))):
```

Abkürzend erzeugen wir solche Graphiken über die einfachere Befehlszeile

```
>> plot(Primitiv1, Primitiv2, ...):
```

Hierbei wird automatisch ein Koordinatensystem erzeugt, das die Objekte `Primitiv1, Primitiv2, ...` enthält. Dieses wird automatisch in eine einzelne Szene eingebettet, die wiederum ihrerseits in das Canvas-Objekt eingebettet wird. Der obige Befehl erzeugt daher implizit den folgenden graphischen Baum, der dann im Objekt-Browser sichtbar wird:

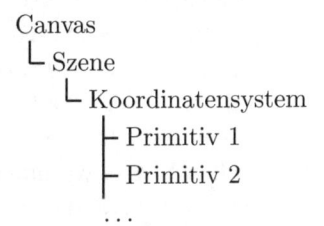

```
Canvas
 └ Szene
    └ Koordinatensystem
       ├ Primitiv 1
       ├ Primitiv 2
       ...
```

11.5 Viewer, Browser und Inspektor: Interaktive Manipulation von Graphiken

Nachdem in einem MuPAD-Notebook unter Windows ein `plot`-Kommando ausgeführt wurde, erscheint die Graphik typischerweise unmittelbar unter der Eingaberegion, in die der Befehl eingetragen wurde. Es gibt zwei Möglichkeiten, den interaktiven *Graphik-Viewer* zu öffnen:

1) Man klickt mit der rechten Maustaste auf die Graphik. Dann wählt man „Graphik-Objekt" und „Öffnen" in dem erscheinenden Dialog aus. Es öffnet sich das MuPAD-Graphik-Tool ‚VCam'.

2) Man klickt doppelt (mit der linken Maustaste) auf die Graphik. Die Graphik bleibt in das Notebook eingebettet, aber die Menü-Einträge der Notebook-Oberfläche werden durch die Menü-Einträge des Graphik-Viewers ‚VCam' ersetzt.

In beiden Fällen werden die Menüs ‚Datei', ‚Bearbeiten', ‚Ansicht', ‚Animation' etc. sichtbar. Unter dem Menü ‚Ansicht' sollten die Einträge ‚Objekte' und ‚Eigenschaften' aktiviert sein, damit entsprechend betitelte Fenster in dem rechten Bereich der ‚Vcam'-Oberfläche sichtbar sind. Diese beiden Fenster werden wir im folgenden mit *Objekt-Browser* und *Inspektor* bezeichnen.

Im *Objekt-Browser* ist der *graphische Baum* sichtbar, der im letzten Abschnitt behandelt wurde. Der Objekt-Browser erlaubt das interaktive Selektieren eines jeden Knotens mit der Maus.

Nachdem ein Objekt im Objekt-Browser selektiert wurde, wird der entsprechende Teil des Bildes im Graphik-Fenster markiert, so dass sich auch auf visueller Ebene dasjenige Objekt identifizieren lässt, das ausgewählt wurde. Der *Inspektor* listet nun alle Attribute auf, auf die das graphische Objekt reagiert. So werden z. B. für alle Objekte vom Typ `Function2d` die Attribute unter den Kategorien ‚Definition', ‚Animation', ‚Beschriftung', ‚Berechnung' und ‚Stil' im Inspektor aufgeführt. Der Eintrag ‚Stil' erlaubt dann seinerseits wiederum den Zugriff auf die Untereinträge ‚Linien', ‚Punkte' und ‚Asymptoten' (mit deren Hilfe sich dann der Stil von Linien, Punkten und Asymptoten interaktiv beeinflussen lässt). Öffnet man einen dieser Einträge, so finden sich dort neben den Attributen ihre aktuellen Werte. Nachdem ein Attribut mit der Maus ausgewählt wurde, kann sein Wert verändert werden:

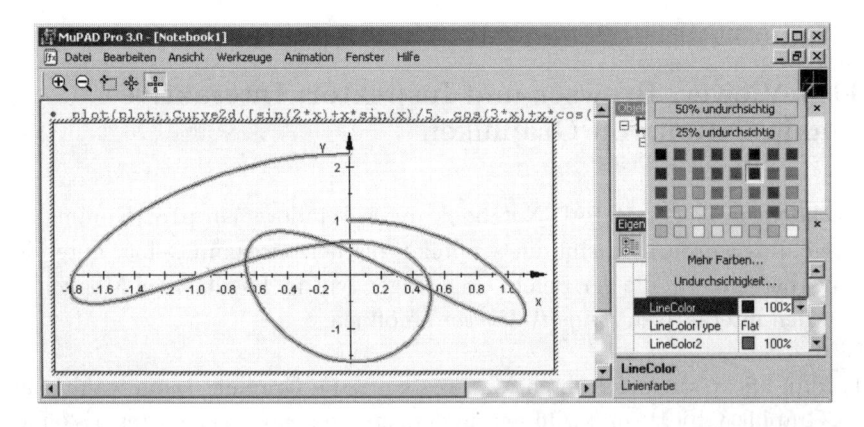

Um Voreinstellungen für Attribute graphischer Objekte mit Hilfe des Objekt-Browsers und des Inspektors festzulegen, kann im Menü ‚Ansicht' der Eintrag ‚Standardwerte ausblenden' deaktiviert werden. Im Objekt-Browser sind daraufhin auf jeder Ebene Einträge für *Voreinstellungen* zu finden:

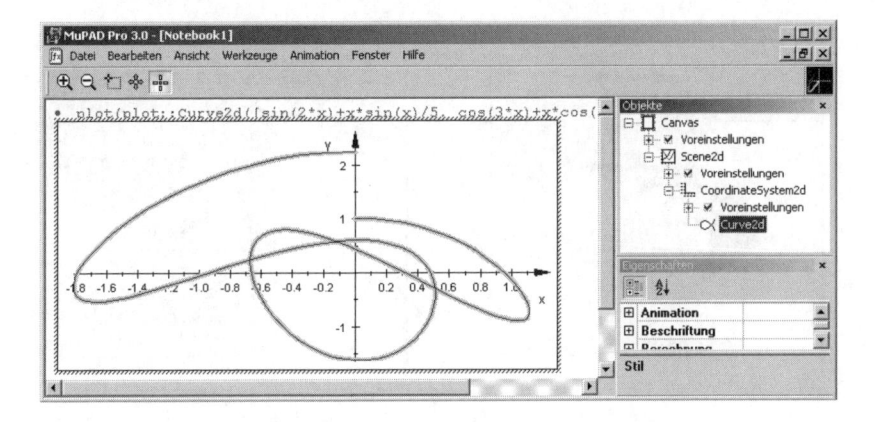

11.5 Viewer, Browser und Inspektor: Interaktive Manipulation von Graphiken

Für jeden Knoten des graphischen Baumes können hier Voreinstellungen für die Attribute der darunter liegenden Objekttypen interaktiv mit der Maus vorgenommen werden. Diese Voreinstellungen wirken sich auf alle Objekte aus, die unterhalb des betreffenden Knotens aufgeführt sind, es sei denn, die Voreinstellungen werden an einem tiefer gelegenen Knoten des gleichen Astes wieder überschrieben oder die Objekte haben eigene explizite Einstellungen.

Dieser Mechanismus ist insbesondere dann nützlich, wenn sich in einer Graphik mehrere Primitive gleichen Typs befinden. Man stelle sich vor, es wurden 1000 Punkte gezeichnet. Soll die Farbe aller Punkte in „Grün" geändert werden, so wäre es sehr unbequem, den Befehl PointColor = RGB::Green für jeden der 1000 Punkte separat verwenden zu müssen. Stattdessen kann z. B. die Voreinstellung für PointColor im Canvas-Objekt eingestellt werden, so dass alle Punkte gleichzeitig entsprechend eingefärbt werden. Analog ist es auf diese Weise möglich, zwei verschiedene Szenen getrennt zu beeinflussen: Wurden 1000 Punkte in eine Szene und weitere 1000 Punkte in eine andere Szene des Canvas-Objektes gezeichnet, so kann das Attribut PointColor für jede einzelne Szene je nach Geschmack umdefiniert werden. Für Details verweisen wir auf den Abschnitt 11.7.2.

Eine 3D-Graphik kann gedreht und mit der Maus verschoben werden. Ebenso ist es möglich, in Objekte hinein zu zoomen bzw. aus ihnen heraus zu zoomen. Diese Operationen werden dadurch realisiert, dass die Kamera des Beobachters hin und her bzw. vor und zurück bewegt wird. Über den Eintrag ‚Aktuelle Ansicht' des ‚Ansicht'-Menüs kann auf die Kamera zugegriffen werden. Das erscheinende Menü (im Bild unten rechts) enthält die aktuelle Position der Kamera, ihren Blickpunkt sowie den Öffnungswinkel der Linse:

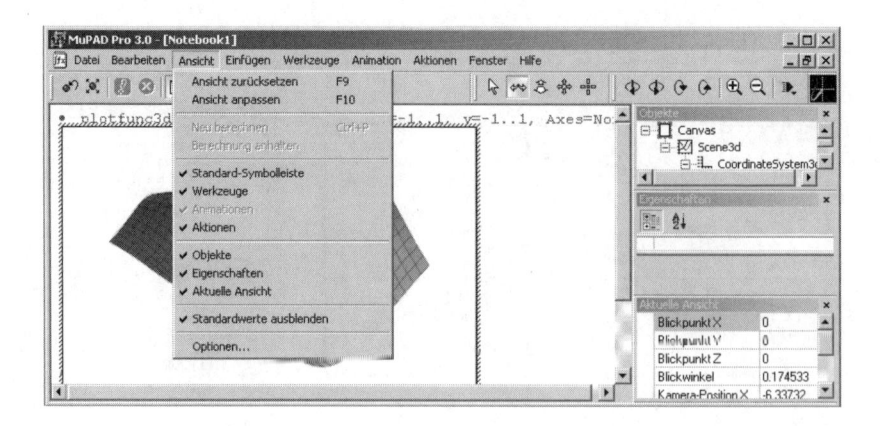

Abschnitt 11.16 enthält weitere Informationen zu Kamera-Objekten.

11.6 Graphische Primitive

In diesem Abschnitt geben wir einen Überblick über die graphischen Primitive, Gruppierungskonstrukte, Transformationsobjekte etc., die die `plot`-Bibliothek bereitstellt.

Die folgende Tabelle gibt einen Überblick über die elementaren Primitive der `plot`-Bibliothek:

plot::Arc2d	Kreisbogen in 2D
plot::Arrow2d	Pfeil in 2D
plot::Arrow3d	Pfeil in 3D
plot::Box	Quader in 3D
plot::Circle2d	Kreis in 2D
plot::Circle3d	Kreis in 3D
plot::Cone	Kegel/Kegelstumpf in 3D
plot::Cylinder	Zylinder in 3D
plot::Ellipse2d	Ellipse in 2D
plot::Ellipsoid	Ellipsoid in 3D
plot::Line2d	Liniensegment in 2D
plot::Line3d	Liniensegment in 3D
plot::Parallelogram2d	Parallelogramm in 2D
plot::Parallelogram3d	Parallelogramm in 3D
plot::Point2d	Punkt in 2D
plot::Point3d	Punkt in 3D
plot::PointList2d	Liste von Punkten in 2D

11.6 Graphische Primitive

plot::PointList3d	Liste von Punkten in 3D
plot::Polygon2d	Linienzug (Polygon) in 2D
plot::Polygon3d	Linienzug (Polygon) in 3D
plot::Rectangle	Rechteck in 2D
plot::Sphere	Kugel in 3D
plot::SurfaceSet	3D-Fläche (als Menge von 3D-Dreiecken)
plot::SurfaceSTL	Import von 3D-STL-Flächen
plot::Text2d	Text-Objekt in 2D
plot::Text3d	Text-Objekt in 3D

Des Weiteren gibt es Primitive plot::Tetrahedron, plot::Hexahedron, plot::Octahedron, plot::Dodecahedron und plot::Icosahedron für die regelmäßigen platonischen Körper.

Die folgende Tabelle fasst die komplizierteren graphischen Primitive mit ausgefeilter algorithmischer Funktionalität zusammen:

plot::Bars2d	Darstellung statistischer Daten in 2D,
plot::Bars3d	Darstellung statistischer Daten in 3D,
plot::Boxplot	(statistische) Boxplots,
plot::Conformal	Darstellung konformer Abbildungen,
plot::Curve2d	parametrisierte Kurven in 2D,
plot::Curve3d	parametrisierte Kurven in 3D,
plot::Cylindrical	in zylindrischen Koordinaten parametrisierte Flächen in 3D,
plot::Density	Dichtegraphik in 2D,
plot::Function2d	Funktionsgraph in 2D,
plot::Function3d	Funktionsgraph in 3D,
plot::Hatch	schraffierte Fläche in 2D,
plot::Histogram2d	Histogrammdarstellung in 2D,
plot::HOrbital	Elektronenorbitale des Wasserstoff-Atoms,
plot::Implicit2d	implizit definierte Kurven in 2D,
plot::Implicit3d	implizit definierte Flächen in 3D,
plot::Inequality	Visualisierung von Ungleichungen in 2D,
plot::Iteration	Visualisierung von Iterationen in 2D,
plot::Lsys	Lindenmayer-Systeme in 2D,
plot::Matrixplot	Visualisierung von Matrizen in 3D,
plot::Piechart2d	(statistische) Tortendiagramme in 2D,
plot::Piechart3d	(statistische) Tortendiagramme in 3D,
plot::Polar	in Polarkoordinaten parametrisierte Kurven in 2D,
plot::Ode2d	graphische Lösung einer ODE in 2D,

plot::Ode3d	graphische Lösung einer ODE in 3D,
plot::Raster	Raster- und Bitmap-Graphiken in 2D,
plot::Spherical	in Kugelkoordinaten parametrisierte Flächen in 3D,
plot::Tube	Röhrenflächen in 3D,
plot::Turtle	Turtle-Graphik in 2D,
plot::VectorField2d	Darstellung von Vektorfeldern in 2D,
plot::Surface	parametrisierte Flächen in 3D,
plot::XRotate	Rotationskörper in 3D,
plot::ZRotate	Rotationskörper in 3D.

Die verschiedenen verfügbaren Lichtquellen für 3D-Graphiken sind:

plot::AmbientLight	(ungerichtetes) Umgebungslicht,
plot::DistantLight	gerichtete Lichtquelle (Sonnenlicht),
plot::PointLight	(ungerichtete) punktförmige Lichtquelle,
plot::SpotLight	(gerichteter) Strahler.

Folgende Gruppierungskonstrukte stehen zur Verfügung:

plot::Canvas	Zeichenfläche,
plot::Scene2d	Behälter für 2D-Koordinatensysteme,
plot::Scene3d	Behälter für 3D-Koordinatensysteme,
plot::CoordinateSystem2d	Behälter für 2D-Primitive,
plot::CoordinateSystem3d	Behälter für 3D-Primitive,
plot::Group2d	Gruppe von 2D-Primitiven,
plot::Group3d	Gruppe von 3D-Primitiven.

Primitive oder Gruppen von Primitiven können mit Hilfe der folgenden Objekte transformiert werden:

plot::Scale2d	Skalierung in 2D,
plot::Scale3d	Skalierung in 3D,
plot::Rotate2d	Drehung in 2D,
plot::Rotate3d	Drehung in 3D,
plot::Translate2d	Verschiebung in 2D,
plot::Translate3d	Verschiebung in 3D,
plot::Transform2d	allgemeine lineare Transformation in 2D,
plot::Transform3d	allgemeine lineare Transformation in 3D.

Darüber hinaus sind verfügbar:

`plot::Camera`	Kamera in 3D,
`plot::ClippingBox`	Abschneiden von graphischen Objekten in 3D.

11.7 Attribute

Die `plot`-Bibliothek stellt mehr als 300 Attribute zur Verfügung, mit deren Hilfe sich Feineinstellungen an Graphiken vornehmen lassen. Wegen ihrer großen Anzahl werden die Attribute sowohl im Objekt-Browser (Abschnitt 11.5) als auch auf den Hilfeseiten der Primitive in verschiedene Kategorien eingeteilt:

Kategorie	Bedeutung
Animation	Parameter für Animationen
Beschriftung	Unter- und Überschriften, Titel und Legenden
Achsen	Achsenstil und -titel
Berechnung	Numerische Auswertung
Definition	Parameter, die das Objekt selbst verändern
Koordinatenlinien	Koordinatenlinien im Hintergrund
Layout	Layout von Canvas und Szenen
Stil	Parameter, die nicht Objekte verändern, sondern ihren Darstellungsstil (Sichtbarkeit, Farbe, Linienbreite, Punktgröße etc.)
Pfeile	Parameter für den Darstellungsstil von Pfeilen
Linien	Parameter für den Darstellungsstil von Linien
Punkte	Parameter für den Darstellungsstil von Punkten
Flächen	Parameter für den Darstellungsstil von Flächen in 3D und gefüllten Bereichen in 2D
Achsenmarken	Skalenmarkierungen der Achsen: Stil und Beschriftung

Auf der Hilfeseite eines jedes Primitivs findet sich eine vollständige Liste aller Attribute, auf die das Primitiv reagiert. Klickt man auf eines dieser Attribute, so gelangt man auf die Hilfeseite des Attributs, die ihrerseits alle wichtigen Informationen über Semantik und mögliche Werte des Attributs zusammenfasst. Ferner demonstrieren Beispiele den typischen Gebrauch des entsprechenden Attributs.

11.7.1 Voreinstellungen

Die meisten Attribute verfügen über voreingestellte Werte, die benutzt werden, wenn vom Benutzer kein konkreter Wert angegeben wird. Als Beispiel betrachten wir das Attribut `LinesVisible`, das Einfluss auf die Darstellung von verschiedenen Primitiven wie z. B. plot::Box, plot::Circle2d, plot::Cone, plot::Curve2d, plot::Raster etc. ermöglicht.

```
>> plot::getDefault(plot::Box::LinesVisible),
   plot::getDefault(plot::Circle2d::LinesVisible),
   plot::getDefault(plot::Cone::LinesVisible),
   plot::getDefault(plot::Raster::LinesVisible)
     TRUE, TRUE, TRUE, FALSE
```

Scheinen einige der von MuPAD gewählten Voreinstellungen für die eigenen Anwendungen unpassend zu sein, so können sie mit Hilfe des Befehls plot::setDefault verändert werden:

```
>> plot::setDefault(plot::Box::LinesVisible = FALSE)
     TRUE
```

(Der Rückgabewert ist der zuvor gültige Wert.) Verschiedene Voreinstellungen können auch simultan vorgenommen werden:

```
>> plot::setDefault(plot::Box::LinesVisible = FALSE,
                    plot::Circle2d::LinesVisible = FALSE,
                    plot::Circle2d::Filled = TRUE)
     FALSE, TRUE, FALSE
>> plot::getDefault(plot::Box::LinesVisible)
     FALSE
```

11.7.2 Vererbung von Attributen

Die Definition von Grundeinstellungen für Attribute ist technisch ausgefeilt. Angenommen, zwei Szenen werden innerhalb eines Canvas-Objektes dargestellt. Jede der Szenen enthält 51 Punkte:

```
>> Punkte1 :=
       plot::Point2d(i/50*PI, sin(i/50*PI)) $ i = 0..50:
   Punkte2 :=
       plot::Point2d(i/50*PI, cos(i/50*PI)) $ i = 0..50:
   S1 := plot::Scene2d(Punkte1):
   S2 := plot::Scene2d(Punkte2):
>> plot(S1, S2):
```

Sollen in beiden Szenen die Punkte in der Farbe Rot gezeichnet werden, kann im plot-Kommando eine Voreinstellung für die Punktfarbe angegeben werden:

```
>> plot(S1, S2, PointColor = RGB::Red):
```

Sollen nun alle Punkte in der ersten Szene rot und alle Punkte in der zweiten Szene blau eingefärbt werden, so kann dies erreicht werden, indem beim Erzeugen der Punkte mit Hilfe des Befehls plot::Point2d der Befehl PointColor=RGB::Red bzw. PointColor=RGB::Blue mit angegeben wird. Es ist jedoch einfacher, unterschiedliche Voreinstellungen für die Punktfarbe in den einzelnen Szenen anzugeben:

```
>> S1 := plot::Scene2d(Punkte1, PointColor = RGB::Red):
   S2 := plot::Scene2d(Punkte2, PointColor = RGB::Blue):
>> plot(S1, S2):
```

Die allgemeine Regel zur Definition von Voreinstellungen innerhalb eines graphischen Baums (siehe Abschnitt 11.4) ist:

Wird der Wert eines Attributs an einem Knoten des graphischen Baumes angegeben, so wird dieser Wert als Voreinstellung für die Attribute *aller* Primitive verwendet, die sich im Teilbaum unterhalb des Knotens befinden.

Die Voreinstellung kann an jedem Knoten des graphischen Baums durch einen anderen Wert ersetzt werden, der dann als neue Voreinstellung für die darunter liegenden Objekte dient. Im folgenden Beispiel wird die Farbe Rot als Voreinstellung im Canvas gesetzt. Dieser Wert wird von der ersten Szene akzeptiert und benutzt. Die zweite Szene überschreibt diesen Wert durch die neue Voreinstellung Blau für alle Punkte, die sich in dieser Szene befinden. Zusätzlich wird ein Extrapunkt eingefügt, dessen Farbe explizit auf Schwarz gesetzt ist und der dementsprechend die Voreinstellungen ignoriert:

```
>> Extrapunkt := plot::Point2d(1.4, 0.5,
                       PointSize = 3*unit::mm,
                       PointColor = RGB::Black):
   S1 := plot::Scene2d(Punkte1, Extrapunkt):
   S2 := plot::Scene2d(Punkte1, Extrapunkt,
                       PointColor = RGB::Blue):
   plot(plot::Canvas(S1, S2, PointColor = RGB::Red)):
```

Der folgende Aufruf liefert das selbe Ergebnis, denn der `plot`-Befehl erzeugt automatisch ein Canvas-Objekt und übergibt diesem das Attribut `PointColor=RGB::Red`:

```
>> plot(S1, S2, PointColor = RGB::Red):
```

Verschiedene Primitive können auf das selbe Attribut reagieren. Wir haben `LinesVisible` im vorhergehenden Abschnitt verwendet, um dieses Verhalten zu demonstrieren. Eine der Regeln zur Vererbung von Attributen in einem graphischen Baum ist:

> Wenn ein Attribut wie z. B. `LinesVisible=TRUE` in einem Knoten des graphischen Baums aufgeführt ist, so verwenden *alle* Primitive, die unterhalb dieses Knotens aufgeführt sind und auf das Attribut reagieren, die in dem entsprechenden Knoten vorgenommene Einstellung.
> Bei Angabe eines typspezifischen Attributs wie zum Beispiel `plot::Circle2d::LinesVisible=TRUE` wird der neue Wert lediglich von denjenigen Primitiven verwendet, die den angegebenen Typ haben.

11.7 Attribute

In dem folgenden Beispiel betrachten wir 100 zufällig in einem Rechteck positionierte Kreise:

```
>> Rechteck := plot::Rectangle(0..1, 0..1):
   Kreise := plot::Circle2d(0.05, [frandom(), frandom()])
                                      $ i = 1..100:
>> plot(Rechteck, Kreise, Axes = Frame):
```

Die Kreise sollen mittels Filled = TRUE und FillPattern = Solid gefüllt werden, die Randlinien sollen mit LinesVisible = FALSE abgeschaltet werden:

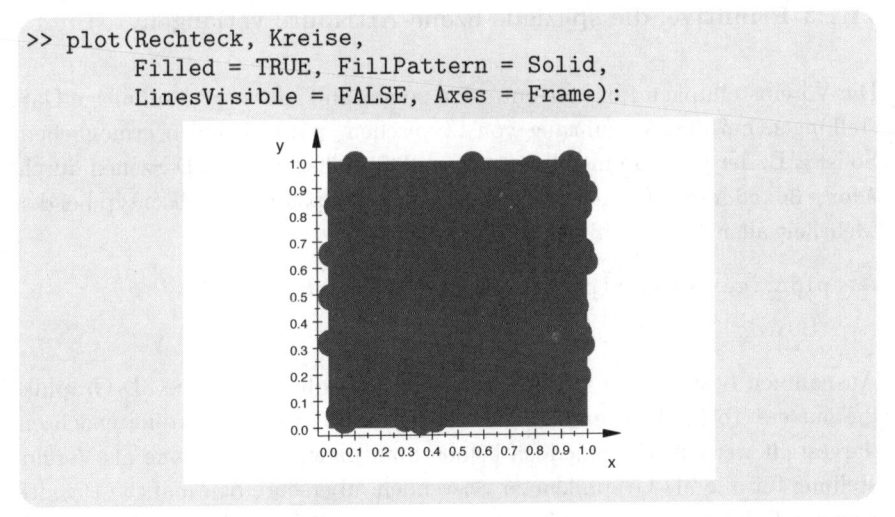

```
>> plot(Rechteck, Kreise,
        Filled = TRUE, FillPattern = Solid,
        LinesVisible = FALSE, Axes = Frame):
```

Dies ist nicht das, was gewünscht wurde: Nicht nur die Kreise, sondern auch des Rechteck reagiert auf die Attribute Filled, FillPattern, und LinesVisible.

Der folgende Aufruf schränkt die Voreinstellung dieser Attribute auf Kreise ein:

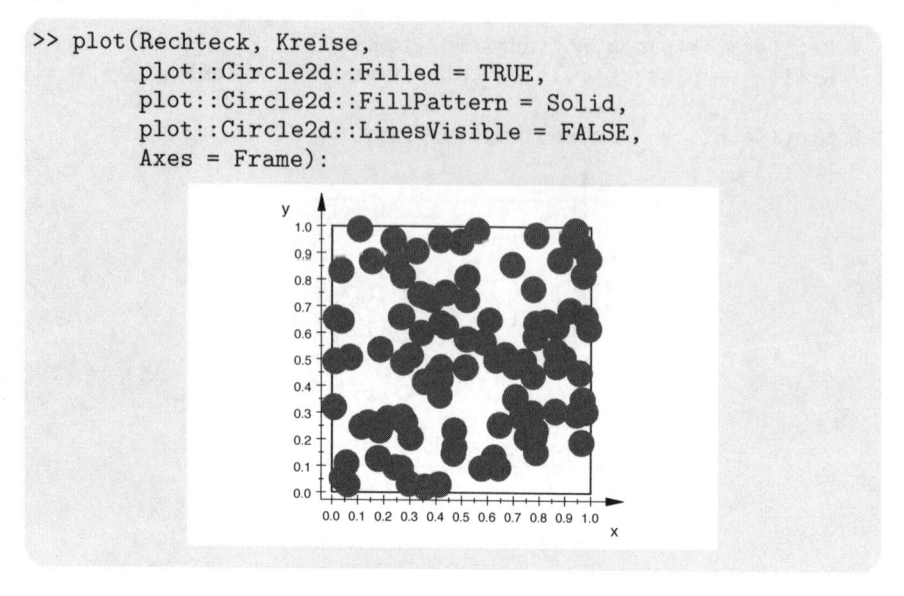

```
>> plot(Rechteck, Kreise,
        plot::Circle2d::Filled = TRUE,
        plot::Circle2d::FillPattern = Solid,
        plot::Circle2d::LinesVisible = FALSE,
        Axes = Frame):
```

11.7.3 Primitive, die spezielle Szene-Attribute verlangen: „Hints"

Die Voreinstellungen für Attribute sind so gewählt, dass sie vernünftige Darstellungen bei der Ausführung von „typischen" plot-Befehlen ermöglichen. So ist z. B. der per Voreinstellung verwendete Achsentyp in 3D-Szenen durch Axes = Boxed intern festgelegt, denn dieses ist der passende Achsentyp bei der Mehrheit aller 3D-Graphiken:

```
>> plot::getDefault(plot::CoordinateSystem3d::Axes)
   Boxed
```

Ausnahmen bestätigen natürlich die Regel: So sollte z. B. eine 3D-Graphik, die nur ein Tortendiagramm zeigt, meist ohne sichtbare Koordinatenachsen dargestellt werden. Da es jedoch keinen Sinn macht, Axes = None als Voreinstellung für alle 3D-Graphiken zu verwenden, überschreiben manche Primitive wie z. B. plot::Piechart3d, einige per Voreinstellung definierte Attribute automatisch. Bei der Darstellung von Tortendiagrammen werden daher keine Koordinatenachsen eingezeichnet:

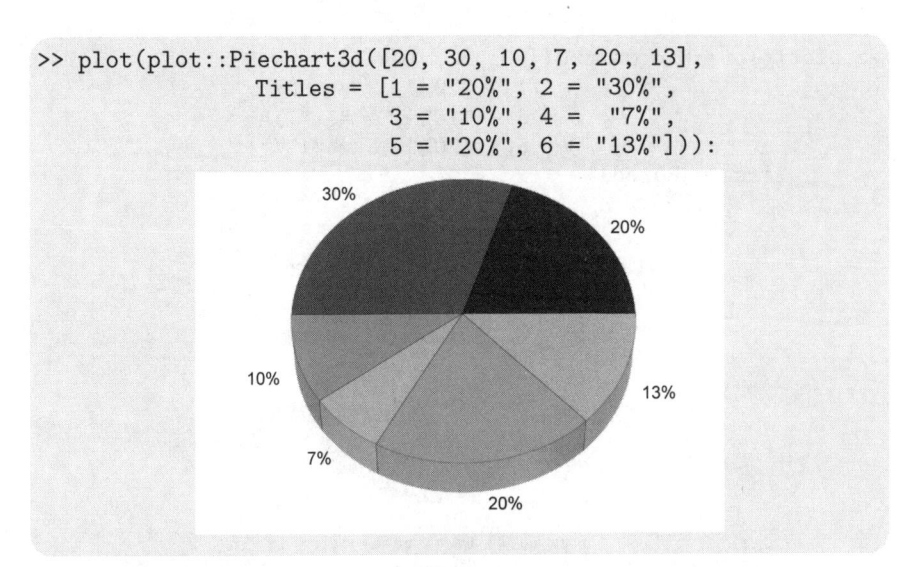

```
>> plot(plot::Piechart3d([20, 30, 10, 7, 20, 13],
           Titles = [1 = "20%", 2 = "30%",
                    3 = "10%", 4 =  "7%",
                    5 = "20%", 6 = "13%"])):
```

Hierbei ist zu beachten, dass das für Koordinatenachsen zuständige Attribut **Axes** ein Szene-Attribut und kein direktes Attribut von `plot::Piechart3d` ist. Es wurde ein eigenständiger Mechanismus implementiert, der es erlaubt, dass Primitive auch Zugriff auf die Attribute übergeordneter Strukturen wie z. B. Szenen haben. Die Zugriffsmöglichkeit eines Primitivs auf ein Attribut der übergeordneten Szene wird mit dem englischen Begriff „*Hint*" bezeichnet.

Die Hilfeseiten der Primitive geben Informationen darüber, ob und welche Hints das jeweilige Primitiv an die übergeordneten Strukturen (Koordinatensystem, Szene oder Canvas) sendet. Hints sind intern in MuPAD festgelegt und können vom Benutzer nicht modifiziert werden. Verwenden verschiedene Primitive in einer Szene sich widersprechende Hints, die zu Konflikten führen, so wird der erste Hint verwendet.

Man beachte, dass sich das Hints-Konzept ausschließlich auf Voreinstellungen von Attributen bezieht. Es ist immer möglich, entsprechende per Hint festgelegte Einstellungen explizit zu überschreiben, sollten sie als unpassend empfunden werden:

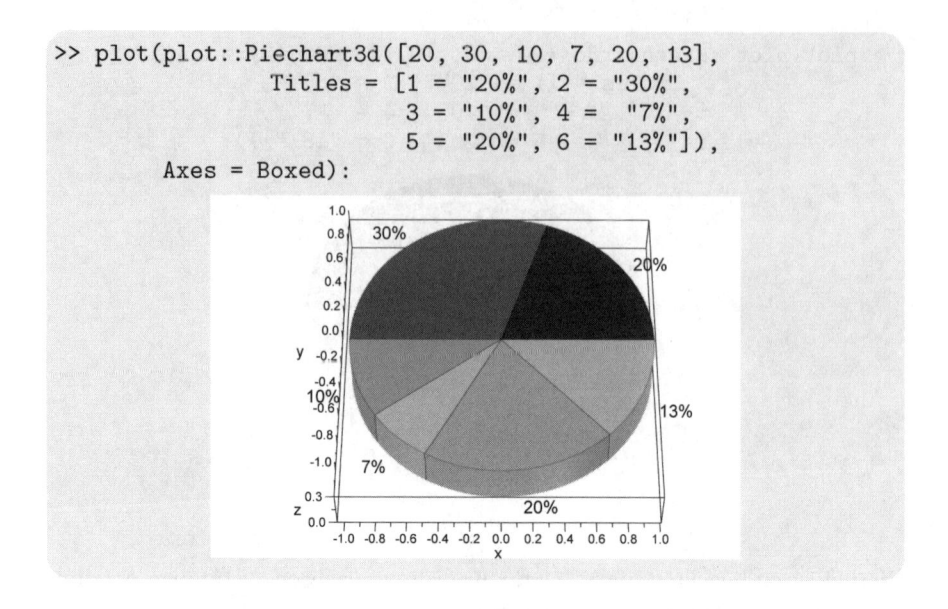

```
>> plot(plot::Piechart3d([20, 30, 10, 7, 20, 13],
            Titles = [1 = "20%", 2 = "30%",
                      3 = "10%", 4 =  "7%",
                      5 = "20%", 6 = "13%"]),
       Axes = Boxed):
```

11.7.4 Die Hilfeseiten der Attribute

Wir werfen einen kurzen Blick auf eine für plot-Attribute typische Hilfeseite, um die dort aufgeführten Informationen besser verstehen zu können:

UMesh, VMesh, USubmesh, VSubmesh — **Anzahl der Stützpunkte**

Die Attribute UMesh usw. legen die Anzahl der Stützpunkte fest, die in der numerischen Berechnung von Kurven- und Flächenobjekten benutzt werden.

Zulässige Werte:

- UMesh, VMesh   positive ganze Zahlen
- USubmesh, VSubmesh   nicht-negative ganze Zahlen

Typ: geerbt

Verwandte Attribute: AdaptiveMesh, Mesh, Submesh, XMesh, YMesh, ZMesh

---

Objekttypen, die auf UMesh reagieren:

- plot::Cylindrical, plot::HOrbital,   Voreinstellung: 25
  plot::Spherical, plot::Surface,
  plot::Sweep, plot::XRotate,
  plot::ZRotate
- plot::Tube   Voreinstellung: 60
- plot::Curve2d, plot::Curve3d,   Voreinstellung: 121
  plot::Polar

Objekttypen, die auf VMesh reagieren:

- plot::Tube   Voreinstellung: 11
- plot::Cylindrical, plot::HOrbital,   Voreinstellung: 25
  plot::Spherical, plot::Surface,
  plot::XRotate, plot::ZRotate

Objekttypen, die auf USubmesh reagieren:

- plot::Curve2d, plot::Curve3d,   Voreinstellung: 0
  plot::Cylindrical, plot::HOrbital,
  plot::Polar, plot::Spherical,
  plot::Surface, plot::Tube,
  plot::XRotate, plot::ZRotate
- plot::Ode2d, plot::Ode3d, plot::Sweep   Voreinstellung: 4

Objekttypen, die auf VSubmesh reagieren:

- plot::Cylindrical, plot::HOrbital,   Voreinstellung: 0
  plot::Spherical, plot::Surface,
  plot::XRotate, plot::ZRotate
- plot::Tube   Voreinstellung: 1

Details:

- Das Attribut UMesh = nu legt die Anzahl nu der Stützpunkte fest, die in der numerischen Berechnung von Kurven und ...

Beispiel 1. ...

Der Eintrag „**Zulässige Werte**" gibt den Typ der Zahl n an, der bei Angabe von UMesh = n, VMesh = n etc. zulässig ist.

Der Eintrag „**Typ: geerbt**" weist darauf hin, dass diese Attribute nicht nur im Befehl zum Erzeugen eines graphischen Primitivs verwendet werden können. Sie können ebenso an höher gelegenen Knoten des graphischen Baums angegeben und dann an alle im entsprechenden Unterbaum aufgeführten Primitive vererbt werden (siehe auch Abschnitt 11.7.2).

Unter den Einträgen „**Objekttypen, die auf UMesh reagieren**" etc. werden alle Primitive, die auf das entsprechende Attribut reagieren, zusammen mit den entsprechenden Voreinstellungen für jedes dieser Primitive aufgelistet.

Der Eintrag „**Details**" gibt zusätzliche Informationen zur Semantik des Attributs bzw. der Attribute. Abschließend findet sich immer eine Reihe von Beispielen, in denen der Umgang mit den jeweiligen Attributen demonstriert wird.

11.8 Farben

Das wohl wichtigste aller plot-Attribute, das für fast alle Primitive der plot-Bibliothek verfügbar ist, ist das Attribut Color. Die MuPAD-Graphik kennt 3 verschiedene Typen von Farben:

- Das Attribut PointColor dient zum Setzen der Farbe von 2D- und 3D-Punkten (vom Typ plot::Point2d bzw. plot::Point3d).

- Das Attribut LineColor bezieht sich auf die Farbe von Linienobjekten in 2D und 3D. Darin inbegriffen sind die Primitive zur Darstellung von Funktionsgraphen in 2D, Kurven in 2D, Polygonen in 2D etc. Auch 3D-Objekte wie z. B. Funktionsgraphen in 3D, parametrisierte Flächen etc. reagieren auf das Attribut LineColor; es definiert die Farbe der Koordinatenlinien, die sich auf Flächen in 3D befinden.

- Das Attribut FillColor bezieht sich auf die Farbe von geschlossenen und gefüllten Polygonen in 2D und 3D sowie auf schraffierte Bereiche in 2D. Ferner definiert es die Farbe von Flächen wie z. B. von Funktionsgraphen in 3D, parametrisierten Flächen in 3D etc. Darin eingeschlossen sind auch Kugeln, Kegel etc.

Alle Primitive akzeptieren weiterhin das Attribut Color als Abkürzung für eines der oben aufgelisteten Farb-Attribute. In Abhängigkeit vom jeweiligen Primitiv setzt das Attribut Color eines der Attribute PointColor, LineColor bzw. FillColor.

11.8.1 RGB-Farben

MuPAD verwendet das RGB-Farbmodell, d. h., Farben werden in Form von Listen [r, g, b] angegeben, wobei die erste Komponente einen Rotwert, die zweite einen Grünwert und die dritte einen Blauwert zwischen 0 und 1 angibt. Schwarz entspricht der Liste [0, 0, 0], während Weiß über die Liste [1, 1, 1] kodiert wird. Die MuPAD-Bibliothek RGB stellt eine Vielzahl von Farben bzw. Farbnamen zur Verfügung, die dann Listen der obigen Form entsprechen:

```
>> RGB::Black, RGB::White, RGB::Red, RGB::SkyBlue
   [0.0, 0.0, 0.0], [1.0, 1.0, 1.0], [1.0, 0.0, 0.0], [0.0, 0.8, 1.0]
```

Mit dem Befehl info(RGB) lassen sich alle Farbnamen der RGB-Bibliothek auflisten. Alternativ liefert auch der Befehl RGB::ColorNames() eine vollständige Liste aller Farbnamen. Diese Liste lässt sich einschränken, mit

```
>> RGB::ColorNames(Red)
   [CadmiumRedDeep, CadmiumRedLight, DarkRed,

    EnglishRed, IndianRed, OrangeRed,

    PermanentRedViolet, Red, VenetianRed, VioletRed,

    VioletRedMedium, VioletRedPale]
```

sucht man z. B. nach allen Farbnamen, in denen das Wort ‚Red' vorkommt.

Wird die RGB-Bibliothek mit dem Befehl export(RGB) geladen, so können die Farbnamen ohne das Präfix RGB:: verwendet werden, d. h., statt RGB::Black, RGB::White, RGB::IndianRed etc. kann man schlicht Black, White, IndianRed etc. schreiben.

RGBa-Farbwerte bestehen aus Listen der Form [r, g, b, a], die im Vergleich zu RGB-Farbwerten einen weiteren Eintrag a haben: dieser Eintrag regelt die Undurchsichtigkeit und kann ebenfalls Werte zwischen 0 und 1 annehmen. Für a = 0 wird das in der entsprechenden RGBa-Farbe dargestellte flächige Objekt vollständig transparent (d. h., unsichtbar). Für a = 1 ist das in der entsprechenden RGBa-Farbe dargestellte flächige Objekt vollkommen undurchsichtig (d. h., es alle Objekte, die dahinter liegen, werden dadurch verdeckt). Für $0 < a < 1$ wird das in der entsprechenden RGBa-Farbe dargestellte flächige Objekt semi-transparent (d. h., `plot`-Objekte, die dahinter liegen, scheinen durch das Objekt hindurch).

RGBa-Farbwerte lassen sich leicht mit Hilfe der `RGB`-Bibliothek definieren. Man muss an die 3-elementigen Listen der Form `[r, g, b]`, die den RGB-Farben entsprechen, lediglich einen vierten Eintrag anhängen. Der einfachste Weg dazu ist, über den Konkatenationsoperator „." die Liste `[a]` an den RGB-Wert zu hängen. Ein semi-transparentes Grau wird beispielsweise folgendermaßen erzeugt:

```
>> RGB::Grey.[0.5]
    [0.752907, 0.752907, 0.752907, 0.5]
```

Mit dem folgenden Befehl zeichnet man einen hochtransparenten roten Würfel, der einen weniger transparenten grünen Würfel enthält, der seinerseits einen undurchsichtigen blauen Würfel enthält:

```
>> plot(
    plot::Box(-3..3, -3..3, -3..3,
              FillColor = RGB::Red.[0.2]),
    plot::Box(-2..2, -2..2, -2..2,
              FillColor = RGB::Green.[0.3]),
    plot::Box(-1..1, -1..1, -1..1,
              FillColor = RGB::Blue),
    LinesVisible = TRUE, LineColor = RGB::Black,
    Scaling = Constrained):
```

11.8.2 HSV-Farben

Neben dem RGB-Farbmodell gibt es eine Reihe anderer bekannter Farbformate im Bereich der Computergraphik. Eines davon ist das HSV-Modell („Hue", „Saturation", „Value"). Die `RGB`-Bibliothek stellt die Funktionen

RGB::fromHSV und RGB::toHSV zur Verfügung, die Konvertierung von HSV-Farben in RGB-Farben und umgekehrt ermöglichen:

```
>> hsv := RGB::toHSV(RGB::Orange)
   [24.0, 1.0, 1.0]
>> RGB::fromHSV(hsv) = RGB::Orange
   [1.0, 0.4, 0.0] = [1.0, 0.4, 0.0]
```

Mit Hilfe von RGB::fromHSV können alle Farben in einer MuPAD-Graphik leicht in Form von HSV-Farben angegeben werden. Die Farbe ‚Violett' ist z. B. gegeben durch die HSV-Werte [290, 0.4, 0.6], wogegen ‚Dunkelgrün' durch die Werte [120, 1, 0.4] gegeben ist. (120: „grün", 1: „volle Farbe", 0.4: „dunkel") Der Schnitt einer semi-transparenten violetten Kugel mit einer undurchsichtigen dunkelgrünen Fläche kann daher wie folgt in MuPAD definiert werden:

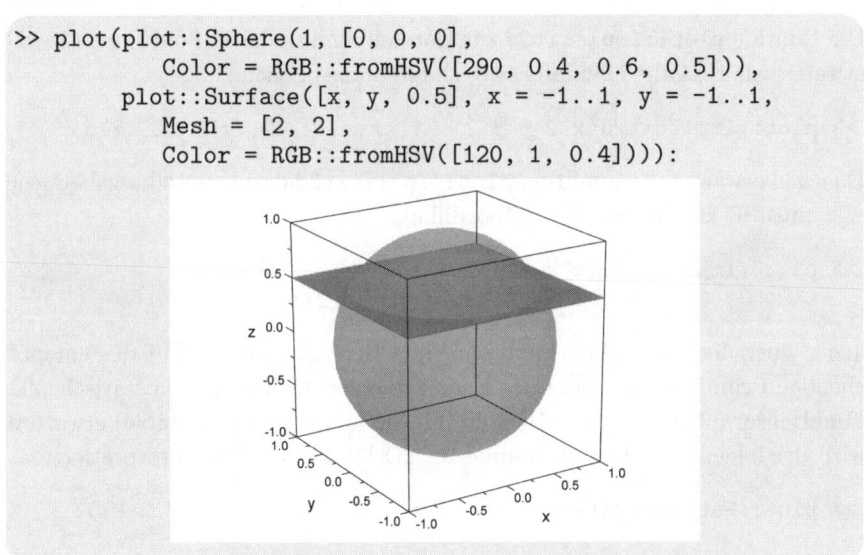

```
>> plot(plot::Sphere(1, [0, 0, 0],
        Color = RGB::fromHSV([290, 0.4, 0.6, 0.5])),
      plot::Surface([x, y, 0.5], x = -1..1, y = -1..1,
        Mesh = [2, 2],
        Color = RGB::fromHSV([120, 1, 0.4]))):
```

11.9 Animationen

11.9.1 Erzeugen einfacher Animationen

Jedes Primitiv der plot-Bibliothek „weiß" von sich aus, wie viele verschiedene Darstellungsbereiche vom Benutzer beim Erzeugen des Objektes angegeben werden können.

11. Graphik

> *Wann immer ein graphisches Primitiv als Eingabe einen „überschüssigen" Darstellungsbereich der Form* `a = amin .. amax` *erhält, wird der Parameter* `a` *als „Animationsparameter" interpretiert, der Werte aus dem Intervall von* `amin` *bis* `amax` *annimmt.*

Was ist ein „überschüssiger" Darstellungsbereich? Dies sind Angaben, die zur Erzeugen eines statischen Objekts unnötig sind. So erwarten beispielsweise statische 2D-Graphen von Funktionen in einer Veränderlichen wie

```
>> plot::Function2d(sin(x), x = 0..2*PI):
```

stets einen Darstellungsbereich, nämlich den Definitionsbereich für die x-Koordinate. 3D-Graphen von Funktionen in zwei Veränderlichen erwarten hingegen zwei Darstellungsbereiche – je einen für die x- und die y-Koordinate:

```
>> plot::Function3d(sin(x^2 + y^2), x = 0..2, y = 0..2):
```

Die Routine `plot::Implicit2d` zur Darstellung impliziter Funktionen in 2D erwartet als Eingabe ebenfalls zwei Darstellungsbereiche:

```
>> plot::Implicit2d(x^2 + y^2 - 1, x = -2..2, y = -2..2):
```

Dagegen erwartet die Funktion `plot::Implicit3d` drei Darstellungsbereiche – je einen für x-, y- und die z-Koordinate:

```
>> plot::Implicit3d(x^2 + y^2 + z^2 - 1, x = -2..2,
                    y = -2..2, z = -2..2):
```

Jeder über diese Angaben hinausgehende Bereich beim Aufruf des entsprechenden Primitivs veranlasst das Erzeugen einer Animation. Da statische 2D-Funktionsgraphen nur einen Bereich (für die unabhängige Variable) erwarten, wird der folgende Aufruf als animierter 2D-Funktionsgraph interpretiert:

```
>> plot::Function2d(sin(x - a), x = 0..2*PI, a = 0..2*PI):
```

Es ist also sehr leicht, Animationen zu erzeugen, indem man einen „überschüssigen" Darstellungsbereich in Form einer Gleichung `a = amin .. amax` beim Aufruf eines entsprechenden Primitivs mit angibt. Der Name `a` des Animationsparameters ist dabei irrelevant und kann beliebig gewählt werden. Alle anderen Einträge und Attribute des Primitivs, die animiert werden können, können als symbolische Ausdrücke im Animationsparameter angegeben werden. Im folgenden Aufruf hängen sowohl der Funktionsterm als auch der Darstellungsbereich für die x-Koordinate von dem Animationsparameter ab. Auch die Bereiche, die die Breite und die Höhe des Rechtecks bestimmen sowie der Endpunkt der Linie hängen vom Animationsparameter ab:

```
>> plot(
    plot::Function2d(a*sin(x), x = 0..a*PI, a = 0.5..1),
    plot::Rectangle(0..a*PI, 0..a, a = 0.5..1,
                    LineColor = RGB::Black),
    plot::Line2d([0, 0], [PI*a, a], a = 0.5 ..1,
                    LineColor = RGB::Black))
```

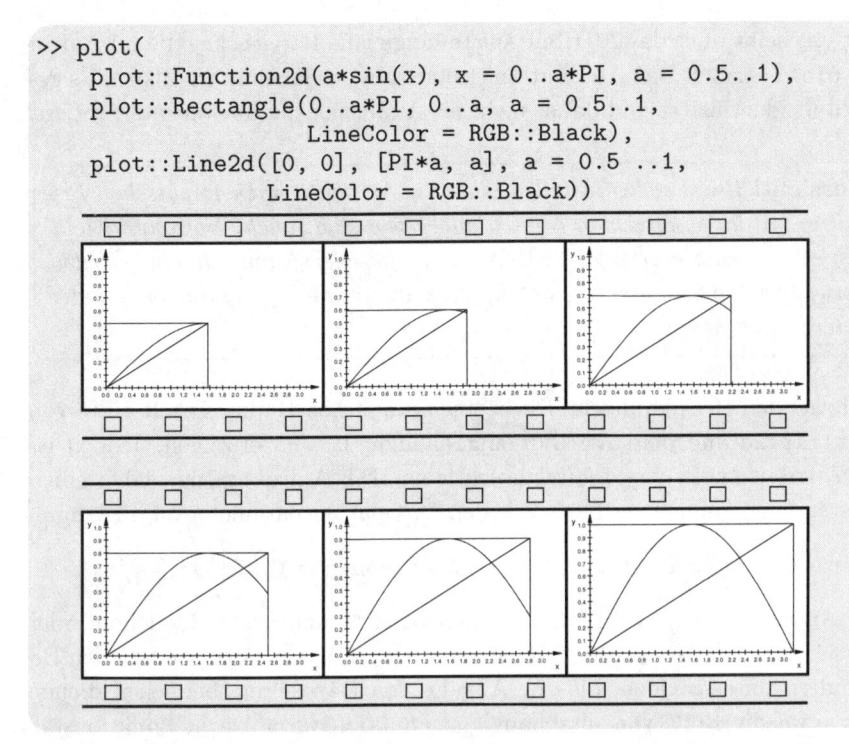

Mit dem nächsten Befehl wird ein Kreisbogen animiert, dessen Radius und Winkelspanne von dem Animationsparameter abhängen:

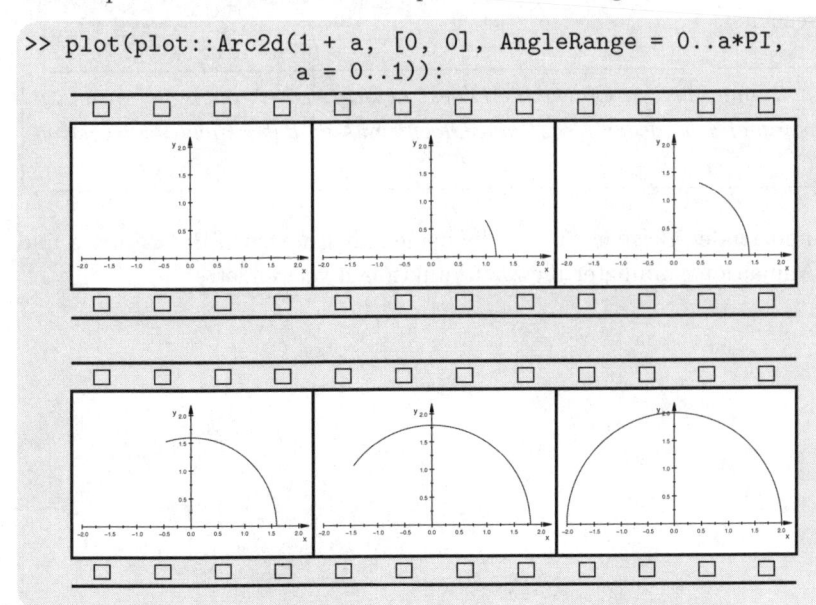

```
>> plot(plot::Arc2d(1 + a, [0, 0], AngleRange = 0..a*PI,
                    a = 0..1)):
```

248 11. Graphik

Hier erscheint über das Attribut `AngleRange` eine Bereichsangabe im Aufruf von `plot::Arc2d`. Das Attribut `AngleRange` wird dabei intern als zulässiges Attribut identifiziert und daher nicht als Animationsparameter interpretiert.

> **Vorsicht!** *Es ist sicherzustellen, dass die Attribute eines graphischen Primitivs mit ihren korrekten Namen angegeben sind (auch Groß- und Kleinschreibung sind hier relevant). Wird ein falscher Name für ein Attribut verwendet, so kann es passieren, dass dieser als Animationsparameter interpretiert wird!*

Im folgenden Beispiel möchten wir einen statischen Halbkreis mit Hilfe von `plot::Arc2d` und dem Attribut `AngleRange=0..PI` erzeugen. Jedoch ist das Attribut `AngleRange` *falsch* geschrieben. Der Aufruf erzeugt daher einen vollständigen animierten Kreis mit dem Animationsparameter `AngelRange`!

```
>> plot(plot::Arc2d(1, [0, 0], AngelRange = 0..PI)):
```

Der Animationsparameter kann ein beliebiger symbolischer Bezeichner oder indizierter symbolischer Bezeichner ohne Wert sein. Er muss sich von den Bezeichnern unterscheiden, die zur Angabe von Darstellungsbereichen dienen oder etwa die Rolle von unabhängigen Funktionsvariablen in Funktionstermen übernehmen. Weiterhin muss der für den Animationsparameter gewählte Bezeichner sich von allen geschützten Attributnamen der `plot`-Bibliothek unterscheiden.

> *Animationen werden Objekt für Objekt erzeugt. Die Namen der Animationsparameter bei jedem einzelnen Objekt müssen dabei nicht übereinstimmen.*

In dem folgenden Beispiel werden die beiden verschiedenen Bezeichner `a` und `b` als Animationsparameter für zwei Funktionen verwendet:

11.9 Animationen

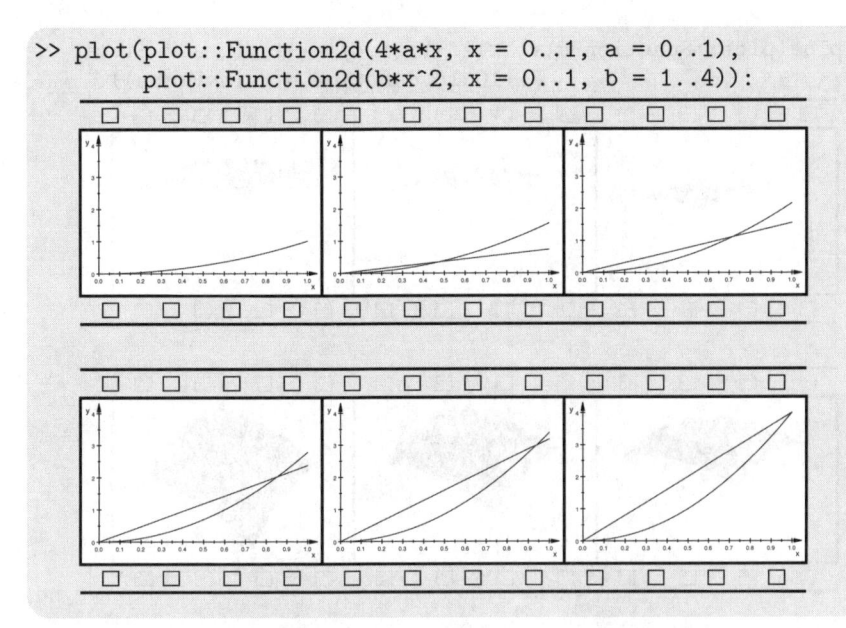

```
>> plot(plot::Function2d(4*a*x, x = 0..1, a = 0..1),
        plot::Function2d(b*x^2, x = 0..1, b = 1..4)):
```

Ein Animationsparameter ist ein globaler symbolischer Name. Er kann als globale Variable in Prozeduren zur Definition graphischer Objekte verwendet werden. Das folgende Beispiel zeigt den 3D-Graphen einer Funktion in zwei Veränderlichen, der mit Hilfe einer Prozedur definiert ist, die eine globale Variable als Animationsparameter verwendet. Des Weiteren wird eine Farbfunktion definiert, die die Farbe des Graphen im Verlauf der Animation verändert. Auch diese Funktion könnte den Animationsparameter als globalen Parameter enthalten, ebenso wie die Funktion f. Alternativ kann der Animationsparameter aber auch aus den Eingabeparametern für die Farbfunktion entnommen werden (siehe auch die Hilfeseite zu `FillColorFunction`, die Angaben darüber macht, welche Parameter der Farbfunktion übergeben werden). Die Farbfunktion für Objekte vom Typ `plot::Function3d` wird mit drei Koordinaten x, y, z aufgerufen, die für Punkte des Funktionsgraphen stehen. Als vierten Parameter bekommt die Funktion den Animationsparameter übergeben:

```
>> f := (x, y) -> 4 - (x - a)^2 - (y - a)^2:
   meineFarbe := proc(x, y, z, a) local t; begin
       t := sqrt((x - a)^2 + (y - a)^2):
       if t < 0.1 then return(RGB::Red)
       elif t < 0.4 then return(RGB::Orange)
       elif t < 0.7 then return(RGB::Green)
       else return(RGB::Blue)
       end_if;
   end:
```

```
>> plot(plot::Function3d(f, x = -1..1, y = -1..1, a = -1..1,
                         FillColorFunction = meineFarbe)):
```

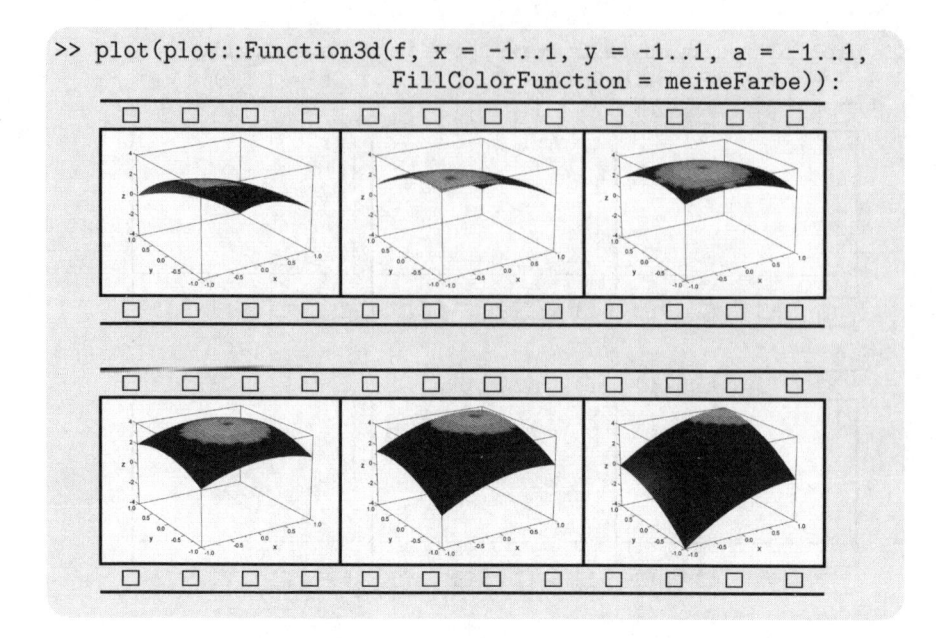

11.9.2 Abspielen von Animationen

Wird ein animiertes graphisches Objekt in einem **MuPAD** Pro Notebook erzeugt, so wird das erste Einzelbild der Animation unterhalb der Eingaberegion angezeigt. Um die Animation abzuspielen, klickt man mit der linken Maustaste doppelt auf die Graphik. Es öffnet sich der **MuPAD**-Graphik-Viewer ‚VCam', der eine *Tool-Bar* zum Abspielen von Animationen bereitstellt:

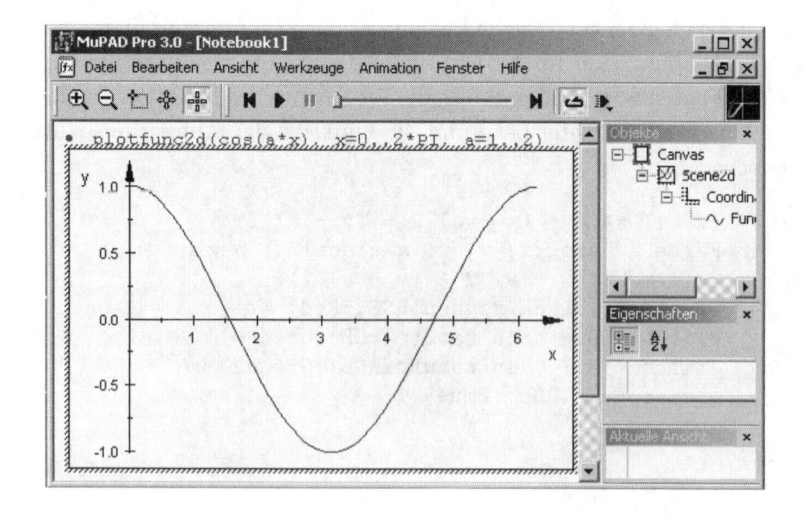

Die Tool-Bar stellt auch einen Regler zur Verfügung, mit der das Bild per Hand animiert werden kann. Alternativ enthält auch das Menü ‚Animation' einen Eintrag zum Abspielen von Animationen.

11.9.3 Anzahl von Einzelbildern und die Echtzeitspanne einer Animation

Per Voreinstellung besteht eine Animation aus 50 verschiedenen Einzelbildern. Die Anzahl der Einzelbilder kann – für jedes Objekt einzeln – mit Hilfe des Attributs `Frames=n` auf jede positive ganze Zahl n gesetzt werden. Dieser kann direkt in dem erzeugenden Aufruf des animierten graphischen Primitivs oder auch an einer übergeordneten Stelle des graphischen Baums verwendet werden. In letzterem Fall wird das Attribut an alle Primitive vererbt, die sich im graphischen Baum unterhalb des entsprechenden Knotens befinden. Bei `a=amin..amax, Frames=n` besteht das i-te Einzelbild der Animation aus einem Schnappschuss des Primitives mit

$$a = a_{\min} + \frac{i-1}{n-1} \cdot (a_{\max} - a_{\min}), \quad i = 1, \ldots, n.$$

Das Erhöhen der Anzahl der Einzelbilder einer Animation bedeutet nicht, dass die Animation länger abläuft, denn der Renderer arbeitet nicht mit einer festen Anzahl von Einzelbildern pro Sekunde. Im Hintergrund einer Animation läuft eine Uhr in Echtzeit ab, die dazu dient, die verschiedenen animierten Objekte zeitlich zu synchronisieren. Eine Animation hat eine Echtzeitspanne, in der sie abläuft, gemessen durch diese Uhr. Die Echtzeitspanne wird über die Attribute `TimeBegin=t0` und `TimeEnd=t1` festgelegt. Abkürzenderweise kann auch über `TimeRange=t0..t1` die gesamte Echtzeitspanne mit einem einzelnen Attribut festgelegt werden, wobei `t0`, `t1` reelle numerische Werte sind, die physikalische Zeiten in Sekunden angeben. Diese Attribute können entweder direkt beim erzeugenden Aufruf für das Primitiv oder an einem übergeordneten Knoten des graphischen Baums angegeben werden. In letzterem Fall wird das Attribut an alle Primitive vererbt, die sich im graphischen Baum unterhalb des entsprechenden Knotens befinden.

Der absolute Werte von `t0` ist irrelevant, wenn alle animierten Objekte die gleiche Echtzeitspanne haben. Lediglich die zeitliche Differenz `t1-t0` ist von Bedeutung. Diese ist die physikalische Zeitspanne (oder zumindest eine Approximation derselben), über die die Animation läuft.

11. Graphik

> *Der Bereich* `amin..amax` *bei der Angabe des Animationsparameters* `a=amin..amax` *zusammen mit dem Befehl* `Frames=n` *definiert ein äquidistantes zeitliches Netz für die Echtzeitspanne, die ihrerseits mittels* `TimeBegin=t0` *und* `TimeEnd=t1` *angegeben ist. Das Einzelbild zu* `a=amin` *ist sichtbar zum Zeitpunkt* `t0`. *Das Einzelbild zu* `a=amax` *ist sichtbar zum Zeitpunkt* `t1`.

> *Verwendet man die Voreinstellung* `TimeBegin=0`, *so gibt der Wert von* `TimeEnd` *die physikalische Zeitspanne in Sekunden an, über die sich die Animation erstreckt. Die Voreinstellung ist in diesem Fall* `TimeEnd=10`, *d.h., Animationen, die diese Voreinstellungen verwenden, dauern standardmäßig 10 Sekunden. Die Anzahl von Einzelbildern* `Frames=n` *beeinflusst nicht die Dauer der Animation, sondern die Anzahl der Einzelbilder, die in der verwendeten Echtzeitspanne angezeigt werden.*

Hier ist ein einfaches Beispiel:

```
>> plot(plot::Point2d([a, sin(a)], a = 0..2*PI,
                      Frames = 50, TimeRange = 0..5)):
```

Der Punkt wird für eine Echtzeitspanne von 5 Sekunden animiert, in der er sich über eine Periode des Graphen der Sinus-Funktion bewegt. Jedes Einzelbild der Animation wird für etwa 0.1 Sekunden angezeigt. Nachdem die Anzahl der Einzelbilder verdoppelt wird, wird jedes Einzelbild der Animation etwa 0.05 Sekunden angezeigt. Dadurch läuft die Animation glatter ab:

```
>> plot(plot::Point2d([a, sin(a)], a = 0..2*PI,
                      Frames = 100, TimeRange = 0..5)):
```

Man beachte, dass das menschliche Auge zwischen verschiedenen Einzelbildern nicht mehr unterscheiden kann, wenn mehr als 25 Bilder pro Sekunde angezeigt werden. Daher sollte die Anzahl der Einzelbilder n der Bedingung

$$n < 25 \cdot (t_1 - t_0).$$

genügen. Mit den per Voreinstellung verwendeten Werten `TimeBegin=0` und `TimeEnd=10` (Sekunden) macht es keinen Sinn, `Frames=n` mit $n > 250$ zu wählen. Wird eine höhere Anzahl n von Einzelbildern benötigt, um eine zufriedenstellende Auflösung des animierten Objekts zu erhalten, so sollte die Echtzeitspanne der Animation über einen entsprechenden Wert für `TimeEnd` verlängert werden.

11.9.4 Welche Attribute lassen sich animieren?

Ein graphisches Primitiv lässt sich als eine Sammlung von Attributen auffassen. (In der Tat wird beispielsweise auch der Funktionsterm sin(x) in plot::Function2d(sin(x),x=0..2*PI) in der internen Darstellung als Attribut Function=sin(x) behandelt und kann auch so angesprochen werden.) Die Frage, die sich stellt, ist:

"Welche Attribute lassen sich animieren?"

Die Antwort ist: *"Fast jedes Attribut lässt sich animieren!"*. Anstatt alle Attribute aufzulisten, die Animation erlauben, ist es einfacher, diejenigen Attribute zu charakterisieren, die keine Animation erlauben:

- Keines der Canvas-Attribute kann animiert werden. Darin enthalten sind Layout-Parameter wie z. B. die physikalische Größe des Bildes. Siehe auch die Hilfeseite zu plot::Canvas für eine vollständige Liste der Canvas-Attribute.

- Keines der Attribute von 2D-Szenen und 3D-Szenen ist animierbar. Dies schließt Layout-Parameter, Hintergrundfarbe und Hintergrundstil, Kamerapositionen in 3D etc. ein.

  Es gibt jedoch Kamera-Objekte vom Typ plot::Camera, die in 3D-Szenen positioniert werden können. Diese Kamera-Objekte sind animierbar und erlauben es, „Flüge" durch 3D-Szenen zu realisieren. Siehe Abschnitt 11.16 für Details.

- Keines der Attribute von 2D-Koordinatensystemen bzw. 3D-Koordinatensystemen ist animierbar. Darin eingeschlossen sind der Sichtbarkeitsbereich („ViewingBox"), Achsen, Achsenskalierungen und Koordinatenlinien im Hintergrund des Koordinatensystems. Siehe auch die Hilfeseiten zu den Objekten plot::CoordinateSystem2d und plot::CoordinateSystem3d für eine vollständige Liste aller Attribute für Koordinatensysteme.

  In 3D gibt es das Objekt plot::ClippingBox, mit dessen Hilfe 3D-Objekte abgeschnitten werden können (und sich somit der Sichtbarkeitsbereich dieser Objekte beeinflussen lässt). Das plot::ClippingBox-Objekt erlaubt Animation und kann daher verwendet werden, um animierte Sichtbarkeitsbereiche zu realisieren.

- Keines der Attribute, die explizit durch „**Typ: geerbt**" auf ihrer Hilfeseite gekennzeichnet sind, lässt sich animieren. Darin enthalten sind Größenangaben wie etwa PointSize, LineWidth etc.

- RGB- und RGBa-Werte lassen sich nicht animieren. Die Färbung von Linien und Flächen kann aber über benutzerdefinierte Prozeduren realisiert werden, die animierte Färbungen erlauben. Siehe die Hilfeseiten zu `LineColorFunction` und `FillColorFunction` für Details.
- Text, der über `Footer`, `Header`, `Title`, Legendeneinträge etc. definiert ist, ist nicht animierbar. Die Position von Titeln jedoch lässt sich animieren.

  Es gibt spezielle Text-Objekte `plot::Text2d` und `plot::Text3d`, die es erlauben, sowohl den Text selbst als auch seine Position zu animieren.
- Fonts (Schriftarten) sind nicht animierbar.
- Attribute wie z. B. `Tubular = TRUE` oder `FillPattern = Solid`, die nur endlich viele verschiedene Werte annehmen können, sind nicht animierbar.

Nahezu alle Attribute, die nicht in die oben genannten Kategorien fallen, sind animierbar. Die Hilfeseiten zu den graphischen Primitiven und den Attributen der `plot`-Bibliothek geben detaillierte Informationen darüber, welche Attribute sich animieren lassen und welche nicht.

11.9.5 Animationen für Fortgeschrittene: Das Synchronisationsmodell

Wie bereits in Abschnitt 11.9.3 erklärt, läuft im Hintergrund einer jeden Animation eine Uhr in Echtzeit ab, die zur Synchronisation verschiedener animierter Objekte verwendet wird.

Jedes animierte Objekt hat seine eigene (Echtzeit-)Lebensdauer, die durch die Attribute `TimeBegin = t0` und `TimeEnd = t1` bzw. abkürzend durch das Attribut `TimeRange = t0 .. t1` festgelegt wird. Die Werte `t0`, `t1` geben eine Zeitspanne in Sekunden an.

In den meisten Fällen ist es nicht nötig, sich Gedanken darüber zu machen, welches Objekt welche Lebensdauer hat. Werden die Werte für `TimeBegin` und `TimeEnd` nicht explizit angegeben, so werden für alle Objekte die Voreinstellungen `TimeBegin = 0` und `TimeEnd = 10` verwendet, d. h., die Animation wird etwa zehn Sekunden lang ablaufen. Diese Werte müssen nur dann modifiziert werden,

- wenn eine kürzere oder längere Lebensdauer für ein animiertes Objekt gewünscht wird,

11.9 Animationen

- wenn die Animation aus verschiedenen einzelnen Animationen besteht und bestimmte einzelne Animationen ablaufen sollen, während andere animierte Objekte in diesem Zeitraum statisch verbleiben.

Hier ist ein Beispiel für die zweite Situation. Die Graphik besteht aus 3 „hüpfenden" Punkten. In den ersten 5 Sekunden der Animation springt der linke Punkt auf und ab, während die anderen Punkte statisch in ihrer Ausgangsposition verweilen. Nach 6 Sekunden beginnt der mittlere Punkt auf und ab zu springen, während der linke Punkt statisch in seiner Endposition und der rechte Punkt statisch in seiner Ausgangsposition verweilen. Nach 9 Sekunden beginnt schließlich der rechte Punkt auf und ab zu springen.

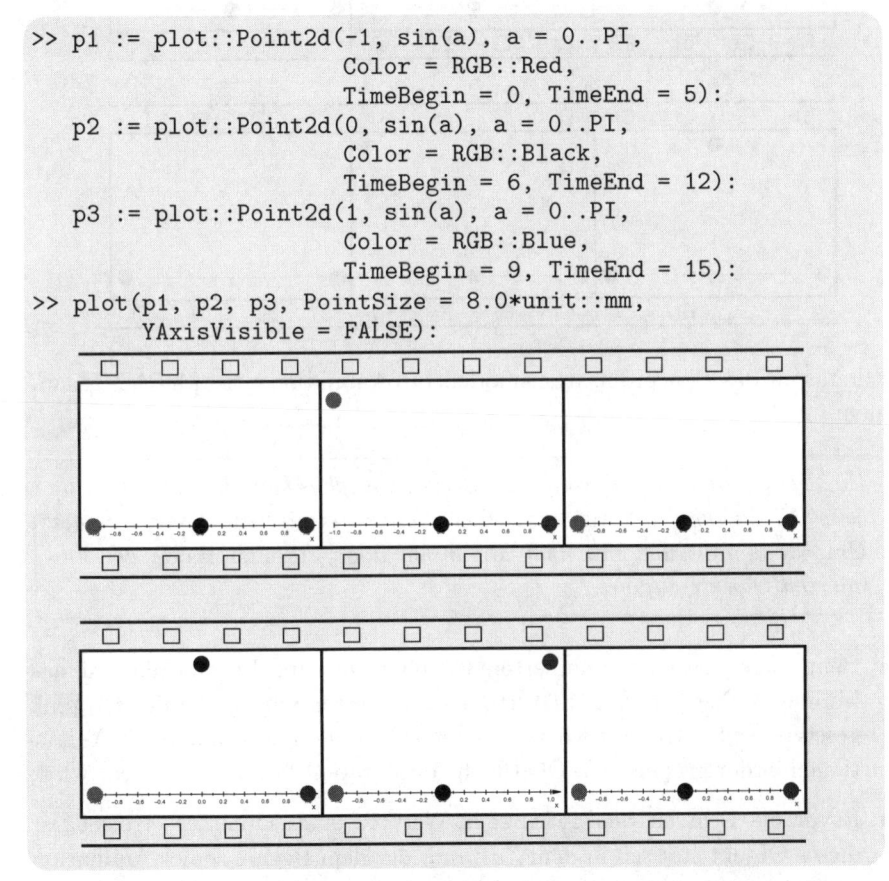

```
>> p1 := plot::Point2d(-1, sin(a), a = 0..PI,
                Color = RGB::Red,
                TimeBegin = 0, TimeEnd = 5):
   p2 := plot::Point2d(0, sin(a), a = 0..PI,
                Color = RGB::Black,
                TimeBegin = 6, TimeEnd = 12):
   p3 := plot::Point2d(1, sin(a), a = 0..PI,
                Color = RGB::Blue,
                TimeBegin = 9, TimeEnd = 15):
>> plot(p1, p2, p3, PointSize = 8.0*unit::mm,
        YAxisVisible = FALSE):
```

In diesem Beispiel benutzen alle Punkte die Voreinstellungen VisibleBeforeBegin=TRUE und VisibleAfterEnd=TRUE, die sie auch während der Zeit, in der sie nicht animiert sind, als statische Objekte sichtbar machen. Wir setzen jetzt für den mittleren Punkt das Attribut VisibleAfterEnd=FALSE, so dass er nach Ablauf der Animation unsichtbar

11. Graphik

wird. Mit dem Attribut `VisibleBeforeBegin=FALSE` wird dafür gesorgt, dass der rechte Punkte so lange unsichtbar ist, bis seine Animation beginnt:

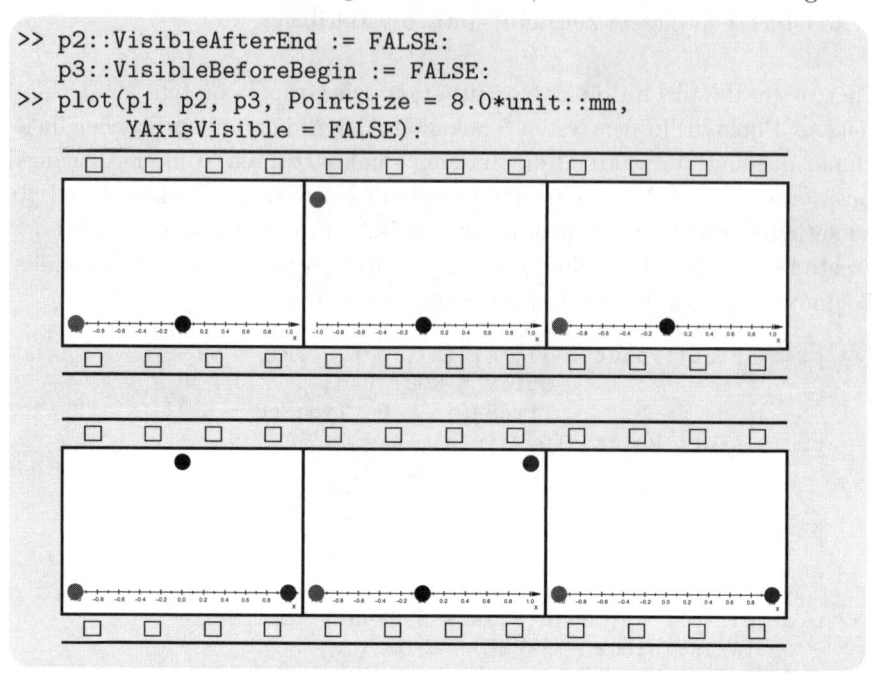

```
>> p2::VisibleAfterEnd := FALSE:
   p3::VisibleBeforeBegin := FALSE:
>> plot(p1, p2, p3, PointSize = 8.0*unit::mm,
        YAxisVisible = FALSE):
```

Wir fassen das Synchronisationsmodell für Animationen in MuPAD zusammen:

> *Die Dauer einer animierten Graphik ist die physikalische Echtzeit, die beim Minimum der `TimeBegin`-Werte aller animierten Objekte in der Graphik beginnt und mit dem Maximum aller `TimeEnd`-Werte der animierten Objekte aufhört.*

- Beim Erzeugen einer animierten Graphik wird die Echtzeituhr auf das Minimum aller `TimeBegin`-Werte der animierten Objekte in der Graphik gesetzt. Die Echtzeituhr wird gestartet, sobald der Abspielknopf für Animationen in der graphischen Oberfläche des Graphik-Viewers gedrückt wird.

- Bevor die Echtzeit den `TimeBegin`-Wert `t0` eines Objektes erreicht, ist dieses Objekt statisch in dem Zustand, der dem Beginn seiner Animation entspricht. Abhängig vom Attribut `VisibleBeforeBegin` ist das Objekt sichtbar oder unsichtbar bis zur Zeit `t0`.

- Während des Zeitraums von `t0` bis `t1` ändert sich das Objekt von seinem Anfangszustand in seinen Endzustand.

- Nachdem die Echtzeit den `TimeEnd`-Wert `t1` erreicht hat, bleibt das Objekt statisch in dem Zustand, den es am Ende seiner Animation erreicht hat. Abhängig vom Attribut `VisibleAfterEnd` bleibt das Objekt sichtbar oder wird unsichtbar ab dem Zeitpunkt `t1`.
- Die Animation der gesamten Graphik endet mit der physikalischen Zeit, die durch das Maximum der `TimeEnd`-Werte aller animierten Objekte in der Graphik gegeben ist.

11.9.6 „Bild für Bild"-Animationen

Es gibt einige spezielle Attribute wie z. B. `VisibleAfter`, die sehr nützlich sind, um Animationen aus vollkommen statischen Objekten aufzubauen:

> `VisibleAfter=t0` *macht ein Objekt zu Beginn der Animation unsichtbar. Es wird erst zu dem Zeitpunkt* `t0` *sichtbar und bleibt dann bis zum Ablauf der Animation sichtbar.*

> `VisibleBefore=t1` *sorgt dafür, dass ein Objekt zu Beginn der Animation bis hin zum Zeitpunkt* `t1` *sichtbar ist und dann für den Rest der verbleibenden Animationsdauer unsichtbar bleibt.*

Diese Attribute sollten nicht dazu verwendet werden, um einen Sichtbarkeitsbereich vom Zeitpunkt `t0` hin bis zu einem Zeitpunkt `t1` anzugeben. Stattdessen sollte das Attribut `VisibleFromTo` verwendet werden:

> *Mit* `VisibleFromTo=t0..t1` *wird erreicht, dass ein Objekt zu Beginn der Animation unsichtbar ist und erst zu dem Zeitpunkt* `t0` *sichtbar wird. Das Objekt bleibt sichtbar, bis der Zeitpunkt* `t1` *erreicht ist. Dann wird das Objekt für die Restzeitspanne der Animation unsichtbar.*

Wir setzen das Beispiel des vorhergehenden Abschnitts fort, wo wir die folgenden drei animierten Punkte betrachtet hatten:

258   11. Graphik

```
>> p1 := plot::Point2d(-1, sin(a), a = 0..PI,
                       Color = RGB::Red,
                       TimeBegin = 0, TimeEnd = 5):
   p2 := plot::Point2d(0, sin(a), a = 0..PI,
                       Color = RGB::Black,
                       TimeBegin = 6, TimeEnd = 12):
   p3 := plot::Point2d(1, sin(a), a = 0..PI,
                       Color = RGB::Blue,
                       TimeBegin = 9, TimeEnd = 15):
   p2::VisibleAfterEnd := FALSE:
   p3::VisibleBeforeBegin := FALSE:
```

Wir fügen einen weiteren Punkt p4 hinzu, der nicht animiert wird und mittels VisibleFromTo zu Beginn der Animation unsichtbar gemacht wird. Er wird erst sichtbar, nachdem die Animation bereits 7 Sekunden abgelaufen ist. Nach 13 Sekunden wird er wieder unsichtbar:

```
>> p4 := plot::Point2d(0.5, 0.5, Color = RGB::Black,
                       VisibleFromTo = 7..13):
```

Der Beginn der Animation wird von p1 über das Attribut TimeBegin=0 festgelegt, das Ende der Animation wird über das Attribut TimeEnd=15 von p3 bestimmt:

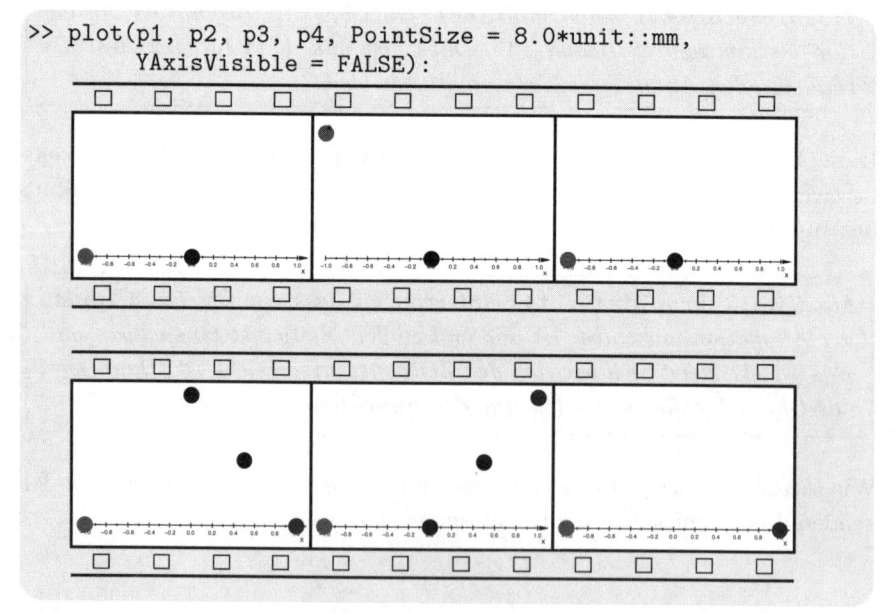

```
>> plot(p1, p2, p3, p4, PointSize = 8.0*unit::mm,
        YAxisVisible = FALSE):
```

Obwohl eine typische MuPAD-Animation Objekt für Objekt erzeugt wird, wobei jedes animierte Einzelobjekt auf seine eigene Animation acht gibt, können die Attribute VisibleAfter, VisibleBefore, VisibleFromTo verwendet werden, um Animationen „Bild für Bild" selbst zu erzeugen:

> „Bild für Bild"-Animationen: *Wähle zunächst eine Anzahl (typischerweise statischer) graphischer Primitive, die auf dem i-ten Einzelbild der Animation sichtbar sein sollen. Setze für jedes dieser Primitive das Attribut* VisibleFromTo=t[i]..t[i+1], *wobei* t[i]..t[i+1] *die Lebensdauer vom Zeitpunkt* t[i] *bis hin zum Zeitpunkt* t[i+1] *(in Sekunden) bezeichnet. Zeichne abschließend alle Einzelbilder mit Hilfe eines einzigen* plot*-Befehls in eine gemeinsame Graphik.*

Das folgende Beispiel verdeutlicht diese Vorgehensweise. Wir lassen zwei Punkte die Graphen der Sinus- bzw. der Cosinus-Funktion entlang wandern. Weil jedes Einzelbild der zu konstruierenden Animation aus zwei Punkten besteht, verwenden wir den Befehl plot::Group2d, um die Einzelbilder zu definieren. Die so erzeugte Gruppe graphischer Primitive leitet das Attribut VisibleFromTo an alle ihre Elemente weiter:

```
>> for i from 0 to 101 do
       t[i] := i/10;
   end_for:
   for i from 0 to 100 do
     x := i/100*PI;
     Einzelbild[i] := plot::Group2d(
           plot::Point2d([x, sin(x)], Color = RGB::Red),
           plot::Point2d([x, cos(x)], Color = RGB::Blue),
           VisibleFromTo = t[i]..t[i + 1]);
   end_for:
```

11. Graphik

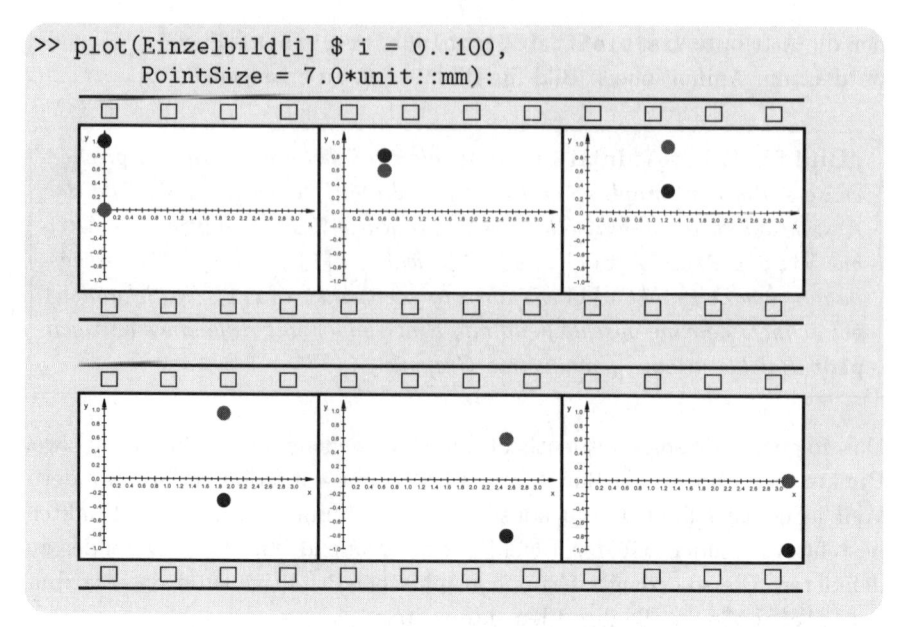

```
>> plot(Einzelbild[i] $ i = 0..100,
        PointSize = 7.0*unit::mm):
```

Diese „Bild für Bild"-Animation ist ein wenig aufwendiger zu erzeugen als eine dazu äquivalente objektweise Animation, wo jeder Punkt einzeln animiert ist (der Animationsparameter ist i):

```
>> delete i:
   plot(plot::Point2d([i/100*PI, sin(i/100*PI)],
                       i = 0..100, Color = RGB::Red),
        plot::Point2d([i/100*PI, cos(i/100*PI)],
                       i = 0..100, Color = RGB::Blue),
        Frames = 101, PointSize = 7.0*unit::mm):
```

Es gibt jedoch eine Art von Graphiken, wo derartige „Bild für Bild"-Animationen sehr nützlich sind. In der aktuellen Version der MuPAD-Graphik können keine neuen plot-Objekte zu einer bereits gezeichneten Graphik nachträglich hinzugefügt werden. Mit Hilfe des speziellen Sichtbarkeits-Attributs für statische Objekte können aber leicht Graphiken mit MuPAD erstellt werden, die den Eindruck vermitteln, als würden sie sukzessive aufgebaut. Dazu sind die Einzelbilder einer Animation mit statischen Objekten zu füllen, die nur für eine begrenzte Zeitspanne sichtbar sind. Die Dauer der Sichtbarkeit kann dabei vollständig vom Benutzer gesteuert werden. Zum Beispiel können statische Objekte nur für ein einziges Einzelbild der Animation sichtbar gemacht werden (VisibleFromTo), wodurch Bewegung simuliert werden kann.

Im folgenden Beispiel verwenden wir VisibleAfter, um die Zeichnung allmählich zu füllen. Wir demonstrieren die Kaustik, die von einfallendem Sonnenlicht in einer Teetasse erzeugt wird. Der Rand der Tasse, aufgefasst als

Spiegel, ist gegeben durch die Funktion $f(x) = -\sqrt{1-x^2}$, $x \in [-1, 1]$ (ein Halbkreis). Parallel zur y-Achse einfallende Sonnenstrahlen werden am Rand der Tasse reflektiert. Nachdem sie am Punkt $(x, f(x))$ reflektiert werden, schlagen die Strahlen die Richtung $(-1, -(f'(x) - 1/f'(x))/2)$ ein, falls x positiv ist und $(1, (f'(x) - 1/f'(x))/2)$, falls x negativ ist. Alle Strahlen werden in der folgenden Graphik als Linien angedeutet. In der Animation werden die eintreffenden Strahlen zum Zeitpunkt $5\,x$ sichtbar, wobei x die Koordinaten der Punkte auf dem Rand der Tasse durchläuft, an denen die Strahlen reflektiert werden:

```
>> f := x -> -sqrt(1 - x^2):
   plot(// Die statische Konturlinie der Tasse:
        plot::Function2d(f(x), x = -1..1,
                         Color = RGB::Black),
        // Die eintreffenden Strahlen:
        plot::Line2d([x, 2], [x, f(x)],
                     VisibleAfter = 5*x
                     ) $ x in [-1 + i/20 $ i = 1..39],
        // Die nach rechts reflektierten Strahlen:
        plot::Line2d([x, f(x)],
                     [1, f(x)+(1-x)*(f'(x)-1/f'(x))/2],
                     VisibleAfter = 5*x
                     ) $ x in [-1 + i/20 $ i =  1..19],
        // Die nach links reflektierten Strahlen:
        plot::Line2d([x, f(x)],
                     [-1, f(x)-(x+1)*(f'(x)-1/f'(x))/2],
                     VisibleAfter = 5*x
                     ) $ x in [-1 + i/20 $ i = 21..39],
        LineColor = RGB::Orange,
        ViewingBox = [-1..1, -1..1]):
```

11.9.7 Beispiele

Beispiel 1: Wir erzeugen eine 2D-Animation, die eine Funktion $f(x)$ zusammen mit dem Integral $F(x) = \int_0^x f(y)\,dy$ zeigt. Die Fläche zwischen dem Graph der Funktion $f(x)$ und der x-Achse wird als animierte schraffierte Fläche dargestellt. Der aktuelle Wert der Funktion $F(x)$ wird als animierter Text dargestellt:

```
>> DIGITS := 2:
   // Die Funktion f(x):
   f := x -> cos(x^2):
   // Das unbestimmte Integral von 0 bis x:
   F := x -> numeric::int(f(y), y = 0..x):
   // Graph der Funktion f(x):
   g := plot::Function2d(f(x), x = 0..6,
                         Color = RGB::Blue):
   // Graph der Funktion F(x):
   G := plot::Function2d(F(x), x = 0..6,
                         Color = RGB::Black):
   // Ein Punkt, der sich entlang des Graphen
   // der Funktion F(x) bewegt:
   p := plot::Point2d([a, F(a)], a = 0..6,
                      Color = RGB::Black):
   // Schraffierter Bereich, der sich vom Ursprung
   // bis hin zum Punkt p erstreckt:
   h := plot::Hatch(g, 0, 0 ..a, a = 0..6,
                    Color = RGB::Red):
   // Rechte Begrenzungslinie des schraffierten
   // Bereichs:
   l := plot::Line2d([a, 0], [a, f(a)], a = 0..6,
                     Color = RGB::Red):
   // Gestrichelte vertikale Linie von f(x) zu F(x):
   L1 := plot::Line2d([a, f(a)], [a, F(a)], a = 0..6,
                      Color = RGB::Black,
                      LineStyle = Dashed):
   // Gestrichelte vertikale Linie von der y-Achse zu F(x):
   L2 := plot::Line2d([-0.1, F(a)], [a, F(a)], a = 0..6,
                      Color = RGB::Black,
                      LineStyle = Dashed):
   // Aktueller Wert von F(x) an dem beweglichen Punkt p:
   t := plot::Text2d(a -> F(a), [-0.2, F(a)], a = 0..6,
                     HorizontalAlignment = Right):
```

11.9 Animationen

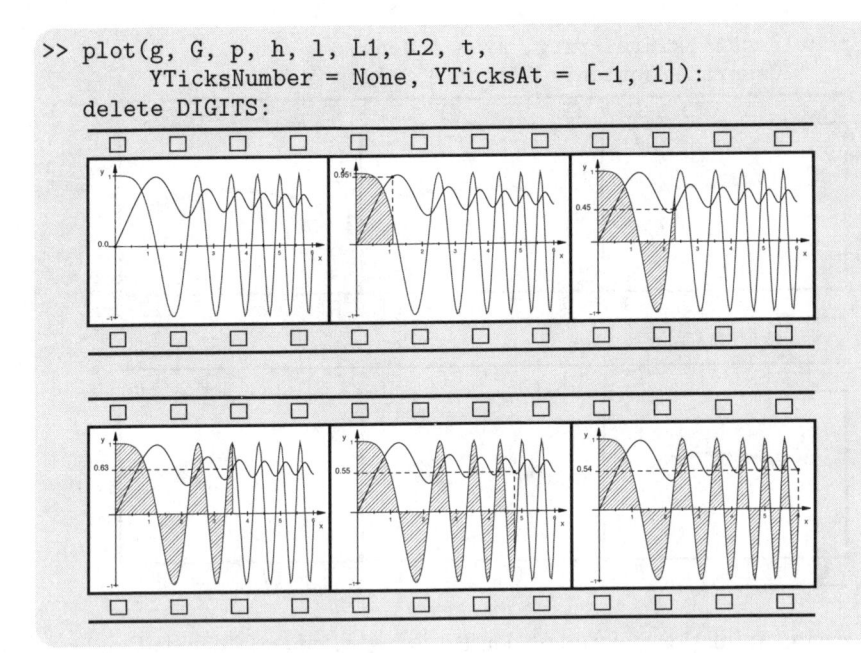

```
>> plot(g, G, p, h, l, L1, L2, t,
        YTicksNumber = None, YTicksAt = [-1, 1]):
   delete DIGITS:
```

Beispiel 2: Wir erzeugen zwei 3D-Animationen. Die erste beginnt mit einem rechteckigen Streifen, der zu einem Kreisring in der x-y-Ebene deformiert wird.

```
>> c := a -> 1/2 *(1 - 1/sin(PI/2*a)):
   Farbe := (u, v, x, y, z) ->
              [(u - 0.8)/0.4, 0, (1.2 - u)/0.4]:
   Rechteck2Kreisring := plot::Surface(
       [c(a) + (u-c(a))*cos(PI*v), (u-c(a))*sin(PI*v), 0],
       u = 0.8..1.2, v = -a..a, a = 1/10^10..1,
       FillColorFunction = Farbe, Mesh = [3, 40], Frames = 40):
```

264   11. Graphik

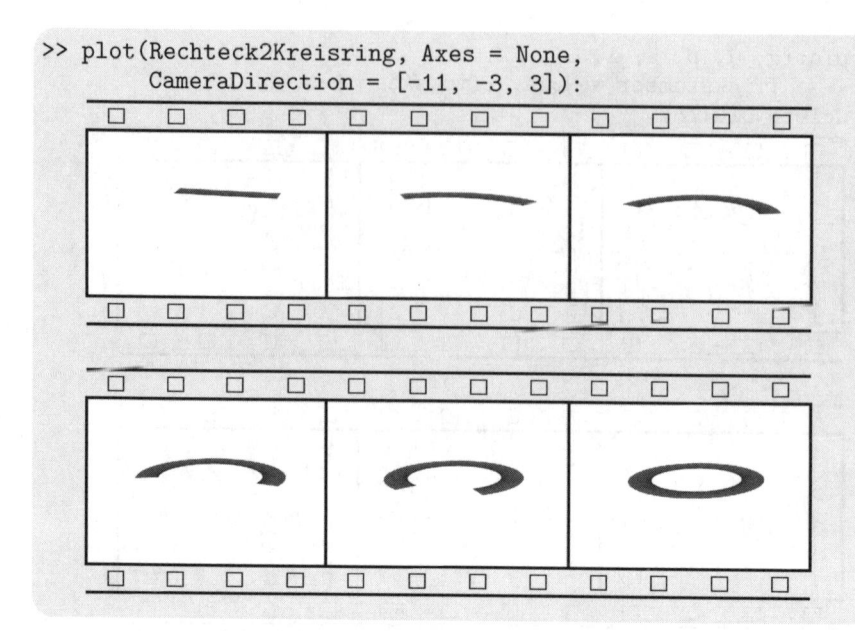

```
>> plot(Rechteck2Kreisring, Axes = None,
        CameraDirection = [-11, -3, 3]):
```

Die zweite Animation deformiert den Kreisring zu einem Moebius-Band:

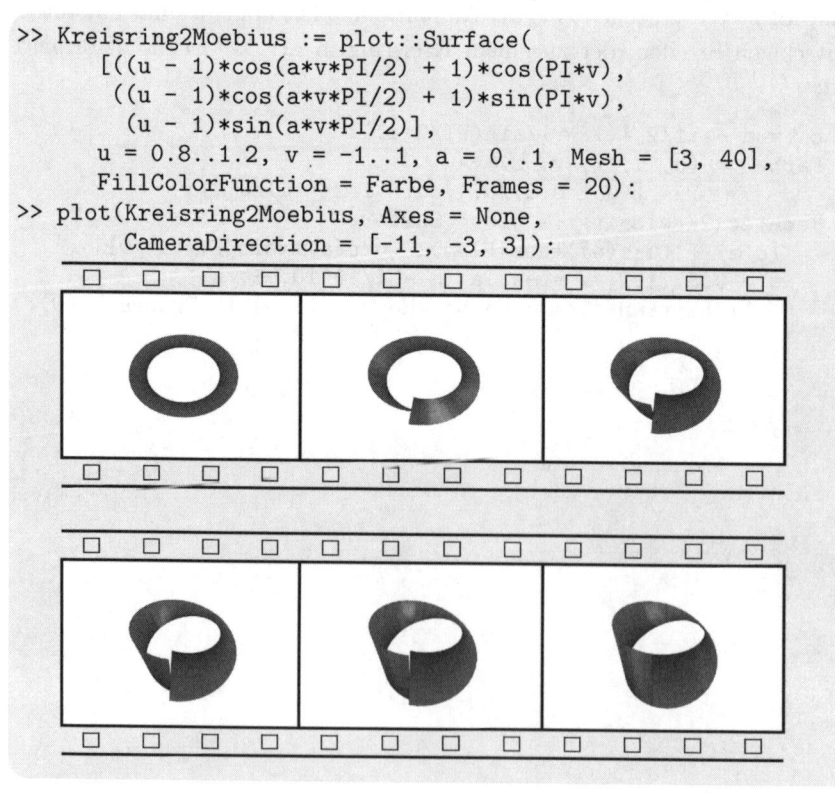

```
>> Kreisring2Moebius := plot::Surface(
     [((u - 1)*cos(a*v*PI/2) + 1)*cos(PI*v),
      ((u - 1)*cos(a*v*PI/2) + 1)*sin(PI*v),
      (u - 1)*sin(a*v*PI/2)],
     u = 0.8..1.2, v = -1..1, a = 0..1, Mesh = [3, 40],
     FillColorFunction = Farbe, Frames = 20):
>> plot(Kreisring2Moebius, Axes = None,
        CameraDirection = [-11, -3, 3]):
```

Das letzte Einzelbild der ersten Animation stimmt mit dem ersten Einzelbild der zweiten Animation überein. Um die beiden Animationen zu einer einzelnen Animation zu verbinden, setzen wir passende Sichtbarkeitsbereiche. Nach den ersten 5 Sekunden verschwindet das erste Animationsobjekt und das zweite wird sichtbar:

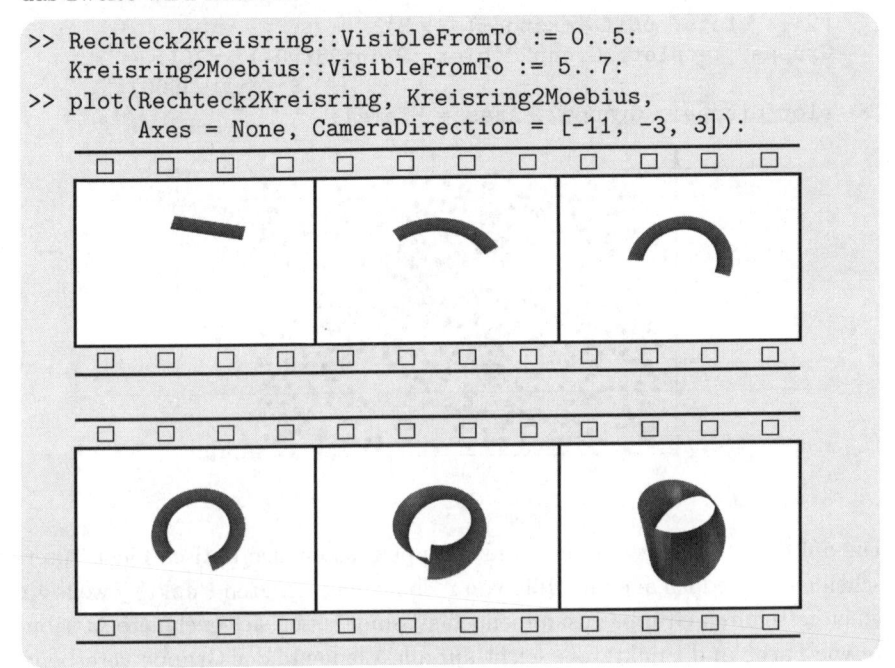

```
>> Rechteck2Kreisring::VisibleFromTo := 0..5:
   Kreisring2Moebius::VisibleFromTo := 5..7:
>> plot(Rechteck2Kreisring, Kreisring2Moebius,
        Axes = None, CameraDirection = [-11, -3, 3]):
```

11.10 Gruppen von Primitiven

Eine beliebige Anzahl von graphischen Primitiven in 2D oder in 3D lässt sich mit Hilfe von `plot::Group2d` bzw. `plot::Group3d` zu einer Gruppe zusammenfassen. Dies ist nützlich, wenn Werte bestimmter Attribute an alle Primitive einer Gruppe vererbt werden sollen.

266   11. Graphik

Im folgenden Beispiel werden Generatoren für Zufallszahlen mit verschiedenen Verteilungen visualisiert, die zufällig Punkte in der Ebene positionieren:

```
>> r1 := stats::normalRandom(0, 1):
   Gruppe1 := plot::Group2d(plot::Point2d(r1(), r1())
                                        $ i = 1..200):
   r2 := stats::uniformRandom(-3, 3):
   Gruppe2 := plot::Group2d(plot::Point2d(r2(), r2())
                                        $ i = 1..500):
>> plot(Gruppe1, Gruppe2, Axes = Frame):
```

Die auf diese Weise erzeugten Punktgruppen lassen sich optisch nicht unterscheiden. Da jedoch alle mit Hilfe von r1 bzw. r2 erzeugten Punkte jeweils zu einer getrennten Gruppe zusammengefasst sind, lassen sich geeignete Attribute wie Farbe und Punktgröße leicht auf alle Elemente der Gruppe vererben:

```
>> Gruppe1::PointColor := RGB::Red:
   Gruppe2::PointColor := RGB::Blue:
   Gruppe2::PointSize  := 0.7*unit::mm:
>> plot(Gruppe1, Gruppe2, Axes = Frame):
```

11.11 Transformationen

Affin-lineare Transformationen $\mathbf{x} \to A \cdot (\mathbf{x} + \mathbf{b})$ für einen Vektor $\mathbf{b}$ und eine Matrix A können auf graphische Objekte mit Hilfe so genannter Transformationsobjekte angewandt werden. Es besteht die Möglichkeit, spezielle Transformationen wie Translationen, Skalierungen und Rotationen durchzuführen, aber auch ganz allgemeine lineare Transformationen:

- `plot::Translate2d([b1,b2],Primitiv1,Primitiv2,...)` wendet die Translation $\mathbf{x} \to \mathbf{x} + \mathbf{b}$ mit dem Vektor $\mathbf{b} = (b_1, b_2)^T$ auf alle Punkte eines 2D-Primitivs an.

- `plot::Translate3d([b1,b2,b3],Primitiv1,...)` wendet die Translation $\mathbf{x} \to \mathbf{x} + \mathbf{b}$ mit dem Vektor $\mathbf{b} = (b_1, b_2, b_3)^T$ auf alle Punkte eines 3D-Primitivs an.

- `plot::Rotate2d(alpha,[c1,c2],Primitiv1,...)` dreht alle Punkte eines 2D-Primitivs gegen den Uhrzeigersinn um den gegebenen Winkel `alpha` um das Zentrum $(c_1, c_2)^T$.

- `plot::Rotate3d(alpha,[c1,c2,c3],[d1,d2,d3],Primitiv1,...)` dreht alle Punkte eines 3D-Primitivs um den Winkel `alpha` um die Rotationsachse, die über das Zentrum $(c_1, c_2, c_3)^T$ und die Richtung $(d_1, d_2, d_3)^T$ angegeben wird.

- `plot::Scale2d([s1,s2],Primitiv1,...)` wendet eine Skalierung auf alle Punkte eines 2D-Primitivs an, die durch die Diagonalmatrix $\mathrm{diag}(s_1, s_2)$ definiert ist.

- `plot::Scale3d([s1,s2,s3],Primitiv1,...)` wendet eine Skalierung auf alle Punkte eines 3D-Primitivs an, die durch die Diagonalmatrix $\mathrm{diag}(s_1, s_2, s_3)$ definiert ist.

- `plot::Transform2d([b1,b2],A,Primitiv1,...)` wendet die allgemeine lineare Transformation $\mathbf{x} \to A \cdot (\mathbf{x} + \mathbf{b})$, wobei $\mathbf{b} = (b_1, b_2)^T$ und A eine 2×2 Matrix ist, auf alle Punkte eines 2D-Primitivs an.

- `plot::Transform3d([b1,b2,b3],A,Primitiv1,...)` wendet die allgemeine lineare Transformation $\mathbf{x} \to A \cdot (\mathbf{x} + \mathbf{b})$, wobei $\mathbf{b} = (b_1, b_2, b_3)^T$ und A eine 3×3 Matrix ist, auf alle Punkte eines 3D-Primitivs an.

Die Achsen der Ellipsen `plot::Ellipse2d` sind parallel zu den Koordinatenachsen. Wir verwenden eine Drehung, um eine Ellipse mit einer anderen Orientierung zu erzeugen:

```
>> Zentrum := [1, 2]:
   Ellipse := plot::Ellipse2d(2, 1, Zentrum):
>> plot(plot::Rotate2d(PI/4, Zentrum, Ellipse))
```

Transformationsobjekte lassen sich animieren. Wir erzeugen eine Gruppe, die aus einer Ellipse und ihren Symmetrieachsen besteht. Eine animierte Drehung wird dann auf die gesamte Gruppe angewendet:

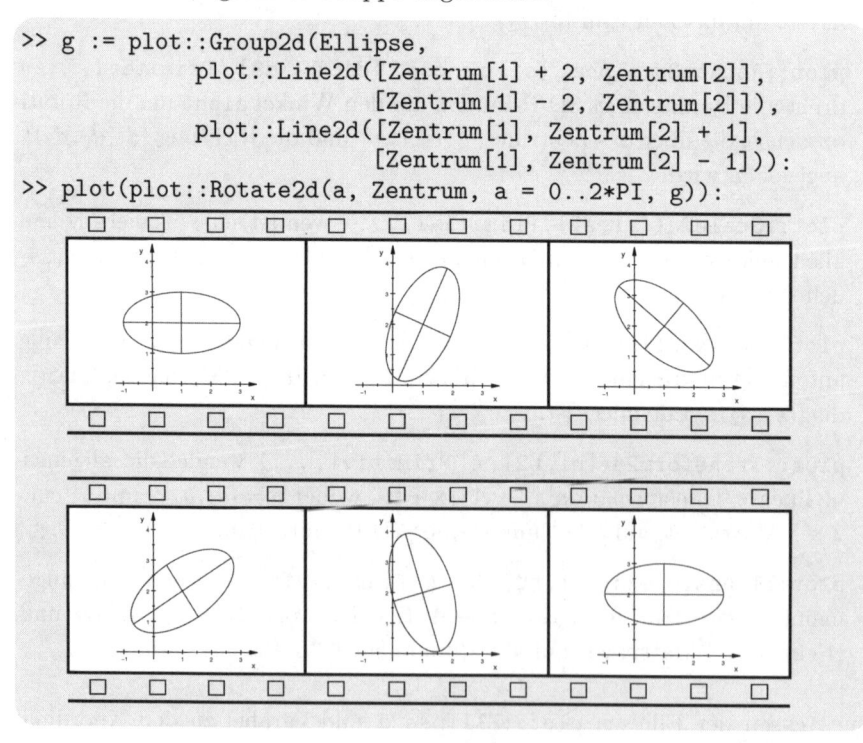

```
>> g := plot::Group2d(Ellipse,
            plot::Line2d([Zentrum[1] + 2, Zentrum[2]],
                         [Zentrum[1] - 2, Zentrum[2]]),
            plot::Line2d([Zentrum[1], Zentrum[2] + 1],
                         [Zentrum[1], Zentrum[2] - 1])):
>> plot(plot::Rotate2d(a, Zentrum, a = 0..2*PI, g)):
```

Die Objekte im Innern einer animierten Transformation lassen sich ebenfalls animieren. Die Animationen laufen dann unabhängig voneinander ab und können mit Hilfe passender Werte für TimeRange wie in Abschnitt 11.9.5 beschrieben synchronisiert werden.

11.12 Legenden

Im Rahmen von Beschriftungen für MuPAD-Graphiken sind auch Legenden verfügbar. Eine Legende ist eine kleine Tabelle, die ein Objekt mit einem erklärenden Text in Beziehung setzt.

```
>> f := 3*x*sin(2*x):
   g := 4*x^2*cos(x):
   h := sin(4*x)/x:
>> plotfunc2d(f, g, h, x = 0..PI/2):
```

Standardmäßig werden Legenden nur von plotfunc2d und plotfunc3d verwendet, ohne dass der Benutzer explizit angeben muss, dass eine Legende gezeichnet werden soll. Der Legendentext besteht dabei aus den Funktionstermen der Funktionen, die mit plotfunc2d bzw. plotfunc3d dargestellt werden.

11. Graphik

Wird mit Hilfe der `plot`-Bibliothek eine entsprechende Graphik erzeugt, so wird per Voreinstellung keine Legende eingezeichnet:

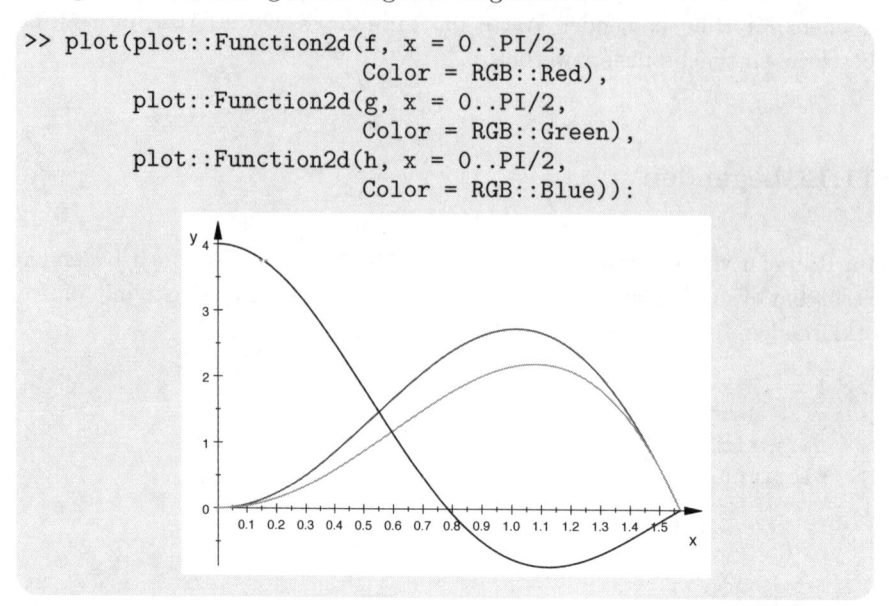

```
>> plot(plot::Function2d(f, x = 0..PI/2,
                     Color = RGB::Red),
        plot::Function2d(g, x = 0..PI/2,
                     Color = RGB::Green),
        plot::Function2d(h, x = 0..PI/2,
                     Color = RGB::Blue)):
```

Soll eine Legende angezeigt werden, so muss dies explizit beim Erzeugen der Graphik angegeben werden:

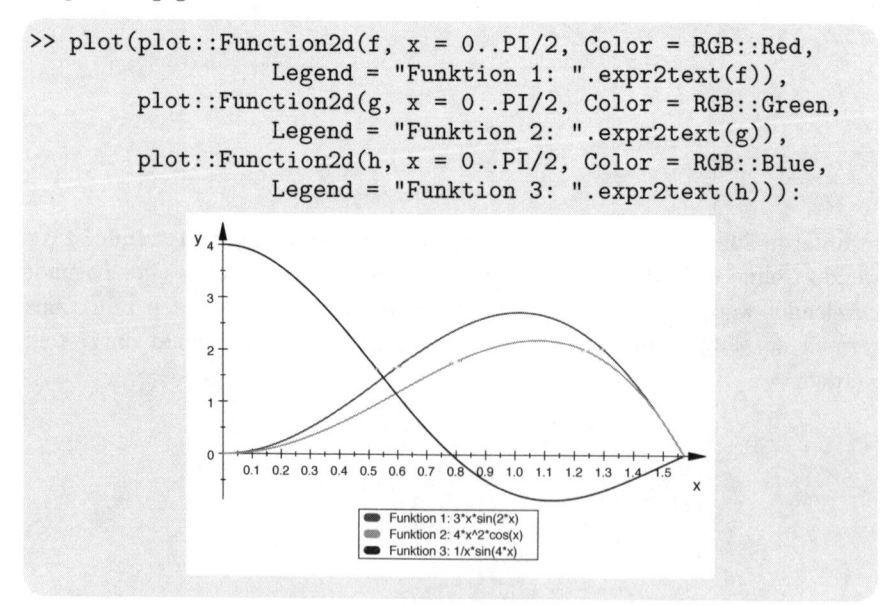

```
>> plot(plot::Function2d(f, x = 0..PI/2, Color = RGB::Red,
                Legend = "Funktion 1: ".expr2text(f)),
        plot::Function2d(g, x = 0..PI/2, Color = RGB::Green,
                Legend = "Funktion 2: ".expr2text(g)),
        plot::Function2d(h, x = 0..PI/2, Color = RGB::Blue,
                Legend = "Funktion 3: ".expr2text(h))):
```

Jedes graphische Primitiv akzeptiert das Attribut `Legend`. Wird dieses Attribut an ein Objekt übergeben, so werden mehrere Aktionen ausgelöst:

11.12 Legenden

- Das Objekt-Attribut `LegendText` wird auf den angegebenen Text gesetzt.
- Das Objekt-Attribut `LegendEntry` wird auf den Wert `TRUE` gesetzt.
- Ein Hint (Abschnitt 11.7.3) wird an die Szene gesandt, der bewirkt, dass diese das Attribut `LegendVisible = TRUE` verwendet.

Die Attribute `LegendText` und `LegendEntry` sind im Objekt-Browser sichtbar (siehe auch Abschnitt 11.5) und können dort interaktiv für jedes einzelne Primitiv verändert werden. Auch das der Szene zugehörige Attribut `LegendVisible` kann auf diesem Weg interaktiv im Objekt-Browser verändert werden.

Eine Legende kann maximal 20 Einträge enthalten. Enthält das `plot`-Kommando weitere Einträge, werden die überzähligen ignoriert. Weiterhin darf eine Legende nicht mehr als 50% der Höhe des Zeichenbereichs einnehmen. Es werden nur die Einträge angezeigt, die in diesen reservierten Raum passen, alle weiteren werden ignoriert.

Die folgende Tabelle fasst alle für Legenden relevanten Attribute zusammen:

Name des Attributs	mögliche Werte	Bedeutung	Voreinstellung
Legend	String	Setzt `LegendText` auf den gegebenen String und `LegendEntry` und `LegendVisible` auf `TRUE`.	
LegendEntry	TRUE, FALSE	Soll das Objekt in die Legende aufgenommen werden?	TRUE für Graphen, Kurven und Flächen, FALSE andernfalls
LegendText	String	Legendentext	
LegendVisible	TRUE, FALSE	Legende sichtbar/unsichtbar	TRUE für plotfunc2d/3d, FALSE sonst
LegendPlacement	Top, Bottom	Platzierung vertikal	Bottom
LegendAlignment	Left, Center, Right	Platzierung horizontal	Center
LegendFont	siehe 11.13, S. 272	Font für den Legendentext	Sans-Serif 8

Tabelle 11.15: Attribute für Legenden

11.13 Fonts (Schriftarten)

Die Attribute der plot-Bibliothek erlauben das Setzen der Zeichensätze AxesTitleFont, FooterFont, HeaderFont, LegendFont, TextFont, TicksLabelFont und TitleFont. Jeder solche Font wird durch eine Liste der folgenden Form in MuPAD angegeben:

[<Familie,> <Größe,> <Bold,> <Italic,> <Farbe,> <Ausrichtung>].

Hierbei ist Familie eine (in Anführungszeichen einzuschließende) Zeichenkette, die die Zeichensatzfamilie bezeichnet. Die Verfügbarkeit von Fonts hängt davon ab, welche Fonts auf dem jeweiligen Rechner, auf dem MuPAD benutzt wird, tatsächlich installiert sind. Typische Fonts auf Windows-Systemen sind "Times New Roman" (vom Typ "serif"), "Arial" (vom Typ "sans-serif"), oder "Courier New" (vom Typ "monospace").

Um herauszufinden, welche Fonts auf einem Windows-System installiert sind, kann man im Menü ‚Format' und dort im Untermenü ‚Zeichensatz ...' der Bedienoberfläche von MuPAD Pro nachschauen. Die erste Spalte in dem Font-Dialog listet die Namen aller Fonts auf, die auf dem jeweiligen System verfügbar sind.

Man kann neben den Bezeichnungen "Times New Roman" etc. auch einen der drei generischen Typen "serif", "sans-serif", oder "monospace" angeben, und das System wählt automatisch eine der verfügbaren Schriftarten des angegebenen Typs aus.

Für den Parameter Größe ist eine positive ganze Zahl anzugeben, welche die Schriftgröße in Punkten angibt.

Wird der Parameter Bold angegeben, wird die Schrift fett gedruckt.

Wird der Parameter Italic angegeben, wird die Schrift kursiv gedruckt.

Der Parameter Farbe stellt die RGB-Farbe der Schrift dar.

Der Parameter Ausrichtung bestimmt die Ausrichtung der Zeilen bei mehrzeiligem Text: Hier ist eine Optionen Left, Center oder Right für Linksausrichtung, zentrierte Schrift bzw. Rechtsausrichtung anzugeben.

Im folgenden Beispiel legen wir die Fonts für Über- und Unterschrift des Canvas-Objektes fest:

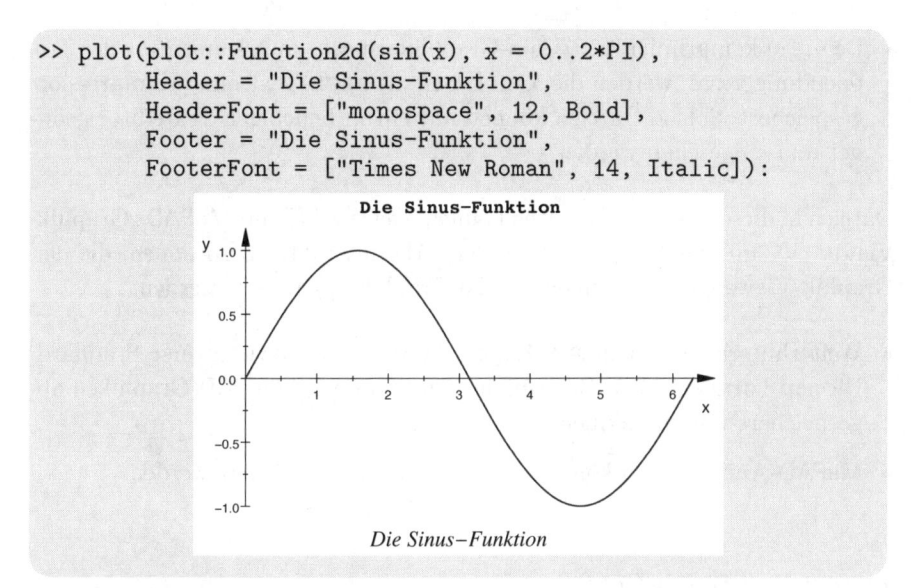

```
>> plot(plot::Function2d(sin(x), x = 0..2*PI),
        Header = "Die Sinus-Funktion",
        HeaderFont = ["monospace", 12, Bold],
        Footer = "Die Sinus-Funktion",
        FooterFont = ["Times New Roman", 14, Italic]):
```

Alle Font-Parameter sind optional; für nicht angegebene Werte werden Voreinstellungen verwendet. Zum Beispiel ist es möglich, ohne die Schriftart für eine Bildunterschrift festzulegen, die Schriftgröße explizit als 14 pt zu definieren:

```
>> plot(plot::Function2d(sin(x), x = 0..2*PI),
        Footer = "Die Sinus-Funktion", FooterFont = [14]):
```

11.14 Speichern und Exportieren von Graphiken

11.14.1 Interaktives Speichern und Exportieren

Der MuPAD-Kern verwendet ein XML-Format zur Kommunikation mit den graphischen Renderern. Üblicherweise sendet ein `plot`-Befehl in MuPAD einen XML-Datenstrom direkt an den Graphik-Viewer, der das Bild dann sofort darstellt.

Nach einem Doppelklick auf das Bild bietet der Graphik-Viewer ‚VCam' (Abschnitt 11.5) einen Menüeintrag ‚Bearbeiten/Exportieren...', der einen Dialog öffnet, mit dem das Bild in verschiedenen Graphikformaten abgespeichert werden kann:

- Beim ‚komprimierten VCam-Graphikformat', zu erkennen an der Dateiendung `.xvz`, werden die XML-Daten als komprimierter ASCII-Text gespeichert.

- Beim ‚unkomprimierten VCam-Graphikformat', zu erkennen an der Dateiendung .xvc, werden die XML-Daten als ASCII-Text ohne Kompression gespeichert. Solche Dateien können mit einem beliebigen Texteditor geöffnet und eingesehen werden.

Dateien in diesen beiden Formaten können nachträglich mit MuPADs Graphik-Viewer ‚VCam' wieder geöffnet werden. Alle interaktiven Aktionen, die der Graphik-Viewer bietet, können auf die Graphik angewandt werden.

- Weiterhin gibt es einen JVX-Export (Java View) sowie diverse Standard-Bitmap-Formate wie z. B. BMP, JPG etc., in denen MuPAD-Graphiken abgespeichert werden können.

- MuPAD-Animationen können als AVI-Dateien gespeichert werden.

11.14.2 Der Batch-Betrieb

MuPAD-Graphiken können im *Batch-Betrieb* abgespeichert werden, wenn das Attribut `OutputFile=Dateiname` in einem Aufruf des `plot`-Befehls verwendet wird. Die Graphik wird dann nicht auf dem Bildschirm angezeigt, sondern in der angegebenen Datei gespeichert:

```
>> plot(Primitiv1, Primitiv2, ...,
        OutputFile = "meinbild.xvz"):
```

In diesem Fall deutet die Endung .xvz des Dateinamens an, dass die XML-Daten in komprimierter Form in diese Datei geschrieben wird. Alternativ kann auch die Endung .xvc verwendet werden, bei der keine Datenkompression durchgeführt wird (die entstehende Datei ist eine ASCII-Datei, die mit jedem beliebigen Texteditor eingesehen werden kann). Beide Dateiformate lassen sich mit dem Graphik-Viewer ‚VCam' öffnen und interaktiv beeinflussen.

Hat die MuPAD-Umgebungsvariable `WRITEPATH` keinen Wert, so erzeugt der obige Aufruf auf Windows-Betriebssystemen die Datei in dem Verzeichnis, in dem MuPAD installiert ist. Ein absoluter Pfadname kann angegeben werden, um die Datei an einem beliebigen anderen Ort im Dateisystem zu speichern:

```
>> plot(Primitiv1, Primitiv2, ...,
        OutputFile = "C:\\Dokumente\\meinbild.xvz"):
```

11.14 Speichern und Exportieren von Graphiken

Alternativ kann auch ein Wert für die Umgebungsvariable `WRITEPATH` gesetzt werden:

```
>> WRITEPATH := "C:\\Dokumente":
   plot(Primitiv1, Primitiv2, ...,
        OutputFile = "meinbild.xvz"):
```

Jetzt wird die Graphik in der Datei ‚C:\Dokumente\meinbild.xvz' abgespeichert.

Wenn ein MuPAD-Notebook unter dem Betriebssystem Windows abgespeichert wurde, so ist der Pfad zu dem Ort im Dateisystem, an dem es abgelegt wurde, in der Umgebungsvariablen `NOTEBOOKPATH` abgespeichert. Soll eine Graphik in einem Notebook im selben Ordner abgespeichert werden wie das Notebook selbst, so erledigt dies der Aufruf

```
>> plot(Primitiv1, Primitiv2, ...,
        OutputFile = NOTEBOOKPATH."meinbild.xvz"):
```

Neben der Möglichkeit, Graphiken als XML-Daten abzuspeichern, können diese in verschiedenen Standardformaten wie etwa JPG, EPS, SVG, BMP etc. gespeichert werden. Im Batch-Betrieb können Graphiken in diesen Formaten ganz analog zur oben beschriebenen Vorgehensweise mit Hilfe des Attributs `OutputFile` abgespeichert werden: Es muss nur ein Dateiname und eine passende Dateiendung angegeben werden, die das Format, in dem die Graphik abgespeichert werden soll, angibt. Die folgenden vier Befehle dienen dazu, eine Graphik in den vier verschiedenen Dateiformaten JPG, EPS, SVG und BMP abzuspeichern:

```
>> plot(Primitiv1, ..., OutputFile = "meinbild.jpg"):
   plot(Primitiv1, ..., OutputFile = "meinbild.eps"):
   plot(Primitiv1, ..., OutputFile = "meinbild.svg"):
   plot(Primitiv1, ..., OutputFile = "meinbild.bmp"):
```

Eine animierte MuPAD-Graphik kann als AVI-Datei abgespeichert werden:

```
>> plot(plot::Function2d(exp(a*x), x = 0..1, a = -1..1),
        OutputFile = "meineanimation.avi"):
```

Wird keine Dateiendung angegeben, so wird per Voreinstellung eine .xvz-Datei mit den XML-Daten der Graphik angelegt.

Zusätzlich zu dem Attribut `OutputFile` erlaubt das Attribut `OutputOptions`, spezielle Parameter für die Export-Formate anzugeben. Die Hilfeseite dieses Attributs liefert detaillierte Informationen.

11.15 Importieren von Graphiken

MuPAD Pro 3.0 bietet nicht viele Werkzeuge, um Standard-Vektor-Graphiken zu importieren. Momentan ist das STL-Format das einzige Format aus diesem Bereich, das von MuPAD unterstützt wird. Es wird im Bereich der Stereolithographie verwendet und kann mit Hilfe von `plot::SurfaceSTL` in MuPAD importiert werden.

Im Gegensatz zu Vektor-Graphikformaten können jedoch zahlreiche Standard-Bitmap-Formate wie etwa BMP, GIF, JPG, PPM etc. in MuPAD importiert werden. Solche Dateien können mit Hilfe der Routine `import::readbitmap` eingelesen werden. Es wird dann ein MuPAD-Array von RGB-Farbwerten erzeugt, das direkt an die Funktion `plot::Raster` übergeben werden kann. So wird ein graphisches Objekt erzeugt, das sich in jede 2D-MuPAD-Graphik einfügen läßt. Zu beachten ist jedoch, dass das Importieren von Bitmap-Dateien relativ viel Speicher benötigt, d. h., nur relativ kleine Bitmap-Dateien (bis hin zu ein paar hundert Pixeln in jeder Richtung) sollten importiert werden.

Im folgenden Beispiel zeichnen wir die Wahrscheinlichkeitsfunktion und die kumulative Dichtefunktion der Gaußschen Standardnormalverteilung. Als Tribut an Carl Friedrich Gauß wollen wir ein Bild von ihm mit in der Graphik positionieren. Wir nehmen an, wir haben ein solches Bild als PPM-Datei mit dem Namen ‚Gauss.ppm' vorliegen. Wir importieren das Bild mit der Routine `import::readbitmap`:

```
>> [Breite, Hoehe, gauss] := import::readbitmap("Gauss.ppm"):
```

Wir verwenden das Attribut `Scaling=Constrained`, damit das Bildseitenverhältnis originalgetreu beibehalten wird und kein Verzerrungseffekt entsteht. Leider ist dieses Attribut für die Darstellung der Funktionen nicht angemessen. Also verwenden wir zwei verschiedene Szenen, die wir mittels `Layout=Relative` in einem gemeinsamen Canvas-Objekt positionieren (siehe auch Abschnitt ‚Layout von Canvas-Objekten und Szenen' der Online-plot-Dokumentation):

```
>> pdf := stats::normalPDF(0, 1):
   cdf := stats::normalCDF(0, 1):
>> plot(plot::Scene2d(plot::Function2d(pdf(x), x = -4..7),
                      plot::Function2d(cdf(x), x = -4..7),
                      Width = 1, Height = 1),
        plot::Scene2d(plot::Raster(gauss),
                      Scaling = Constrained,
                      Width = 0.3, Height = 0.6,
                      Bottom = 0.25, Left = 0.6,
                      BorderWidth = 0.5*unit::mm,
                      Footer = "C.F. Gauß",
                      FooterFont = [8]),
        Layout = Relative):
```

11.16 Kamera-Objekte in 3D

Das Modell für 3D-Graphiken schließt einen Beobachter an einer bestimmten Position der graphischen Szene ein. Die Linse seiner Kamera hat einen speziellen Öffnungswinkel und ist auf einen speziellen Fokuspunkt gerichtet. Die Parameter „Position", „Fokuspunkt" und „Öffnungswinkel" bestimmen das Bild, das von der Kamera eingefangen wird.

Wird eine 3D-Graphik mit MuPAD erzeugt, so wird per Voreinstellung eine Kamera an einer automatisch gewählten Position der Szene angebracht. Ihr Fokuspunkt wird als Zentrum der graphischen Szene gewählt. Der interaktive Graphik-Viewer erlaubt das Drehen der Szene, was in MuPAD intern als ein Wechsel der Kamera-Position realisiert wird. Auch interaktiver Zoom wird durch Vor- bzw. Zurückbewegen der Kamera relativ zur Szene erreicht.

11. Graphik

Neben den Möglichkeiten der interaktiven Bewegung der Kamera kann ihre Position, der Blickwinkel etc. auch bereits beim Erzeugen der graphischen Szene im entsprechenden MuPAD-Befehl mit angegeben werden. Eine Möglichkeit besteht darin, die Richtung, in der die Kamera angebracht werden soll, mit Hilfe des Attributs CameraDirection explizit anzugeben:

```
>> plot(plot::Function3d(sin(x + y^3), x = -1..1, y = -1..1),
        CameraDirection = [-25, 20, 30]):
```

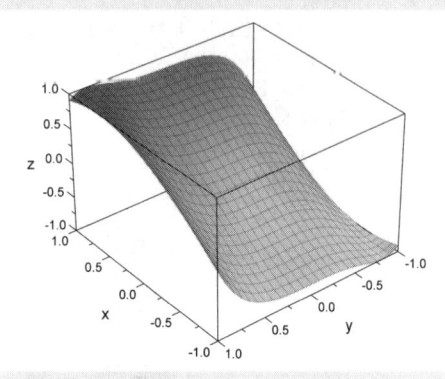

```
>> plot(plot::Function3d(sin(x + y^3), x = -1..1, y = -1..1),
        CameraDirection = [10, -40, 10]):
```

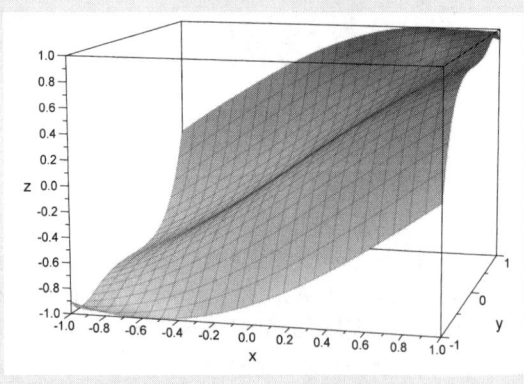

In den obigen Aufrufen wird die Position der Kamera nicht vollständig über das Attribut CameraDirection spezifiziert. Das Attribut sorgt lediglich dafür, dass die Kamera in weiter Distanz von der Szene entlang desjenigen Strahls positioniert wird, dessen Richtung durch das Attribut CameraDirection in Form der 3-elementigen Liste [-25, 20, 30] bzw. [10, -40, 10] vorgegeben wird. Der tatsächliche Abstand von der Szene wird automatisch bestimmt, so dass sie den gesamten Sichtbereich optimal ausfüllt.

11.16 Kamera-Objekte in 3D

Für eine vollständige Spezifikation der Kameraposition muss auf Objekte vom Typ `plot::Camera` zurückgegriffen werden, die dann die Angabe von Kameraposition, Fokuspunkt und Öffnungswinkel der Linse erlauben:

```
>> Kameraposition := [-5, -10, 5]:
   Fokuspunkt := [0, 0, 0]:
   Oeffnungswinkel := PI/12:
   Kamera := plot::Camera(Kameraposition, Fokuspunkt,
                          Oeffnungswinkel):
```

Dieses Kamera-Objekt kann wie jedes beliebige andere graphische Objekt an den `plot`-Befehl zur Darstellung von Graphiken übergeben werden. Ist ein Kamera-Objekt für eine graphischen Szene angegeben, so übernimmt es automatisch die Sicht des Betrachters auf die Szene, d. h., die automatische Kameraeinstellung wird nicht verwendet:

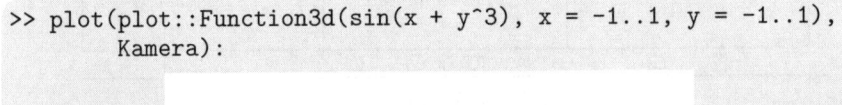

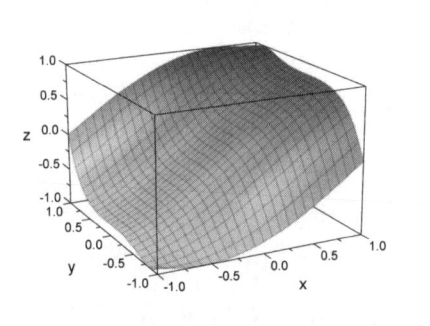

```
>> plot(plot::Function3d(sin(x + y^3), x = -1..1, y = -1..1),
        Kamera):
```

Wie der Großteil aller anderen Objekte der `plot`-Bibliothek lassen sich auch Kamera-Objekte animieren:

```
>> Kamera := plot::Camera(
       [3*cos(a), 3*sin(a), 1+cos(2*a)], [0, 0, 0],
       PI/3, a = 0..2*PI, Frames = 100):
```

Setzen wir das animierte Kamera-Objekt in eine graphische Szene ein, so erhalten wir eine animierte Graphik, die einen „Flug" durch die 3D-Szene simuliert:

280   11. Graphik

```
>> plot(plot::Function3d(sin(x + y^3), x = -1..1, y = -1..1),
        Kamera):
```

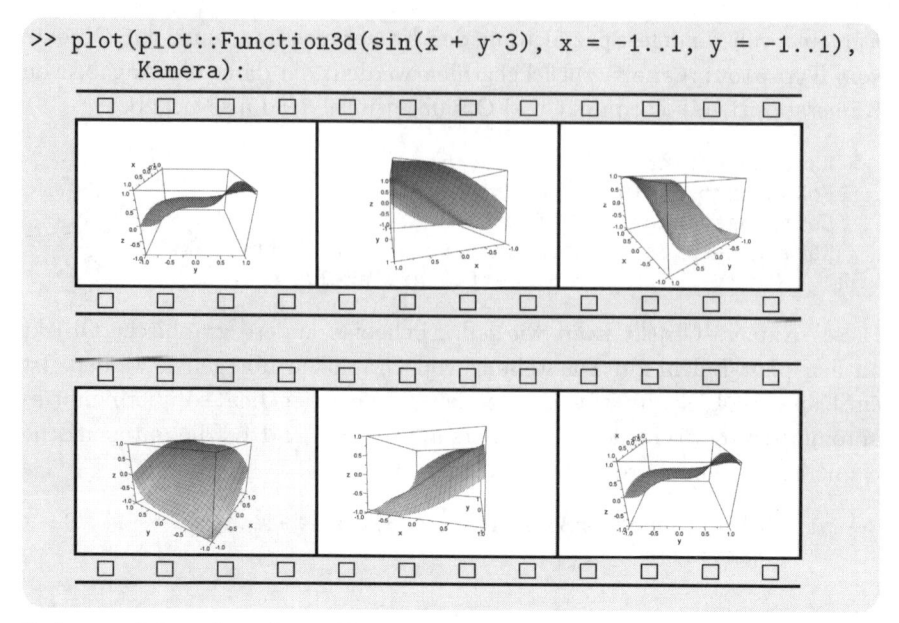

Es lassen sich auch mehrere Kameras gleichzeitig installieren, wobei zunächst die erste der an den plot-Befehl übergebenen Kameras verwendet wird. Man kann im Objekt-Browser des Graphik-Viewers (siehe Abschnitt 11.5) interaktiv eine der anderen Kameras selektieren, welche dann übernimmt und eine andere Sicht auf die Szene gewährt.

Im folgenden betrachten wir ein komplexeres Beispiel: den so genannten „Lorenz-Attraktor". Die Lorenz-Differentialgleichung ist das System

$$\frac{\mathrm{d}}{\mathrm{d}t}\begin{pmatrix} x \\ y \\ z \end{pmatrix} = \begin{pmatrix} p \cdot (y - x) \\ -x \cdot z + r \cdot x - y \\ x \cdot y - b \cdot z \end{pmatrix}$$

mit festen Parametern p, r, b. Als dynamisches System für $Y = [x, y, z]$ müssen wir die gewöhnliche Differentialgleichung $\mathrm{d}Y/\mathrm{d}t = f(t, Y)$ mit dem folgenden Vektorfeld lösen:

```
>> f := proc(t, Y)
        local x, y, z;
        begin
          [x, y, z] := Y:
          [p*(y - x), -x*z + r*x - y, x*y - b*z]
        end_proc:
```

11.16 Kamera-Objekte in 3D

Wir betrachten die folgenden Werte für die Parameter p, r, b und die Anfangsbedingung Y0:

```
>> p := 10: r := 28: b := 1: Y0 := [1, 1, 1]:
```

Die Funktion `plot::Ode3d` liefert eine graphische Lösung eines dynamischen Systems in 3D. Intern wird die zugehörige Differentialgleichung numerisch gelöst und daraus graphische Daten zur Visualisierung berechnet. Die graphischen Daten werden in Form von „Generatoren" (Prozeduren) angegeben, die einen Lösungspunkt (t, Y) auf einen Punkt (x, y, z) in 3D abbilden. Der folgende Generator `Gxyz` erzeugt eine Phasenraum-Darstellung der Lösung in 3D. Der Generator `Gyz` projiziert die Lösungskurve auf die y-z-Ebene mit $x = -20$; der Generator `Gxz` projiziert die Lösungskurve auf die x-z-Ebene mit $y = -20$; der Generator `Gxy` projiziert die Lösungskurve auf die x-y-Ebene mit $z = 0$.

```
>> Gxyz := (t, Y) -> Y:
   Gyz := (t, Y) -> [-20, Y[2], Y[3]]:
   Gxz := (t, Y) -> [Y[1], -20, Y[3]]:
   Gxy := (t, Y) -> [Y[1], Y[2], 0]:
```

Mit diesen Generatoren erzeugen wir nun eine 3D-Graphik, die aus der Lösungskurve und ihren Projektionen auf die entsprechenden Ebenen besteht. Die Berechnung der graphischen Daten benötigt etwa eine halbe Minute auf einem Rechner mit 1 GHz:

```
>> Objekt := plot::Ode3d(f, [i/10 $ i=1..500], Y0,
      [Gxyz, Style = Splines, Color = RGB::Red],
      [Gyz, Style = Splines, Color = RGB::LightGrey],
      [Gxz, Style = Splines, Color = RGB::LightGrey],
      [Gxy, Style = Splines, Color = RGB::LightGrey]):
```

Wir definieren ein animiertes Kamera-Objekt, das sich um die Szene herumbewegt:

```
>> Kamera := plot::Camera(
      [-1 + 100*cos(a), 6 + 100*sin(a), 120],
      [-1, 6, 25], PI/6, a = 0..2*PI, Frames = 250):
```

Der folgende Aufruf der Funktion `plot` benötigt wiederum etwa eine halbe Minute auf einem Rechner mit 1 GHz Prozessorleistung:

11. Graphik

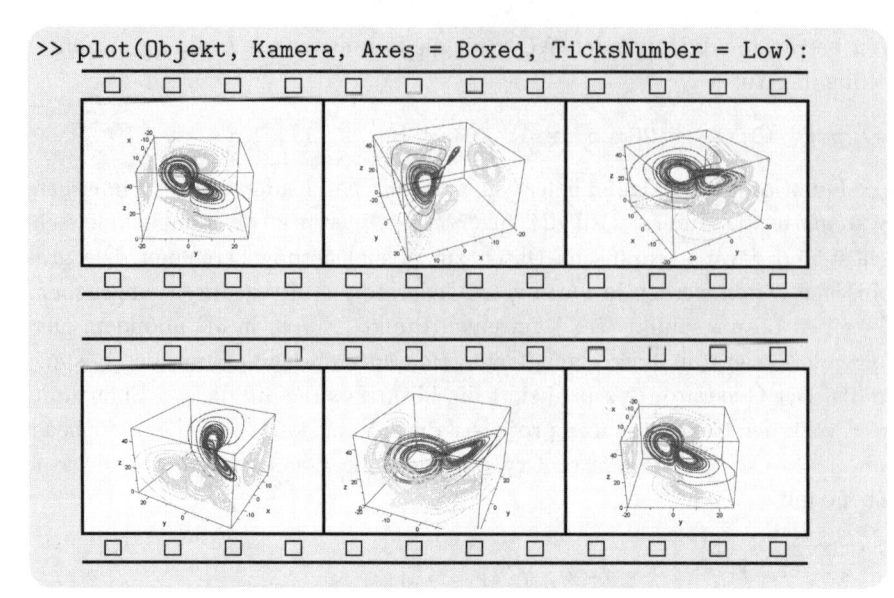

```
>> plot(Objekt, Kamera, Axes = Boxed, TicksNumber = Low):
```

Als nächstes möchten wir *einen Flug entlang des Lorenz-Attraktors* mit MuPAD erleben. Wir können hierzu die Funktion `plot::Ode3d` nicht verwenden, denn wir benötigen die numerischen Daten des Attraktors, um ein passendes Kamera-Objekt definieren zu können.

Wir verwenden den numerischen Löser `numeric::odesolve2` für gewöhnliche Differentialgleichungen und berechnen eine Liste von numerischen Stützpunkten auf dem Lorenz-Attraktor. Die Berechnung benötigt etwa eine halbe Minute auf einem 1 GHz Rechner:

```
>> Y := numeric::odesolve2(f, 0, Y0, RememberLast):
   ZeitNetz := [i/50 $ i = 0..2000]:
   Y := [Y(t) $ t in ZeitNetz]:
```

Ähnlich zu der obigen Graphik definieren wir einen Quader um den Attraktor, der die Projektionen der Lösungskurve auf die zu den Koordinatenebenen parallelen Ebenen (siehe oben) zeigt:

```
>> Quader := [-15, 20, -20, 26, 1, 50]:
   Yyz := map(Y, pt -> [Quader[1], pt[2], pt[3]]):
   Yxy := map(Y, pt -> [pt[1], pt[2], Quader[5]]):
   Yxz := map(Y, pt -> [pt[1], Quader[3], pt[3]]):
```

Jetzt erzeugen wir ein animiertes Kamera-Objekt mit Hilfe eines Animationsparameters `a`, der den Indizes der Elemente der Liste `Y` der numerischen Stützpunkte entspricht. Die folgende Prozedur liefert die i-te Koordinate ($i = 1, 2, 3$) des a-ten Punktes in der Liste der Stützpunkte zurück:

```
>> Punkt := proc(a, i)
   begin
     if domtype(float(a)) <> DOM_FLOAT then
         procname(args());
     else Y[round(a)][i];
     end_if;
   end_proc:
```

Im a-ten Einzelbild der Animation befindet sich die Kamera am a-ten Stützpunkt des Lorenz-Attraktors. Sie ist auf den nächsten Stützpunkt gerichtet. Setzen wir `TimeRange=0..n/10`, so durchläuft die Kamera etwa 10 verschiedene Positionen pro Sekunde:

```
>> n := nops(ZeitNetz) - 1:
   plot(plot::Scene3d(
     plot::Camera([Punkt(a, i) $ i = 1..3],
                  [Punkt(a + 1, i) $ i = 1..3],
                  PI/4, a = 1..n, Frames = n,
                  TimeRange = 0..n/10),
     plot::Polygon3d(Y, LineColor = RGB::Red,
                     PointsVisible = TRUE),
     plot::Polygon3d(Yxy, LineColor = RGB::DimGrey),
     plot::Polygon3d(Yxz, LineColor = RGB::DimGrey),
     plot::Polygon3d(Yyz, LineColor = RGB::DimGrey),
     plot::Box(Quader[1]..Quader[2], Quader[3]..Quader[4],
               Quader[5]..Quader[6], Filled = TRUE,
               LineColor = RGB::Black,
               FillColor = RGB::Grey.[0.1]),
     BackgroundStyle = Flat)):
```

11.17 Seltsame Effekte bei 3D-Graphiken? Beschleunigtes OpenGL?

Ab **MuPAD** Version 3.0 wird zur Darstellung von 3D-Graphiken die OpenGL-Bibliothek verwendet. OpenGL ist ein weit verbreiteter Graphik-Standard, und auf (nahezu) jedem Computer mit dem Betriebssystem Windows sind entsprechende Treiber installiert.

Per Voreinstellung verwendet **MuPAD** Pro unter Windows Sofwtare-OpenGL-Treiber, die durch das Windows-System von Haus aus bereitgestellt werden. In Abhängigkeit von der Graphik-Karte des Rechners können auch alternative OpenGL-Treiber installiert sein, die unter Umständen durch Hardware-Beschleunigung einen Geschwindigkeitszuwachs bei der graphischen Darstellung erreichen.

MuPADs 3D-Graphik wurde mit bestimmten Standard-OpenGL-Treibern getestet. Die Vielzahl verschiedener OpenGL-Treiber, die auf dem Markt erhältlich sind, führen zu qualitativen Unterschieden bei der Darstellung von 3D-Graphiken, so dass in seltenen Fällen in 3D „merkwürdige Effekte" auftreten können.

Wurde eine 3D-Graphik in einem **MuPAD** Pro Notebook per Doppelklick aktiviert, so erscheint u. a. ein ‚Hilfe'-Menü. Der darin enthaltene Eintrag ‚OpenGL-Info ...' zeigt an, welcher OpenGL-Treiber aktuell verwendet wird. Per Voreinstellung verwendet **MuPAD** die OpenGL-Treiber von Microsoft, die die installierte Version des Windows-Betriebssystems von sich aus bereitstellt (angezeigt als ‚Renderer: GDI Generic', ‚Beschleunigung: Not Accelerated (Software)'). Hier lassen sich auch Informationen darüber finden, wie viele Lichtquellen und *Clipping*-Ebenen der verwendete Treiber maximal unterstützt.

Über den Eintrag ‚Optionen ...' im Menü ‚Ansicht' kann ein Dialog geöffnet werden, der die Verwendung von „beschleunigtem" OpenGL erlaubt (Hardware-Beschleunigung), sofern entsprechende Treiber für die verwendete Graphik-Karte installiert sind.

Sollten also „merkwürdige Effekte" bei 3D-Graphiken auftreten, so wird empfohlen, über das Menü ‚Hilfe'/‚OpenGL-Info ...' zunächst festzustellen, welcher Treiber für OpenGL aktuell verwendet wird, und anschließend über das Menü ‚Ansicht'/‚Optionen ...' die Hardware-Beschleunigung an- oder abzustellen.

12. Der „History"-Mechanismus

Jede Eingabe an MuPAD liefert nach Auswertung durch das System ein Ergebnis. Unabhängig von der Ausgabe kann mit der Funktion `last` später auf diesen Wert zugegriffen werden, da die berechneten MuPAD-Objekte intern in einer so genannten *Ergebnistabelle* (im englischen Sprachgebrauch: *history table*) gespeichert werden. Der Befehl `last(1)` liefert dann das letzte Ergebnis zurück, `last(2)` das vorletzte Ergebnis usw. Statt `last(i)` kann man auch das äquivalente kürzere Symbol `%i` benutzen. Zusätzlich existiert die Abkürzung `%` für `%1` bzw. `last(1)`. Damit kann die Eingabe

```
>> f := diff(ln(ln(x)), x): int(f, x)
```

auch so dem System übergeben werden:

```
>> diff(ln(ln(x)), x): int(%, x)
```

So kann auf Zwischenergebnisse zurückgegriffen werden, die keinem Bezeichner zugewiesen wurden. Bemerkenswerterweise kann die Verwendung von `last` die Rechenzeit bestimmter Auswertungen auf interaktiver Ebene verkürzen. Im folgenden Beispiel wird zunächst versucht, ein bestimmtes Integral symbolisch auszurechnen. Nachdem MuPAD keine symbolische Lösung findet, wird eine numerische Lösung versucht:

```
>> f := int(sin(x)*exp(x^3)+x^2*cos(exp(x)), x = 0..1)
```

$$\int_0^1 x^2 \cos\left(\mathrm{e}^x\right) + \sin\left(x\right) \mathrm{e}^{x^3} \, \mathrm{d}x$$

```
>> Startzeit := time():
   float(f);
   (time() - Startzeit)*msek
```

    0.5356260737

    750 msek

Die Funktion `time` gibt die Gesamtzeit (in Millisekunden) zurück, die das System seit Beginn der Sitzung verbraucht hat. Die angezeigte Zeitdifferenz entspricht also der Zeit zur Berechnung des numerischen Integrals. In dieser Situation kann die Berechnung durch die Verwendung von `last` dramatisch beschleunigt werden:

```
>> f := int(sin(x)*exp(x^3)+x^2*cos(exp(x)), x = 0..1)
```
$$\int_0^1 x^2 \cos(e^x) + \sin(x)\, e^{x^3}\, dx$$
```
>> Startzeit := time():
   float(%2);
   (time() - Startzeit)*msek
```
0.5356260737

40 msek

Der Geschwindigkeitsgewinn durch Verwendung von `last` beruht in diesem Fall darauf, dass die durch `last(i)` bzw. `%i` bzw. `%` referenzierten Objekte *nicht erneut ausgewertet werden*. Damit bilden `last`-Aufrufe eine Ausnahme von der sonst üblichen vollständigen Auswertung auf interaktiver Ebene (Abschnitt 5.2):

```
>> delete x: sin(x): x := 0: %2
```
$\sin(x)$

Die vollständige Auswertung kann mit `eval` erzwungen werden:

```
>> delete x: sin(x): x := 0: eval(%2)
```
0

Beachten Sie, dass sich der Wert von `last(i)` von der *sichtbaren* i-ten vorherigen Ausgabe unterscheiden kann, wenn Zwischenergebnisse durch Abschluss mit einem Doppelpunkt nicht auf dem Bildschirm erscheinen. Bedenken Sie weiterhin, dass der Wert des Ausdrucks `last(i)` sich während einer Berechnung permanent ändert:

```
>> 1: last(1) + 1; last(1) + 1
```
2

3

Die Umgebungsvariable `HISTORY` bestimmt die Anzahl der Ergebnisse, die MuPAD sich während einer Sitzung merkt und auf die mit `last` zurückgegriffen werden kann:

```
>> HISTORY
   20
```

Diese Voreinstellung bedeutet, dass MuPAD sich beim interaktiven Gebrauch die letzten 20 Ausdrücke merkt. Man kann diese Voreinstellung natürlich durch Zuweisung eines neuen Wertes an HISTORY ändern. Dies kann sinnvoll sein, wenn MuPAD mit großen Objekten (wie z. B. Matrizen sehr hoher Dimension) umgehen muss, die einen signifikanten Teil des Hauptspeichers belegen. Kopien dieser Objekte werden in der Ergebnistabelle gespeichert und brauchen noch zusätzlichen Platz. In solchen Fällen kann man die Speicherauslastung dadurch reduzieren, dass man kleine Werte für HISTORY wählt. HISTORY bestimmt nur den Wert der interaktiven „Erinnerungstiefe". Innerhalb von Prozeduren kann prinzipiell nur auf die letzten 3 Ergebnisse zugegriffen werden.

Es wird stark empfohlen, last nur interaktiv zu benutzen. Die Verwendung von last innerhalb von Prozeduren wird als schlechter Programmierstil betrachtet und sollte vermieden werden. Seit MuPAD 2.0 bietet die Verwendung von last auch keine Geschwindigkeitsvorteile mehr gegenüber lokalen Variablen.

13. Ein- und Ausgabe

13.1 Ausdrücke ausgeben

Nicht alle von MuPAD berechneten Ergebnisse werden auf dem Bildschirm dargestellt. Typische Beispiele sind die Befehle in `for`-Schleifen (Kapitel 16) oder innerhalb von Prozeduren (Kapitel 18): Nur das Endergebnis (das Ergebnis des letzten Befehls) wird ausgegeben, die Ausgabe der Zwischenergebnisse wird unterdrückt. Man hat aber durchaus die Möglichkeit, sich die Zwischenschritte anzeigen zu lassen oder die Art der Ausgabe zu ändern.

13.1.1 Ausdrücke auf dem Bildschirm ausgeben

Mit der Funktion `print` können MuPAD-Objekte auf dem Bildschirm ausgegeben werden:

```
>> for i from 1 to 2 do
     print("Die ", i, "-te Primzahl ist ", ithprime(i))
   end_for
              "Die ", 1, "-te Primzahl ist ", 2

              "Die ", 2, "-te Primzahl ist ", 3
```

Hierbei berechnet `ithprime(i)` die i-te Primzahl. Der ausgegebene Text wurde in Anführungsstrichen eingeschlossen, was mit der Option `Unquoted` unterdrückt werden kann:

```
>> for i from 1 to 2 do
     print(Unquoted,
           "Die ", i, "-te Primzahl ist ", ithprime(i))
   end_for
                Die , 1, -te Primzahl ist , 2

                Die , 2, -te Primzahl ist , 3
```

Mit den in Abschnitt 4.11 vorgestellten Hilfsmitteln zur Manipulation von Zeichenketten kann die Ausgabe der Kommata unterbunden werden:

```
>> for i from 1 to 2 do
     print(Unquoted,
           "Die " . expr2text(i) . "-te Primzahl ist " .
           expr2text(ithprime(i)) . ".")
   end_for
                  Die 1-te Primzahl ist 2.

                  Die 2-te Primzahl ist 3.
```

Hierbei werden die Werte von i und ithprime(i) durch expr2text in Zeichenketten verwandelt, welche durch den Konkatenationspunkt mit dem restlichen Text zu einer einzigen Zeichenkette zusammengefügt werden.

Alternativ kann die Funktion fprint benutzt werden, mit der Daten in eine Datei oder auf den Bildschirm geschrieben werden können. Im Gegensatz zu print werden die Argumente nicht als einzelne Ausdrücke ausgegeben, sondern (bei Verwendung der Option Unquoted) als Zeichenkette zusammengefasst:

```
>> a := ein: b := Text:
>> fprint(Unquoted, 0, "Dies ist ", a, " ", b)
   Dies ist ein Text
```

Das zweite Argument 0 lenkt die Ausgabe von fprint dabei auf den Bildschirm. Es ist jedoch zu beachten, dass fprint nicht die im Folgenden beschriebene 2-dimensionale Ausgabe erzeugt.

13.1.2 Die Form der Ausgabe ändern

In einigen Versionen bietet MuPAD innerhalb seiner Notebooks eine formatierte Ausgabe von Formeln, wie sie in der Mathematik üblich ist und auch von Schriftsatzsystemen angeboten wird: Ein Integralzeichen wird als $\int$ dargestellt, eine symbolische Summe erscheint als $\sum$ etc. Diese Ausgabe wird *typeset* genannt. Im Folgenden wird diese Ausgabe nicht weiter besprochen, sondern es wird auf die beiden anderen Ausgabeformate eingegangen, die in allen Systemen verwendet werden können und auf die zurückgeschaltet wird, wenn Ausgaben sehr breit werden oder Ausdrücke enthalten, für die keine *typeset*-Ausgabe implementiert ist. Bei Systemen mit *typeset expressions* erreicht man das hier besprochene Verhalten, indem man diesen Formelsatz im entsprechenden Menü abschaltet.

Die Ausgabe von Ausdrücken auf dem Bildschirm erfolgt dann normalerweise in einer 2-dimensionalen Form mit Hilfe von einfachen Text-(ASCII-)Zeichen:

```
>> diff(sin(x)/cos(x), x)
                   2
              sin(x)
              ------- + 1
                   2
              cos(x)
```

Diese Darstellung wird als *2-dimensionale Ausgabe* (im englischen Sprachgebrauch: *pretty-printed*) bezeichnet. Sie ist der üblichen mathematischen Notation ähnlicher als eine Ausgabe in einer einzigen Zeile und daher meist einfacher zu lesen. Sie wird allerdings nur für die Ausgabe verwendet und ist als Form der Eingabe nicht zulässig: In einer fensterorientierten Arbeitsumgebung kann der Ausgabetext nicht über einen *copy & paste*-Mechanismus mit der Maus abgegriffen und als MuPAD-Eingabe an einer anderen Stelle eingesetzt werden.

Mit Hilfe der Umgebungsvariablen PRETTYPRINT kann die Art der Ausgabe beeinflusst werden. Der Standardwert dieser Variablen ist TRUE, d. h., Ergebnisse werden in 2-dimensionaler Form angezeigt. Setzt man den Wert dieser Variablen auf FALSE, so erhält man eine 1-dimensionale Ausgabe, meistens in einer Form, wie sie als Eingabe zulässig wäre:

```
>> PRETTYPRINT := FALSE: diff(sin(x)/cos(x), x)
   1/cos(x)^2*sin(x)^2 + 1
```

Es werden automatisch Zeilenumbrüche durchgeführt, falls eine Ausgabe länger als eine Zeile ist:

```
>> PRETTYPRINT := TRUE: taylor(sin(x), x = 0, 16)
         3     5      7       9         11
        x     x      x       x         x
   x - -- + --- - ---- + ------ - -------- +
        6    120   5040   362880   39916800

          13              15
         x               x                17
     ---------- - -------------- + O(x  )
     6227020800    1307674368000
```

Die Länge einer Zeile wird durch die Umgebungsvariable TEXTWIDTH festgelegt. Ihr Standardwert beträgt 75 (Zeichen), kann aber auf jede beliebige ganze Zahl zwischen 10 und $2^{31} - 1$ gesetzt werden.

Berechnet man z. B. $(\ln \ln x)''$, so ergibt sich die folgende Ausgabe:

```
>> diff(ln(ln(x)), x, x)
              1                1
        - ---------   -   ---------
            2                2    2
           x  ln(x)         x  ln(x)
```

Bei einem kleineren Wert von TEXTWIDTH kommt es zum Umbruch der Ausgabe:

```
>> TEXTWIDTH := 20: diff(ln(ln(x)),x,x)
         1
    - --------- -
        2
       x  ln(x)


         1
      ---------
        2    2
       x  ln(x)
```

Durch Löschen von TEXTWIDTH wird diese Umgebungsvariable auf ihren voreingestellten Wert zurückgesetzt:

```
>> delete TEXTWIDTH:
```

Man kann die Ausgabe auch durch die Festlegung von benutzerdefinierten Voreinstellungen steuern. Dieses wird in Kapitel 14.1 näher erläutert.

13.2 Dateien einlesen und beschreiben

In MuPAD kann man die Werte von Bezeichnern oder aber auch eine komplette MuPAD-Sitzung in einer Datei sichern und diese später wieder einlesen.

13.2.1 Die Funktionen write und read

Mit der Funktion write kann man die Werte von Bezeichnern in Dateien abspeichern, womit berechnete Ergebnisse in anderen MuPAD-Sitzungen eingelesen und wieder verwendet werden können. Im folgenden Beispiel werden die Werte der Bezeichner a und b in der Datei ab.mb gesichert:

```
>> a := 2/3: b := diff(sin(cos(x)), x):
>> write("ab.mb", a, b)
```

Der Dateiname wird als in Anführungszeichen " eingeschlossene Zeichenkette (Abschnitt 4.11) übergeben, es wird eine Datei entsprechenden Namens (ohne ") angelegt. Liest man diese Datei mit Hilfe der Funktion read in eine andere MuPAD-Sitzung ein, so kann man auf die Bezeichner a und b und ihre Werte ohne Neuberechnungen direkt zugreifen:

```
>> reset(): read("ab.mb"): a, b
```
$$\frac{2}{3}, \ -\sin(x)\cos(\cos(x))$$

Wird die Funktion write wie im obigen Beispiel verwendet, so legt sie eine Datei im MuPAD-spezifischen Binärformat an. Dateien in diesem Format haben üblicherweise Namen, die auf .mb enden. Benutzt man dagegen die Funktion write mit der Option Text, so wird die Datei im allgemein lesbaren Textformat erzeugt, deren Namen üblicherweise auf .mu enden:

```
>> a := 2/3: b := diff(sin(cos(x)), x):
>> write(Text, "ab.mu", a, b)
```

Die Datei ab.mu enthält nun die beiden folgenden syntaktisch korrekten MuPAD-Befehle:

```
a := hold(2/3):
b := hold(-sin(x)*cos(cos(x))):
```

Auch diese Datei kann mit Hilfe der Funktion read wieder eingelesen werden:

```
>> a := 1: b := 2: read("ab.mu"): a, b
```
$$\frac{2}{3}, \ -\sin(x)\cos(\cos(x))$$

Die mit write erzeugten Dateien im Textformat enthalten nur MuPAD-Befehle. Eine solche Textdatei kann natürlich auch mit einem beliebigen Editor „von Hand" angelegt und dann in eine MuPAD-Sitzung eingelesen werden. Dies ist in der Tat die natürliche Vorgehensweise, wenn komplexere MuPAD-Prozeduren implementiert werden.

13.2.2 Eine MuPAD-Sitzung sichern

Benutzt man die Funktion `write` ohne die Angabe von Bezeichnern, so werden die Werte *aller* Bezeichner mit einem Wert in einer Datei gespeichert. Damit ist es möglich, diese Sitzung zu einem späteren Zeitpunkt mittels `read` in einem identischen Zustand wiederherzustellen:

```
>> Ergebnis1 := ...; Ergebnis2 := ...; ...
>> write("Ergebnisse.mb")
```

Mit der Funktion `protocol` können die Eingaben zusammen mit den Bildschirmausgaben einer Sitzung in einer Datei gespeichert werden. Durch `protocol(Datei)` wird eine Datei im Textformat angelegt. Darin werden die Ein- und Ausgaben solange gesichert, bis der Aufruf `protocol()` dieses beendet:

```
>> protocol("Logbuch"):
>> limit(sin(x)/x, x = 0)
     1
>> protocol():
```

Es wird eine Textdatei namens `Logbuch` mit folgendem Inhalt angelegt:

```
limit(sin(x)/x, x = 0)

                 1
protocol():
```

Dateien, die mittels `protocol` angelegt wurden, können *nicht* wieder in eine MuPAD-Sitzung eingelesen werden.

13.2.3 Daten aus einer Textdatei einlesen

Oftmals will man Daten in MuPAD verwenden, die nicht von MuPAD, sondern von einem anderen Programm erzeugt wurden (z. B. könnte man statistische Werte einlesen wollen, um diese weiterzuverarbeiten). Dieses ist mit Hilfe der Funktion `import::readdata` aus der Bibliothek `import` möglich. Diese Funktion wandelt die Zeichen in einer Datei in eine verschachtelte MuPAD-Liste um. Man kann dabei die Datei als Matrix ansehen, in der jeder Zeilenumbruch den Beginn einer neuen Matrixzeile andeutet. Die Zeilen können jedoch unterschiedlich lang sein. Als Trennzeichen zwischen den einzelnen Spalten kann ein beliebiges Zeichen an `import::readdata` übergeben werden. Die Daten in einer Datei `NumerischeDaten` mit den folgenden 4 Zeilen

```
1    1.2    12
2.34    234
  34    345.6
4    44    444
```

können folgendermaßen in eine MuPAD-Sitzung eingelesen werden, wobei als Standard-Trennzeichen zwischen den Spalten das Leerzeichen benutzt wird:

```
>> Daten := import::readdata("NumerischeDaten"):
>> Daten[1]; Daten[2]; Daten[3]; Daten[4]
```

$[1, 1.2, 12]$

$[2.34, 234]$

$[34, 345.6]$

$[4, 44, 444]$

Die Hilfeseite zu `import::readdata` liefert weitere Informationen.

Eine Übersicht über Funktionen, die auf Dateien arbeiten, einschließlich Funktionen zum Lesen und Schreiben binärer Dateiformate, erhalten Sie beim Aufruf `?fileIO`.

14. Nützliches

An dieser Stelle sollen noch einige nützliche Funktionen vorgestellt werden. Allerdings sprengt die Erklärung ihrer kompletten Funktionalität den Rahmen dieser Einführung, so dass wir für detaillierte Informationen auf die Hilfeseiten verweisen.

14.1 Eigene Voreinstellungen definieren

Das Verhalten und das Arbeiten mit MuPAD kann an vielen Stellen den eigenen Wünschen angepasst werden. Dazu dienen die so genannten *Voreinstellungen* (englisch: *preferences* = Vorlieben), die man sich mit dem folgenden Befehl auflisten lassen kann:

```
>> Pref()
   Pref::alias            : TRUE
   Pref::ansi             : TRUE
   Pref::callBack         : NIL
   Pref::callOnExit       : NIL
   Pref::dbgAutoList      : FALSE
   Pref::echo             : TRUE
   Pref::floatFormat      : "g"
   Pref::ignoreNoDebug    : FALSE
   Pref::keepOrder        : DomainsOnly
   Pref::kernel           : [3, 0, 0]
   Pref::matrixSeparator  : ", "
   Pref::maxMem           : 0
   Pref::maxTime          : 0
   Pref::noProcRemTab     : FALSE
   Pref::output           : NIL
```

```
Pref::postInput         : NIL
Pref::postOutput        : NIL
Pref::prompt            : TRUE
Pref::promptString      : ">> "
Pref::report            : 0
Pref::timesDot          : " "
Pref::trailingZeroes    : FALSE
Pref::typeCheck         : Interactive
Pref::userOptions       : ""
Pref::verboseRead       : 0
Pref::warnChanges       : TRUE
Pref::warnDeadProcEnv   : FALSE
Pref::warnLexProcEnv    : FALSE
```

Für eine komplette Beschreibung dieser Voreinstellungen verweisen wir auf die entsprechenden Hilfeseiten: ?Pref. An dieser Stelle sollen nur einige ausgewählte Optionen näher erläutert werden.

Mit Hilfe der Voreinstellung report können regelmäßige Informationen über den von MuPAD reservierten Speicher, den tatsächlich benutzten Speicher und die benötigte Rechenzeit angefordert werden. Zulässige Argumente von report sind ganze Zahlen zwischen 0 und 9. Hierbei ist 0 der Standardwert und bedeutet, dass keine der genannten Informationen angezeigt werden. Wählt man als Wert 9, so bekommt man permanent Informationen über den Status von MuPAD.

```
>> Pref::report(9): int(sin(x)^2/x, x = 0..1)
[used=2880k, reserved=3412k, seconds=1]
[used=3955k, reserved=4461k, seconds=1]
[used=7580k, reserved=8203k, seconds=2]
```

$$\frac{\gamma}{2} - \frac{\text{Ci}\,(2)}{2} + \frac{\ln(2)}{2}$$

Mit Hilfe der Voreinstellung floatFormat kann man die Darstellung von Gleitpunktzahlen steuern. Man kann z. B. durch das Argument "e" eine Darstellung mit einer Mantisse und einem Exponenten wählen (z. B. 1.234 e-7 = $1.234 \cdot 10^{-7}$), oder man kann durch Übergabe des Argumentes "f" den Exponentenanteil durch Nullen darstellen lassen:

```
>> Pref::floatFormat("e"): float(exp(-50))
```
$1.928749848 \cdot 10^{-22}$
```
>> Pref::floatFormat("f"): float(exp(-50))
```
0.00000000000000000000001928749848

14.1 Eigene Voreinstellungen definieren

Die Bildschirmausgabe kann allgemein durch Voreinstellungen manipuliert werden. Zum Beispiel wird nach dem Aufruf `Pref::output(F)` jedes vom MuPAD-Kern berechnete Ergebnis zunächst als Argument an die Funktion F übergeben, bevor es auf dem Bildschirm erscheint. Die Bildschirmausgabe ist dann nicht das vom Kern gelieferte ursprüngliche Ergebnis, sondern das Ergebnis der Funktion F. Im folgenden Beispiel wird für jedes Argument dessen Normalisierung berechnet und mit ausgegeben:

```
>> Pref::output(x -> (x, normal(x))):
>> 1 + x/(x + 1) - 2/x
```

$$\frac{x}{x+1} - \frac{2}{x} + 1, \; -\frac{x - 2x^2 + 2}{x + x^2}$$

Die Bibliothek `generate` enthält Funktionen, die MuPAD-Ausdrücke in das Eingabeformat anderer Programme (C-, Fortran- oder TEX-Compiler) umwandeln. Im folgenden Beispiel wird die MuPAD-Ausgabe in eine Zeichenkette umgewandelt, welche in eine Textdatei geschrieben und dann vom Schriftsatzsystem TEX weiterverarbeitet werden könnte:

```
>> Pref::output(generate::TeX): diff(f(x),x)
    "\frac{\partial}{\partial x} f\left(x\right)"
```

Der nächste Befehl setzt den Ausgabemechanismus wieder in den Normalzustand zurück.

```
>> Pref::output(NIL):
```

Manche Benutzer wünschen ständige Informationen über bestimmte Werte wie z. B. Rechenzeiten von Berechnungen. Hierzu können die Funktionen `Pref::postInput` und `Pref::postOutput` benutzt werden. Sie akzeptieren als Argumente MuPAD-Prozeduren (Kapitel 18), welche nach der Ein- bzw. nach der Ausgabe aufgerufen werden. Im folgenden Beispiel wird vor jeder Berechnung ein Zeitzähler synchronisiert, indem die angegebene Prozedur die durch `time()` gelieferte Systemzeit einer globalen Variablen `Zeit` zuweist:

```
>> Pref::postInput(
      proc() begin Zeit := time() end_proc
   ):
```

Ferner wird eine Prozedur `Information` definiert, die unter anderem die Variable `Zeit` benutzt, um die Rechenzeit zu bestimmen. Diese wird mit `expr2text` (Abschnitt 4.11) in eine Zeichenkette verwandelt und mit zusätzlichen Zeichenketten versehen. Weiterhin wird der mit `domtype` erfragte Domain-Typ des Ergebnisses in eine Zeichenkette verwandelt. Schließlich wird eine mittels `length` ermittelte Anzahl von Leerzeichen " " mit Hilfe von `_concat` zwischen den Informationen über Zeit und Typ eingefügt, damit die Domain-Information rechtsbündig auf dem Bildschirm erscheint:

```
>> Information := proc() begin
     "Domain-Typ : ". expr2text(domtype(args()));
     "Zeit : ". expr2text(time() - Zeit). " msec";
     _concat(%1,
             " " $ TEXTWIDTH-1-length(%1)-length(%2),
             %2)
   end_proc:
```

Diese Prozedur wird als Argument an `Pref::postOutput` übergeben:

```
>> Pref::postOutput(Information):
```

Nach der Ausgabe eines berechneten Ausdrucks wird die von der Prozedur `Information` erzeugte Zeichenkette zusätzlich auf dem Bildschirm ausgegeben:

```
>> factor(x^3 - 1)
```

$$(x-1) \cdot (x + x^2 + 1)$$

```
Zeit : 80 msec                    Domain-Typ : Factored
```

Man kann eine Voreinstellung auf ihren Standardwert zurücksetzen, indem man NIL als Argument übergibt. Beispielsweise setzt `Pref::report(NIL)` den Wert von `Pref::report` auf 0 zurück. Entsprechend setzt `Pref(NIL)` *alle* Voreinstellungen auf ihre Standardwerte zurück.

Aufgabe 14.1: Nach jeder Ausgabe soll der durch die Funktion `bytes` ermittelte Speicherverbrauch der MuPAD-Sitzung angezeigt werden. Übergeben Sie eine entsprechende Funktion an `Pref::postOutput`!

14.2 Informationen zu MuPAD-Algorithmen

Einige der Systemfunktionen MuPADs können dem Benutzer Zusatzinformationen über den internen Ablauf des ihnen einprogrammierten Algorithmus liefern. Der folgende Befehl veranlasst alle aufgerufenen Prozeduren zur Ausgabe von Informationen:

```
>> setuserinfo(Any, 1):
```

Als Beispiel wird die folgende Matrix über dem Restklassenring der ganzen Zahlen modulo 11 invertiert (Abschnitt 4.15):

```
>> M := Dom::Matrix(Dom::IntegerMod(11)):
   A := M([[1, 2, 3], [2, 4, 7], [0, 7, 5]]):
   A^(-1)

   Info: using Gaussian elimination (LR decomposition)
```
$$\begin{pmatrix} 1 \bmod 11 & 0 \bmod 11 & 6 \bmod 11 \\ 3 \bmod 11 & 4 \bmod 11 & 8 \bmod 11 \\ 9 \bmod 11 & 1 \bmod 11 & 0 \bmod 11 \end{pmatrix}$$

Detaillierte Informationen erhält man, wenn man in setuserinfo das zweite Argument (den „Informationslevel") erhöht:

```
>> setuserinfo(Any, 3): A^(-1)

   Info: using Gaussian elimination (LR decomposition)
   Info: searching for pivot element in column 1
   Info: choosing pivot element 2 mod 11 (row 2)
   Info: searching for pivot element in column 2
   Info: choosing pivot element 7 mod 11 (row 3)
   Info: searching for pivot element in column 3
   Info: choosing pivot element 5 mod 11 (row 3)
```
$$\begin{pmatrix} 1 \bmod 11 & 0 \bmod 11 & 6 \bmod 11 \\ 3 \bmod 11 & 4 \bmod 11 & 8 \bmod 11 \\ 9 \bmod 11 & 1 \bmod 11 & 0 \bmod 11 \end{pmatrix}$$

Der Befehl

```
>> setuserinfo(Any, 0):
```

unterdrückt die Ausgabe von Informationen wieder:

```
>> A^(-1)
```
$$\begin{pmatrix} 1 \bmod 11 & 0 \bmod 11 & 6 \bmod 11 \\ 3 \bmod 11 & 4 \bmod 11 & 8 \bmod 11 \\ 9 \bmod 11 & 1 \bmod 11 & 0 \bmod 11 \end{pmatrix}$$

Das erste Argument von setuserinfo kann ein beliebiger Prozedur- oder Bibliotheksname sein. Ein Aufruf der entsprechenden Prozedur führt dann zu Zusatzinformationen: Die Programmierer der Systemfunktionen haben in den Ablauf der Algorithmen mittels userinfo Ausgabebefehle eingebaut, welche von setuserinfo angesteuert werden. Dies kann auch beim Schreiben eigener Prozeduren verwendet werden (?userinfo).

14.3 Neuinitialisierung einer MuPAD-Sitzung

Mit dem Befehl reset() kann eine MuPAD-Sitzung in ihren Anfangszustand zurückgesetzt werden. Danach haben alle bisher bereits benutzten Bezeichner keinen Wert mehr, und alle Umgebungsvariablen besitzen wieder ihre Standardwerte:

```
>> a := Hallo: DIGITS := 100: reset(): a, DIGITS
    a, 10
```

14.4 Kommandos auf Betriebssystemebene ausführen

Mit Hilfe der Funktion system oder dem Ausrufungszeichen ! als Abkürzung kann die Ausführung von Kommandos des Betriebssystems veranlasst werden. Bei dem Betriebssystem UNIX wird mit dem folgenden Befehl der Inhalt des aktuellen Verzeichnis angezeigt:

```
>> !ls
    changes/   demo/  examples/  mmg/   xview/  bin/
    copyright/ doc/   lib/       tex/
```

Die Ausgabe des Funktionsaufrufs kann weder für weitere Rechnungen in MuPAD verwendet noch gesichert werden.[1] Das an MuPAD zurückgelieferte Ergebnis der Funktion system ist der Fehlerstatus, der vom Betriebssystem gemeldet wird – allerdings nur in der Terminalversion von MuPAD.

Die Funktion system steht nicht für jedes Betriebssystem zur Verfügung. Sie kann z. B. weder in der Windows- noch in der Macintosh-Version von MuPAD verwendet werden.

---

[1] Falls dieses gewünscht wird, muss die Ausgabe des Betriebssystemkommandos über einen Befehl des Betriebssystems in eine Datei geschrieben werden, welche dann beispielsweise mit Hilfe der Funktion import::readdata in eine MuPAD-Sitzung eingelesen werden kann.

15. Typenbezeichner

Jedes MuPAD-Objekt besitzt als Datenstruktur einen Domain-Typ, der mit der Funktion domtype abgefragt werden kann. Der Domain-Typ reflektiert die Struktur, welche der MuPAD-Kern intern zur Handhabung dieser Objekte benutzt. Abgesehen von der internen Struktur stellt diese Typisierung aber auch eine Klassifizierung der Objekte nach ihrer mathematischen Bedeutung dar: Es wird unterschieden zwischen Zahlen, Mengen, Ausdrücken, Reihenentwicklungen, Polynomen etc.

In diesem Abschnitt wird beschrieben, wie man detaillierte Informationen über die mathematische Struktur von Objekten erhalten kann. Wie kann man beispielsweise an einer ganzen Zahl vom Domain-Typ DOM_INT ablesen, ob es sich um eine *positive* oder um eine *gerade* Zahl handelt, wie kann man einer Menge ansehen, dass alle Elemente Gleichungen sind?

Die Relevanz dieser Typentests liegt weniger beim interaktiven Gebrauch von MuPAD, wo der Nutzer die mathematische Bedeutung von Objekten durch direkte Inspektion kontrollieren kann. Die Hauptanwendung von (mathematischen) Typentests liegt in der Implementierung mathematischer Algorithmen, d. h. in der Programmierung MuPADs mit Hilfe von Prozeduren (Kapitel 18). Beispielsweise muss eine Prozedur zum Differenzieren von Ausdrücken entscheiden können, ob ein Ausdruck ein Produkt ist (dann ist die Produktregel anzuwenden), ob es sich um eine Hintereinanderschaltung von Funktionen handelt (die Kettenregel ist anzuwenden), ob ein symbolischer Aufruf einer bekannten Funktion differenziert werden soll etc.

15.1 Die Funktionen type und testtype

Die Funktion type liefert für die meisten MuPAD-Objekte den Domain-Typ, der auch von domtype ausgegeben wird:

```
>> type([a, b]), type({a, b}), type(array(1..1))
   DOM_LIST, DOM_SET, DOM_ARRAY
```

Für Ausdrücke vom Domain-Typ `DOM_EXPR` liefert `type` eine Feinunterteilung nach der mathematischen Bedeutung des Ausdrucks: es wird unterschieden nach Summen, Produkten, Funktionsaufrufen etc.:

```
>> type(a + b), type(a*b), type(a^b), type(a(b))
   "_plus", "_mult", "_power", "function"
>> type(a = b), type(a < b), type(a <= b)
   "_equal", "_less", "_leequal"
```

Das Ergebnis von `type` ist der Funktionsaufruf, der den Ausdruck erzeugt (eine symbolische Summe wird intern durch den Aufruf der Funktion `_plus` dargestellt, ein Produkt durch `_mult`, etc.). Allgemein wird für symbolische Aufrufe von Systemfunktionen der Bezeichner der Funktion als Zeichenkette zurückgeliefert:

```
>> type(ln(x)), type(diff(f(x), x)), type(fact(x))
   "ln", "diff", "fact"
```

Die von `type` gelieferten Zeichenketten sind wie die Domain-Typen `DOM_INT`, `DOM_EXPR` etc. als *Typenbezeichner* einsetzbar. Neben der von `type` gelieferten „Standardtypisierung" von MuPAD-Objekten existiert eine Reihe weiterer Typenbezeichner wie z. B. `Type::Numeric`. Dieser Typ umfasst alle „numerischen" Objekte (vom Domain-Typ `DOM_INT`, `DOM_RAT`, `DOM_FLOAT` oder `DOM_COMPLEX`).

Durch den Aufruf `testtype(Objekt,Typenbezeichner)` wird getestet, ob ein Objekt der Typenbezeichnung entspricht. Es wird `TRUE` oder `FALSE` geliefert. Für ein Objekt können durchaus mehrere Typenbezeichner gültig sein:

```
>> testtype(2/3, DOM_RAT), testtype(2/3, Type::Numeric)
   TRUE, TRUE
>> testtype(2 + x, "_plus"), testtype(2 + x, DOM_EXPR)
   TRUE, TRUE
>> testtype(f(x), "function"), testtype(f(x), DOM_EXPR)
   TRUE, TRUE
```

Aufgabe 15.1: Wir betrachten den Ausdruck

$$f(i) = \frac{i^{5/2} + i^2 - i^{1/2} - 1}{i^{5/2} + i^2 + 2\,i^{3/2} + 2\,i + i^{1/2} + 1}.$$

Wie kann man MuPAD entscheiden lassen, ob die Menge

```
>> M := {f(i) $ i = -1000..-2} union {f(i) $ i=0..1000}:
```

nur rationale Zahlen als Elemente enthält? Anleitung: Mit `normal` lassen sich für konkretes i Wurzelausdrücke in f(i) vereinfachen.

Aufgabe 15.2: Man betrachte die Ausdrücke $\sin(i\,\pi/200)$ mit $i = 0, 1, \ldots, 100$. Welche werden von der Sinus-Funktion MuPADs vereinfacht, welche werden als symbolische Werte `sin(...)` zurückgeliefert?

15.2 Bequeme Typentests: Die Type-Bibliothek

Die vorgestellten Typenbezeichner sind nur bedingt geeignet, komplexere Strukturen zu erfragen. Wie kann man zum Beispiel das Objekt [1, 2, 3, ...] ohne direkte Inspektion durch den Nutzer daraufhin überprüfen, ob es sich um eine Liste positiver Zahlen handelt?

Zu diesem Zweck stehen in der Type-Bibliothek weitere Typenbezeichner und Erzeuger zur Verfügung, mit denen sich der Nutzer auch eigene Typenbezeichner zusammenstellen kann, welche von testtype erkannt werden:

```
>> info(Type)
   Library 'Type': type expressions and properties

   -- Interface:
   Type::AlgebraicConstant,   Type::AnyType,
   Type::Arithmetical,        Type::Boolean,
   Type::Complex,             Type::Constant,
   Type::ConstantIdents,      Type::Equation,
   Type::Even,                Type::Function,
   Type::Imaginary,           Type::IndepOf,
   Type::Indeterminate,       Type::Integer,
   Type::Intersection,        Type::Interval,
   Type::ListOf,              Type::ListProduct,
   Type::NegInt,              Type::NegRat,
   Type::Negative,            Type::NonNegInt,
   Type::NonNegRat,           Type::NonNegative,
   Type::NonZero,             Type::Numeric,
   Type::Odd,                 Type::PolyExpr,
   Type::PolyOf,              Type::PosInt,
   Type::PosRat,              Type::Positive,
   Type::Predicate,           Type::Prime,
   Type::Product,             Type::Property,
   Type::RatExpr,             Type::Rational,
   Type::Real,                Type::Relation,
   Type::Residue,             Type::SequenceOf,
   Type::Series,              Type::Set,
   Type::SetOf,               Type::Singleton,
   Type::TableOf,             Type::TableOfEntry,
   Type::TableOfIndex,        Type::Union,
   Type::Unknown,             Type::Zero
```

So repräsentiert z. B. die Typenbezeichnung Type::PosInt (englisch: *positive integer*) die positiven ganzen Zahlen $n > 0$, Type::NonNegInt entspricht den nichtnegativen ganzen Zahlen $n \geq 0$, Type::Even entspricht den geraden ganzen Zahlen, Type::Odd den ungeraden ganzen Zahlen. Der Domain-Typ dieser Typenbezeichner ist Type:

15.2 Bequeme Typentests: Die Type-Bibliothek

```
>> domtype(Type::Even)
     Type
```

Diese Typenbezeichner dienen dazu, mittels testtype MuPAD-Objekte auf ihre mathematische Struktur abzufragen. So werden beispielsweise mit select (Abschnitt 4.6) aus der folgenden Liste von ganzen Zahlen die geraden Zahlen ausgewählt:

```
>> select([i $ i = 1..20], testtype, Type::Even)
     [2, 4, 6, 8, 10, 12, 14, 16, 18, 20]
```

Mit Erzeugern wie Type::ListOf oder Type::SetOf können die Elemente von Listen oder Mengen abgefragt werden: Eine Liste von ganzen Zahlen hat den Typ Type::ListOf(DOM_INT), eine Menge von Gleichungen erfüllt Type::SetOf(Type::Equation()) (oder auch Type::SetOf("_equal")), eine Abfrage auf Mengen von ungeraden ganzen Zahlen wird durch den Typ Type::SetOf(Type::Odd) angegeben.

```
>> Typ := Type::ListOf(DOM_INT):
>> testtype([-1, 1], Typ), testtype({-1, 1}, Typ),
   testtype([-1, 1.0], Typ)
     TRUE, FALSE, FALSE
```

Mittels Type::Union können Typenbezeichner erstellt werden, die der Vereinigung von einfacheren Typen entsprechen. Beispielsweise stellt

```
>> Typ := Type::Union(DOM_FLOAT, Type::NegInt,
                      Type::Even):
```

die Menge der Gleitpunktzahlen vereinigt mit der Menge der negativen ganzen Zahlen und der geraden ganzen Zahlen dar:

```
>> testtype(-0.123, Typ), testtype(-3, Typ),
   testtype(2, Typ), testtype(3, Typ)
     TRUE, TRUE, TRUE, FALSE
```

Eine Anwendung des Typentests bei der Implementierung von Prozeduren finden Sie in Abschnitt 18.7.

15. Typenbezeichner

Aufgabe 15.3: Wie schneidet man eine Menge mit der Menge der natürlichen Zahlen?

Aufgabe 15.4: Informieren Sie sich mittels ?Type::ListOf über die Funktionalität dieses Typenerzeugers. Welcher hiermit erzeugte Typenbezeichner entspricht einer Liste von 2 Elementen, in der jedes Element eine Liste mit 3 beliebigen Elementen ist?

16. Schleifen

Ein wichtiges Element der von MuPAD zur Verfügung gestellten Programmiersprache sind so genannte Schleifen. Die einfachste Form einer `for`-Schleife wird am folgenden Beispiel verdeutlicht:

```
>> for i from 1 to 4 do
      x := i^2;
      print("Das Quadrat von", i, "ist", x)
   end_for:
```

Auf dem Bildschirm erscheint

```
               "Das Quadrat von", 1, "ist", 1

               "Das Quadrat von", 2, "ist", 4

               "Das Quadrat von", 3, "ist", 9

               "Das Quadrat von", 4, "ist", 16
```

Die Schleifenvariable i durchläuft hierbei automatisch die Werte 1, 2, 3, 4, wobei für jeden Wert von i alle zwischen do und end_for angegebenen Befehle ausgeführt werden. Dies dürfen beliebig viele Befehle sein, welche durch Semikolons oder durch Doppelpunkte voneinander getrennt werden müssen. *Die Ergebnisse, die in jedem Schleifenschritt berechnet werden, werden nicht auf dem Bildschirm ausgegeben,* auch wenn Befehle mit einem Semikolon abgeschlossen wurden. Daher wurde die Ausgabe im obigen Beispiel mittels des `print`-Befehls erzwungen.

Die folgende Variante zählt rückwärts, wobei die Ausgabe mit den Hilfsmitteln aus Abschnitt 4.11 gefälliger gestaltet wird:

```
>> for j from 4 downto 2 do
     print(Unquoted,
           "Das Quadrat von ".expr2text(j)." ist ".
           expr2text(j^2))
   end_for:
                 Das Quadrat von 4 ist 16

                 Das Quadrat von 3 ist 9

                 Das Quadrat von 2 ist 4
```

Mittels **step** kann die Schleifenvariable in anderen Schritten herauf- bzw. herabgesetzt werden:

```
>> for x from 3 to 8 step 2 do print(x, x^2) end_for:
                           3, 9

                           5, 25

                           7, 49
```

Beachten Sie, dass hierbei am Ende des Schritts $x = 7$ der Wert von x um 2 auf 9 erhöht und dadurch die obere Laufgrenze 8 überschritten und die Schleife beendet wird.

Eine weitere Variante der **for**-Schleife ist

```
>> for i in [5, 27, y] do print(i, i^2) end_for:
                           5, 25

                          27, 729

                              2
                           y, y
```

Hierbei durchläuft die Schleifenvariable nur die in der Liste $[5, 27, y]$ angegebenen Werte, in der auch symbolische Elemente wie z. B. die Unbestimmte y enthalten sein können.

In der for-Schleife wird eine bestimmte Schleifenvariable in vorgegebener Weise verändert (typischerweise herauf- oder herabgezählt). Eine flexiblere Alternative ist die repeat-Schleife, wo in jedem Schritt beliebige Variablen in beliebiger Weise abgeändert werden können. Im folgenden Beispiel werden die Quadrate der Zahlen $i = 2, 2^2, 2^4, 2^8, \ldots$ berechnet, allerdings nur solange, bis zum ersten Mal $i^2 > 100$ gilt:

```
>> x := 2:
>> repeat
       i := x; x := i^2; print(i, x)
   until x > 100 end_repeat:
                            2, 4

                            4, 16

                          16, 256
```

Die zwischen repeat und until angegebenen Befehle werden solange ausgeführt, bis das zwischen until und end_repeat angegebene Kriterium erfüllt ist. Im obigen Beispiel gilt am Ende des zweiten Schritts $i = 4, x = 16$, so dass ein dritter Schritt durchgeführt wird, an dessen Ende $i = 16, x = 256$ gilt. Nun ist das Abbruchkriterium $x > 100$ erfüllt und die Schleife wird verlassen.

Eine weitere Variante einer MuPAD-Schleife ist durch das while-Konstrukt realisierbar:

```
>> x := 2:
>> while x <= 100 do
       i := x; x := i^2; print(i, x)
   end_while:
                            2, 4

                            4, 16

                          16, 256
```

Beim repeat-Konstrukt wird eine *Abbruch*bedingung immer *nach* dem Durchlaufen eines Schleifenschritts abgefragt. Bei while wird *vor* dem Schleifenschritt überprüft, ob die Schleifenanweisungen durchzuführen sind. Sobald die angegebene Bedingung zu FALSE ausgewertet wird, wird die while-Schleife beendet.

16. Schleifen

Mit break kann eine Schleife „gewaltsam" beendet werden. Typischerweise geschieht dies, wenn der Schleifenparameter gewisse Bedingungen erfüllt, welche im Rahmen einer if-Abfrage (Kapitel 17) überprüft werden:

```
>> for i from 3 to 100 do
       print(i);
       if i^2 > 20 then break end_if
   end_for:
                             3

                             4

                             5
```

Nach einem Aufruf von next werden die Befehle bis zum end_for übersprungen, und man kehrt direkt an den Beginn der Schleife zurück, welche dann mit dem nächsten Wert des Schleifenparameters durchlaufen wird:

```
>> for i from 2 to 5 do
       x := i;
       if i > 3 then next end_if;
       y := i;
       print(x, y)
   end_for:
                            2, 2

                            3, 3
```

Ab $i = 4$ wurde nur noch die Zuweisung x:=i durchgeführt:

```
>> x, y
   5, 3
```

Man beachte, dass jeder MuPAD-Befehl ein Objekt zurückliefert. Bei Schleifen ist dies der Wert des letzten innerhalb der Schleife ausgeführten Befehls. Schließt man den Schleifenbefehl mit einem Semikolon oder dem Zeilenende ab (und nicht mit einem Doppelpunkt wie in allen obigen Beispielen), so wird dieser Wert angezeigt:

```
>> delete x: for i from 1 to 3 do x.i := i^2 end_for
   9
```

Dieser Wert kann weiter verarbeitet werden, speziell kann er einem Bezeichner als Wert zugewiesen werden oder als Rückgabewert einer MuPAD-Prozedur (Kapitel 18) dienen:

```
>> Fakultaet := proc(n)
     local Ergebnis;
     begin
       Ergebnis := 1;
       for i from 2 to n do
         Ergebnis := Ergebnis * i
       end_for
     end_proc:
```

Der Rückgabewert dieser Prozedur ist der Rückgabewert der `for`-Schleife, und dies wiederum ist der Wert der letzten Zuweisung an `Ergebnis`.

Schleifen sind intern Aufrufe von Systemfunktionen. So wird beispielsweise der Durchlauf einer `for`-Schleife von MuPAD als Auswertung der Funktion `_for` bearbeitet:

```
>> _for(i, Startwert, Endwert, Schrittweite, Befehl):
```

ist äquivalent zu

```
>> for i from Startwert to Endwert step Schrittweite do
     Befehl
   end_for:
```

17. Verzweigungen: if-then-else und case

Ein wichtiges Element einer Programmiersprache sind so genannte *Verzweigungen*, wo je nach Wert oder Bedeutung von Variablen unterschiedliche Befehle auszuführen sind. MuPAD stellt dazu als einfachste Variante ein if-Konstrukt zur Verfügung:

```
>> for i from 2 to 4 do
     if isprime(i)
        then print(expr2text(i)." ist eine Primzahl")
        else print(expr2text(i)." ist keine Primzahl")
     end_if
   end_for:
                    "2 ist eine Primzahl"

                    "3 ist eine Primzahl"

                    "4 ist keine Primzahl"
```

Hierbei liefert der Primzahltest isprime(i) jeweils TRUE oder FALSE. Bei TRUE werden die zwischen then und else angegebenen Befehle durchgeführt (in diesem Fall nur eine print-Anweisung), bei FALSE sind es die Befehle zwischen else und end_if. Der else-Zweig ist optional und kann gegebenenfalls weggelassen werden:

```
>> for i from 2 to 4 do
     if isprime(i)
        then text := expr2text(i)." ist eine Primzahl";
             print(text)
     end_if
   end_for:
                    "2 ist eine Primzahl"

                    "3 ist eine Primzahl"
```

Hier wurden im then-Zweig 2 Befehle aufgerufen, welche durch ein Semikolon (alternativ durch einen Doppelpunkt) zu trennen sind.

17. Verzweigungen: if-then-else und case

Es können beliebige Schachtelungen von Befehlen, Schleifen und Verzweigungen benutzt werden:

```
>> Primzahlen := [ ]: Geradezahlen := [ ]:
>> for i from 30 to 50 do
     if isprime(i)
        then Primzahlen := Primzahlen.[i]
        else if testtype(i,Type::Even)
                then Geradezahlen := Geradezahlen.[i]
             end_if
     end_if
   end_for:
```

Hier werden die ganzen Zahlen von 30 bis 50 untersucht. Wenn man auf eine Primzahl stößt, so wird die Zahl i an die Liste Primzahlen angehängt, anderenfalls wird mit testtype gefragt, ob i eine gerade Zahl ist (man vergleiche mit den Abschnitten 15.1 und 15.2). Ist dies der Fall, so wird die Liste Geradezahlen um i erweitert. Zuletzt enthält damit die Liste Primzahlen alle Primzahlen zwischen 30 und 50, während Geradezahlen alle geraden Zahlen in diesem Bereich enthält:

```
>> Primzahlen, Geradezahlen
```

$[31, 37, 41, 43, 47]$, $[30, 32, 34, 36, 38, 40, 42, 44, 46, 48, 50]$

Die an eine if-Abfrage übergebenen Bedingungen können mit Hilfe der logischen Operatoren and, or und not (Abschnitt 4.10) aus elementaren Bedingungen zusammengesetzt werden. Die folgende for-Schleife gibt Primzahlzwillinge $[i, i+2]$ aus. Die alternative Bedingung not (i > 3) liefert zusätzlich das Paar $[2, 4]$:

```
>> for i from 2 to 100 do
     if (isprime(i) and isprime(i+2)) or not (i>3)
        then print([i,i+2])
     end_if
   end_for:
```

$$[2, 4]$$

$$[3, 5]$$

$$[5, 7]$$

$$[11, 13]$$

$$\ldots$$

17. Verzweigungen: if-then-else und case

Intern ist eine `if`-Abfrage nichts anderes als ein Aufruf der Systemfunktion `_if`:

```
>> _if(Bedingung, Befehl1, Befehl2):
```

ist äquivalent zu

```
>> if Bedingung then Befehl1 else Befehl2 end_if:
```

Damit liefert

```
>> x := 1234567:
>> _if(isprime(x), print("Primzahl"),
       print("keine Primzahl")):
```

die Ausgabe:

```
                "keine Primzahl"
```

Der durch den Aufruf einer `if`-Abfrage an MuPAD zurückgelieferte Wert ist – wie allgemein in MuPAD-Prozeduren – das letzte zwischen `if` und `end_if` ausgewertete Ergebnis:[1]

```
>> x := -2: if x > 0 then x else -x end_if
    2
```

Damit kann beispielsweise der Absolutbetrag einer Zahl mit Hilfe des Abbildungsoperators `->` (Abschnitt 4.12) folgendermaßen implementiert werden:

```
>> Abs := y -> if y > 0 then y else -y end_if:
>> Abs(-2), Abs(-2/3), Abs(3.5)
    2, 2/3, 3.5
```

Wie oben demonstriert, stehen `if`-Abfragen sowohl beim interaktiven Arbeiten mit MuPAD als auch innerhalb von Funktionen oder Prozeduren zur Verfügung. Die typische Anwendung liegt in der Programmierung MuPADs mittels Prozeduren, wo Abfragen den Ablauf eines Algorithmus steuern. Ein einfaches Beispiel ist die oben angegebene `Abs`-Funktion, weitere Beispiele finden sich in Kapitel 18.

---

[1] Wird kein Befehl ausgeführt, so ist das Ergebnis NIL.

17. Verzweigungen: if-then-else und case

Man kann mehrere verschachtelte if ... else if ... Konstrukte durch Verwendung von elif abkürzen:

```
>> if Bedingung1 then
      Anweisungen1
   elif Bedingung2 then
      Anweisungen2
   elif ...
   else
      Anweisungen
   end_if:
```

Diese Befehlsfolge ist gleichwertig mit der folgenden verschachtelten if-Anweisung:

```
>> if Bedingung1 then
      Anweisungen1
   else if Bedingung2 then
         Anweisungen2
      else if ...
         else
            Anweisungen
         end_if
      end_if
   end_if:
```

Eine typische Anwendung hierfür ist die Typprüfung innerhalb von Prozeduren (Kapitel 18). Die folgende Variante der Funktion Abs berechnet den Absolutbetrag einer ganzen, rationalen, Gleitpunkt- oder komplexen Zahl und gibt für alle anderen Eingaben eine Zeichenkette als Fehlermeldung zurück:

```
>> Abs := proc(y) begin
     if (domtype(y) = DOM_INT) or (domtype(y) = DOM_RAT)
        or (domtype(y) = DOM_FLOAT) then
          if y > 0 then y else -y end_if;
     elif (domtype(y) = DOM_COMPLEX) then
          sqrt(Re(y)^2 + Im(y)^2);
     else "Falscher Eingabetyp" end_if:
   end_proc:
>> delete x: Abs(-3), Abs(5.0), Abs(1+2*I), Abs(x)

   3, 5.0, $\sqrt{5}$, "Falscher Eingabetyp"
```

In diesem Beispiel werden je nach Wert des Ausdrucks domtype(y) mehrere Fälle unterschieden. Man kann eine solche Fallunterscheidung auch mit Hilfe der case-Anweisung implementieren, die oft einfacher zu lesen ist:

17. Verzweigungen: if-then-else und case

```
>> case domtype(y)
   of DOM_INT do
   of DOM_RAT do
   of DOM_FLOAT do
     if y > 0 then y else -y end_if;
     break;
   of DOM_COMPLEX do
     sqrt(Re(y)^2 + Im(y)^2);
     break;
   otherwise
     "Falscher Eingabetyp";
   end_case:
```

Die Schlüsselwörter case und end_case markieren den Anfang bzw. das Ende der Anweisung. MuPAD wertet den hinter case stehenden Ausdruck aus. Falls das Resultat mit einem der Ausdrücke zwischen of und do übereinstimmt, so führt das System alle Kommandos von dem ersten passenden of an aus, bis es entweder auf einen break-Befehl oder das Schlüsselwort end_case stößt.

Achtung: Das bedeutet auch, dass die folgenden Zweige bearbeitet werden, wenn kein break gesetzt wurde (bekannt als *"fall-through"*).

Hierdurch ist es möglich, dass sich mehrere Zweige den selben Programmcode teilen können. Das Ganze funktioniert genau so wie die switch-Anweisung der Programmiersprache C. Falls keiner der of-Zweige anwendbar ist, so wird der Programmteil zwischen otherwise und end_case ausgeführt. Der Rückgabewert einer case-Anweisung ist der Wert des zuletzt ausgeführten MuPAD-Befehls. Für eine detailliertere Beschreibung wird auf die Hilfeseite ?case verwiesen.

Genau wie Schleifen und if-Anweisungen haben auch case-Anweisungen ein funktionales Äquivalent, nämlich die Systemfunktion _case. Intern konvertiert MuPAD die obige case-Befehlsfolge in die folgende äquivalente Form:

```
>> _case(domtype(y),
        DOM_INT, NIL,
        DOM_RAT, NIL,
        DOM_FLOAT,
            (if y > 0 then y else -y end_if; break),
        DOM_COMPLEX, (sqrt(Re(y)^2 + Im(y)^2); break),
        "Falscher Eingabetyp"):
```

17. Verzweigungen: if-then-else und case

Aufgabe 17.1: In if-Abfragen oder beim Schleifenabbruch werden durch logische Operatoren verknüpfte Bedingungen nacheinander ausgewertet. Die Auswertung bricht eventuell vorzeitig ab, wenn entschieden werden kann, ob sich insgesamt TRUE oder FALSE ergibt (*"lazy evaluation"*). Ergeben sich bei der Durchführung der folgenden Abfragen Probleme? Was passiert bei Aufruf (und damit Auswertung) der Bedingungen?

```
>> A := x/(x - 1) > 0: x := 1:
>> (if x <> 1 and A then wahr else unwahr end_if),
   (if x = 1 or A then wahr else unwahr end_if)
```

18. MuPAD-Prozeduren

MuPAD stellt die wesentlichen Konstrukte einer Programmiersprache zur Verfügung, womit komplexe Algorithmen bequem vom Anwender in MuPAD programmiert werden können. In der Tat ist der größte Teil der in das System eingebauten „mathematischen Intelligenz" nicht in C bzw. C++ innerhalb des MuPAD-Kerns, sondern auf Bibliotheksebene in der MuPAD-Sprache implementiert. Die Möglichkeiten der Programmierung sind umfangreicher als in anderen Sprachen wie z. B. C, Pascal oder Fortran, da MuPAD allgemeinere und flexiblere Konstrukte zur Verfügung stellt.

Grundlegende Elemente der Programmierung wie z. B. Schleifen oder `if`-Verzweigungen wurden bereits vorgestellt (Kapitel 16 bzw. Kapitel 17), ebenso „einfache" Funktionen (Abschnitt 4.12).

In diesem Kapitel wird „Programmieren" als das Schreiben (komplexerer) MuPAD-Prozeduren angesehen. Im Prinzip gibt es aus Benutzersicht keinen Unterschied zwischen mittels -> erzeugten „einfachen Funktionen" (Abschnitt 4.12) und „komplexeren Prozeduren", wie sie im Folgenden vorgestellt werden. Auch Prozeduren liefern Werte zurück und sind in diesem Sinne als Funktionen anzusehen. Lediglich die Art der Erzeugung dieser Prozedurobjekte mittels `proc...end_proc` ist ein wenig komplexer, da dem Benutzer (im Vergleich zur Benutzung von ->) zusätzliche Möglichkeiten geboten werden: Er kann zwischen lokalen und globalen Variablen unterscheiden, bequem und übersichtlich beliebig viele Befehle in einer Prozedur-Umgebung benutzen usw.

Ist eine Prozedur implementiert, so kann sie wie jede andere MuPAD-Funktion in der Form `Prozedurname(Argumente)` aufgerufen werden. Nach Durchlauf des einprogrammierten Algorithmus liefert sie einen Ausgabewert an das System zurück.

Prozeduren können wie jedes andere MuPAD-Objekt im Rahmen einer interaktiven Sitzung definiert und benutzt werden. Allerdings wird man sich beim Programmieren komplexerer Algorithmen selten damit begnügen, die entsprechenden Prozeduren nur für den einmaligen Gebrauch zu implementieren. Daher bietet es sich an, die Prozedurdefinitionen mittels eines beliebigen Text-Editors in eine Textdatei zu schreiben, welche dann mit read (Abschnitt 13.2.1) in eine MuPAD-Sitzung eingelesen werden kann. Abgesehen von der Auswertungstiefe werden die in der Datei stehenden Befehle dann genauso vom MuPAD-Kern abgearbeitet, als wären sie interaktiv eingegeben worden. Die Windows-Version von MuPAD bietet einen Editor für MuPAD-Programme, der Schlüsselwörter automatisch farblich markiert.

18.1 Prozeduren definieren

Ein einfaches Beispiel einer Prozedurdefinition mittels proc ... end_proc ist die folgende Funktion, die zwei Zahlen vergleicht und das Maximum zurückliefert:

```
>> Max := proc(a, b) /* Maximum von a und b */
       begin
           if a<b then return(b) else return(a) end_if
       end_proc:
```

Der zwischen /* und */ eingeschlossene Text ist ein Kommentar:[1] Bei interaktiver Eingabe wird dieser Text vom System vollständig ignoriert. Beim Niederschreiben der Definition in eine Datei sind Kommentare ein nützliches Hilfsmittel zur Dokumentation des Quelltextes. Beim Einlesen der Datei mittels read wird der Kommentar ebenfalls ignoriert. Dieses Prozedurbeispiel enthält intern als einzigen Befehl die if-Abfrage. Realistische Prozeduren würden eine Vielzahl von (durch Doppelpunkte bzw. Semikolons getrennten) MuPAD-Befehlen abarbeiten, welche genau wie beim interaktiven Arbeiten mit MuPAD zu benutzen sind. Mit return wird eine Prozedur beendet, das an return übergebene Argument wird herausgereicht.

Das durch proc ... end_proc definierte MuPAD-Objekt ist eine Prozedur vom Domain-Typ DOM_PROC:

```
>> domtype(Max)
   DOM_PROC
```

Eine Prozedur lässt sich wie jedes andere MuPAD-Objekt zerlegen und manipulieren. Speziell kann sie, wie oben geschehen, einem Bezeichner als Wert zugewiesen werden.

---

[1] Alternativ können Kommentare auch durch // definiert werden. Diese Kommentare erstrecken sich jeweils bis zum Ende der Zeile.

Der Aufruf der Prozedur geschieht wie bei jeder **MuPAD**-Funktion:

```
>> Max(3/7, 0.4)
```
$$\frac{3}{7}$$

Die zwischen `begin` und `end_proc` deklarierten Anweisungen können beliebige MuPAD-Befehle sein, wie sie auch interaktiv aufgerufen werden können. Speziell können Systemfunktionen oder eigene Prozeduren innerhalb einer Prozedur aufgerufen werden. Insbesondere kann eine Prozedur sich selbst aufrufen, was sich bei rekursiv arbeitenden Algorithmen anbietet. Ein einfaches Beispiel dazu ist die Fakultät $n! = 1 \cdot 2 \cdots n$ einer natürlichen Zahl, die durch die Regel $n! = n \cdot (n-1)!$ mit dem Rekursionsstart $0! = 1$ definiert ist. Die Umsetzung in eine rekursiv arbeitende Prozedur könnte folgendermaßen aussehen:

```
>> Fakultaet := proc(n)   begin
      if n = 0
         then return(1)
         else return(n*Fakultaet(n - 1))
      end_if
   end_proc:
>> Fakultaet(10)
      3628800
```

Die Umgebungsvariable `MAXDEPTH` bestimmt die Rekursionstiefe, mit der sich Funktionen gegenseitig aufrufen können. Mit der voreingestellten Tiefe von 500 arbeitet die obige Fakultätsfunktion nur für $n \leq 500$. Für größere Werte nimmt die Funktion nach `MAXDEPTH` Schritten an, in einer Endlosrekursion zu sein, und bricht mit einer Fehlermeldung ab. Nach Erhöhung von `MAXDEPTH` können auch höhere Fakultäten mit dieser Funktion berechnet werden.

18.2 Der Rückgabewert einer Prozedur

Beim Aufruf einer Prozedur wird der Prozedurkörper, also die Abfolge der Befehle zwischen `begin` und `end_proc`, ausgeführt. Jede Prozedur liefert einen Wert an das System zurück. Dieser ist entweder der durch die Funktion `return` zurückgegebene Wert, oder es ist *der Wert des letzten Befehls, der innerhalb der Prozedur ausgewertet wurde.*[2] Die obige Fakultätsfunktion kann dementsprechend auch ohne `return`-Aufrufe implementiert werden:

---

[2] Wird innerhalb der Prozedur kein Befehl ausgeführt, so wird `NIL` zurückgeliefert.

18. MuPAD-Prozeduren

```
>> Fakultaet := proc(n) begin
     if n = 0 then 1 else n*Fakultaet(n - 1) end_if
   end_proc:
```

Die if-Anweisung liefert entweder 1 oder $n\,(n-1)!$ als Wert, welcher dann durch den Aufruf Fakultaet(n) zurückgeliefert wird.

Im Falle einer return-Anweisung wird die Prozedur beendet:

```
>> Fakultaet := proc(n) begin
     if n = 0 then return(1) end_if;
     n*Fakultaet(n - 1)
   end_proc:
```

Für $n = 0$ wird nach der Rückgabe von 1 die letzte Anweisung (der rekursive Aufruf von n*Fakultaet(n-1)) nicht mehr ausgeführt. Für $n \neq 0$ ist n*Fakultaet(n-1) der zuletzt berechnete Wert, welcher damit durch den Aufruf Fakultaet(n) zurückgeliefert wird.

Das Resultat einer Prozedur kann ein beliebiges MuPAD-Objekt sein, also ein Ausdruck, eine Folge, eine Menge, eine Liste, sogar eine Prozedur. Falls die zurückgegebene Prozedur allerdings lokale Variablen der äußeren Prozedur verwendet, so muss letztere aus technischen Gründen mit der Option escape[3] deklariert werden (andernfalls führt das zu einer MuPAD-Warnung oder zu unerwünschten Effekten). Die folgende Prozedur gibt eine Funktion zurück, die den Parameter Potenz der übergeordneten Prozedur verwendet:

```
>> ErzeugePotenzFunktion := proc(Potenz)
      option escape;
      begin
         x -> x^Potenz
      end_proc:
>> f := ErzeugePotenzFunktion(2):
>> g := ErzeugePotenzFunktion(5):
>> f(a), g(b)
```
  a^2, b^5

---

[3] Englisch *escape* = fliehen: Die lokale Variable „entflieht" ihrem Kontext innerhalb der äußeren Prozedur.

18.3 Rückgabe symbolischer Prozeduraufrufe

Viele der Systemfunktionen liefern sich selbst als symbolische Prozeduraufrufe zurück, wenn sie beim Durchlaufen des ihnen einprogrammierten Algorithmus keine einfache Darstellung des gefragten Ergebnisses finden:

```
>> sin(x), max(a, b), int(exp(x^3), x)
```

$$\sin(x),\ \max(a,b),\ \int e^{x^3}\,dx$$

Dasselbe Verhalten lässt sich in selbstgeschriebenen Prozeduren erreichen, wenn man den mit hold verzögerten Prozedurnamen zurückliefert. Durch hold (Abschnitt 5.2) wird verhindert, dass die Funktion sich selbst aufruft und dadurch in eine Endlosrekursion gerät. Die folgende Betragsfunktion soll nur für numerische Eingaben (also ganze Zahlen, rationale Zahlen, Gleitpunktzahlen und komplexe Zahlen) den Absolutbetrag liefern, in allen anderen Fällen soll sie sich selbst symbolisch zurückgeben:

```
>> Abs := proc(x) begin
     if testtype(x, Type::Numeric) then
       if domtype(x) = DOM_COMPLEX
         then return(sqrt(Re(x)^2 + Im(x)^2))
         else if x >= 0
                 then return(x)
                 else return(-x)
              end_if
       end_if
     end_if;
     hold(Abs)(x)
   end_proc:
>> Abs(-1), Abs(-2/3), Abs(1.234), Abs(2 + I/3),
   Abs(x + 1)
```

$$1,\ \frac{2}{3},\ 1.234,\ \frac{\sqrt{37}}{3},\ \mathrm{Abs}\,(x+1)$$

Ein eleganterer Weg benutzt das MuPAD-Objekt procname, das den Namen der Funktion darstellt:

```
>> Abs := proc(x) begin
      if testtype(x, Type::Numeric) then
          if domtype(x) = DOM_COMPLEX
              then return(sqrt(Re(x)^2 + Im(x)^2))
              else if x >= 0
                       then return(x)
                       else return(-x)
                   end_if
          ond_if
      end_if;
      procname(args())
   end_proc:
>> Abs(-1), Abs(-2/3), Abs(1.234),
   Abs(2 + I/3), Abs(x + 1)
```

$$1, \frac{2}{3}, 1.234, \frac{\sqrt{37}}{3}, \operatorname{Abs}(x+1)$$

Hierbei wurde der Ausdruck args() verwendet, der bei der Prozedurdeklaration die Folge der Argumente darstellt, mit denen die Prozedur später aufgerufen wird (Abschnitt 18.8).

18.4 Lokale und globale Variablen

In Prozeduren können beliebige Bezeichner benutzt werden, welche als *globale Variablen* bezeichnet werden:

```
>> a := b: f := proc() begin a := 1 + a^2 end_proc:
>> f(); f(); f()
```

$$b^2 + 1$$

$$\left(b^2 + 1\right)^2 + 1$$

$$\left(\left(b^2 + 1\right)^2 + 1\right)^2 + 1$$

Hierbei wird der außerhalb der Prozedur gesetzte Wert b von a benutzt, um innerhalb der Prozedur den Wert von a zu verändern. Nach Verlassen der Prozedur hat a den neuen Wert, der durch die weiteren Aufrufe von f dann erneut verändert wird. Diese „Seiteneffekte" sind meistens unerwünscht.

18.4 Lokale und globale Variablen

Mit dem Schlüsselwort `local` können Bezeichner als nur innerhalb der Prozedur gültige *lokale Variablen* deklariert werden:

```
>> a := b: f := proc() local a; begin a := 2 end_proc:
>> f(), a
          2, b
```

Trotz Namensgleichheit beeinflusst die Zuweisung `a:=2` der lokalen Variablen innerhalb des Prozeduraufrufs nicht den Wert des außerhalb der Prozedur gesetzten Bezeichners a. Es kann eine beliebige Anzahl lokaler Variablen deklariert werden, diese sind als Folge von Bezeichnern hinter `local` einzutragen:

```
>> f := proc(x, y, z) local A, B, C;
        begin
            A := 1; B := 2; C := 3; A*B*C*(x + y + z)
        end_proc:
>> f(A, B, C)
        6A + 6B + 6C
```

Solche mit `local` deklarierten lokalen Variablen sind technisch gesehen keine Bezeichner vom Typ `DOM_IDENT` mehr, sondern Elemente des Domains `DOM_VAR`. Sie beeinflussen Bezeichner des selben Namens nicht, und auch verschiedene lokale Variablen des selben Namens sind verschieden und voneinander unabhängig. Letzteres betrifft zunächst natürlich lokale Variablen in verschiedenen Prozeduren, aber auch innerhalb der selben Prozedur sind lokale Variablen bei mehreren Aufrufen voneinander unabhängig:

```
>> f := proc(x) local a, b;
        begin
            a := x;
            if x > 0 then b := f(x - 1);
            else b := 1;
            end_if;
            print(a, x);
            b + a;
        end:
>> f(2)
                        0, 0

                        1, 1

                        2, 2

        4
```

Es gilt die Faustregel:

Die Benutzung von globalen Variablen gilt als schlechter Programmierstil. Es sollten stets lokale Variablen benutzt werden, wenn dies möglich ist.

Der Grund dieses Prinzips ist, dass Prozeduren als mathematische Funktionen zu einem Satz von Eingangsparametern einen eindeutigen Ergebniswert liefern sollten. Bei Verwendung von globalen Variablen kann der selbe Prozeduraufruf je nach Wert dieser Variablen zu unterschiedlichen Resultaten führen:

```
>> a := 1: f := proc(b) begin a := a + 1; a + b end_proc:
>> f(1), f(1), f(1)
     3, 4, 5
```

Weiterhin kann ein Prozeduraufruf durch Umdefinition globaler Variablen die aufrufende Umgebung in subtiler Weise verändern („Seiteneffekt"), was bei komplexeren Programmen zu schwer überschaubaren Effekten führen kann.

Ein wichtiger Unterschied zwischen globalen und lokalen Variablen besteht darin, dass uninitialisierte globale Variablen als *Symbole* betrachtet werden, so dass der Wert einer nicht initialisierten globalen Variablen ihr eigener Name ist, während uninitialisierte lokale Variablen den Wert NIL haben. Die Verwendung einer lokalen Variablen, der kein Wert zugewiesen wurde, führt in MuPAD zu einer Warnung und sollte möglichst vermieden werden:

```
>> IchBinGlobal + 1
     IchBinGlobal + 1
>> f := proc()
     local IchBinLokal;
     begin
        IchBinLokal + 1
     end_proc:
>> f()
   Warning: Uninitialized variable 'IchBinLokal' used;
   during evaluation of 'f'
   Error: Illegal operand [_plus];
   during evaluation of 'f'
```

Die Fehlermeldung kommt daher, dass der Wert NIL der lokalen Variablen nicht zu der Zahl 1 addiert werden kann.

18.4 Lokale und globale Variablen

Es folgt ein realistisches Beispiel einer sinnvollen Prozedur. Benutzt man beispielsweise Felder vom Domain-Typ `DOM_ARRAY`, um Matrizen darzustellen, so steht man zunächst vor dem Problem, dass MuPAD kein direktes Hilfsmittel zur Verfügung stellt, solche Felder als Matrizen zu multiplizieren.[4] Die folgende selbstgeschriebene Prozedur löst dieses Problem, da die Berechnung eines Matrixproduktes $C = A \cdot B$ dann in der einfachen Form `C:=MatrixProdukt(A,B)` erfolgen kann. Sie soll für beliebige sinnvolle Dimensionen der Matrizen A, B funktionieren. Ist A eine $m \times n$-Matrix, so kann B eine $n \times r$-Matrix sein, wobei m, n, r beliebige natürliche Zahlen sind. Das Ergebnis, die $m \times r$-Matrix C, ist gegeben durch die Komponenten

$$C_{ij} = \sum_{k=1}^{n} A_{ik} B_{kj}, \quad i = 1, \ldots, m, \quad j = 1, \ldots, r.$$

Die unten angegebene Implementierung der Multiplikationsprozedur zieht automatisch die Dimensionsgrößen m, n, r aus den Argumenten, welche im 0-ten Operanden der Felder gespeichert sind (Abschnitt 4.9). Falls B eine $q \times r$-Matrix mit $q \neq n$ ist, so ist die Multiplikation mathematisch nicht sinnvoll. In diesem Fall terminiert die Prozedur mit einer Fehlermeldung. Hierzu dient die MuPAD-Funktion `error`, welche den Abbruch der aufrufenden Prozedur veranlasst und die übergebene Zeichenkette als Fehlermeldung auf den Bildschirm schreibt. Das Ergebnis wird komponentenweise in eine lokale Variable C geschrieben. Diese wird als Feld der Größe $m \times r$ initialisiert, damit das von der Prozedur zurückgelieferte Ergebnis wieder vom gewünschten Datentyp `DOM_ARRAY` ist. Die k-Summe in der Berechnung von C_{ij} könnte als Schleife der Form `for k from 1 to n do ...` realisiert werden. Hier wird statt dessen die Systemfunktion `_plus` verwendet, welche die Summe ihrer Argumente zurückliefert. Allgemein ist die Verwendung solcher Systemfunktionen ratsam, da sie recht effizient arbeiten. Zuletzt wird die Matrix C aufgerufen, womit sie zum Rückgabewert von `MatrixProdukt` wird:

---

[4] Bei Benutzung des Datentyps `Dom::Matrix()` können unmittelbar die Standardoperatoren `+`, `-`, `*`, `^`, `/` für die Matrixarithmetik verwendet werden (Abschnitt 4.15.2).

```
>> MatrixProdukt :=       /* Multiplikation C=AB     */
   proc(A, B)             /* einer m x n Matrix A    */
                          /* mit einer n x r Matrix B */
   /* mit Feldern A, B vom Domain-Typ DOM_ARRAY */
   local m, n, r, i, j, k, C;
   begin
      m := op(A, [0, 2, 2]);
      n := op(A, [0, 3, 2]);
      if n <> op(B, [0, 2, 2]) then
         error("Matrizendimensionen nicht verträglich")
      end_if;
      r := op(B, [0, 3, 2]);
      C := array(1..m, 1..r);  /* Initialisierung */
      for i from 1 to m do
        for j from 1 to r do
          C[i, j] := _plus(A[i, k]*B[k, j] $ k = 1..n)
        end_for
      end_for;
      C
   end_proc:
```

Noch eine allgemeine Anmerkung zum Programmierstil in MuPAD: In Prozeduren, welche interaktiv benutzt werden können, sollte unbedingt ein Abtesten der übergebenen Parameter eingebaut werden. Man hat bei der Implementierung Vorstellungen, welche Datentypen als Eingabe zulässig sein sollen (DOM_ARRAY im obigen Beispiel). Sollten versehentlich falsche Parameter übergeben werden, so kommt es in der Regel im Ablauf des Algorithmus zu nicht sinnvollen Aufrufen von Systemfunktionen, wodurch die Prozedur mit einer von diesen Systemfunktionen stammenden Fehlermeldung abbricht. Im obigen Beispiel würde die Funktion op beim Zugriff auf den 0-ten Operanden typischerweise den Wert FAIL liefern, wenn A oder B nicht vom Typ DOM_ARRAY sind. Damit bekämen m, n, r diesen Wert zugewiesen und der folgende Aufruf der for-Schleife würde mit einer Fehlermeldung abbrechen, da FAIL als obere Schleifengrenze nicht zulässig ist.

In solchen Situationen ist es meist schwer nachzuvollziehen, woher der angezeigte Fehler stammt. Daher ist eine Überprüfung der Argumente durch die Prozedur sicherlich sinnvoll. Aber schlimmer noch: Es könnte passieren, dass die Prozedur nicht abbricht, sondern in der Tat einen Wert berechnet, der dann jedoch in der Regel falsch sein wird!

Im obigen Beispiel wäre es damit sinnvoll, einen Parametertest der Form

```
if domtype(A) <> DOM_ARRAY or domtype(B) <> DOM_ARRAY
  then error("Argumente sind nicht vom Typ DOM_ARRAY")
end_if
```

in den Beginn des Prozedurkörpers einzubauen. Eine einfachere Form der Realisierung solch eines Typentests wird im Abschnitt 18.7 vorgestellt.

18.5 Unterprozeduren

Häufig möchte man Aufgaben, die in einer Prozedur wiederholt anfallen, wiederum in Form einer Prozedur, einer so genannten Unterprozedur, implementieren. Das strukturiert und vereinfacht den Programmiercode. Solche Unterprozeduren verlieren aber außerhalb der sie umgebenden Prozedur ihre Existenzberechtigung, sie werden dort nicht gebraucht. Daher sollten solche Unterprozeduren lokal, also nur im Sichtbarkeitsbereich der sie umgebenden Prozedur, definiert werden. Das wird in MuPAD mit Hilfe lokaler Variablen realisiert. Möchte man daher

```
g := proc() begin ... end_proc:
```

als eine lokale Prozedur von

```
f := proc() begin ... end_proc:
```

implementieren, so kann die Prozedur f wie folgt definiert werden:

```
>> f := proc()
    local g;
    begin
      /* Unterprozedur: */
      g := proc() begin ... end_proc;

      /* Hauptteil von f, */
      /* in dem g(..) aufgerufen wird: */
      ...
    end_proc:
```

Damit ist g eine *lokale* Prozedur von f und kann ausschließlich innerhalb von f verwendet werden.

18. MuPAD-Prozeduren

Wir geben ein einfaches Beispiel an. Eine Matrixmultiplikation kann wie folgt über geeignete Zeilen-Spalten-Multiplikationen realisiert werden:

$$\begin{pmatrix} 2 & 1 \\ 5 & 3 \end{pmatrix} \cdot \begin{pmatrix} 4 & 6 \\ 2 & 3 \end{pmatrix} = \begin{pmatrix} (2,1) \cdot \begin{pmatrix} 4 \\ 2 \end{pmatrix} & (2,1) \cdot \begin{pmatrix} 6 \\ 3 \end{pmatrix} \\ (5,3) \cdot \begin{pmatrix} 4 \\ 2 \end{pmatrix} & (5,3) \cdot \begin{pmatrix} 6 \\ 3 \end{pmatrix} \end{pmatrix} = \begin{pmatrix} 10 & 15 \\ 26 & 39 \end{pmatrix}.$$

Allgemein gilt bei einer Zerlegung nach Zeilen und Spalten

$$\begin{pmatrix} a_1 \\ \vdots \\ a_m \end{pmatrix} \cdot (b_1, \ldots, b_n) = \begin{pmatrix} a_1 \cdot b_1 & \ldots & a_1 \cdot b_n \\ \vdots & \ddots & \vdots \\ a_m \cdot b_1 & \ldots & a_m \cdot b_n \end{pmatrix}$$

mit dem Skalarprodukt

$$a_i \cdot b_j = \sum_r (a_i)_r (b_j)_r.$$

Wir schreiben eine Prozedur `MatrixMult`, die als Argumente Felder A und B der Gestalt `array(1..m,1..k)` bzw. `array(1..k,1..n)` erwartet und als Ergebnis das $m \times n$-Matrixprodukt $A \cdot B$ liefert. Die Unterprozedur `ZeileMalSpalte` zieht beim Aufruf `ZeileMalSpalte(i,j)` aus den Eingangsmatrizen A und B der Hauptprozedur `MatrixMult` die i-te Zeile bzw. die j-te Spalte und führt die Multiplikation der Zeile mit der Spalte durch. Die Felder A, B sowie die in `MatrixMult` als lokal deklarierten Dimensionsgrößen m, n und k können von der Unterprozedur als „globale" Variablen benutzt werden:

```
>> MatrixMult := proc(A, B)
   local m, n, k, K,       /* lokale Variablen */
         ZeileMalSpalte;   /* lokale Unterprozedur */
   begin
     /* Unterprozedur */
     ZeileMalSpalte := proc(i, j)
     local Zeile, Spalte, r;
     begin
       /* i-te Zeile von A: */
       Zeile := array(1..k, [A[i,r] $ r=1..k]);
       /* j-te Spalte von B: */
       Spalte := array(1..k, [B[r,j] $ r=1..k]);
       /* Zeile mal Spalte */
       _plus(Zeile[r]*Spalte[r] $ r=1..k)
     end_proc;
```

```
/* Hauptteil der Prozedur MatrixMult: */
m := op(A, [0, 2, 2]); /* Anzahl Zeilen von A */
k := op(A, [0, 3, 2]); /* Anzahl Spalten von A */
K := op(B, [0, 2, 2]); /* Anzahl Zeilen von B */
n := op(B, [0, 3, 2]); /* Anzahl Spalten von B */

if k <> K then
    error("Spaltenzahl(A) <> Zeilenzahl(B)")
end_if;

/* Matrix A*B: */
array(1..m, 1..n,
    [[ZeileMalSpalte(i, j) $ j=1..n] $ i=1..m])
end_proc:
```

Wie man an folgendem Beispiel sieht, leistet die Funktion das Gewünschte:

```
>> A := array(1..2, 1..2, [[2, 1], [5, 3]]):
>> B := array(1..2, 1..2, [[4, 6], [2, 3]]):
>> MatrixMult(A, B)
```

$$\begin{pmatrix} 10 & 15 \\ 26 & 39 \end{pmatrix}$$

18.6 Gültigkeitsbereiche von Variablen

Seit der MuPAD-Version 2.0 ist das so genannte *lexikalische Scoping* (englisch: scope = Bereich) realisiert. Das bedeutet im Wesentlichen, dass der Gültigkeitsbereich von lokalen Variablen und Übergabeparametern bereits zur Zeit der Definition einer Prozedur feststeht. Zur Erklärung dieses Konzepts starten wir mit einem einfachen Beispiel:

```
>> p := proc() begin x end_proc:
>> x := 3: p(); x := 4: p()
                    3

                    4
>> q := proc() local x; begin x := 5; p(); end_proc:
>> q()
                    4
```

In der ersten Zeile wird eine Prozedur p ohne Argumente definiert, in der die Variable x vorkommt. Da diese nicht als lokale Variable deklariert ist, gibt der Aufruf p() immer den Wert der globalen Variablen x zurück, wie in den beiden folgenden Aufrufen deutlich wird. In der Prozedur q wird wiederum eine lokale Variable x deklariert, die den Wert 5 zugewiesen bekommt. Innerhalb der Prozedur q ist das globale x nicht sichtbar, sondern nur die lokale Variable. Dennoch liefert ein Aufruf von q() den Wert der *globalen* Variablen x zurück, und *nicht* den aktuellen Wert der lokalen Variablen x innerhalb der Prozedur p. Um letzteres Verhalten zu erreichen, müsste man etwa eine Unterprozedur innerhalb von q definieren:

```
>> x := 4:
>> q := proc()
     local x, p;
     begin
       x := 5;
       p := proc() begin x; end_proc;
       x := 6;
       p()
     end_proc:
>> q(), p()
   6, 4
```

Auf die globale Prozedur p kann innerhalb von q nicht zugegriffen werden. Der Aufruf der lokalen Prozedur p innerhalb von q liefert nun den aktuellen Wert der lokalen Variablen x, wie der Aufruf q() zeigt. Der letzte Befehl p() wiederum ruft die oben definierte globale Prozedur p auf, und die liefert nach wie vor den Wert des globalen x.

Hier ist ein weiteres Beispiel:

```
>> p := proc(x) begin 2 * cos(x) + 1; end_proc:
>> q := proc(y)
     local cos;
     begin
       cos := proc(z) begin z + 1; end_proc;
       p(y) * cos(y)
     end_proc:
>> p(PI), q(PI)
   -1, -π - 1
```

Innerhalb der Prozedur q ist eine lokale Unterprozedur cos definiert, die zu ihrem Argument 1 dazuaddiert. Die Prozedur p hingegen verwendet immer die global definierte Cosinus-Funktion, so auch in dem Aufruf innerhalb der Prozedur q.

Bei Verwendung der bereits erwähnten Option escape bleibt eine lokale Variable auch nach dem Verlassen eines Prozeduraufrufs erreichbar, wenn sie in einer zurückgelieferten Prozedur angesprochen wird. Im folgenden Beispiel liefert f eine Prozedur (einen Zähler) zurück. Die so erzeugten Prozeduren zaehler1 und zaehler2 sind zwar keine Unterprozeduren von f mehr, können dank der Option escape aber auf die lokale Variable x von f verweisen, um mehrere aufeinanderfolgende Aufrufe jedes einzelnen Zählers zu synchronisieren. Man beachte, dass die beiden Zähler auf *unterschiedliche* unabhängige Instanzen von x verweisen, so dass sie unabhängig von einander zählen:

```
>> f := proc() local x;
       option escape;
       begin
         x := 1;
         // Diese Funktion ist Rückgabewert:
         proc() begin x := x+1 end;
       end:
>> zaehler1 := f(): zaehler2 := f():
>> zaehler1(), zaehler1(), zaehler1();
   zaehler2(), zaehler2();
   zaehler1(), zaehler2(), zaehler1();

     2, 3, 4

     2, 3

     5, 4, 6
```

18.7 Typdeklaration

In MuPAD existiert ein einfach bedienbarer Typentestmechanismus für die Argumente einer Prozedur. Die sinnvolle Einschränkung der in Abschnitt 18.4 definierten Prozedur MatrixProdukt auf Argumente vom Typ DOM_ARRAY läßt sich wie folgt realisieren:

```
>> MatrixProdukt := proc(A:DOM_ARRAY, B:DOM_ARRAY)
              local m, n, r, i, j, k, C;
              begin ...
```

Bei einer Parameterdeklaration der Form Argument:Typenbezeichner wird der Aufruf der Prozedur immer dann zu einer Fehlermeldung führen, wenn die übergebenen Parameter nicht der Typenbezeichnung entsprechen. Im obigen Fall wurde der Domain-Typ DOM_ARRAY als Typenbezeichner benutzt.

Das MuPAD-Konzept von Typenbezeichnern wurde in Kapitel 15 angesprochen. Mit dem Typ Type::NonNegInt für nichtnegative ganze Zahlen erlaubt die folgende Deklaration nur nichtnegative ganze Zahlen als Argument:

```
>> Fakultaet := proc(n:Type::NonNegInt) begin
     if n = 0
       then return(1)
       else n*Fakultaet(n - 1)
     end_if
   end_proc:
>> Fakultaet(4)
                               24
>> Fakultaet(4.0)
   Error: Wrong type of 1. argument (type 'Type::NonNeg\
   Int' expected,
           got argument '4.0');
   during evaluation of 'Fakultaet'

>> Fakultaet(-4)
   Error: Wrong type of 1. argument (type 'Type::NonNeg\
   Int' expected,
           got argument '-4');
   during evaluation of 'Fakultaet'
```

18.8 Prozeduren mit beliebig vielen Argumenten

Die Systemfunktion max berechnet das Maximum ihrer Argumente, wobei sie mit beliebig vielen Argumenten aufgerufen werden kann:

```
>> max(1), max(3/7, 9/20), max(-1, 3, 0, 7, 3/2, 7.5)
```
$$1, \frac{9}{20}, 7.5$$

Dieses Verhalten kann auch in selbstdefinierte Prozeduren eingebaut werden. Bei der Prozedurdefinition kann mit args auf die Argumente zugegriffen werden, mit denen die Prozedur später aufgerufen wird:

args(0)   : ist die Anzahl der Argumente,
args(i)   : ist das i-te Argument, $1 \leq i \leq$ args(0),
args(i..j) : ist die Folge der Argumente i bis j mit
             $1 \leq i \leq j \leq$ args(0),
args()   : ist die Folge args(1), args(2), ... aller
             Argumente.

18.8 Prozeduren mit beliebig vielen Argumenten

Die folgende Funktion simuliert das Verhalten der Systemfunktion max:

```
>> Max := proc() local m, i; begin
     m := args(1);
     for i from 2 to args(0) do
         if m < args(i) then m := args(i) end_if
     end_for:
     m
   end_proc:
>> Max(1), Max(3/7, 9/20), Max(-1, 3, 0, 7, 3/2, 7.5)
```

$$1, \frac{9}{20}, 7.5$$

Hierbei wird zunächst das erste Argument als Maximum m angenommen, dann werden nacheinander die restlichen Argumente daraufhin untersucht, ob sie größer sind als m. Ist dies der Fall, so erhält m jeweils den entsprechenden Wert, womit nach Durchlauf der i-Schleife das Maximum gefunden wurde. Man beachte, dass beim Aufruf von Max mit nur einem Argument (also args(0) = 1) die Schleife for i from 2 to 1 do... nicht durchlaufen wird.

Bei der Deklaration können formale Parameter und Zugriffe mittels args durchaus gemischt werden:

```
>> f := proc(x, y) begin
         if args(0) = 3
             then x^2 + y^3 + args(3)^4
             else x^2 + y^3
         end_if
     end_proc:
>> f(a, b), f(a, b, c)
```

$$a^2 + b^3, \ a^2 + b^3 + c^4$$

Das folgende Beispiel ist eine triviale Funktion, die sich lediglich selbst symbolisch zurückgibt:

```
>> f := proc() begin procname(args()) end_proc:
>> f(1), f(1, 2), f(1, 2, 3), f(a1, b2, c3, d4)
```

$$f(1), \ f(1,2), \ f(1,2,3), \ f(a1, b2, c3, d4)$$

18.9 Optionen: Die Remember-Tabelle

Man kann MuPAD-Prozeduren bei der Deklaration so genannte *Optionen* übergeben, welche die interne Ausführung eines Proceduraufrufs beeinflussen. Neben der bereits beschriebenen Option `escape` und der Option `hold`[5] ist für den Nutzer die Option `remember` interessant. In diesem Abschnitt wird der durch `option remember` erzeugte Mechanismus etwas genauer betrachtet, dessen Effekt an einem einfachen Beispiel demonstriert wird. Wir betrachten dazu die Folge der so genannten Fibonacci-Zahlen, die durch die Rekursion

$$F_n = F_{n-1} + F_{n-2}, \quad F_0 = 0, \quad F_1 = 1$$

definiert sind. Diese Rekursion kann leicht in eine MuPAD-Prozedur umgesetzt werden:

```
>> F := proc(n) begin
       if n < 2 then n else F(n - 1) + F(n - 2) end_if
   end_proc:
>> F(i) $ i = 0..10
   0, 1, 1, 2, 3, 5, 8, 13, 21, 34, 55
```

Für größere Werte von n ist die rekursive Berechnung von F_n sehr rechenintensiv. Verfolgen wir dazu die rekursiven Aufrufe von `F` in der Berechnung von F_4, die man sich als eine Baumstruktur vorstellen kann: `F(4)` ruft `F(3)` und `F(2)` auf, `F(3)` ruft seinerseits `F(2)` und `F(1)` auf usw.:

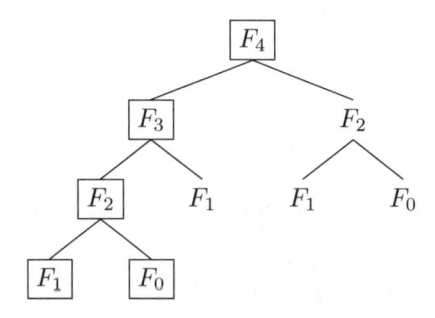

Man kann sich überlegen, dass für sehr großes n der Aufruf `F(n)` zu insgesamt ungefähr $1.45 \cdot 1.618^n$ Aufrufen von `F` führt. Diese „Kosten" steigen mit wachsendem n sehr schnell an:

---

[5] Hiermit wird die Parameterübergabe von „call by value" auf „call by name" umgeschaltet: Die Argumente werden nicht evaluiert. Speziell wird bei Prozeduraufrufen, in denen als Argument ein Bezeichner übergeben wird, nicht der *Wert*, sondern der *Name* des Bezeichners an die Prozedur übergeben (Abschnitt 18.10).

18.9 Optionen: Die Remember-Tabelle

```
>> time(F(10)), time(F(15)), time(F(20)), time(F(25))
   80, 910, 10290, 113600
```

Die time-Funktion liefert dabei die zur Auswertung des Arguments benötigte Zeit in Millisekunden.

In der obigen Skizze fällt auf, dass viele Aufrufe (z. B. F(1)) mehrfach durchgeführt werden. Es würde für F(4) im Prinzip reichen, nur die umrahmten Aufrufe von F(0), ..., F(4) auszuführen und sich diese Ergebnisse zu merken. Alle weiteren Berechnungen von F(0), F(1), F(2) kann man sich sparen, da deren Ergebnisse bereits bekannt sind. Genau dieser Mechanismus wird in MuPAD benutzt, wenn F mit option remember deklariert wird:

```
>> F := proc(n)
     /* local x, y; (hier waeren lokale */
     /* Variablen zu vereinbaren) */
     option remember;
     begin
        if n < 2 then n else F(n - 1) + F(n - 2) end_if
     end_proc:
```

Hierdurch wird intern für die Prozedur eine so genannte Remember-Tabelle (englisch: *to remember* = sich erinnern) angelegt, die nach der Definition der Prozedur zunächst leer ist. Bei jedem Aufruf wird zunächst nachgeschaut, ob die Argumentenfolge, für welche die Prozedur auszuwerten ist, bereits in dieser Tabelle eingetragen ist. Ist dies der Fall, so wird die Prozedur *nicht* durchlaufen, sondern das Ergebnis wird unmittelbar der Tabelle entnommen. Tauchen die Argumente nicht in der Tabelle auf, so wird die Prozedur durchlaufen, und der Ergebniswert wird berechnet. Dann wird die Argumentenfolge zusammen mit dem Ergebniswert in die Tabelle eingetragen. Auf diese Weise wird sichergestellt, dass die Prozedur bei einem späteren Aufruf mit den selben Argumenten nicht noch einmal durchlaufen wird.

Im Beispiel der Fibonacci-Zahlen wird beim Aufruf von F(n) die Prozedur nun nur $n + 1$ mal durchlaufen, um F(0), ..., F(n) zu berechnen. Hinzu muss beim rekursiven Abarbeiten der Prozedur die Remember-Tabelle $n - 2$ mal durchsucht werden, was aber sehr schnell geschieht. Der Laufzeitgewinn durch option remember ist in diesem Beispiel dramatisch:

```
>> time(F(10)), time(F(15)), time(F(20)), time(F(25)),
   time(F(500))
   0, 10, 0, 10, 390
```

340 18. MuPAD-Prozeduren

Die benötigten Zeiten liegen bereits in der Größenordnung der kleinsten Zeitdifferenz, die das System ermitteln kann, wodurch sich z. B. die (gerundeten) Laufzeiten von jeweils 0 Millisekunden bei F(10) und F(20) erklären.

Der Einbau von option remember *in eine Prozedur lohnt immer dann, wenn die Prozedur häufig mit immer wiederkehrenden Argumenten aufgerufen wird.*

Im Beispiel der Fibonacci-Zahlen lässt sich der Remember-Mechanismus natürlich direkt simulieren, indem man die Berechnung von F_n nicht rekursiv implementiert, sondern iterativ vorgeht und dabei bereits berechnete Werte in einer internen Tabelle ablegt:[6]

```
>> F := proc(n) local i, F; begin
      F[0] := 0: F[1] := 1:
      for i from 2 to n do
         F[i] := F[i - 1] + F[i - 2]
      end_for
   end_proc:
>> time(F(10)), time(F(15)), time(F(20)), time(F(25)),
   time(F(500))
      10, 0, 10, 0, 400
```

Für große Argumente ist die in der Bibliothek numlib für Zahlentheorie installierte Funktion numlib::fibonacci nochmals wesentlich schneller.

Achtung: Der Remember-Mechanismus erkennt nur schon früher verarbeitete Eingangsparameter, aber nicht die Werte von eventuell verwendeten globalen Variablen! Nach Änderung globaler Werte werden erinnerte Prozedurwerte in der Regel falsch sein! Besondere Vorsicht ist bei den globalen Umgebungsvariablen wie z. B. DIGITS angezeigt:

```
>> floatexp := proc(x) option remember;
               begin float(exp(x)) end_proc:
>> DIGITS := 20: floatexp(1);
      2.718281828459045235
>> DIGITS := 40: floatexp(1); float(exp(1))
      2.718281828459045235360287471344923927842

      2.718281828459045235360287471352662497757
```

---

[6] Diese Prozedur ist nicht ganz sauber implementiert: Was geschieht beim Aufruf F(0)?

Zwar wird hier der erinnerte Wert von `floatexp(1)` nach Umschalten von 20 auf 40 `DIGITS` etwas genauer ausgegeben, es handelt sich aber trotzdem um den mit `DIGITS = 20` berechneten Wert, der nun in der Ausgabe mit mehr Stellen angezeigt wird, welche *intern*[7] bei der 20-stelligen Rechnung benutzt wurden. Der wirkliche auf 40 Dezimalstellen genau berechnete Wert von `exp(1)` ist oben angegeben, er unterscheidet sich vom fälschlich erinnerten Wert in der 30-ten Dezimalstelle.

Der Nutzer hat die Möglichkeit, explizit die Remember-Tabelle einer Prozedur aufzufüllen. Im folgenden Beispiel ist f die Funktion $x \mapsto \sin(x)/x$, welche für $x = 0$ eine stetig hebbare Definitionslücke mit $f(0) := \lim_{x \to 0} \sin(x)/x = 1$ hat:

```
>> f := proc(x) begin sin(x)/x end_proc: f(0)
   Error: Division by zero;
   during evaluation of 'f'
```

Die Definitionslücke kann leicht geschlossen werden:

```
>> f(0) := 1: f(0)
   1
```

Durch die Zuweisung `f(0):=1` wird hierbei eine Remember-Tabelle für `f` angelegt, so dass im späteren Aufruf von `f(0)` gar nicht versucht wird, den Wert von $\sin(x)/x$ für $x = 0$ auszuwerten. Nun kann mit der Funktion `f` problemlos gearbeitet werden (man kann sie z. B. zeichnen lassen), ohne dass die Gefahr besteht, durch Auswertung bei $x = 0$ auf Probleme zu stoßen.

Achtung: Der Aufruf

```
>> delete f: f(x) := x^2:
```

erzeugt *nicht* die Abbildung $f : x \mapsto x^2$. Es wird eine Remember-Tabelle für den Bezeichner `f` erzeugt, über die *nur für den symbolischen Bezeichner* `x` der Aufruf `f(x)` zu `x^2` ausgewertet wird. Jedes andere Argument liefert den symbolischen Funktionsaufruf zurück:

```
>> f(x), f(y), f(1)
   x², f(y), f(1)
```

---

[7] MuPAD benutzt intern bei numerischen Rechnungen eine Anzahl von zusätzlichen „Schutzziffern", die über die per `DIGITS` angeforderten Dezimalstellen hinausgehen. In der Ausgabe wird der intern berechnete Wert dann auf die durch `DIGITS` gesetzte Stellenzahl abgeschnitten.

18.10 Die Eingabeparameter

Die in der Deklaration einer Prozedur benutzten formalen Argumente stehen quasi als zusätzliche lokale Variablen zur Verfügung:

```
>> f := proc(a, b) begin a := 1; a + b end_proc:
>> a := 2: f(a, 1): a
     2
```

Die Abänderung von a innerhalb der Prozedur hat keinerlei Effekt auf den außerhalb der Prozedur benutzten Bezeichner a. Nach Abänderung eines Eingangsparameters ist Vorsicht walten zu lassen, wenn in der Prozedur mit args (Abschnitt 18.8) auf die Argumente zugegriffen wird. Zuweisungen an formale Parameter verändern auch den Rückgabewert von args:

```
>> f := proc(a) begin a := 1; a, args(1) end_proc: f(2)
     1, 1
```

Prinzipiell können beliebige MuPAD-Objekte als Eingabeparameter einer Prozedur verwendet werden. Dies können demnach Mengen, Listen, Ausdrücke, aber auch wieder Prozeduren/Funktionen sein:

```
>> p := proc(f) local i; begin
          [f(1), f(2), f(3)]
        end_proc:
>> p(g)
     [g(1), g(2), g(3)]
>> p(proc(x) begin x^2 end_proc)
     [1, 4, 9]

>> p(x -> x^3)
     [1, 8, 27]
```

Selbstdefinierte Prozeduren werten ihre Argumente i. a. aus (englisch: *call by value*): Beim Aufruf von f(x) kennt der in f implementierte Algorithmus nur den Wert des Bezeichners x. Deklariert man jedoch eine Prozedur mit option hold, so wird die Parameterübergabe von „call by value" auf „call by name" umgeschaltet: Innerhalb der Prozedur steht dann der Ausdruck oder der Name des Bezeichners zur Verfügung, der beim Aufruf als Argument benutzt wird. Den Wert des Arguments erhält man mit context:

```
>> f := proc(x) option hold;
        begin x = context(x) end_proc:
>> x := 2:
>> f(x), f(sin(x)), f(sin(PI))
```
$x = 2,\ \sin(x) = \sin(2),\ \sin(\pi) = 0$

18.11 Die Auswertung innerhalb von Prozeduren

In Kapitel 5 ist die Auswertungsstrategie von MuPAD angesprochen worden: Auf interaktiver Ebene wird stets vollständig ausgewertet, d. h., *rekursiv* werden alle Bezeichner durch ihre Werte ersetzt, bis nur noch symbolische Bezeichner ohne Wert verbleiben (oder die durch die Umgebungsvariable LEVEL gegebene Auswertungstiefe erreicht ist):

```
>> delete a, b, c: x := a + b: a := b + 1: b := c: x
   2c + 1
```

Im Gegensatz dazu wird innerhalb von Prozeduren nicht vollständig, sondern nur mit einer Auswertungstiefe von 1 evaluiert. Das bedeutet, dass Bezeichner bei der Auswertung innerhalb einer Prozedur sozusagen intern durch level(Bezeichner,1) ersetzt werden: Jeder Bezeichner wird durch seinen Wert ersetzt, dies geschieht jedoch *nicht rekursiv*. Zur Erinnerung: In Abschnitt 5.1 ist der Unterschied gemacht worden zwischen dem *Wert* eines Bezeichners (die Auswertung zum Zeitpunkt der Zuweisung) und dessen *Auswertung* (dem „momentanen Wert", wo symbolische Bezeichner, die später einen Wert zugewiesen bekommen haben, ebenfalls durch ihre Werte ersetzt werden). Interaktiv ergibt sich bei Aufruf eines Objektes die vollständige Auswertung, in Prozeduren wird nur der Wert des Objektes geliefert. Dies erklärt den Unterschied zwischen dem obigen interaktiven Ergebnis und dem folgenden Resultat:

```
>> f := proc() begin
          delete a, b, c:
          x := a + b: a := b + 1: b := c:
          x
        end_proc:
>> f()
   a + b
```

Der Grund für die Implementierung dieses unterschiedlichen Verhaltens liegt darin, dass die unvollständige Auswertungsstrategie die Auswertung von Prozeduren schneller macht, was die Effizienz von MuPAD-Prozeduren wesentlich steigert. Für den Einsteiger in die MuPAD-Programmierung hält dieses Auswertungskonzept aber durchaus gewisse Tücken parat. Nach einiger Übung wird man sich jedoch einen entsprechenden Programmierstil aneignen, durch den man problemlos mit der eingeschränkten Auswertungstiefe umgehen kann.

Achtung: Wenn man nicht interaktiv mit MuPAD arbeitet, sondern die Abfolge von MuPAD-Befehlen mittels eines Editors in eine Textdatei schreibt und diese dann mit `read` in eine MuPAD-Sitzung einliest (Abschnitt 13.2.1), so werden diese Befehle innerhalb einer Prozedur (nämlich `read`) ausgeführt, also mit der Auswertungstiefe 1. Man kann mit der Systemfunktion `level` (Abschnitt 5.2) die Auswertungstiefe steuern und dadurch bei Bedarf vollständige Auswertung erzwingen:

```
>> f := proc() begin
       delete a, b, c:
       x := a + b: a := b + 1: b := c:
       level(x)
   end_proc:
>> f()
   2c + 1
```

Achtung: Die Funktion `level` wirkt *nicht* auf lokale Variablen!

Weiterhin können lokale Variablen nicht als symbolische Bezeichner benutzt werden, sie müssen stets Werte zugewiesen bekommen haben, bevor man sie benutzt. Die folgende Prozedur, in der intern ein symbolischer Bezeichner `x` an den Integrierer übergeben werden soll, ist nicht zulässig:

```
>> f := proc(n) local x; begin int(exp(x^n), x) end_proc:
```

Man kann den Namen der Integrationsvariablen als zusätzliches Argument an die Prozedur übergeben, womit beispielsweise folgende Varianten zulässig sind:

```
>> f := proc(n, x) begin int(exp(x^n), x) end_proc:
>> f := proc(n, x) local y; begin
       y := x; int(exp(y^n), y) end_proc:
```

Sollten für Zwischenergebnisse symbolische Bezeichner benötigt werden, so kann man mittels `genident()` (englisch: *generate identifier*) einen Bezeichner ohne Wert erzeugen und ihn einer lokalen Variablen zuweisen.

18.12 Funktionsumgebungen

MuPAD stellt für die mathematischen Standardfunktionen wie sin, cos, exp etc. eine Reihe mächtiger Werkzeuge bereit, die das Wissen über die mathematische Bedeutung dieser Bezeichner eingebaut haben. Typische Beispiele sind der float-Konvertierer, der Differenzierer diff oder die Funktion expand, mit denen Ausdrücke manipuliert werden können:

```
>> float(sin(1)), diff(sin(x), x, x, x),
   expand(sin(x + 1))
```
$0.8414709848, \; -\cos(x), \; \cos(1)\sin(x) + \sin(1)\cos(x)$

In diesem Sinne ist das mathematische Wissen über die Standardfunktionen im System verteilt: Die Funktion float muss wissen, wie numerische Approximationen der Sinus-Funktion zu berechnen sind, diff muss die Ableitung kennen, expand muss die Additionstheoreme der trigonometrischen Funktionen beherrschen.

Man kann beliebige neue Funktionen als symbolische Namen einführen oder in Form von Prozeduren implementieren. Wie kann man aber, wenn man die mathematische Bedeutung der neuen Funktion und die für sie gültigen Rechenregeln kennt, den Systemfunktionen dieses Wissen mitteilen? Wie kann man beispielsweise den Systemdifferenzierer diff benutzen, um die Ableitung einer neu eingeführten Funktion zu berechnen? Ist die neue Funktion nur aus den MuPAD bekannten Standardfunktionen zusammengesetzt, wie z. B. $f : x \mapsto x \sin(x)$, so stellt dies keine Problem dar: Der Aufruf

```
>> f := x -> x*sin(x): diff(f(x), x)
```
$\sin(x) + x \cos(x)$

liefert sofort die gewünschte Antwort. Es gibt aber oft Situationen, in denen die neu zu implementierende Funktion nicht aus Standardobjekten zusammengesetzt werden kann. Beispielsweise sind viele „spezielle Funktionen" der Physik durch Differentialgleichungen zweiter Ordnung gegeben, womit höhere Ableitungen durch Ableitungen niedriger Ordnung dargestellt werden können. Es geht also darum, die Rechenregeln (Gleitpunktapproximation, Differentiation etc.) für *symbolische* Funktionsnamen an die MuPAD-Funktionen float, diff etc. weiterzugeben. Dies ist die eigentliche Herausforderung, wenn es darum geht, „eine neue mathematische Funktion in MuPAD zu implementieren": Das Wissen um die mathematische Bedeutung der Symbole muss auf die entsprechenden Standardwerkzeuge MuPADs verteilt werden. In der Tat ist dies eine notwendige Maßnahme: Will man etwa einen komplexen Ausdruck differenzieren, der sowohl aus der neuen Funktion als auch aus Standardfunktionen zusammengesetzt ist, so kann dies nur über den Systemdifferenzierer geschehen. Dieser muss daher lernen, mit den neuen Symbolen umzugehen.

Als Hilfsmittel dazu stellt MuPAD den Domain-Typ DOM_FUNC_ENV (englisch: *function environment* = Funktionsumgebung) bereit. In der Tat sind die bereits eingebauten mathematischen Standardfunktionen von diesem Typ, um von float, diff, expand etc. verarbeitet werden zu können:

```
>> domtype(sin)
   DOM_FUNC_ENV
```

Funktionsumgebungen können vom Benutzer wie jede „normale" Funktion oder Prozedur aufgerufen werden:

```
>> sin(1.7)
   0.9916648105
```

Eine Funktionsumgebung besteht aus 3 Operanden: Der erste Operand ist eine Prozedur, welche den Rückgabewert eines Funktionsaufrufs ermittelt. Der zweite Operand ist eine Prozedur, welche die Ausgabe eines nach Auswertung verbleibenden symbolischen Funktionsaufrufs auf dem Bildschirm bestimmt. Der dritte Operand ist eine Tabelle, welche die Informationen enthält, wie die Systemfunktionen float, diff, expand etc. mit symbolischen Funktionsaufrufen verfahren sollen.

Die für die Auswertung des Aufrufs zuständige Prozedur kann mit expose sichtbar gemacht werden:

```
>> expose(sin)
   proc(x)
     name sin;
     local f, y;
     option noDebug;
   begin
     if args(0) = 0 then
       error("no arguments given")
     else
       ...
   end_proc
```

Beispielhaft für die Implementation neuer Funktionen behandeln wir hier zwei eng miteinander verwandte Funktionen, die MuPAD nicht direkt anbietet (die aber, wie viele spezielle Funktionen aus der Praxis, mit hypergeom ausgedrückt werden können): Die vollständigen elliptischen Integrale erster und zweiter Art, K und E. Diese Funktionen finden in so unterschiedlichen Gebieten eine Anwendung wie dem Umfang einer Ellipse, dem Schwerkraftpotential oder dem elektrostatischen Potential eines gleichförmigen Ringes oder der Wahrscheinlichkeit, dass ein Zufallsweg in drei Dimensionen wieder seinen Anfang erreicht. Da der Bezeichner E in MuPAD bereits einen Wert hat, werden wir die Funktionen ellipticE und, der Konsistenz halber, ellipticK nennen. Um eine kompakte und gut lesbare Darstellung der Ergebnisse zu bekommen, werden wir aber für die Ausgabe E und K verwenden. Wir werden uns hier darauf beschränken, die folgenden Eigenschaften zu implementieren:

$$E'(z) = \frac{E(z) - K(z)}{2\,z}$$

$$K'(z) = \frac{E(z) - (1-z)K(z)}{2\,(1-z)z}$$

$$E(0) = K(0) = \frac{\pi}{2} \qquad E(1) = 1$$

$$K\left(\frac{1}{2}\right) = \frac{8\,\pi^{3/2}}{\Gamma\left(-\frac{1}{4}\right)^2} \qquad K(-1) = \frac{\Gamma\left(\frac{1}{4}\right)^2}{4\,\sqrt{2\pi}}$$

Die Funktionen selbst sind schnell geschrieben:

```
>> ellipticE :=
   proc(x) begin
     if x = 0 then PI/2
     elif x = 1 then 1
     else procname(x) end_if
   end_proc:
>> ellipticK :=
   proc(x) begin
     if x = 0 then PI/2
     elif x = 1/2 then 8*PI^(3/2)/gamma(-1/4)^2
     elif x = -1 then gamma(1/4)^2/4/sqrt(2*PI)
     else procname(x) end_if
   end_proc:
```

Da die Funktionswerte nur an einigen Punkten bekannt sind, wird für jedes andere Argument der symbolische Ausdruck ellipticE(x) bzw. ellipticK(x) mittels procname zurückgeliefert (Abschnitt 18.3). Bislang ergibt sich:

```
>> ellipticE(0), ellipticE(1/2),
   ellipticK(12/17), ellipticK(x^2+1)
```

$\frac{\pi}{2}$, ellipticE $\left(\frac{1}{2}\right)$, ellipticK $\left(\frac{12}{17}\right)$, ellipticK $\left(x^2 + 1\right)$

Eine neue Funktionsumgebung wird mittels `funcenv` erzeugt:

```
>> output_E := f -> hold(E)(op(f)):
   ellipticE := funcenv(ellipticE, output_E):
>> output_K := f -> hold(K)(op(f)):
   ellipticK := funcenv(ellipticK, output_K):
```

Hierdurch wurden die Prozeduren `ellipticE` und `ellipticK` in Funktionsumgebungen umgewandelt. Die für die Auswertung zuständigen Prozeduren wurden als erstes Argument übergeben. Das (optionale) zweite Argument ist die für die Bildschirmausgabe zuständige Prozedur. Wird sie nicht angegeben, so wird ein symbolischer Aufruf in der Standardweise auf dem Bildschirm dargestellt wird. Ein symbolischer Ausdruck `ellipticE(x)` soll als `E(x)` ausgegeben werden, analog `ellipticK(x)` ans `K(x)`. Dazu dient die als zweites Argument in `funcenv` übergebene Prozedur, die als Konvertierungsroutine zu interpretieren ist. Bei Eingabe des Argumentes `ellipticE(x)` liefert sie das MuPAD-Objekt, welches statt des symbolischen Aufrufs `ellipticE(x)` auf dem Bildschirm erscheinen soll. Das Argument f, welches `ellipticE(x)` repräsentiert, wird in den Ausdruck `E(x)` verwandelt (es gilt `x = op(f)` für `f = ellipticE(x)`)[8]. Dieser Ausdruck wird dann (ohne weitere Evaluierungsschritte) ausgegeben. Das `hold` in `output_E` ist notwendig, damit E nicht durch `exp(1)` ersetzt wird. Analog soll `ellipticK(x)` auch dann als `K(x)` ausgegeben werden, wenn K einen Wert hat, darum steht auch in `output_K` ein `hold`.

```
>> ellipticE(0), ellipticE(1/2),
   ellipticK(12/17), ellipticK(x^2+1)
```

$$\frac{\pi}{2},\ E\left(\frac{1}{2}\right),\ K\left(\frac{12}{17}\right),\ K\left(x^2+1\right)$$

In einem Aufruf von `funcenv` kann als drittes Argument eine Tabelle von *Funktionsattributen* angegeben werden, welche den Systemfunktionen `float`, `diff`, `expand` etc. mitteilt, wie sie symbolische Aufrufe der Form `ellipticK(x)` und `ellipticE(x)` behandeln sollen. Da im obigen Beispiel bei der Erzeugung der Funktionsumgebung keinerlei Funktionsattribute übergeben wurden, wissen diese Systemfunktionen zu diesem Zeitpunkt noch nicht, wie sie zu verfahren haben. Damit liefern sie standardmäßig den Ausdruck bzw. sich selbst symbolisch zurück:

---

[8] Eine Ausgaberoutine kann auch eine Zeichenkette zurückgeben, die ohne umgebende Anführungszeichen ausgegeben wird. Sie sollten das im Normalfall vermeiden, da damit keine zweidimensionale Formelausgabe mehr möglich ist.

```
>> float(ellipticE(1/3)), expand(ellipticE(x + y)),
   diff(ellipticE(x), x), diff(ellipticK(x), x)
```

$$E\left(\frac{1}{3}\right),\ E(x+y),\ \frac{\partial}{\partial x}E(x),\ \frac{\partial}{\partial x}K(x)$$

Der wesentliche Punkt, das Mitteilen der mathematischen Eigenschaften von ellipticK und ellipticE an die Systemfunktionen, geschieht nun mit dem Setzen der Funktionsattribute. Dazu stellt MuPAD die Funktion slot zur Verfügung, welche einen neuen Eintrag in die Attributtabelle durchführt. Anstatt dies Funktion direkt aufzurufen, verwenden wir den äquivalenten Operator ::, um das "diff"-Attribut zu setzen, mit dem der Systemdifferenzierer diff angesteuert wird:

```
>> ellipticE::diff :=
   proc(f,x)
     local z;
   begin
     z := op(f);
     (ellipticE(z) - ellipticK(z))/(2*z) * diff(z, x)
   end_proc:
>> ellipticK::diff :=
   proc(f,x)
     local z;
   begin
     z := op(f);
     (ellipticE(z) - (1-z)*ellipticK(z))/
         (2*(1-z)*z) * diff(z, x)
   end_proc:
```

Hiermit wird diff mitgeteilt, dass diff(f,x) mit einem symbolischen Funktionsaufruf f = ellipticE(z) durch die als letztes Argument übergebene Prozedur auszuwerten ist. Mit der Kettenregel gilt

$$\frac{d}{dx}E(z) = E'(z)\,\frac{dz}{dx}\,.$$

Diese Regel wird in der angegebenen Prozedur implementiert, wobei für den Ausdruck f = ellipticE(z) die innere Funktion durch z = op(f) gegeben ist. *Nun ist für MuPAD die Ableitung der durch die Bezeichner ellipticE und ellipticK dargestellten Funktionen bekannt:*

```
>> diff(ellipticE(z), z), diff(ellipticE(y(x)), x);
   diff(ellipticE(x*sin(x)), x)
```

$$\frac{E(z) - K(z)}{2z}, \quad \frac{(E(y(x)) - K(y(x))) \frac{\partial}{\partial x} y(x)}{2y(x)}$$

$$\frac{(E(x \sin(x)) - K(x \sin(x))) (\sin(x) + x \cos(x))}{2x \sin(x)}$$

Nun ist die Implementierung der beiden elliptischen Integrale soweit vollständig, dass der Differenzierer `diff` diese Funktionen sinnvoll verarbeiten kann:

```
>> diff(ellipticE(x), x, x)
```

$$\frac{\frac{E(x)-K(x)}{2x} + \frac{E(x)+K(x)(x-1)}{2x(x-1)}}{2x} - \frac{E(x) - K(x)}{2x^2}$$

```
>> normal(diff(ellipticK(2*x + 3), x, x, x))
   - (73 E(2 x + 3) + 86 K(2 x + 3) + 115 x E(2 x + 3) +

                                   2
     228 x K(2 x + 3) + 46 x  E(2 x + 3) +

            2                    3
     202 x  K(2 x + 3) + 60 x  K(2 x + 3)) /

                   2          3          4          5
     (540 x + 1116 x  + 1220 x  + 744 x  + 240 x  +

         6
      32 x  + 108)
```

Als Anwendung soll MuPAD nun den Beginn der Taylor-Entwicklung des vollständigen elliptischen Integrals erster Ordnung um $x = 0$ bestimmen. Die Funktion `taylor` ruft intern `diff` auf, so dass MuPADs Reihenentwickler benutzt werden kann:

```
>> taylor(ellipticK(x), x = 0, 6)
```

$$\frac{\pi}{2} + \frac{\pi x}{8} + \frac{9\pi x^2}{64} + \frac{99\pi x^3}{256} + \frac{11163\pi x^4}{4096} + \frac{855519\pi x^5}{16384} + O(x^6)$$

Aufgabe 18.1: Erweitern Sie die Definition von `ellipticE` und `ellipticK` um `"float"`-Slots. Nutzen Sie hierfür `hypergeom::float` und die folgenden Gleichungen:

$$E(z) = \tfrac{\pi}{2} \, \texttt{hypergeom}\bigl([-\tfrac{1}{2},\tfrac{1}{2}],[1],z\bigr)$$
$$K(z) = \tfrac{\pi}{2} \, \texttt{hypergeom}\bigl([\tfrac{1}{2},\tfrac{1}{2}],[1],z\bigr)$$

Erweitern Sie auch die Auswertungsfunktionen, sodass Ihr neuer `"float"`-Slot bei Eingabe einer Gleitpunktzahl automatisch aufgerufen wird.

Aufgabe 18.2: Eine Betragsfunktion `Abs` soll als Funktionsumgebung implementiert werden. Der Aufruf `Abs(x)` soll für reelle Zahlen `x` vom Domain-Typ `DOM_INT`, `DOM_RAT` oder `DOM_FLOAT` den Absolutbetrag liefern. Für alle anderen Argumente soll die symbolische Ausgabe `|x|` auf dem Bildschirm erscheinen. Die Betragsfunktion kann auf $\mathbb{R}\setminus\{0\}$ differenziert werden, es gilt

$$\frac{\mathrm{d}\,|y|}{\mathrm{d}\,x} = \frac{|y|}{y}\,\frac{\mathrm{d}y}{\mathrm{d}x}.$$

Setzen Sie das Funktionsattribut `"diff"` entsprechend, und berechnen Sie die Ableitung von `Abs(x^3)`! Vergleichen Sie Ihr Ergebnis mit der Ableitung der Systemfunktion `abs`!

18.13 Ein Programmierbeispiel: Differentiation

In diesem Abschnitt wird ein einfaches Beispiel diskutiert, welches die typische Arbeitsweise einer symbolischen MuPAD-Prozedur demonstrieren soll. Es wird ein symbolischer Differenzierer implementiert, der die Ableitung algebraischer Ausdrücke bestimmt, die in beliebiger Weise durch Addition, Multiplikation, Potenzieren und Anwendungen einiger mathematischer Funktion (exp, ln, sin, cos, ..) aus symbolischen Bezeichnern erzeugt wurden.

Dieses Beispiel dient nur zu Demonstrationszwecken, denn mit dem Systemdifferenzierer `diff` existiert bereits eine MuPAD-Funktion, die genau dieses leistet. Die Funktion `diff` ist eine sehr schnelle im MuPAD-Kern implementierte Routine, so dass eine eigene in der MuPAD-Sprache geschriebene Funktion sicherlich nicht die Effizienz von `diff` erreichen kann.

Folgende Eigenschaften legen die Differentiation algebraisch auf der Menge der zu bearbeitenden Ausdrücke fest:

1) $\dfrac{df}{dx} = 0$, wenn f nicht von x abhängt,

2) $\dfrac{dx}{dx} = 1$,

3) $\dfrac{d}{dx}(f + g) = \dfrac{df}{dx} + \dfrac{dg}{dx}$ (Linearität),

4) $\dfrac{d}{dx}(a \cdot b) = \dfrac{da}{dx} b + a \dfrac{db}{dx}$ (Produktregel),

5) $\dfrac{da^b}{dx} = \dfrac{d}{dx} e^{b\,\ln(a)} = e^{b\,\ln(a)} \dfrac{d}{dx}(b\,\ln(a))$

$= a^b \ln(a) \dfrac{db}{dx} + a^{b-1} b \dfrac{da}{dx}$,

6) $\dfrac{d}{dx} F(y(x)) = F'(y) \dfrac{dy}{dx}$ (Kettenregel).

Hierbei sind für einige Funktionen F die Ableitungen bekannt, was in der Implementierung berücksichtigt werden soll. Bei unbekannten Funktionen F soll ein symbolischer Aufruf des Differenzierers zurückgegeben werden.

Die in Tabelle 18.1 angegebene Prozedur `Diff` implementiert obige Eigenschaften.Sie wird in der Form `Diff(Ausdruck, Bezeichner)` aufgerufen.

Hierbei ist in 0) ein automatischer Typentest des zweiten Argumentes eingebaut, für das nur symbolische Bezeichner vom Domain-Typ `DOM_IDENT` zulässig sein sollen. In 1) überprüft die MuPAD-Funktion `has`, ob der zu differenzierende Ausdruck f von x abhängt. Die Linearität der Differentiation ist in 3) mittels der MuPAD-Funktion `map` implementiert:

```
>> map(f1(x) + f2(x) + f3(x), Diff, x)
```
$\quad$ Diff $(f1(x), x)$ + Diff $(f2(x), x)$ + Diff $(f3(x), x)$

In 4) wird ein multiplikativer Ausdruck $f = f_1 \cdot f_2 \cdot \ldots$ zerlegt: Mit `a:=op(f,1)` wird der erste Faktor $a = f_1$ bestimmt, dann wird dieser Faktor mittels `subsop(f,1=1)` durch 1 ersetzt, wodurch b den Wert $f_2 \cdot f_3 \cdot \ldots$ annimmt. In der Produktregel 4) wird `Diff(b,x)` aufgerufen, wobei in diesem Aufruf von `Diff` eventuell erneut der Fall 4) abgearbeitet wird, falls

18.13 Ein Programmierbeispiel: Differentiation

```
>> Diff := proc(f, x : DOM_IDENT)                    // 0)
   local a, b, F, y; begin
     if not has(f, x) then return(0) end_if;         // 1)
     if f = x then return(1) end_if;                 // 2)
     if type(f) = "_plus" then
        return(map(f, Diff, x)) end_if;              // 3)
     if type(f) = "_mult" then
        a := op(f, 1); b := subsop(f, 1 = 1);
        return(Diff(a, x)*b + a*Diff(b, x))          // 4)
     end_if;
     if type(f) = "_power" then
        a := op(f, 1); b := op(f, 2);
        return(f*ln(a)*Diff(b, x)
               + a^(b - 1)*b*Diff(a, x))             // 5)
     end_if;
     if op(f, 0) <> FAIL then
        F := op(f, 0); y := op(f, 1);                // 6)
        if F = hold(exp) then
           return( exp(y)*Diff(y, x)) end_if;        // 6)
        if F = hold(ln)  then
           return(  1/y  *Diff(y, x)) end_if;        // 6)
        if F = hold(sin) then
           return( cos(y)*Diff(y, x)) end_if;        // 6)
        if F = hold(cos) then
           return(-sin(y)*Diff(y, x)) end_if;        // 6)
        /* .. weitere bekannte Funktionen sind */
        /*    hier einzutragen .. */
     end_if;
     procname(args())                                // 7)
   end_proc:
```

Tabelle 18.1. Ein symbolischer Differenzierer

$b = f_2 \cdot f_3 \cdot \ldots$ selbst wieder ein Produkt ist. Auf diese Art und Weise werden durch 4) beliebige Produkte abgearbeitet.

In 5) wird ein durch eine Potenz gegebener Ausdruck differenziert: Für $f = a^b$ liefert `op(f, 1)` die Basis a und `op(f, 2)` den Exponenten b. Damit sind beispielsweise speziell alle monomialen Ausdrücke der Form $f = x^n$ mit konstantem n implementiert: Im rekursiven Aufruf von `Diff` wird für $a = x$ und $b = n$ dann `Diff(a, x) = 1` und `Diff(b, x) = 0` gefunden, womit sich der in 5) zurückgegebene Ausdruck zum korrekten Resultat $x^{n-1} n$ vereinfacht.

Falls der Ausdruck f ein symbolischer Funktionsaufruf der Form $f = F(y)$ ist, so wird in 6) die „äußere" Funktion F durch `F:=op(f,0)` gefunden (sonst erhält `F` i. A. den Wert `FAIL`). Es wird nur der Fall behandelt, dass F eine Funktion mit einem Argument y ist, wobei die „innere" Funktion durch `y:=op(f,1)` gefunden wird. Ist F ein Funktionsname, für den die Ableitungsfunktion bekannt ist (z. B. $F = \exp, \ln, \sin, \cos$), so wird die Kettenregel angewendet. Offensichtlich kann in der angegebenen Implementierung die Menge der Funktionen F, die differenziert werden können, leicht erweitert werden. Speziell kann das Differenzieren von symbolischen Ausdrücken der Form `int(·)` eingebaut werden. Auch kann die Erweiterung auf Funktionen F mit mehreren Argumenten leicht realisiert werden.

In 7) wird letztlich symbolisch `Diff(f,x)` zurückgeliefert, falls in den Schritten 1) bis 6) keine Vereinfachungen des Ausdrucks f durchgeführt werden konnten.

Die Arbeitsweise von `Diff` ist der des Systemdifferenzierers `diff` nachempfunden. Man vergleiche die folgenden Ergebnisse mit denen, die durch Aufruf von `diff` erzeugt werden:

```
>> Diff(x*ln(x + 1/x), x)
```
$$\ln\left(x + \frac{1}{x}\right) - \frac{x\left(\frac{1}{x^2} - 1\right)}{x + \frac{1}{x}}$$
```
>> Diff(f(x)*sin(x^2), x)
```
$$\sin\left(x^2\right)\operatorname{Diff}\left(f(x), x\right) + 2\,x\,f(x)\,\cos\left(x^2\right)$$

18.14 Programmieraufgaben

Aufgabe 18.3: Schreiben Sie eine kurze Prozedur `datum`, die zu drei gegebenen Zahlen `tag, monat, jahr` das Datum in der üblichen Weise ausgibt (nicht: zurückgibt)! Der Aufruf `datum(3,5,1990)` soll beispielsweise die Ausgabe 3. 5. 1990 liefern.

Aufgabe 18.4: Sei $f : \mathbb{N} \to \mathbb{N}$ definiert durch

$$f(x) = \begin{cases} 3\,x + 1 & \text{für ungerades } x, \\ x/2 & \text{für gerades } x. \end{cases}$$

Beim so genannten „$(3\,x+1)$-Problem" geht es um die Frage, ob für jeden Startwert $x_0 \in \mathbb{N}$ die durch $x_{i+1} := f(x_i)$ rekursiv definierte Folge an irgendeiner Stelle den Wert 1 annimmt. Schreiben Sie ein Programm, das zu gegebenem x_0 das erste i mit $x_i = 1$ zurückliefert!

Aufgabe 18.5: Implementieren Sie eine Funktion ggT, die den größten gemeinsamen Teiler zweier natürlicher Zahlen berechnet. Selbstverständlich sollen die Systemfunktionen gcd bzw. igcd nicht verwendet werden. Anleitung: Der Euklidische Algorithmus zur Berechnung des ggT beruht auf der Beobachtung

$$\text{ggT}(a,b) = \text{ggT}(a \bmod b, b) = \text{ggT}(b, a \bmod b)$$

mit $\text{ggT}(0,b) = \text{ggT}(b,0) = b$.

Aufgabe 18.6: Implementieren Sie eine Funktion Quadratur, die beim Aufruf Quadratur(f,X) die numerische Approximation des Integrals

$$\int_{x_0}^{x_n} f(x)\,dx \approx \sum_{i=0}^{n-1} (x_{i+1} - x_i)\,f(x_i)$$

liefert! Der Integrand f soll als Funktion oder Prozedur übergeben werden, X sei eine MuPAD-Liste numerischer Werte

$$x_0 < x_1 < \cdots < x_n\,.$$

Aufgabe 18.7: Das Newton-Verfahren zur Bestimmung einer numerischen Nullstelle einer Funktion $f : \mathbb{R} \mapsto \mathbb{R}$ besteht aus der Iteration $x_{i+1} = F(x_i)$ mit $F(x) = x - f(x)/f'(x)$. Schreiben Sie eine Prozedur Newton, welche beim Aufruf Newton(f,x0,n) zu einem Ausdruck f die ersten Elemente $x_0, \ldots, x_n$ der Newton-Folge liefert!

Aufgabe 18.8: Ein bekanntes Fraktal ist das so genannte *Sierpinski-Dreieck*. Eine Variante hiervon kann man wie folgt definieren: Das Sierpinski-Dreieck ist die Menge aller Punkte $(x,y) \in \mathbb{N} \times \mathbb{N}$, so dass die Binärdarstellungen von x und y an wenigstens einer Stelle beide eine „1" enthalten. Schreiben Sie ein Programm Sierpinski, das zu gegebenen xmax, ymax die Menge aller dieser Punkte mit ganzzahligen Koordinaten im Bereich $1 \leq x \leq$ xmax, $1 \leq y \leq$ ymax, zeichnet! Anleitung: Die Binärdarstellung einer ganzen Zahl wird von numlib::g_adic berechnet. Für die Erzeugung graphischer Punktlisten steht die Routine plot::PointList2d zur Verfügung.

Aufgabe 18.9: Eine *logische Formel* besteht aus Bezeichnern, die mit den Operatoren **and**, **or** und **not** verknüpft wurden, beispielsweise:

```
>> Formel := (x and y) or
             ( (y or z) and (not x) and y and z )
```

Ein solcher Ausdruck heißt *erfüllbar*, wenn man den symbolischen Bezeichnern den Wert TRUE oder FALSE geben kann, so dass sich die Formel zu TRUE auswerten lässt. Schreiben Sie ein Programm, welches eine beliebige logische Formel daraufhin überprüft, ob sie erfüllbar ist!

A. Lösungen zu den Übungsaufgaben

Aufgabe 2.1: Durch `?diff` findet man heraus, wie höhere Ableitungen berechnet werden:

```
>> diff(sin(x^2), x, x, x, x, x)
```
$$32\,x^5\cos\left(x^2\right) - 120\,x\cos\left(x^2\right) + 160\,x^3\sin\left(x^2\right)$$

Man kann auch die umständlichere Eingabe `diff(diff(···,x),x)` verwenden.

Aufgabe 2.2: Exakte Darstellungen sind:

```
>> sqrt(27) - 2*sqrt(3), cos(PI/8)
```
$$\sqrt{3},\ \frac{\sqrt{\sqrt{2}+2}}{2}$$

Die numerischen Näherungen

```
>> DIGITS := 5:
>> float(sqrt(27) - 2*sqrt(3)), float(cos(PI/8))
    1.7321, 0.92388
```

sind auf 5 Stellen genau.

Aufgabe 2.3:

```
>> expand((x^2 + y)^5)
```
$$5\,x^8\,y + 5\,x^2\,y^4 + 10\,x^4\,y^3 + 10\,x^6\,y^2 + x^{10} + y^5$$

Aufgabe 2.4:

```
>> normal((x^2 - 1)/(x + 1))
    x - 1
```

Aufgabe 2.5: Die singuläre Funktion $f(x) = 1/\sin(x)$ kann problemlos über dem Intervall $[1, 10]$ dargestellt werden:

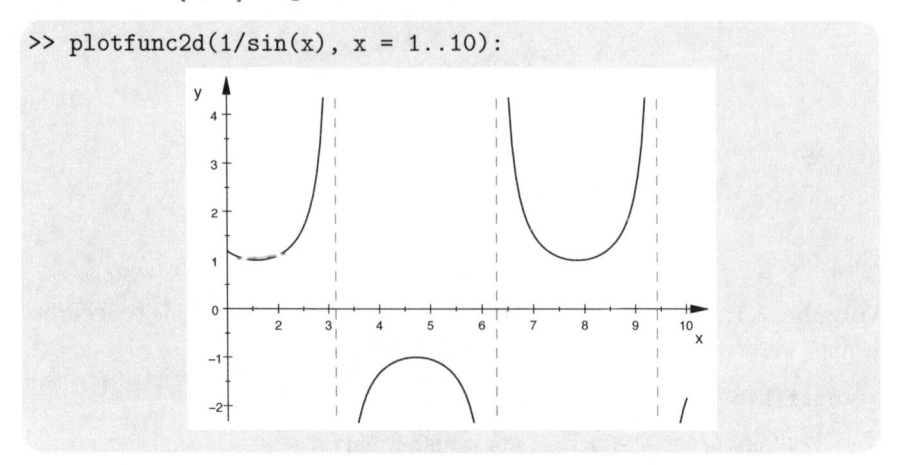

```
>> plotfunc2d(1/sin(x), x = 1..10):
```

Aufgabe 2.6: MuPAD liefert unmittelbar die behaupteten Grenzwerte:

```
>> limit(sin(x)/x, x = 0),
   limit((1 - cos(x))/x, x = 0),
   limit(ln(x), x = 0, Right)
```

  $1, 0, -\infty$

```
>> limit(x^sin(x), x = 0),
   limit((1 + 1/x)^x, x = infinity),
   limit(ln(x)/exp(x), x = infinity)
```

  $1, e, 0$

```
>> limit(x^ln(x), x = 0, Right),
   limit((1 + PI/x)^x, x = infinity),
   limit(2/(1 + exp(-1/x)), x = 0, Left)
```

  $\infty, e^{\pi}, 0$

Das Ergebnis undefined bezeichnet einen nicht-existierenden Grenzwert:

```
>> limit(exp(cot(x)), x = 0)
   undefined
```

Aufgabe 2.7: Durch Faktorisierung wird das erste Ergebnis in die gewünschte Form gebracht:

```
>> sum(k^2 + k + 1 , k = 1..n): % = factor(%)
```
$$\frac{5n}{3} + n^2 + \frac{n^3}{3} = \left(\frac{1}{3}\right) \cdot n \cdot \left(3n + n^2 + 5\right)$$
```
>> sum((2*k - 3)/((k + 1)*(k + 2)*(k + 3)),
       k = 0..infinity)
```
$$\frac{-1}{4}$$
```
>> sum(k/(k - 1)^2/(k + 1)^2, k = 2..infinity)
```
$$\frac{5}{16}$$

Aufgabe 2.8:

```
>> A := matrix([[1,2,3], [4,5,6], [7,8,0]]):
>> B := matrix([[1,1,0], [0,0,1], [0,1,0]]):
>> 2*(A + B), A*B
```
$$\begin{pmatrix} 4 & 6 & 6 \\ 8 & 10 & 14 \\ 14 & 18 & 0 \end{pmatrix}, \begin{pmatrix} 1 & 4 & 2 \\ 4 & 10 & 5 \\ 7 & 7 & 8 \end{pmatrix}$$
```
>> (A - B)^(-1)
```
$$\begin{pmatrix} \frac{-5}{2} & \frac{3}{2} & \frac{-5}{7} \\ \frac{5}{2} & \frac{-3}{2} & \frac{6}{7} \\ \frac{-1}{2} & \frac{1}{2} & \frac{-2}{7} \end{pmatrix}$$

Aufgabe 2.9: a) Die Funktion `numlib::mersenne` liefert eine Liste von p-Werten aller 40 bislang bekannten Mersenne-Primzahlen, die auf Supercomputern berechnet wurden. Die eigentliche Rechnung für den Bereich $1 < p \le 1000$ kann aber auch mit MuPAD leicht durchgeführt werden:

```
>> select([$ 1..1000], isprime):
>> select(%, p -> isprime(2^p - 1))
```

Nach einiger Zeit ergibt sich die gesuchte Liste von p-Werten:

$$[2, 3, 5, 7, 13, 17, 19, 31, 61, 89, 107, 127, 521, 607]$$

Die entsprechenden Mersenne-Primzahlen sind:

```
>> map(%, p -> 2^p-1)
   [3, 7, 31, 127, 8191, 131071, 524287, 2147483647,

      2305843009213693951, 618970019642690137449562111,

      162259276829213363391578010288127, ... ]
```

b) Von den Fermat-Zahlen können je nach Geschwindigkeit des verwendeten Rechners nur die ersten 11 oder 12 mit vertretbarem Zeitaufwand durch MuPAD untersucht werden (die 12-te Fermat-Zahl hat bereits 1234 Dezimalstellen).

```
>> Fermat := n -> (2^(2^n) + 1): isprime(Fermat(10))
   FALSE
```

Soweit bekannt ist, sind nur die ersten fünf Fermat-Zahlen (einschließlich Fermat(0)) prim. Ein Test der ersten zwölf liefert in der Tat nach einiger Zeit nur die folgenden fünf Werte:

```
>> select([Fermat(i) $ i = 0..11], isprime)
   [3, 5, 17, 257, 65537]
```

Aufgabe 4.1: Für Potenzen ist der erste Operand die Basis, der zweite der Exponent. Für Gleichungen ist der erste Operand die linke Seite, der zweite die rechte Seite. Bei Funktionsaufrufen sind die Operanden die Argumente:

```
>> op(a^b, 1), op(a^b, 2)
   a, b
>> op(a = b, 1), op(a = b, 2)
   a, b
>> op(f(a, b), 1), op(f(a, b), 2)
   a, b
```

Aufgabe 4.2: Die Menge der beiden Gleichungen ist op(Menge, 1), der zweite Operand hiervon ist die Gleichung y = ..., die rechte Seite der Gleichung ist wiederum der zweite Operand:

```
>> Menge := solve({x+sin(3)*y = exp(a),
                  y-sin(3)*y = exp(-a)}, {x,y})
```
$$\left\{\left[x = \frac{\sin(3)\,\mathrm{e}^{-a} - \mathrm{e}^a + \sin(3)\,\mathrm{e}^a}{\sin(3) - 1}, y = -\frac{\mathrm{e}^{-a}}{\sin(3) - 1}\right]\right\}$$
```
>> y := op(Menge, [1, 2, 2])
```
$$-\frac{\mathrm{e}^{-a}}{\sin(3) - 1}$$

Eine simultane Zuweisung der beiden Unbekannten x und y kann einfacher durch den Aufruf `assign(op(Menge))` realisiert werden.

Aufgabe 4.3: Wenn nur eine Zahl in einem arithmetischen Ausdruck eine Gleitpunktzahl ist, so werden alle Zahlen in Gleitpunktarithmetik verarbeitet:

```
>> 1/3 + 1/3 + 1/3, 1.0/3 + 1/3 + 1/3
    1, 1.0
```

Aufgabe 4.4: Die gefragten Gleitpunktzahlen ergeben sich unmittelbar:

```
>> float(PI^(PI^PI)), float(exp(PI*sqrt(163)/3))
```
$1.340164183 \cdot 10^{18}$, 640320.0

Man beachte, dass mit der Voreinstellung von 10 Dezimalstellen nur die ersten 10 Ziffern dieser Werte vertrauenswürdig sind. In der Tat ergibt sich bei größeren Werten für DIGITS:

```
>> DIGITS := 100:
>> float(PI^(PI^PI)), float(exp(PI*sqrt(163)/3))
    1340164183006357435.2974491296401314150993749745734\
    23778792751658603409261909406814826947261130114 2

    ,

    640320.0000000006048637350490160394717418188185394757\
    71485760366591819465221825828694253634081582264 6
```

Um die 234-te Nachkommastelle von PI korrekt zu erhalten, berechnet man insgesamt 235 Dezimalstellen. Nach `DIGITS:=235` liefert die letzte angezeigte Ziffer in `float(PI)` die Antwort. Es ist eleganter, diese Ziffer durch Multiplikation mit `10^234` zur ersten Ziffer vor dem Komma zu machen und denRest nach dem Komma mit `trunc` abzuschneiden:

```
>> DIGITS := 235: trunc(10^234*PI) - 10*trunc(10^233*PI)
    6
```

Aufgabe 4.5: a) Intern werden von MuPAD einige zusätzliche Ziffern exakt berechnet, die in der Ausgabe jedoch abgeschnitten werden.

```
>> DIGITS := 10: x := 10^50/3.0; floor(x)
    3.333333333 · 10^49

    33333333333333333333328377425726486687616038915276 80
```

b) Nach Erhöhen von DIGITS werden zwar zusätzliche Stellen angezeigt, diese sind jedoch nicht alle korrekt:

```
>> DIGITS := 40: x
    3.333333333333333333328377425726486687616 · 10^49
```

Man muss die Rechnung mit dem erhöhten Wert von DIGITS erneut starten, um die gewünschte Genauigkeit zu erhalten:

```
>> DIGITS := 40: x := 10^50/3.0
    3.333333333333333333333333333333333333333 · 10^49
```

Aufgabe 4.6: Die Namen sind Vorsicht!-!, x-y und Haensel&Gretel sind nicht zulässig, da sie die Sonderzeichen !, - bzw. & enthalten. Da ein Name mit einem Buchstaben oder dem Zeichen _ beginnen muss, ist auch 2x nicht zulässig. Zwar sind diff und exp gültige Namen für MuPAD-Bezeichner, ihnen darf jedoch kein Wert zugewiesen werden, da es sich hierbei um geschützte Namen von MuPAD-Funktionen handelt.

Aufgabe 4.7: Die Menge der Gleichungen bzw. der Unbekannten werden mit Hilfe des Folgengenerators $ (Abschnitt 4.5) erzeugt. Ein Aufruf von solve liefert eine Menge vereinfachter Gleichungen:

A. Lösungen zu den Übungsaufgaben   363

```
>> Gleichungen := {(x.i + x.(i+1) = 1) $ i = 1..19,
                   x20 = PI}:
>> Unbekannte := {x.i $ i = 1..20}:
>> Loesungen := solve(Gleichungen, Unbekannte)
  {[x1 = 1 - PI, x10 = PI, x11 = 1 - PI, x12 = PI,

    x13 = 1 - PI, x14 = PI, x15 = 1 - PI, x16 = PI,

    x17 = 1 - PI, x18 = PI, x19 = 1 - PI, x2 = PI,

    x20 = PI, x3 = 1 - PI, x4 = PI, x5 = 1 - PI,

    x6 = PI, x7 = 1 - PI, x8 = PI, x9 = 1 - PI]}
```

Die Zuweisung der gefundenen Werte geschieht durch `assign`:

```
>> assign(op(Loesungen, 1)): x1, x2, x3, x4, x5, x6
   1 - π, π, 1 - π, π, 1 - π, π
```

Aufgabe 4.8: Der Ausdruck `a^b-sin(a/b)` wird von MuPAD in der Form `a^b+(-1)*sin(a*b^(-1))` gespeichert und hat den folgenden Darstellungsbaum:

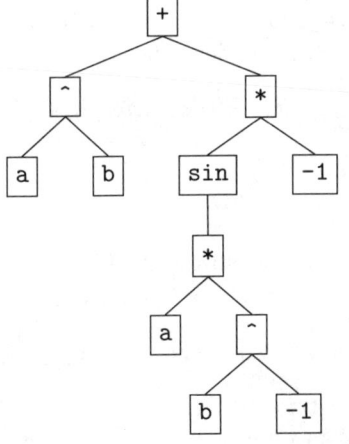

Aufgabe 4.9: Man beobachtet:

```
>> op(2/3); op(x/3)
   2, 3

   x, 1/3
```

Dies liegt daran, dass 2/3 vom Domain-Typ `DOM_RAT` ist, für den die Operanden als Zähler und Nenner definiert sind. Der Domain-Typ des symbolischen

Ausdrucks x/3 ist DOM_EXPR, die interne Darstellung ist x*(1/3). Ähnliches gilt für 1+2*I und x+2*I:

```
>> op(1 + 2*I); op(x + 2*I)
   1, 2

   x, 2 i
```

Das erste Objekt ist vom Typ DOM_COMPLEX, für den die Operanden als Real- bzw. Imaginärteil definiert sind. Im symbolischen Ausdruck x+2*I sind die Operanden der erste und der zweite Summand.

Aufgabe 4.10: Der Darstellungsbaum von Bedingung = (not a) and (b or c) ist:

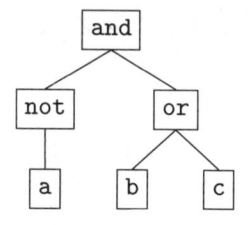

```
        and
       /   \
     not    or
      |    /  \
      a   b    c
```

Damit gilt op(Bedingung, 1) = not a und op(Bedingung, 2) = b or c. Die Atome a, b, c ergeben sich folgendermaßen:

```
>> op(Bedingung, [1, 1]), op(Bedingung, [2, 1]),
   op(Bedingung, [2, 2])
   a, b, c
```

Aufgabe 4.11: Man kann sowohl die in Abschnitt 4.3 vorgestellte Zuweisungsfunktionen _assign als auch den Zuweisungsoperator := verwenden:

```
>> _assign(x.i, i) $ i = 1..100:
>> (x.i := i) $ i = 1..100:
```

Man kann auch der assign-Funktion eine Menge von Zuweisungsgleichungen übergeben:

```
>> assign({x.i = i $ i = 1..100}):
```

Aufgabe 4.12: Da auch Folgen als Argument des Folgengenerators zulässig sind, kann das gewünschte Resultat folgendermaßen erzeugt werden:

```
>> (x.i $ i) $ i = 1..10
   x1, x2, x2, x3, x3, x3, x4, x4, x4, x4, ...
```

Aufgabe 4.13: Es wird der Addierer _plus benutzt, dessen Argumentenfolge durch den Folgengenerator $ erzeugt wird:

```
>> _plus(((i+j)^(-1) $ j = 1..i) $ i = 1..10)
```
$$\frac{1464232069}{232792560}$$

Aufgabe 4.14:

```
>> L1 := [a, b, c, d]: L2 := [1, 2, 3, 4]:
>> L1.L2, zip(L1, L2, _mult)
```
$[a, b, c, d, 1, 2, 3, 4]$, $[a, 2b, 3c, 4d]$

Aufgabe 4.15: Die Funktion _mult multipliziert ihre Argumente:

```
>> map([1, x, 2], _mult, Faktor)
```
$[\text{Faktor}, x\,\text{Faktor}, 2\,\text{Faktor}]$

Diese Abbildung Liste -> map(Liste, _mult, Faktor) wird nun mittels map auf eine verschachtelte Liste angewendet:

```
>> L := [[1, x, 2], [PI], [2/3, 1]]:
   map(L, map, _mult, 2)
```
$$\left[[2, 2x, 4], [2\pi], \left[\frac{4}{3}, 2\right]\right]$$

Aufgabe 4.16: Für

```
>> X := [x1, x2, x3]: Y := [y1, y2, y3]:
```

ergeben sich die Produkte unmittelbar durch:

```
>> _plus(op(zip(X, Y, _mult)))
```
$x1\,y1 + x2\,y2 + x3\,y3$

Die folgende Funktion f multipliziert jedes Element der Liste Y mit dem Eingabeparameter x und liefert die Ergebnisliste zurück:

```
>> f := x -> map(Y, _mult, x):
```

Der nächste Befehl ersetzt jedes Element von X durch die von f berechnete Liste:

```
>> map(X, f)
```
$[[x1\,y1, x1\,y2, x1\,y3], [x2\,y1, x2\,y2, x2\,y3], [x3\,y1, x3\,y2, x3\,y3]]$

Aufgabe 4.17: Für fixiertes m wird mit dem Folgengenerator $ eine Liste aller zu untersuchenden Zahlen erzeugt. Aus dieser werden mit select(·, isprime) die Primzahlen herausgefiltert. Die Anzahl der Primzahlen ergibt sich durch nops der verbleibenden Liste. Dieser Wert wird für jedes m von 0 bis 41 erzeugt:

```
>> nops(select([(n^2 + n + m) $ n = 1..100], isprime))
    $ m = 0..41
  1, 32, 0, 14, 0, 29, 0, 31, 0, 13, 0, 48, 0, 18, 0,
     11, 0, 59, 0, 25, 0, 14, 0, 28, 0, 28, 0, 16, 0,
     34, 0, 35, 0, 11, 0, 24, 0, 36, 0, 17, 0, 86
```

Die Nullen für gerades $m > 0$ sind leicht zu erklären: Da $n^2 + n = n(n+1)$ stets eine gerade Zahl ist, kann $n^2 + n + m$ als gerade Zahl, die größer als drei ist, keine Primzahl sein.

Aufgabe 4.18: Die Kinder werden in der Liste K gespeichert, in der am Ende eines Durchgangs das ausgezählte Element gelöscht wird. Die (momentane) Reihenfolge der Kinder im Abzählkreis wird dabei durch die Positionen in der Liste repräsentiert, das dort befindliche Kind ist durch den Listeneintrag an dieser Stelle gegeben. Sei Raus $\in \{1, 2, \ldots\}$ die Position des zuletzt ausgezählten Kindes. Nachdem dieses Element der Liste gelöscht wurde, beginnt der nächste Abzählvorgang beim Kind, dass sich an der Position Raus der neuen verkürzten Liste befindet. Durch den nächsten Abzählvorgang erreicht man nach m Silben die Position Raus + m - 1 der aktuellen Liste, die wiederum zu löschen ist. Da im Kreis gezählt wird, ist die Position Raus + m - 1 jeweils modulo der aktuellen Anzahl der Kinder zu rechnen.

Man beachte jedoch, dass a mod b Zahlen im Bereich $0, 1, \ldots, b-1$ statt des gewünschten Bereichs $1, 2, \ldots, b$ liefert, wo b die aktuelle Anzahl der Kinder ist. Daher wird die Position a (= Raus + m - 1) nicht per a mod b, sondern per ((a - 1) mod b) + 1 bestimmt:

```
>> m := 9: n := 12: K := [$ 1..n]: Raus := 1:
>> Raus := ((Raus + m - 2) mod nops(K)) + 1:
>> K[Raus];
    9
>> delete K[Raus]:
   Raus := ((Raus + m - 2) mod nops(K)) + 1:
>> K[Raus];
    6
```

usw. Es bietet sich an, den vollständigen Abzählvorgang durch eine Schleife (Kapitel 16) zu realisieren:

```
>> m := 9: n := 12: K := [$ 1..n]: Raus := 1:
>> repeat
      Raus := ((Raus + m - 2) mod nops(K)) + 1:
      print(K[Raus]):
      delete K[Raus]
   until nops(K) = 0 end_repeat:
                    9

                    6

                   ...

                    1

                    2
```

Aufgabe 4.19: Beim folgenden Übergang *Liste* $\mapsto$ *Menge* $\mapsto$ *Liste* wird sich in der Regel die Reihenfolge der Listenelemente ändern:

```
>> Menge := {op(Liste)}: Liste := [op(Menge)]:
```

Aufgabe 4.20:

```
>> A := {a, b, c}: B := {b, c, d}: C := {b, c, e}:
>> A union B union C, A intersect B intersect C,
   A minus (B union C)
   {a, b, c, d, e}, {b, c}, {a}
```

Aufgabe 4.21: Mit _union und _intersect ergibt sich die Vereinigung:

```
>> M := {{2, 3}, {3, 4}, {3, 7}, {5, 3}, {1, 2, 3, 4}}:
>> _union(op(M))
    {1, 2, 3, 4, 5, 7}
```

bzw. der Schnitt:

```
>> _intersect(op(M))
    {3}
```

Aufgabe 4.22: Die Funktion combinat::subsets(M,k) liefert eine Liste aller k-elementigen Teilmengen von M:

```
>> M := {i $ i = 5..20}:
>> Teilmengen := combinat::subsets(M, 3):
```

Die Anzahl der Teilmengen ergibt sich durch

```
>> nops(Teilmengen)
    560
```

Die Funktion combinat::subsets::count liefert direkt die Anzahl der Teilmengen, ohne sie erst aufwendig zu erzeugen:

```
>> combinat::subsets::count(M, 3)
    560
```

Aufgabe 4.23:

```
>> Telefonbuch := table(Meier = 1815, Schulz = 4711,
                       Schmidt = 1234, Mueller = 5678):
```

Die Nummer von Meier ergibt sich direkt durch indizierten Aufruf:

```
>> Telefonbuch[Meier]
    1815
```

Mittels select werden die Tabelleneinträge herausgefiltert, die die Nummer 5678 enthalten:

```
>> select(Telefonbuch, has, 5678)
    [ Mueller = 5678 ]
```

A. Lösungen zu den Übungsaufgaben 369

Aufgabe 4.24: Mit [op(Tabelle)] erhält man eine Liste aller Zuordnungsgleichungen. Mit lhs und rhs (englisch: *left hand side* bzw. *right hand side*) wird jeweils die linke bzw. rechte Seite der Gleichungen herausgegriffen:

```
>> T := table(a = 1, b = 2,
              1 - sin(x) = "Ableitung von x + cos(x)" ):
>> Indizes := map([op(T)], lhs)
```
  $[a, b, 1 - \sin(x)]$
```
>> Werte := map([op(T)], rhs)
```
  $[1, 2, \text{"Ableitung von x + cos(x)"}]$

Aufgabe 4.25: Die folgenden Werte (in Millisekunden) zeigen an, dass das Erzeugen der Tabelle zeitaufwendiger ist:

```
>> n := 100000:
>> time((T := table((i=i) $ i=1..n))),
   time((L := [i $ i=1..n]))
```
  3750, 820

Das Arbeiten mit der Tabelle ist aber deutlich schneller. Durch die folgenden Zuweisungen wird ein zusätzlicher Tabelleneintrag erzeugt, bzw. wird die Liste mit Hilfe des Konkatenationspunkts um ein Element erweitert:

```
>> time((T[n + 1] := neu)), time((L := L.[neu]))
```
  10, 140

Aufgabe 4.26: Mit dem Folgengenerator $ wird eine verschachtelte Liste erzeugt, die an array übergeben wird:

```
>> n := 20: array(1..n, 1..n,
            [[1/(i + j -1) $ j = 1..n] $ i = 1..n]):
```

Aufgabe 4.27:

```
>> TRUE and (FALSE or not (FALSE or not FALSE))
```
  FALSE

Aufgabe 4.28: Mit `zip` wird eine Liste von Vergleichen erzeugt, wobei die Systemfunktion beim Aufruf `_less(a,b)` die Ungleichung `a<b` liefert. Die mit `op` gebildete Folge von Ungleichungen wird an `_and` übergeben:

```
>> L1 := [10*i^2 - i^3 $ i = 1..10]:
>> L2 := [i^3 + 13*i $ i = 1..10]:
>> _and(op(zip(L1, L2, _less)))
    9 < 14 and 32 < 34 and 63 < 66 and 96 < 116 and

    125 < 190 and 144 < 294 and 147 < 434 and

    128 < 616 and 81 < 846 and 0 < 1130
```

Die logische Auswertung mit `bool` beantwortet die Frage:

```
>> bool(%)
   TRUE
```

Aufgabe 4.29: Die Menge, die beim Aufruf `anames(All)` zurückgeliefert wird, wird für die Bildschirmdarstellung nach der internen Ordnung sortiert. Um eine alphabetisch sortierte Ausgabe zu erhalten, werden die Namen der Bezeichner mit `expr2text` in Zeichenketten umgewandelt. Damit ist die Bildschirmausgabe (aber nicht die interne Darstellung!) der Menge alphabetisch aufsteigend geordnet:

```
>> map(anames(All), expr2text)
   {"Ax", "Axiom", "AxiomConstructor", "C_", "Cat",

   ... , "write", "zeta", "zip"}
```

Aufgabe 4.30: Das bekannte Palindrom

```
>> text := "Ein Neger mit Gazelle zagt im Regen nie":
```

wird gespiegelt, indem die umsortierte Folge der einzelnen Zeichen an die Funktion `_concat` übergeben wird, welche hieraus wieder eine einzelne Zeichenkette macht:

```
>> n := length(text):
   _concat(text[n - i + 1] $ i = 1..n)
    "ein negeR mi tgaz ellezaG tim regeN niE"
```

Der Aufruf `revert(text)` liefert das Ergebnis ebenfalls.

Aufgabe 4.31:

```
>> f := x -> x^2: g := x -> sqrt(x):
>> (f@f@g)(2), (f@@100)(x)
```
$$4,\ x^{1267650600228229401496703205376}$$

Aufgabe 4.32: Die folgende Funktion leistet das Verlangte:

```
>> f := L -> [L[nops(L) + 1 - i] $ i = 1..nops(L)]
      L -> [L[(nops(L) + 1) - i] $ i = 1..nops(L)]
>> f([a, b, c])
```
$$[c, b, a]$$

Die einfachste Lösung ist jedoch `f:=revert`, da diese allgemeine Invertierungsfunktion auf Listen in der gewünschten Weise wirkt.

Aufgabe 4.33: Die Chebyshev-Polynome können mit Hilfe von %-Aufrufen (Kapitel 12) als Ausdrücke erzeugt werden:

```
>> T0 := 1: T1 := x:
>> T2 := 2*x*% - %2; T3 := 2*x*% - %2; T4 := 2*x*% - %2
```
$$2x^2 - 1$$
$$2x\left(2x^2 - 1\right) - x$$
$$1 - 2x^2 - 2x\left(x - 2x\left(2x^2 - 1\right)\right)$$

Es ist jedoch wesentlich eleganter, die rekursive Definition in eine rekursiv arbeitende Funktion umzusetzen:

```
>> T := (k, x) ->
         if k < 2
            then x^k
            else 2*x*T(k - 1, x) - T(k - 2, x)
         end_if:
```

Damit erhält man:

```
>> T(i, 1/3) $ i = 2..5
```
$$\frac{-7}{9}, \frac{-23}{27}, \frac{17}{81}, \frac{241}{243}$$
```
>> T(i, 0.33) $ i = 2..5
```
$-0.7822, -0.846252, 0.22367368, 0.9938766288$
```
>> T(i, x) $ i = 2..5
               2              2
         2 x  - 1, 2 x (2 x  - 1) - x,

                    2                   2
         1 - 2 x  - 2 x (x - 2 x (2 x  - 1)), x -

                 2                               2
         2 x (2 x  - 1) - 2 x (2 x (x - 2 x (2 x  - 1)) +

             2
         2 x  - 1)
```

Bei Einbau eines expand-Befehls (Abschnitt 9.1) in die Funktionsdefinition werden ausmultiplizierte Darstellungen der Polynome geliefert. Die Chebyshev-Polynome sind in der Bibliothek orthpoly für orthogonale Polynome bereits installiert: Das i-te Chebyshev-Polynom in x wird durch den Aufruf orthpoly::chebyshev1(i,x) geliefert.

Aufgabe 4.34: Im Prinzip kann man die Ableitungen von f mit MuPAD berechnen und $x = 0$ einsetzen. Es ist jedoch einfacher, die Funktion durch eine Taylor-Reihe zu approximieren, deren führender Term das Verhalten in einer kleinen Umgebung von $x = 0$ beschreibt:

```
>> taylor(tan(sin(x)) - sin(tan(x)), x = 0, 8)
```
$$\frac{x^7}{30} + \frac{29\,x^9}{756} + \frac{1913\,x^{11}}{75600} + \frac{95\,x^{13}}{7392} + O\left(x^{15}\right)$$

Aus $f(x) = x^7/30 \cdot (1 + O(x^2))$ folgt, dass f bei $x = 0$ eine Nullstelle der Ordnung 7 hat.

Aufgabe 4.35: Der Unterschied zwischen

```
>> taylor(diff(1/(1 - x), x), x);
   diff(taylor(1/(1 - x), x), x)
```
$$1 + 2x + 3x^2 + 4x^3 + 5x^4 + 6x^5 + O(x^6)$$
$$1 + 2x + 3x^2 + 4x^3 + 5x^4 + O(x^5)$$

erklärt sich durch die Umgebungsvariable ORDER mit dem voreingestellten Wert 6. Beide taylor-Aufrufe berechnen die angeforderten Reihen jeweils bis O(x^6):

```
>> taylor(1/(1 - x), x)
```
$$1 + x + x^2 + x^3 + x^4 + x^5 + O(x^6)$$

Der Ordnungsterm O(x^5) entsteht durch Ableiten von O(x^6):

```
>> diff(%, x)
```
$$1 + 2x + 3x^2 + 4x^3 + 5x^4 + O(x^5)$$

Aufgabe 4.36: Eine asymptotische Entwicklung liefert:

```
>> f := sqrt(x + 1) - sqrt(x - 1):
>> g := series(f, x = infinity)
```
$$\frac{1}{\sqrt{x}} + \frac{1}{8\sqrt[2]{x^5}} + \frac{7}{128\sqrt[2]{x^9}} + O\left(\frac{1}{\sqrt[2]{x^{11}}}\right)$$

Damit folgt
$$f \approx \frac{1}{\sqrt{x}}\left(1 + \frac{1}{8x^2} + \frac{7}{128x^4} + \cdots\right),$$

also $f(x) \approx 1/\sqrt{x}$ für reelles $x \gg 1$. Die nächstbessere Näherung ist $f(x) \approx \frac{1}{\sqrt{x}}\left(1 + \frac{1}{8x^2}\right)$.

Aufgabe 4.37: Informationen erhält man durch ?revert.

```
>> f := taylor(sin(x + x^3), x); g := revert(%)
```
$$x + \frac{5x^3}{6} - \frac{59x^5}{120} + O(x^7)$$
$$x - \frac{5x^3}{6} + \frac{103x^5}{40} + O(x^7)$$

Zur Kontrolle wird die Hintereinanderschaltung von f und g betrachtet, was eine Reihenentwicklung der identischen Abbildung $x \mapsto x$ liefert:

```
>> g@f
```
$$x + O\left(x^7\right)$$

Aufgabe 4.38: Die Rechnung wird über dem Standardkomponentenring (Abschnitt 4.15.1) durchgeführt, in dem sowohl mit rationalen Zahlen als auch mit Gleitpunktzahlen gerechnet werden kann:

```
>> n := 15:
>> H := matrix(n, n, (i, j) -> (i + j -1)^(-1)):
>> e := matrix(n, 1, 1): b := H*e:
```

Einerseits wird das Gleichungssystem $H\,\mathbf{x} = \mathbf{b}$ mit exakter Arithmetik über den rationalen Zahlen gelöst. Andererseits werden H und b für die numerische Lösung in Gleitpunktapproximationen verwandelt:

```
>> exakt = H^(-1)*b, numerisch = float(H)^(-1)*float(b)
```

$$\text{exakt} = \begin{pmatrix} 1 \\ 1 \\ \ldots \\ 1 \\ 1 \end{pmatrix}, \quad \text{numerisch} = \begin{pmatrix} -0.65875802 \\ -13.11662412\ldots \\ 257.625 \\ -35.265625 \end{pmatrix}$$

Die Fehler der numerischen Lösung entstammen in der Tat Rundungsfehlern. Um dies zu demonstrieren, führen wir die numerische Rechnung erneut mit höherer Genauigkeit durch. Zunächst muss dazu allerdings die MuPAD-Sitzung mit reset() neu initialisiert werden (Abschnitt 14.3). Teile des Invertierungsalgorithmus sind nämlich mit option remember (Abschnitt 18.9) implementiert, so dass die neue Rechnung sich ohne Neustart an mit geringerer Genauigkeit berechnete Werte erinnern und diese benutzen würde:

```
>> reset(): DIGITS := 20: n := 15:
>> H := matrix(n, n, (i, j) -> (i + j -1)^(-1)):
>> e := matrix(n, 1, 1): b := H*e:
>> numerisch = float(H)^(-1)*float(b)
```

$$\text{numerisch} = \begin{pmatrix} 0.99999999898551682914 \\ 1.0000000165404771546 \\ \ldots \\ 0.99999995843973010779 \\ 1.000000005864421837 \end{pmatrix}$$

Aufgabe 4.39: Das Verschwinden der Determinante der Matrix wird untersucht:

```
>> matrix([[1, a, b], [1, 1, c ], [1, 1, 1]]):
>> factor(linalg::det(%))
```

$$(c-1)\cdot(a-1)$$

Die Matrix ist damit außer für $a = 1$ oder $c = 1$ invertierbar.

Aufgabe 4.40: Zunächst werden Felder definiert, aus denen später Matrizen über unterschiedlichen Komponentenringen erzeugt werden sollen:

```
>> a := array(1..3, 1..3, [[ 1, 3, 0],
                           [-1, 2, 7],
                           [ 0, 8, 1]]):
>> b := array(1..3, 1..2, [[7, -1], [2, 3], [0, 1]]):
```

Wir exportieren die Library Dom, um die folgenden Aufrufe zu vereinfachen:

```
>> export(Dom):
```

Nun definieren wir den Erzeuger MQ von Matrizen über den rationalen Zahlen und wandeln die Felder in entsprechende Matrizen um:

```
>> MQ := Matrix(Rational): A := MQ(a): B := MQ(b):
```

Die Transposition einer Matrix kann mit der Methode transpose des Erzeugers ermittelt werden, d.h., der Aufruf MQ::transpose(B) liefert die Transponierte von B. Es ergibt sich:

```
>> (2*A + B*MQ::transpose(B))^(-1)
```

$$\begin{pmatrix} \frac{34}{1885} & \frac{7}{1508} & \frac{-153}{7540} \\ \frac{11}{3770} & \frac{-31}{3016} & \frac{893}{15080} \\ \frac{-47}{3770} & \frac{201}{3016} & \frac{-731}{15080} \end{pmatrix}$$

Die Rechnung über dem Restklassenring modulo 7 liefert:

```
>> Mmod7 := Matrix(IntegerMod(7)):
>> A := Mmod7(a): B := Mmod7(b):
>> C := (2*A + B*Mmod7::transpose(B)): C^(-1)
```

$$\begin{pmatrix} 3\bmod 7 & 0\bmod 7 & 1\bmod 7 \\ 1\bmod 7 & 3\bmod 7 & 2\bmod 7 \\ 4\bmod 7 & 2\bmod 7 & 2\bmod 7 \end{pmatrix}$$

Zur Kontrolle wird diese Inverse mit der Ausgangsmatrix multipliziert, wobei sich die Einheitsmatrix über dem Komponentenring ergibt:

```
>> %*C
```

$$\begin{pmatrix} 1\bmod 7 & 0\bmod 7 & 0\bmod 7 \\ 0\bmod 7 & 1\bmod 7 & 0\bmod 7 \\ 0\bmod 7 & 0\bmod 7 & 1\bmod 7 \end{pmatrix}$$

Aufgabe 4.41: Es wird über dem Komponentenring der rationalen Zahlen gerechnet:

```
>> MQ := Dom::Matrix(Dom::Rational):
```

Wir betrachten die Matrixdimension 3×3. Zur Definition der Matrix wird ausgenutzt, dass eine Funktion an den Erzeuger übergeben werden kann, welche den Indizes die entsprechenden Matrixeinträge zuordnet:

```
>> A := MQ(3, 3,
          (i, j) -> (if i=j then 0 else 1 end_if))
```

$$\begin{pmatrix} 0 & 1 & 1 \\ 1 & 0 & 1 \\ 1 & 1 & 0 \end{pmatrix}$$

Die Determinante von A ist 2:

```
>> linalg::det(A)
    2
```

Die Eigenwerte sind die Nullstellen des charakteristischen Polynoms:

```
>> p := linalg::charpoly(A, x)
```
$x^3 - 3x - 2$
```
>> solve(p, x)
    {-1, 2}
```

Alternativ stellt die linalg-Bibliothek zur Berechnung von Eigenwerten die Funktion linalg::eigenvalues zur Verfügung:

```
>> linalg::eigenvalues(A)
    {-1, 2}
```

Der Eigenraum zum Eigenwert $\lambda \in \{-1, 2\}$ ist der Lösungsraums des linearen Gleichungssystems $(A - \lambda \cdot Id)\,\mathbf{x} = \mathbf{0}$, wo Id die Einheitsmatrix darstellt. Die Lösungsvektoren, also die gesuchten Eigenvektoren, spannen der Kern der Matrix $A - \lambda \cdot Id$ auf. Die Funktion linalg::nullspace berechnet eine Basis eines Matrixkerns:

```
>> Id := MQ::identity(3):
>> lambda := -1: linalg::nullspace(A - lambda*Id)
```

$$\left[\begin{pmatrix} -1 \\ 1 \\ 0 \end{pmatrix}, \begin{pmatrix} -1 \\ 0 \\ 1 \end{pmatrix} \right]$$

Es wurden zwei linear unabhängige Basisvektoren gefunden: der Eigenraum zum Eigenwert $\lambda = -1$ ist 2-dimensional. Der andere Eigenwert ist einfach:

```
>> lambda := 2: linalg::nullspace(A - lambda*Id)
```

$$\left[\begin{pmatrix} 1 \\ 1 \\ 1 \end{pmatrix} \right]$$

Alternativ (und einfacher) können mit linalg::eigenvectors alle Eigenwerte samt der dazugehörigen Eigenräume simultan berechnet werden:

```
>> linalg::eigenvectors(A)
```

$$\left[\left[-1, 2, \left[\begin{pmatrix} -1 \\ 1 \\ 0 \end{pmatrix}, \begin{pmatrix} -1 \\ 0 \\ 1 \end{pmatrix} \right] \right], \left[2, 1, \left[\begin{pmatrix} 1 \\ 1 \\ 1 \end{pmatrix} \right] \right] \right]$$

Die Rückgabe ist eine Liste, die für jeden Eigenwert λ eine Liste der Form

[λ, Vielfachheit von λ, Basis des Eigenraumes]

enthält.

Aufgabe 4.42:

```
>> p := poly(x^7 - x^4 + x^3 - 1): q := poly(x^3 - 1):
>> p - q^2
```
$$\mathrm{poly}\left(x^7 - x^6 - x^4 + 3\,x^3 - 2, [x]\right)$$

Das Polynom p ist Vielfaches von q:

```
>> p/q
```
$$\mathrm{poly}\left(x^4 + 1, [x]\right)$$

Die Faktorisierung der Polynome bestätigt dies:

```
>> factor(p)
```
$$\mathrm{poly}\left(x - 1, [x]\right) \cdot \mathrm{poly}\left(x^2 + x + 1, [x]\right) \cdot \mathrm{poly}\left(x^4 + 1, [x]\right)$$
```
>> factor(q)
```
$$\mathrm{poly}\left(x - 1, [x]\right) \cdot \mathrm{poly}\left(x^2 + x + 1, [x]\right)$$

Aufgabe 4.43: Wir benutzen den Bezeichner R als Abkürzung für den länglichen Typennamen Dom::IntegerMod(p). Durch Verwendung der Funktion alias wird diese Abkürzung von MuPAD auch in der Ausgabe benutzt.

```
>> p := 3: alias(R = Dom::IntegerMod(p)):
```

Für die Koeffizienten a, b, c in $a\,x^2 + b\,x + c$ brauchen nur die möglichen Reste $0, 1, 2$ modulo 3 ausgetestet zu werden. Eine Liste aller 18 quadratischen Polynome mit $a \neq 0$ wird daher folgendermaßen erzeugt:

```
>> [((poly(a*x^2 + b*x + c, [x], R) $ a = 1..p-1)
     $ b = 0..p-1) $ c = 0..p-1]:
```

Davon sind 6 irreduzibel, die mit `select(·,irreducible)` herausgefiltert werden:

```
>> select(%, irreducible)
            2                       2
    [poly(x  + 1, [x], R), poly(2 x  + x + 1, [x], R),

              2
      poly(2 x  + 2 x + 1, [x], R),

              2                       2
      poly(2 x  + 2, [x], R), poly(x  + x + 2, [x], R),

             2
      poly(x  + 2 x + 2, [x], R)]
```

Aufgabe 5.1: Der Wert von x ist der Bezeichner a1. Die Auswertung von x liefert den Bezeichner c1. Der Wert von y ist der Bezeichner b2. Die Auswertung von y liefert den Bezeichner c2. Der Wert von z ist der Bezeichner a3. Die Auswertung von z liefert 10.

Die Auswertung von u1 führt zu einer Endlosrekursion, die durch MuPAD mit einer Fehlermeldung abgebrochen wird. Die Auswertung von u2 liefert den Ausdruck v2^2 - 1.

Aufgabe 6.1: Das Resultat von `subsop(b+a, 1=c)` ist b+c und nicht c+a, wie zu erwarten war. Der Grund hierfür ist, dass `subsop` seine Argumente auswertet. Während der Auswertung wird die Summe intern umsortiert, und statt b+a wird a+b von `subsop` verarbeitet. Das Resultat c+b wird dann bei der Rückgabe erneut umsortiert.

Aufgabe 6.2: Die 6-te Ableitung `diff(f(x),x$6)` ist die höchste in g vorkommende Ableitung. Dem Substituierer `subs` wird die Folge von Ersetzungsgleichungen

$$\texttt{diff(f(x),x\$6) = f6, diff(f(x),x\$5) = f5,}$$
$$\texttt{..., diff(f(x),x) = f1, f(x) = f0}$$

übergeben. Man beachte dabei, dass `diff` der üblichen mathematischen Notation folgend die 0-te Ableitung als die Funktion selbst zurückgibt: `diff(f(x),x$0) = diff(f(x)) = f(x)`.

```
>> delete f: g := diff(f(x)/diff(f(x), x), x $ 5):
>> subs(g, (diff(f(x), x $ 6-i) = f.(6-i)) $ i = 0..6)
```

$$\frac{60\,f2^4}{f1^4} - \frac{4\,f5}{f1} + \frac{20\,f3^2}{f1^2} - \frac{f0\,f6}{f1^2} + \frac{25\,f2\,f4}{f1^2} -$$

$$\frac{120\,f0\,f2^5}{f1^6} - \frac{100\,f2^2\,f3}{f1^3} + \frac{10\,f0\,f2\,f5}{f1^3} +$$

$$\frac{20\,f0\,f3\,f4}{f1^3} - \frac{90\,f0\,f2^2\,f3}{f1^4} + \frac{240\,f0\,f2^3\,f3}{f1^5} -$$

$$\frac{60\,f0\,f2^2\,f4}{f1^4}$$

Aufgabe 7.1: Die gewünschte Auswertung der Funktion erhält man durch:

```
>> f := sin(x)/x: x := 1.23: f
```
   0.7662510585

Allerdings hat nun x einen Wert. Der folgende Aufruf diff(f,x) würde intern zum sinnlosen Aufruf diff(0.7662510584,1.23), da diff seine Argumente auswertet. Man kann dieses Problem umgehen, indem man die vollständige Auswertung der Argumente mittels level oder hold (Abschnitt 5.2) verhindert:

```
>> g := diff(level(f,1), hold(x)); g
```
$$\frac{\cos(x)}{x} - \frac{\sin(x)}{x^2}$$
   -0.3512303507

Hierbei wird durch hold(x) der Bezeichner x benutzt, nicht sein Wert. Die Verzögerung von f durch hold(f) würde zu einem falschen Ergebnis diff(hold(f),hold(x)) = 0 führen, da hold(f) nicht von hold(x) abhängt. Man muss f durch seinen Wert sin(x)/x ersetzen, was durch level(f,1)

A. Lösungen zu den Übungsaufgaben   381

geschieht (Abschnitt 5.2). Der nächste Aufruf von g liefert die Auswertung von g, also den Ableitungswert an der Stelle x = 1.23. Alternativ kann man natürlich den Wert von x löschen:

```
>> delete x: diff(f, x): subs(%, x = 1.23); eval(%)
```
$0.8130081301 \cos(1.23) - 0.6609822196 \sin(1.23)$

-0.3512303507

Aufgabe 7.2: Die ersten drei Ableitungen von Zähler und Nenner verschwinden an der Stelle $x = 0$:

```
>> Z := x -> x^3*sin(x): N := x -> (1 - cos(x))^2:
>> Z(0), N(0), Z'(0), N'(0), Z''(0), N''(0),
   Z'''(0), N'''(0)
     0, 0, 0, 0, 0, 0, 0, 0
```

Für die vierte Ableitung gilt

```
>> Z''''(0), N''''(0)
     24, 6
```

Nach l'Hospital ergibt sich hiermit der Grenzwert $Z''''(0)/N''''(0) = 4$, der auch von `limit` gefunden wird:

```
>> limit(Z(x)/N(x), x = 0)
     4
```

Aufgabe 7.3: Die ersten partiellen Ableitungen von f_1 sind:

```
>> f1 := sin(x1*x2): diff(f1, x1), diff(f1, x2)
```
$x2 \cos(x1\,x2), \; x1 \cos(x1\,x2)$

Die zweiten Ableitungen ergeben sich durch:

```
>> diff(f1, x1, x1), diff(f1, x1, x2),
   diff(f1, x2, x1), diff(f1, x2, x2)
        2
   - x2  sin(x1 x2), cos(x1 x2) - x1 x2 sin(x1 x2),

                                         2
      cos(x1 x2) - x1 x2 sin(x1 x2), - x1  sin(x1 x2)
```

Die totale Ableitung von f_2 nach t ist:

```
>> f2 := x^2*y^2: x := sin(t): y := cos(t): diff(f2, t)
```
$$2\cos(t)^3 \sin(t) - 2\cos(t)\sin(t)^3$$

Aufgabe 7.4:

```
>> int(sin(x)*cos(x), x = 0..PI/2),
   int(1/(sqrt(1 - x^2)), x = 0..1),
   int(x*arctan(x), x = 0..1),
   int(1/x, x = -2..-1)
```
$$\frac{1}{2}, \frac{\pi}{2}, \frac{\pi}{4} - \frac{1}{2}, -\ln(2)$$

Aufgabe 7.5:

```
>> int(x/(2*a*x - x^2)^(3/2), x)
```
$$\frac{x}{a\sqrt{2ax - x^2}}$$

```
>> int(sqrt(x^2 - a^2), x)
```
$$\frac{x\sqrt{x^2 - a^2}}{2} - \frac{a^2 \ln\left(x + \sqrt{x^2 - a^2}\right)}{2}$$

```
>> int(1/(x*sqrt(1 + x^2)), x)
```
$$-\operatorname{arctanh}\left(\frac{1}{\sqrt{x^2 + 1}}\right)$$

Aufgabe 7.6: Mit der Funktion changevar wird nur die Variablensubstitution durchgeführt:

```
>> intlib::changevar(hold(int)(sin(x)*sqrt(1 + sin(x)),
                   x = -PI/2..PI/2), t = sin(x))
```
$$\int_{-1}^{1} \frac{t\sqrt{t+1}}{\sqrt{1-t^2}}\, dt$$

Der Integrierer wird erst durch eine erneute Auswertung aktiviert:

```
>> eval(%): % = float(%)
```
$$\frac{2\sqrt{2}}{3} = 0.9428090416$$

Die numerische Quadratur liefert das selbe Ergebnis:

```
>> numeric::int(sin(x)*sqrt(1 + sin(x)),
               x = -PI/2..PI/2)
   0.9428090416
```

Aufgabe 8.1: Der Gleichungslöser liefert die allgemeine Lösung:

```
>> Gleichungen := {a +   b +   c +   d +   e = 1,
                   a + 2*b + 3*c + 4*d + 5*e = 2,
                   a - 2*b - 3*c - 4*d - 5*e = 2,
                   a -   b -   c -   d -   e = 3}:
>> solve(Gleichungen, {a, b, c, d, e})
```
$$\{[a = 2, b = d + 2e - 3, c = 2 - 3e - 2d]\}$$

Die freien Parameter stehen auf den rechten Seiten der aufgelösten Gleichungen. Man kann sie von MuPAD ermitteln lassen, indem man diese rechten Seiten herausfiltert und die darin enthaltenen Bezeichner mit indets bestimmt:

```
>> map(%, map, op, 2); indets(%)
```
$$\{[2, d + 2e - 3, 2 - 3e - 2d]\}$$
$$\{d, e\}$$

Aufgabe 8.2: Man findet die symbolische Lösung

```
>> Loesung := solve(ode(
      {y'(x)=y(x) + 2*z(x), z'(x) = y(x)}, {y(x), z(x)}))
```
$$\left\{\left[z(x) = \frac{C2\,e^{2x}}{2} - C1\,e^{-x}, y(x) = C1\,e^{-x} + C2\,e^{2x}\right]\right\}$$

mit den freien Konstanten C1, C2. Die äußeren Mengenklammern werden mittels op entfernt:

```
>> Loesung := op(Loesung)
```
$$\left[z(x) = \frac{C2\,e^{2x}}{2} - C1\,e^{-x}, y(x) = C1\,e^{-x} + C2\,e^{2x}\right]$$

Es wird $x = 0$ eingesetzt, für y(0) und z(0) werden die Anfangsbedingungen substituiert. Das sich ergebende lineare Gleichungssystem wird nach C1 und C2 aufgelöst:

```
>> solve(subs(Loesung, x = 0, y(0) = 1, z(0) = 1),
        {C1, C2})
```
$$\left\{\left[C1 = \frac{-1}{3}, C2 = \frac{4}{3}\right]\right\}$$

Die äußeren Mengenklammern werden wieder durch op entfernt, durch assign werden entsprechende Zuweisungen an C1 und C2 ausgeführt:

```
>> assign(op(%)):
```

Die symbolische Lösung mit den speziellen Anfangswerten ist damit für $x = 1$:

```
>> x := 1: Loesung
```
$$\left[z(1) = \frac{e^{-1}}{3} + \frac{2e^2}{3}, y(1) = \frac{4e^2}{3} - \frac{e^{-1}}{3}\right]$$

Zuletzt wird float auf die rechten Seiten dieser Gleichungen angewendet:

```
>> float(%)
```
$$[z(1) = 5.04866388, y(1) = 9.729448318]$$

Aufgabe 8.3:

1)
```
>> solve(ode(y'(x)/y(x)^2 = 1/x, y(x)))
```
$$\left\{\frac{1}{C2 - \ln(x)}\right\}$$

2a)
```
>> solve(ode({y'(x) - sin(x)*y(x) = 0, D(y)(1)=1},
          y(x)))
```
$$\left\{\frac{e^{\cos(1)}}{\sin(1)\, e^{\cos(x)}}\right\}$$

2b)
```
>> solve(ode({2*y'(x) + y(x)/x = 0, D(y)(1) = PI},
          y(x)))
```
$$\left\{-\frac{2\pi}{\sqrt{x}}\right\}$$

```
3) >> solve(ode({diff(x(t),t) = -3*y(t)*z(t),
                 diff(y(t),t) =  3*x(t)*z(t),
                 diff(z(t),t) = -x(t)*y(t)},
               {x(t),y(t),z(t)}))
                       2      1/2
   {[x(t) = (3 z(t)  - C8)    ,

                         2    1/2
     y(t) = - (- C7 - 3 z(t) )    ],

                         2    1/2
    [x(t) = - (3 z(t)  - C8)    ,

                       2    1/2
     y(t) = (- C7 - 3 z(t) )    ],

                         2    1/2
    [x(t) = - (3 z(t)  - C8)    ,

                         2    1/2
     y(t) = - (- C7 - 3 z(t) )    ],

                       2    1/2
    [x(t) = (3 z(t)  - C8)    ,

                       2    1/2
     y(t) = (- C7 - 3 z(t) )    ]}
```

Aufgabe 8.4: Die Lösung der Rekursion wird unmittelbar von `solve` geliefert:

```
>> solve(rec(F(n) = F(n-1) + F(n-2), F(n),
            {F(0) = 0, F(1) = 1}))
```
$$\left\{ \frac{\sqrt{5}\left(\frac{\sqrt{5}}{2}+\frac{1}{2}\right)^n}{5} - \frac{\sqrt{5}\left(\frac{1}{2}-\frac{\sqrt{5}}{2}\right)^n}{5} \right\}$$

Aufgabe 9.1: Die Antwort ergibt sich sofort mittels

```
>> simplify(cos(x)^2 + sin(x)*cos(x))
```
$$\frac{\cos(2x)}{2} + \frac{\sin(2x)}{2} + \frac{1}{2}$$

Das selbe Ergebnis erhält man auch durch Zusammenfassen von Produkten trigonometrischer Funktionen mittels

```
>> combine(cos(x)^2 + sin(x)*cos(x), sincos)
```
$$\frac{\cos(2x)}{2} + \frac{\sin(2x)}{2} + \frac{1}{2}$$

Aufgabe 9.2:

```
1> expand(cos(5*x)/(sin(2*x)*cos(x)^2))
```
$$\frac{\cos(x)^2}{2\sin(x)} - 5\sin(x) + \frac{5\sin(x)^3}{2\cos(x)^2}$$

```
2> f := (sin(x)^2 - exp(2*x)) /
        (sin(x)^2 + 2*sin(x)*exp(x) + exp(2*x)):
>> normal(expand(f))
```
$$-\frac{e^x - \sin(x)}{e^x + \sin(x)}$$

```
3> f := (sin(2*x) - 5*sin(x)*cos(x)) /
        (sin(x)*(1 + tan(x)^2)):
>> combine(normal(expand(f)), sincos)
```
$$-\frac{3\cos(x)}{\tan(x)^2 + 1}$$

```
4> f := sqrt(14 + 3*sqrt(3 + 2*sqrt(5
              - 12*sqrt(3 - 2*sqrt(2))))):
>> simplify(f, sqrt)
```
$$\sqrt{2} + 3$$

Aufgabe 9.3: Als erster Vereinfachungsschritt wird eine Normalisierung durchgeführt:

```
>> int(sqrt(sin(x) + 1), x): normal(diff(%, x))
```
$$\frac{3\cos(x)^2 \sin(x) - 2\sin(x) + \cos(x)^2 + 2\sin(x)^3}{\cos(x)^2 \sqrt{\sin(x) + 1}}$$

Nun sollen die cos-Terme eliminiert werden:

```
>> rewrite(%, sin)
```

$$\frac{2\sin(x) + 3\sin(x)\left(\sin(x)^2 - 1\right) + \sin(x)^2 - 2\sin(x)^3 - 1}{\left(\sin(x)^2 - 1\right)\sqrt{\sin(x) + 1}}$$

Ein letzter Normalisierungsschritt führt zur gewünschten Vereinfachung:

```
>> normal(%)
```

$$\sqrt{\sin(x) + 1}$$

Viel einfacher ist es allerdings, Simplify aufzurufen:

```
>> int(sqrt(sin(x) + 1), x): Simplify(diff(%, x))
```

$$\sqrt{\sin(x) + 1}$$

Aufgabe 9.4: Die Bewertungsfunktion sollte den Ausdruck etwas gründlicher analysieren. Wir benutzen hier die Funktion length, die eine allgemeine, schnell berechnete „Komplexität" zurückgibt:

```
>> keinTangens := x -> if has(x, hold(tan))
                     then 1000000
                     else length(x) end_if:
   Simplify(tan(x) - cot(x), Valuation = keinTangens)
```

$$-\frac{\cos(2x)}{\cos(x)\sin(x)}$$

Mit Simplify::defaultValuation ergibt sich ein etwas anderer Ausdruck, weil diese Funktion das mehrfache Auftreten von $\cos(x)$ gegenüber den verschiedenen Ausdrücken $\cos(x), \cos(2x)$ bevorzugt:

```
>> keinTangens := x -> if has(x, hold(tan))
                     then 1000000
                     else Simplify::defaultValuation(x)
                     end_if:
   Simplify(tan(x) - cot(x), Valuation = keinTangens)
```

$$-\frac{2\cos(x)^2 - 1}{\cos(x)\sin(x)}$$

Aufgabe 9.5: Mit der Funktion `assume` (Abschnitt 9.3) können Bezeichnern Eigenschaften zugewiesen werden, die von `limit` berücksichtigt werden:

```
>> assume(a > 0): limit(x^a, x = infinity)
   ∞
>> assume(a = 0): limit(x^a, x = infinity)
   1
>> assume(a < 0): limit(x^a, x = infinity)
   0
```

Aufgabe 10.1: Analog zum vorgestellten ggT-Beispiel erhält man folgendes Experiment:

```
>> Wuerfel := random(1..6):
>> Experiment := [[Wuerfel(), Wuerfel(), Wuerfel()]
                  $ i = 1..216]:
>> Augensummen := map(Experiment,
                      x -> x[1]+x[2]+x[3]):
>> Haeufigkeiten := Dom::Multiset(op(Augensummen)):
>> Sortierkriterium := (x, y) -> x[1] < y[1]:
>> sort([op(Haeufigkeiten)], Sortierkriterium)
   [[4, 4], [5, 9], [6, 8], [7, 9], [8, 16], [9, 20],

    [10, 27], [11, 31], [12, 32], [13, 20], [14, 13],

    [15, 12], [16, 6], [17, 7], [18, 2]]
```

Die Augensumme 3 wurde hierbei kein Mal gewürfelt.

Aufgabe 10.2: a) Wir benutzen `frandom`, um einen Generator für Gleitpunktzufallszahlen in $[0, 1]$ zu erzeugen:

```
>> r := frandom(23):
```

Damit liefert

```
>> n := 1000: Betraege := [sqrt(r()^2+r()^2) $ i = 1..n]:
```

eine Liste von Beträgen von n Zufallsvektoren im Rechteck $Q = [0, 1] \times [0, 1]$. Die Anzahl der Betragswerte ≤ 1 entspricht der Anzahl der Zufallspunkte im Viertelkreis:

```
>> m := nops(select(Betraege, Betrag -> (Betrag<=1)))
   792
```

Da m/n die Fläche $\pi/4$ des Viertelkreises annähert, ergibt sich folgende Näherung für π:

```
>> float(4*m/n)
    3.168
```

b) Zunächst wird das Maximum von f gesucht. Die folgende Graphik zeigt, dass f auf dem Intervall $[0,1]$ monoton wächst:

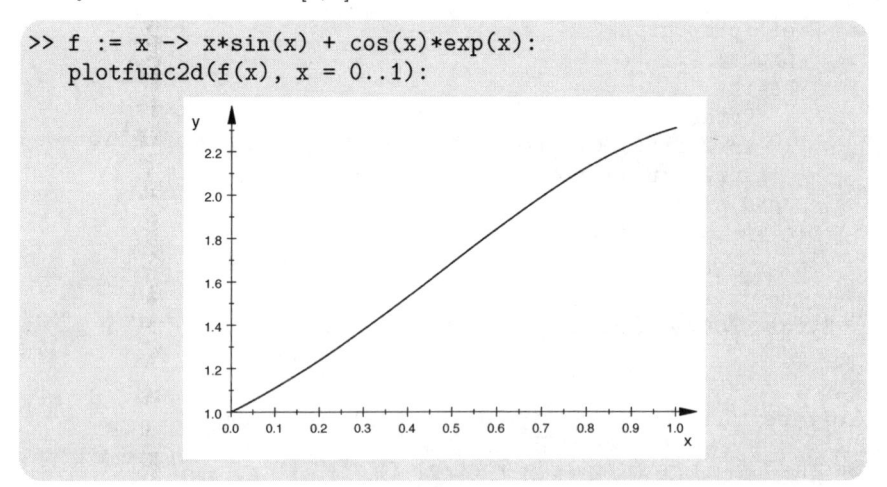

```
>> f := x -> x*sin(x) + cos(x)*exp(x):
   plotfunc2d(f(x), x = 0..1):
```

Also nimmt f sein Maximum am rechten Intervallrand an, und $M = f(1)$ ist eine obere Schranke für die Funktionswerte:

```
>> M := f(1.0)
    2.310164925
```

Mit dem schon eben benutzten Zufallszahlengenerator werden Punkte im Rechteck $[0,1] \times [0,M]$ gelost:

```
>> n := 1000: Punktliste := [[r(), M*r()] $ i = 1..n]:
```

Von den Punkten $p = [x, y]$ werden diejenigen ausgewählt, für die $0 \leq y \leq f(x)$ gilt:

```
>> select(Punktliste, p -> (p[2] <= f(p[1]))):
>> m := nops(%)
    751
```

Die Näherung des Integrals ist damit:

```
>> m/n*M
    1.734933858
```

Der exakte Wert ist:

```
>> float(int(f(x), x = 0..1))
   1.679193292
```

Aufgabe 14.1: Die folgende Definition der postOutput-Methode von Pref bewirkt die zusätzliche Ausgabe einer Statuszeile:

```
>> Pref::postOutput(
     proc()
     begin
       "Bytes: " .
       expr2text(op(bytes(), 1)) . " (logisch) / " .
       expr2text(op(bytes(), 2)) . " (physikalisch)"
     end_proc):
>> DIGITS := 10: float(sum(1/i!, i = 0..100))
    2.718281829

  Bytes: 704224 (logisch) / 864756 (physikalisch)
```

Aufgabe 15.1: Zunächst wird die gefragte Menge erzeugt:

```
>> f := i -> (i^(5/2)+i^2-i^(1/2)-1) /
             (i^(5/2)+i^2+2*i^(3/2)+2*i+i^(1/2)+1):
>> M := {f(i) $ i=-1000..-2} union {f(i) $ i=0..1000}:
```

Nun wird domtype auf die Menge angewendet, um die Datentypen der Elemente zu erfragen:

```
>> map(M, domtype)
   {DOM_EXPR, DOM_INT, DOM_RAT}
```

Dieses Ergebnis erklärt sich, wenn man sich einige der Elemente anzeigen lässt:

```
>> f(-2), f(0), f(1), f(2), f(3), f(4)
```

$$\frac{3\mathrm{i}\sqrt{2}+3}{\mathrm{i}\sqrt{2}+1}, -1, 0, \frac{3\sqrt{2}+3}{9\sqrt{2}+9}, \frac{8\sqrt{3}+8}{16\sqrt{3}+16}, \frac{3}{5}$$

Die Wurzelausdrücke lassen sich mit normal vereinfachen:

```
>> map(%, normal)
```

$$3, -1, 0, \frac{1}{3}, \frac{1}{2}, \frac{3}{5}$$

A. Lösungen zu den Übungsaufgaben   391

Dementsprechend wird zur Vereinfachung `normal` auf alle Elemente der Menge angewendet, bevor der Datentyp der Ergebnisse abgefragt wird:

```
>> map(M, domtype@normal)
   {DOM_INT, DOM_RAT}
```

Damit sind alle Zahlen in `Menge` in der Tat rational (speziell liegen zwei ganzzahlige Werte `f(0) = -1` und `f(1) = 0` vor). Das Ergebnis erklärt sich dadurch, dass sich `f(i)` zu `(i - 1)/(i + 1)` vereinfachen lässt:

```
>> normal(f(i) - (i - 1)/(i + 1))
   0
```

Aufgabe 15.2: Die Elemente der Liste

```
>> Liste := [sin(i*PI/200) $ i = 0..100]:
```

werden mit `testtype( · , "sin")` daraufhin überprüft, ob sie in der Form sin(·) zurückgeliefert werden. Mit `split` wird die Liste zerlegt (vgl. Abschnitt 4.7):

```
>> Zerlegung := split(Liste, testtype, "sin"):
```

MuPAD konnte 9 der 101 Aufrufe vereinfachen:

```
>> map(Zerlegung, nops)
   [92, 9, 0]
>> Zerlegung[2]
   --       1/2                 1/2  1/2       1/2       1/2 1/2
   |       5              (2 - 2   )          2         (5 - 5   )
   |  0, ---- - 1/4,      --------------,     --------------------,
   --       4                   2                      4


        1/2   1/2             1/2     1/2
       2     5              (2     + 2)
       ----, ---- + 1/4,    --------------,
        2     4                   2


        1/2    1/2    1/2     --
       2    (5    + 5   )     |
       --------------------,  1 |
               4              --
```

Aufgabe 15.3: Man kann mittels `select` (Abschnitt 4.7) diejenigen Elemente herausfiltern, die `testtype` als positive ganze Zahlen identifiziert, z. B.:

```
>> Menge := {-5, 2.3, 2, x, 1/3, 4}:
>> select(Menge, testtype, Type::PosInt)
    {2, 4}
```

Hierbei ist zu beachten, dass nur diejenigen Objekte ausgewählt werden, die natürliche Zahlen *sind*, nicht aber solche, die (möglicherweise) natürliche Zahlen *repräsentieren* können, wie im obigen Beispiel der Bezeichner x. Dies ist nicht mit `testtype`, sondern nur unter Verwendung des `assume`-Mechanismus möglich. Mit `assume` wird die Eigenschaft gesetzt und mit `is` abgefragt:

```
>> assume(x, Type::PosInt):
>> select(Menge, is, Type::PosInt)
    {2, 4, x}
```

Aufgabe 15.4: Der gefragte Typenbezeichner kann folgendermaßen konstruiert und eingesetzt werden:

```
>> Typ := Type::ListOf(Type::ListOf(
          Type::AnyType, 3, 3), 2, 2)
    Type::ListOf (Type::ListOf (Type::AnyType, 3, 3), 2, 2)
>> testtype([[a, b, c], [1, 2, 3]], Typ),
   testtype([[a, b, c], [1, 2]], Typ)
    TRUE, FALSE
```

Aufgabe 17.1: Wir betrachten die Bedingungen `x<>1 and A` und `x = 1 or A`. Nach der Eingabe:

```
>> x := 1:
```

ist es wegen der Singularität in $x/(x-1)$ nicht möglich, die Bedingungen auszuwerten:

```
>> x <> 1 and A
   Error: Division by zero [_power]

>> x = 1 or A
   Error: Division by zero [_power]
```

Dies ist jedoch innerhalb einer if-Anweisung kein Problem, da die Boolesche Auswertung von x<>1 und x=1 bereits ausreicht, um festzustellen, dass x<>1 and A zu FALSE und x=1 and A zu TRUE evaluiert wird:

```
>> (if x <> 1 and A then wahr else unwahr end_if),
   (if x = 1 or A then wahr else unwahr end_if)
   unwahr, wahr
```

Andererseits führt die Auswertung der folgenden if-Anweisung zu einem Fehler, denn A muss evaluiert werden, um den Wahrheitswert von x=1 and A zu bestimmen:

```
>> if x = 1 and A then wahr else unwahr end_if
   Error: Division by zero [_power]
```

Aufgabe 18.1: Mit den angegebenen Formeln ist die Implementation der Gleitpunktauswertung in der Tat sehr einfach:

```
>> ellipticE::float := z -> float(PI/2) *
      hypergeom::float([-1/2, 1/2], [1], z):
   ellipticK::float := z -> float(PI/2) *
      hypergeom::float([1/2, 1/2], [1], z):
```

Diese Definition ist schon fast ausreichend:

```
>> ellipticE(1/3)
```

$$E\left(\frac{1}{3}\right)$$

```
>> float(%)
   1.430315257
```

Lediglich eines fehlt noch: Die Systemfunktionen MuPADs liefern automatisch eine Gleitpunktauswertung, wenn sie mit einer Gleitpunktzahl aufgerufen werden. Unsere Funktionen tun das bislang nicht:

```
>> ellipticE(0.1)
```

$$E(0.1)$$

Dieses Verhalten muss ausprogrammiert werden:

```
>> ellipticE :=
   proc(x) begin
     if domtype(x) = DOM_FLOAT
       or domtype(x) = DOM_COMPLEX
         and (domtype(Re(x)) = DOM_FLOAT
           or domtype(Im(x)) = DOM_FLOAT)
     then
       return(ellipticE::float(x));
     end_if;
     if x = 0 then PI/2
     elif x = 1 then 1
     else procname(x) end_if
   end_proc:
```

Erweitern Sie `ellipticK` entsprechend, erzeugen Sie wieder Funktionsumgebungen aus den neuen Funktionen und fügen Sie die Slots wieder ein. Anschließend erhalten Sie:

```
>> ellipticE(0.1)
   1.530757637
```

Aufgabe 18.2: Die Auswertung der `Abs`-Funktion wird durch folgende Prozedur übernommen:

```
>> Abs := proc(x)
   begin
     if domtype(x) = DOM_INT or domtype(x) = DOM_RAT
       or domtype(x) = DOM_FLOAT
         then if x >= 0 then x else -x end_if;
         else procname(x);
     end_if
   end_proc:
```

Die Bildschirmausgabe (im nicht-*typeset*-Fall) wird abgeändert, indem `Abs` als Funktionsumgebung vereinbart wird:

```
>> Abs := funcenv(Abs,
                proc(f) begin
                   "|" . expr2text(op(f)) . "|"
                end_proc):
```

Das Funktionsattribut zum Differenzieren wird gesetzt:

```
>> Abs::diff := proc(f,x) begin
                f/op(f)*diff(op(f), x)
              end_proc:
```

A. Lösungen zu den Übungsaufgaben   395

Nun ergibt sich folgendes Verhalten:

```
>> Abs(-23.4), Abs(x), Abs(x^2 + y - z)
              23.4, |x|, |y - z + x^2|
```

Das `diff`-Attribut der Systemfunktion `abs` ist etwas anders implementiert:

```
>> diff(Abs(x^3), x), diff(abs(x^3), x)
              3 |x^3|         2
              ------, 3 |x|  sign(x)
                 x
```

Aufgabe 18.3: Die übergebenen Zahlen werden mit Hilfe der Funktion `expr2text` (Abschnitt 4.11) in Zeichenketten verwandelt und mittels des Konkatenationspunkts zusammen mit Punkten und Leerzeichen zu einer einzigen Zeichenkette verbunden:

```
>> datum := proc(tag, monat, jahr) begin
             print(Unquoted, expr2text(tag) . ". " .
                             expr2text(monat) . ". " .
                             expr2text(jahr))
       end_proc:
```

Aufgabe 18.4: Wir geben hier eine Lösung an, die eine `while`-Schleife verwendet. Die Abfrage, ob x gerade ist, wird durch die Bedingung `x mod 2 = 0` realisiert:

```
>> f := proc(x) local i;
   begin
     i := 0;
     userinfo(2, expr2text(i) . "-tes Folgenglied: " .
                 expr2text(x));
     while x <> 1 do
       if x mod 2 = 0 then x := x/2
       else x := 3*x+1 end_if;
       i := i + 1;
       userinfo(2, expr2text(i) . "-tes Folgenglied: " .
                   expr2text(x))
     end_while;
     i
   end_proc:
>> f(4), f(1234), f(56789), f(123456789)
     2, 132, 60, 177
```

Setzt man `setuserinfo(f,2)` (Abschnitt 14.2), so werden durch den eingebauten `userinfo`-Befehl alle Folgenglieder bis zum Abbruch ausgegeben:

```
>> setuserinfo(f, 2): f(4)
  Info: 0-tes Folgenglied: 4
  Info: 1-tes Folgenglied: 2
  Info: 2-tes Folgenglied: 1

     2
```

Falls Sie an die $(3\,x+1)$ Vermutung nicht glauben, sollten Sie eine Abbruchbedingung für den Index `i` einbauen, um sicherzustellen, dass das Programm terminiert.

Aufgabe 18.5: Eine auf $\text{ggT}(a,b) = \text{ggT}(a \bmod b, b)$ beruhende rekursive Implementierung führt auf eine Endlosrekursion: Mit $a \bmod b \in \{0, 1, \ldots, b-1\}$ gilt im nächsten Schritt wieder

$$(a \bmod b) \bmod b = a \bmod b,$$

so dass die ggT-Funktion sich immer wieder mit den selben Argumenten aufrufen würde. Ein rekursiver Aufruf der Form $\text{ggT}(a,b) = \text{ggT}(b, a \bmod b)$ ist aber sinnvoll: Mit $a \bmod b < b$ ruft sich die ggT-Funktion mit immer kleineren Werten des zweiten Argumentes auf, bis dieses letztlich 0 wird:

```
>> ggT := proc(a, b) begin      /* rekursive Variante */
            if b = 0
               then a
               else ggT(b, a mod b)
            end_if
         end_proc:
```

Für große Werte von a, b muss eventuell der Wert der Umgebungsvariablen `MAXDEPTH` erhöht werden, falls `ggT` die zulässige Rekursionstiefe überschreitet. Die folgende iterative Variante vermeidet dieses Problem:

```
>> GGT := proc(a, b) local c;   /* iterative Variante */
            begin
               while b <> 0 do
                  c := a; a := b; b := c mod b
               end_while;
               a
            end_proc:
```

Damit ergibt sich:

```
>> a := 123456: b := 102880:
>> ggT(a, b), GGT(a, b), igcd(a, b), gcd(a, b)
   20576, 20576, 20576, 20576
```

Aufgabe 18.6: In der folgenden Implementierung wird eine verkürzte Kopie $Y = [x_1, \ldots, x_n]$ von $X = [x_0, \ldots, x_n]$ erzeugt und mittels zip und _subtract (es gilt _subtract(y,x) = y - x) eine Liste der Abstände $[x_1 - x_0, \ldots, x_n - x_{n-1}]$ berechnet. Diese werden dann elementweise mit den Elementen der (numerischen) Werteliste $[f(x_0), f(x_1), \ldots]$ multipliziert. Die Elemente der resultierenden Liste

$$[(x_1 - x_0) f(x_0), \ldots, (x_n - x_{n-1}) f(x_{n-1})]$$

werden zuletzt mittels _plus aufaddiert:

```
>> Quadratur := proc(f, X)
   local Y, Abstaende, numerischeWerte, Produkte;
   begin
      Y := X; delete Y[1];
      Abstaende := zip(Y, X, _subtract);
      numerischeWerte := map(X, float@f);
      Produkte := zip(Abstaende,
                       numerischeWerte, _mult);
      _plus(op(Produkte))
   end_proc:
```

Mit $n = 1000$ äquidistanten Stützstellen im Intervall $[0,1]$ ergibt sich im folgenden Beispiel:

```
>> f := x -> x*exp(x): n := 1000:
>> Quadratur(f, [i/n $ i = 0..n])
   0.9986412288
```

Dies ist eine (grobe) numerische Approximation von $\int_0^1 x\, e^x\, dx\, (= 1)$.

Aufgabe 18.7: Die Spezifikation von Newton verlangt, die Funktion f nicht als MuPAD-Funktion, sondern als *Ausdruck* zu übergeben. Daher wird zunächst mit indets die Unbestimmte in f ermittelt, um die Ableitung berechnen zu können. Die Auswertung der Iterationsfunktion $F(x) = x - f(x)/f'(x)$ an einem Punkt geschieht dann durch Substitution der Unbekannten:

```
>> Newton := proc(f, x0, n)
     local vars, x, F, Folge, i;
     begin
       vars := indets(float(f)):
       if nops(vars) <> 1
         then error("die Funktion muss ".
              "genau eine Unbestimmte enthalten"
              )
         else x := op(vars)
       end_if;
       F := x - f/diff(f,x); Folge := x0;
       for i from 1 to n do
         x0 := float(subs(F, x = x0));
         Folge := Folge, x0
       end_for;
       return(Folge)
     end_proc:
```

Im folgenden Beispiel liefert `Newton` den Beginn einer schnell gegen die Lösung $\sqrt{2}$ konvergierenden Folge:

```
>> Newton(x^2 - 2, 1, 5)
   1, 1.5, 1.416666667, 1.414215686, 1.414213562, 1.414213562
```

Aufgabe 18.8: Der Aufruf `numlib::g_adic( · , 2)` liefert die Binärzerlegung einer ganzen Zahl als Liste von Bits:

```
>> numlib::g_adic(7, 2), numlib::g_adic(16, 2)
   [1, 1, 1], [0, 0, 0, 0, 1]
```

Anstatt `numlib::g_adic` direkt aufzurufen, verwendet unsere Lösung ein Unterprogramm `binaer`, welches mit `option remember` versehen ist. Hierdurch wird die Berechnung wesentlich beschleunigt, da in unserer Anwendung die Funktion `numlib::g_adic` sehr häufig mit den selben Argumenten aufgerufen wird. Ein Aufruf `SPunkt([x,y])` liefert `TRUE`, wenn der durch die Liste `[x, y]` übergebene Punkt ein Sierpinski-Punkt ist. Um dies zu überprüfen, werden die Listen der Binärbits der Koordinaten einfach miteinander multipliziert. An denjenigen Stellen, wo sowohl x als auch y die Binärziffer 1 haben, entsteht durch Multiplikation eine 1 (in allen anderen Fällen $0 \cdot 0$, $1 \cdot 0$, $0 \cdot 1$ entsteht eine 0). Wenn die durch Multiplikation entstehende Liste mindestens eine 1 enthält, so handelt es sich um einen Sierpinski-Punkt. Mittels `select` (Abschnitt 4.6) werden die Sierpinski-Punkte aus allen betrachteten Punkten herausgefiltert. Zuletzt wird hiermit eine graphische Punkteliste vom Typ `plot::PointList2d` erzeugt und mittels `plot` gezeichnet (Abschnitt 11):

```
>> Sierpinski := proc(xmax, ymax)
   local binaer, istSPunkt, allePunkte, i, j, SPunkte;
   begin
     binaer := proc(x) option remember; begin
                 numlib::g_adic(x, 2)
               end_proc;
     istSPunkt := proc(Punkt) local x, y; begin
                    x := binaer(Punkt[1]);
                    y := binaer(Punkt[2]);
                    has(zip(x, y, _mult), 1)
                  end_proc;
     allePunkte := [([i, j] $ i = 1..xmax)
                     $ j = 1..ymax];
     SPunkte := select(allePunkte, istSPunkt);
     plot(plot::PointList2d(SPunkte, Color = RGB::Black))
   end_proc:
```

Für xmax = ymax = 100 erhält man schon ein recht interessantes Bild:

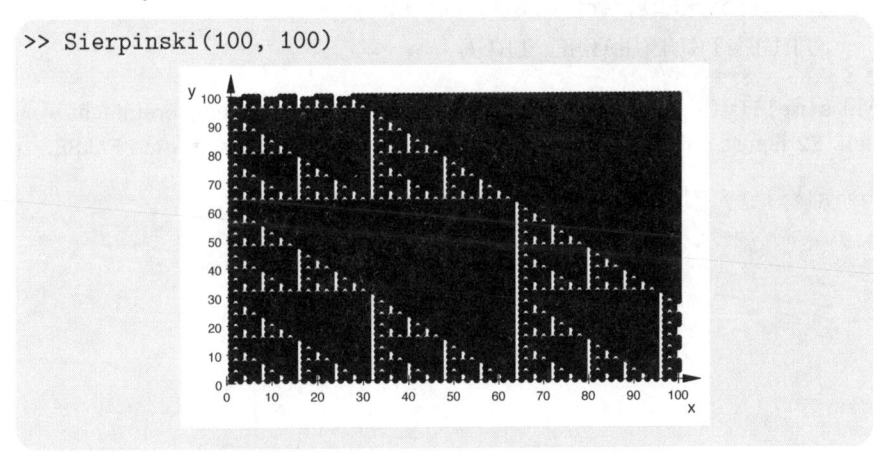

```
>> Sierpinski(100, 100)
```

Aufgabe 18.9: Wir geben hier eine rekursive Lösung an. Für einen Ausdruck Formel(x1, x2, ...) mit den Unbekannten x1, x2, ... werden diese mit indets in der lokalen Menge x = {x1, x2, ...} gesammelt. Dann werden die Werte TRUE bzw. FALSE für x1 (= op(x, 1)) eingesetzt, und die Prozedur ruft sich selbst mit den Argumenten Formel(TRUE, x2, x3, ...) bzw. Formel(FALSE, x2, x3, ...) auf. So werden rekursiv alle Kombinationen von TRUE und FALSE für die Unbekannten durchgespielt, bis sich der Ausdruck zuletzt entweder zu TRUE oder FALSE vereinfacht hat. Dieser Wert wird dann an die aufrufende Prozedur zurückgegeben. Sollte sich beim Durchspielen aller TRUE/FALSE-Kombinationen mindestens einmal TRUE ergeben, so gibt die Prozedur TRUE zurück und zeigt damit an, dass die Formel erfüllbar ist.

Andernfalls wird FALSE zurückgegeben. Die Rekursionstiefe entspricht offensichtlich der Anzahl der Unbestimmten in der Eingabeformel.

```
>> erfuellbar := proc(Formel) local x;
   begin
     x   := indets(Formel);
     if x = {} then return(Formel) end_if;
     if erfuellbar(subs(Formel, op(x, 1) = TRUE)) or
        erfuellbar(subs(Formel, op(x, 1) = FALSE))
        then return(TRUE) else return(FALSE)
     end_if
   end_proc:
```

Diese Prozedur wird auf zwei Beispiele angewendet:

```
>> F1 := ((x and y) or (y or z)) and (not x) and y and z:
>> F2 := ((x and y) or (y or z)) and (not y) and (not z):
>> erfuellbar(F1), erfuellbar(not F1),
   erfuellbar(F2), erfuellbar(not F2)

     TRUE, TRUE, FALSE, TRUE
```

Mit simplify(·,logic) (Abschnitt 9.2) können die Formeln vereinfacht werden. F2 liefert dabei unabhängig von den Werten von x, y, z stets FALSE:

```
>> simplify(F1, logic), simplify(F2, logic)

     ¬x ∧ y ∧ z, FALSE
```

B. Dokumentation und Literatur

Eine Übersicht über die aktuell existierende MuPAD-Dokumentation, Materialien zu MuPAD und weitere aktuelle Informationen sind über die WWW-Seiten

www.mupad.de und www.mupad.com

im Internet erreichbar.

Informationen und Materialien zum Themenbereich „MuPAD in Schule und Studium" finden Sie unter www.mupad.de/schule+studium.

Die MuPAD-Dokumentation steht auch innerhalb einer laufenden MuPAD-Sitzung direkt zur Verfügung. Auf Windows-Systemen findet man eine Liste aller verfügbaren Dokumente, indem man den „Hilfeassistenten" aus dem Hilfemenü des MuPAD-Fensters auswählt und dann auf „Inhalt" klickt. Unter anderem erreicht man dort die folgenden Dokumente:

[O 04]   W. OEVEL. *MuPAD 3.0 Kurzreferenz*. 2004.

[Dre 02]   K. DRESCHER. *Axioms, Categories and Domains*. Automath Technical Report No. 1, 2002.

In [O 04] sind die in MuPAD Version 3.0 installierten Datentypen, Funktionen und Bibliotheken aufgelistet, womit man sich eine Überblick über die Funktionalität dieser MuPAD-Version verschaffen kann.

Man findet dort ebenfalls Verweise auf die einzelnen Bibliotheken wie z. B. Dom (die Bibliothek für vorgefertigte Datenstrukturen). Die entsprechende Dokumentation [Dre 95] enthält eine ausführliche Beschreibung aller in Dom installierten Domains. Der Aufruf ?Dom innerhalb einer MuPAD-Sitzung öffnet dieses Dokument direkt. Die sich innerhalb dieses Dokuments befindlichen Beschreibungen der einzelnen Datenstrukturen wie z. B. Dom::Matrix können direkt durch den Aufruf ?Dom::Matrix erreicht werden. Ein weiteres

Beispiel ist das Dokument [Pos 98] zum Paket linalg (lineare Algebra). Eine aktualisierte Version kann direkt durch den Aufruf ?linalg geöffnet werden.

[Dre 95] K. DRESCHER. *Domain-Constructors.* Automath Technical Report No. 2, 1995.

[Pos 98] F. POSTEL. *The Linear Algebra Package "linalg".* Automath Technical Report No. 9, 1998.

Die Dokumente und Hilfeseiten können nicht unmittelbar vom Hilfesystem aus gedruckt werden. Man kann jedoch die unter der obigen WWW-Adresse MuPADs erreichbaren HTML- und PDF-Versionen laden und drucken.

Eine Einführung in die Benutzung der Windows-Version MuPAD Pro steht in folgenden Werken zur Verfügung:

[GP 01] K. GEHRS, F. POSTEL. *MuPAD – Eine Praktische Einführung.* Sci-Face Software, 2001. ISBN 3-933764-02-5

[Maj 04] M. MAJEWSKI *MuPAD Pro Computing Essentials, Second Edition.* Springer Heidelberg, 2004. ISBN 3-540-21943-9

Zusätzlich zur MuPAD-Dokumentation wird folgende allgemeine Literatur zur Computeralgebra und zu den unterliegenden Algorithmen angegeben:

[Wes 99] M. WESTER (ED.), *Computer Algebra Systems. A Practical Guide.* Wiley, 1999.

[GG 99] J. VON ZUR GATHEN UND J. GERHARD, *Modern Computer Algebra.* Cambridge University Press, 1999.

[Hec 93] A. HECK, *Introduction to Maple.* Springer, 1993.

[DTS 93] J.H. DAVENPORT, E. TOURNIER UND Y. SIRET, *Computer Algebra: Systems and Algorithms for Algebraic Computation.* Academic Press, 1993.

[GCL 92] K.O. GEDDES, S.R. CZAPOR UND G. LABAHN, *Algorithms for Computer Algebra.* Kluwer, 1992.

C. Graphikgalerie

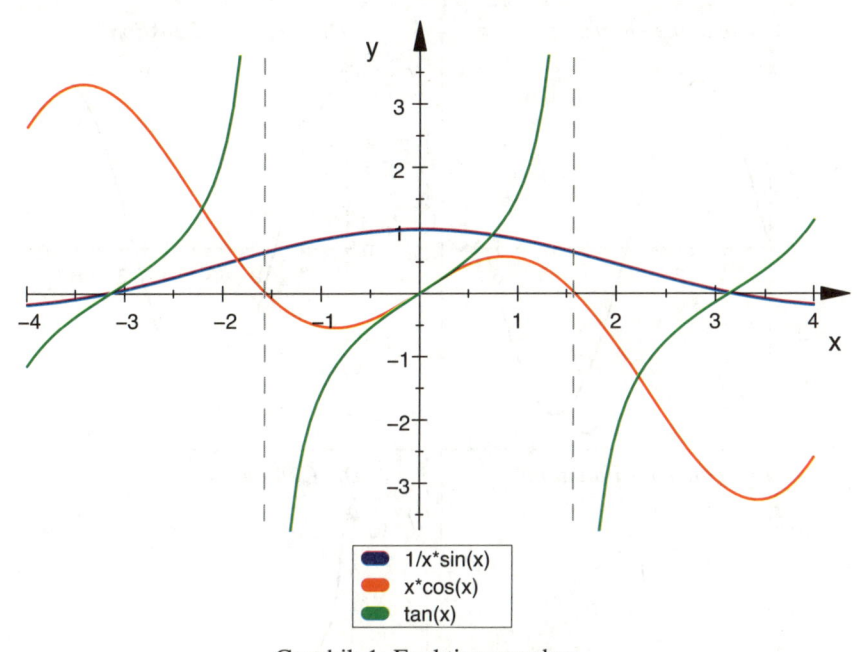

Graphik 1: Funktionsgraphen

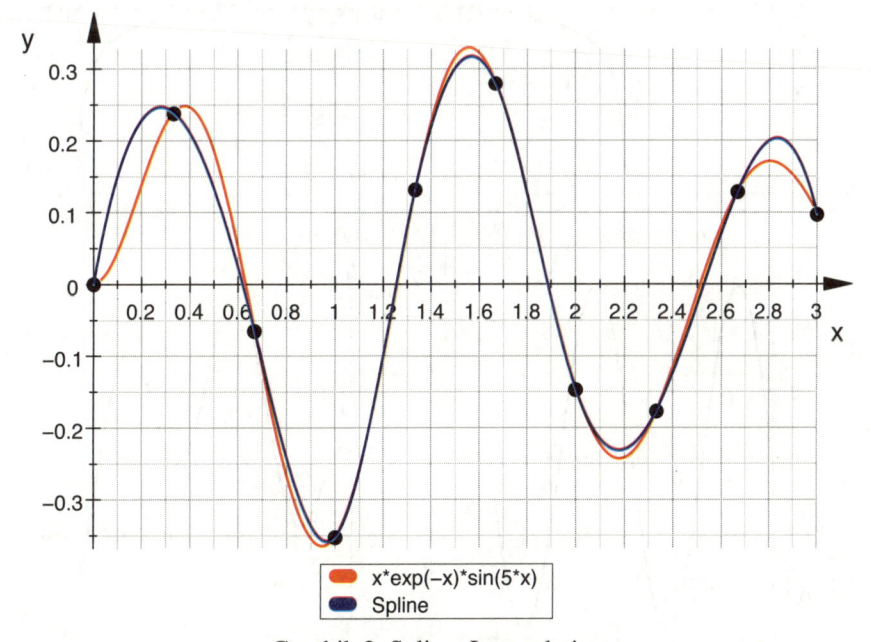

Graphik 2: Spline-Interpolation

Trigonometrische Funktionen

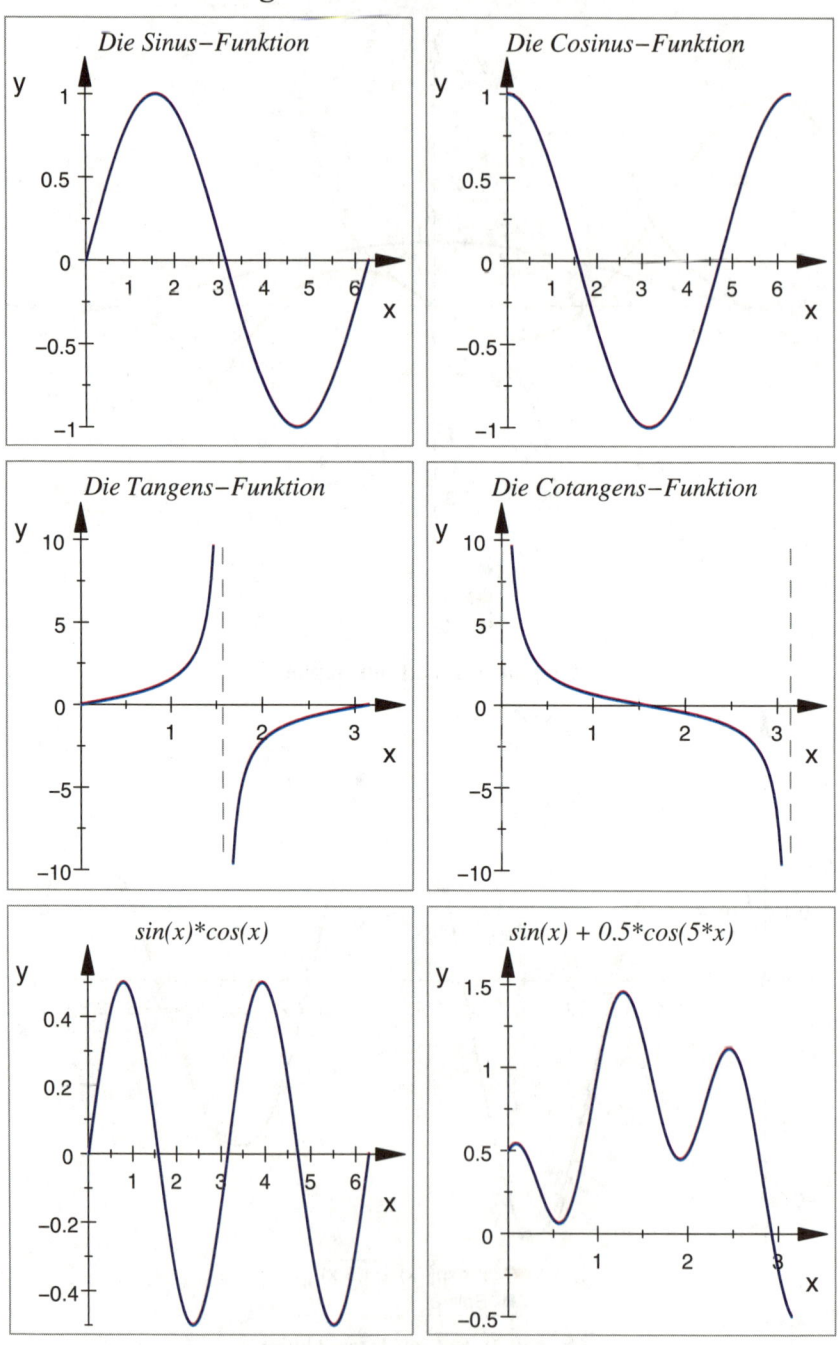

Die Sinus–Funktion

Die Cosinus–Funktion

Die Tangens–Funktion

Die Cotangens–Funktion

sin(x)*cos(x)

sin(x) + 0.5*cos(5*x)

Graphik 3: Layout mehrerer Szenen in einem Canvas

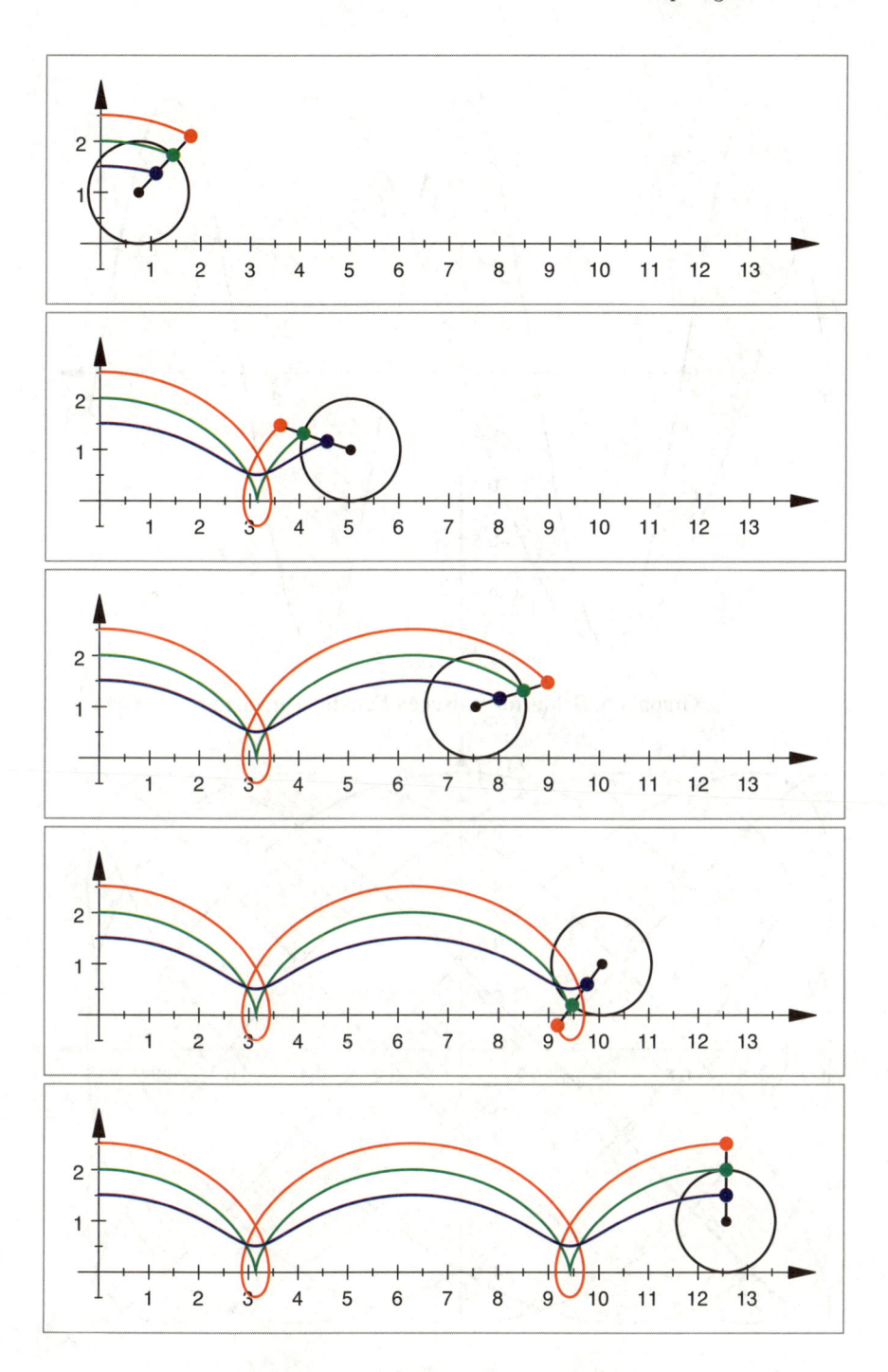

Graphik 4: Konstruktion von Zykloiden

406   C. Graphikgalerie

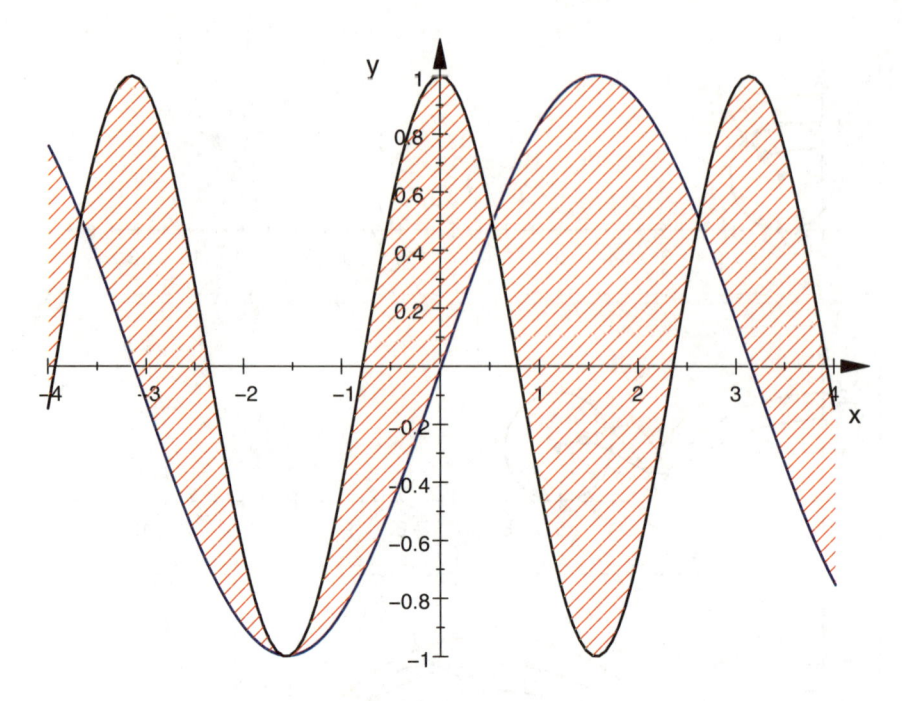

Graphik 5: Schraffur zwischen Funktionsgraphen

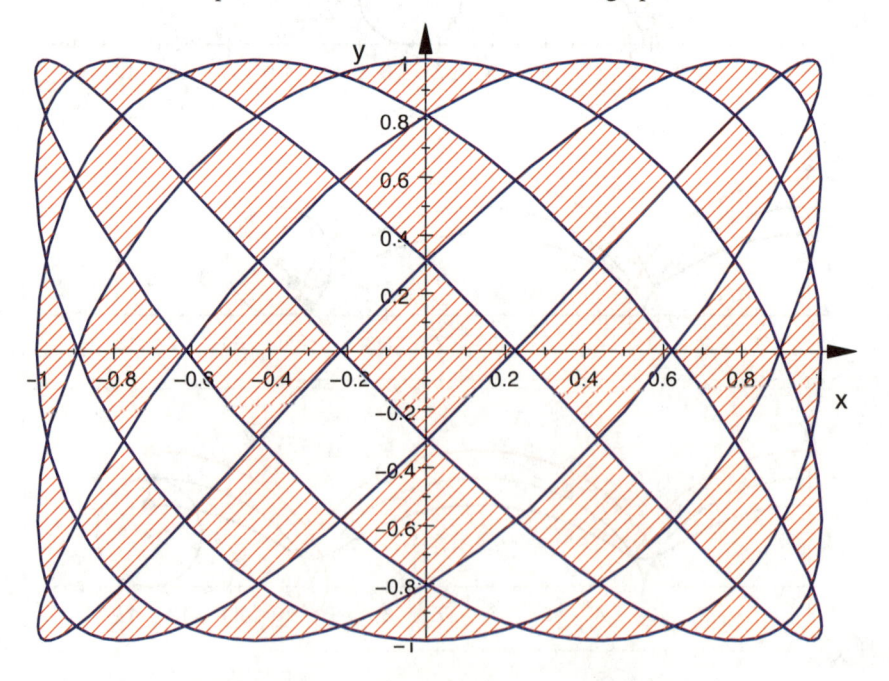

Graphik 6: Schraffur innerhalb von Kurven

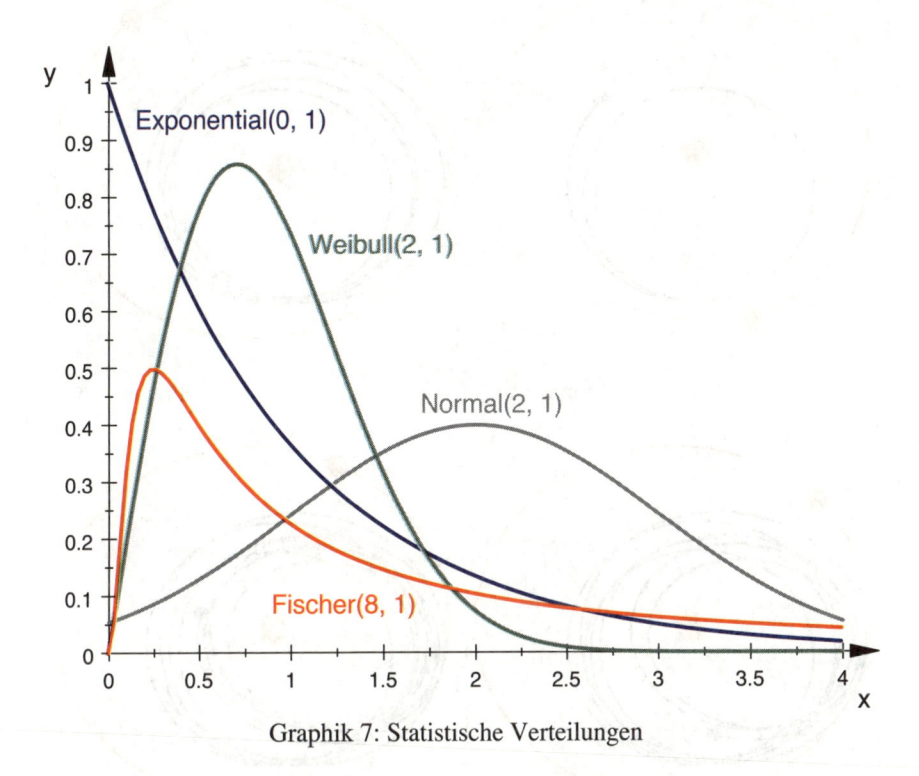

C. Graphikgalerie 407

Graphik 7: Statistische Verteilungen

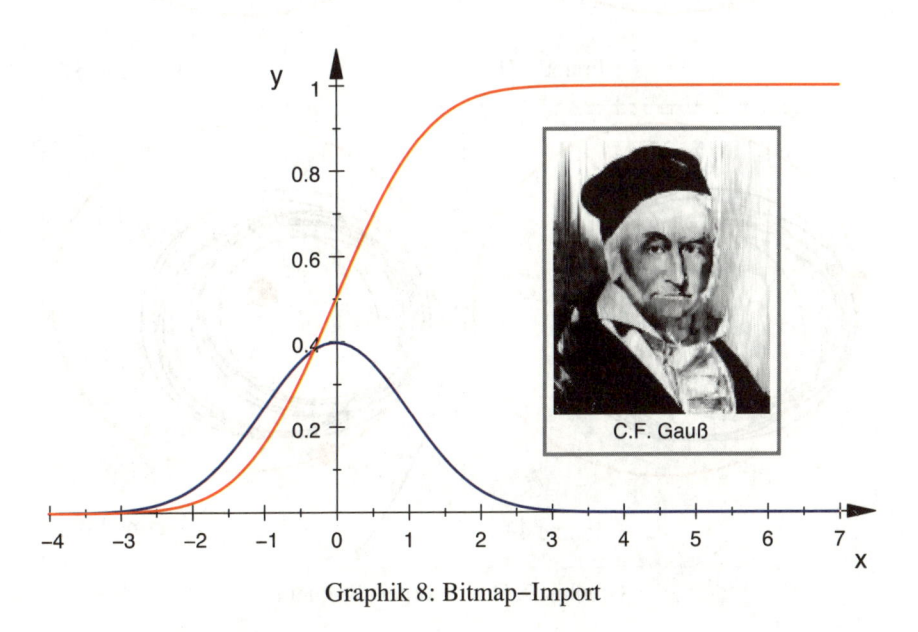

Graphik 8: Bitmap–Import

408   C. Graphikgalerie

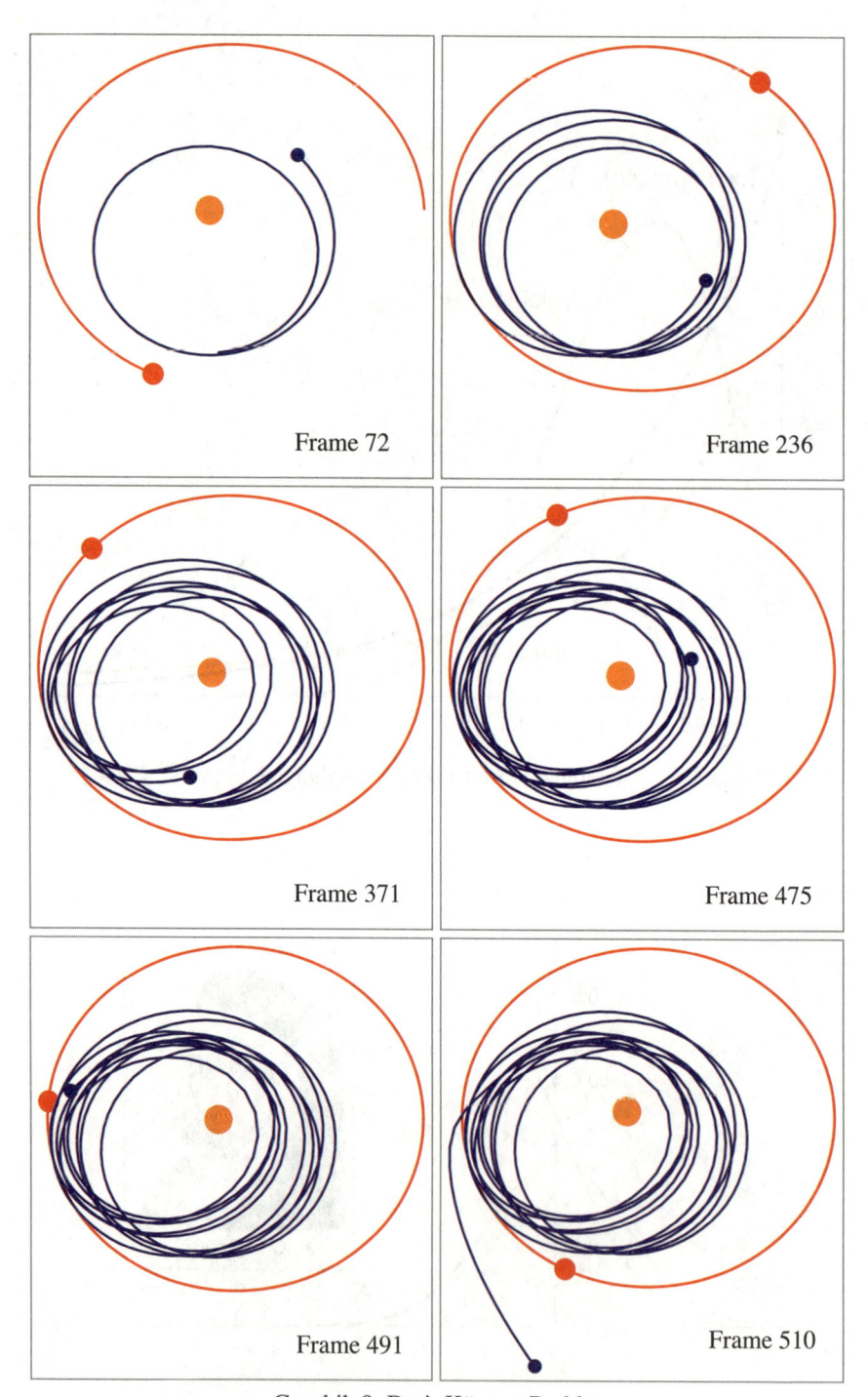

Frame 72

Frame 236

Frame 371

Frame 475

Frame 491

Frame 510

Graphik 9: Drei–Körper–Problem

C. Graphikgalerie 409

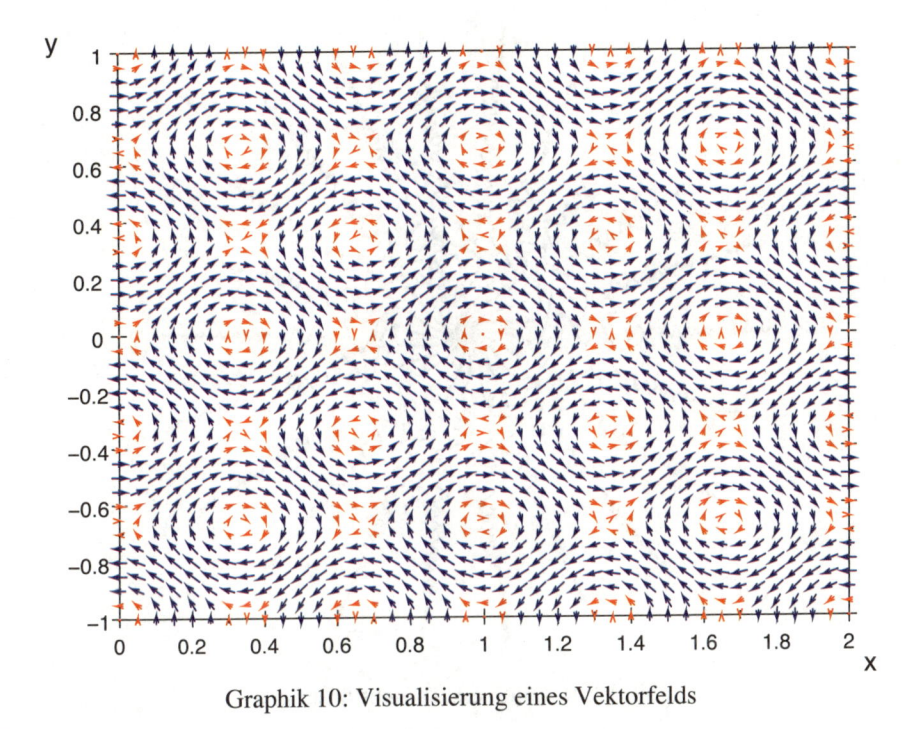

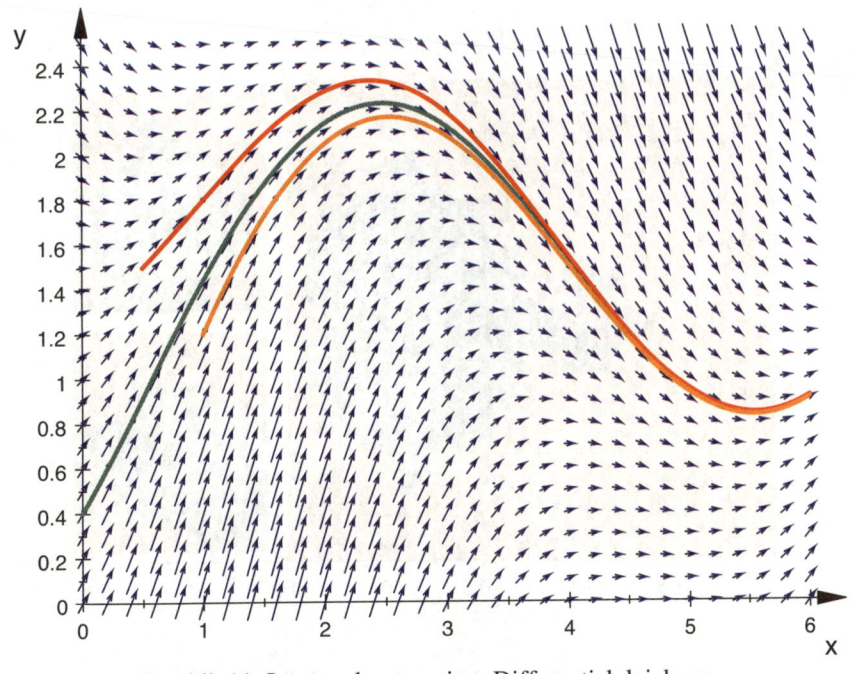

Graphik 10: Visualisierung eines Vektorfelds

Graphik 11: Lösungskurven einer Differentialgleichung

Graphik 12: Rotation eines Funktionsgraphen

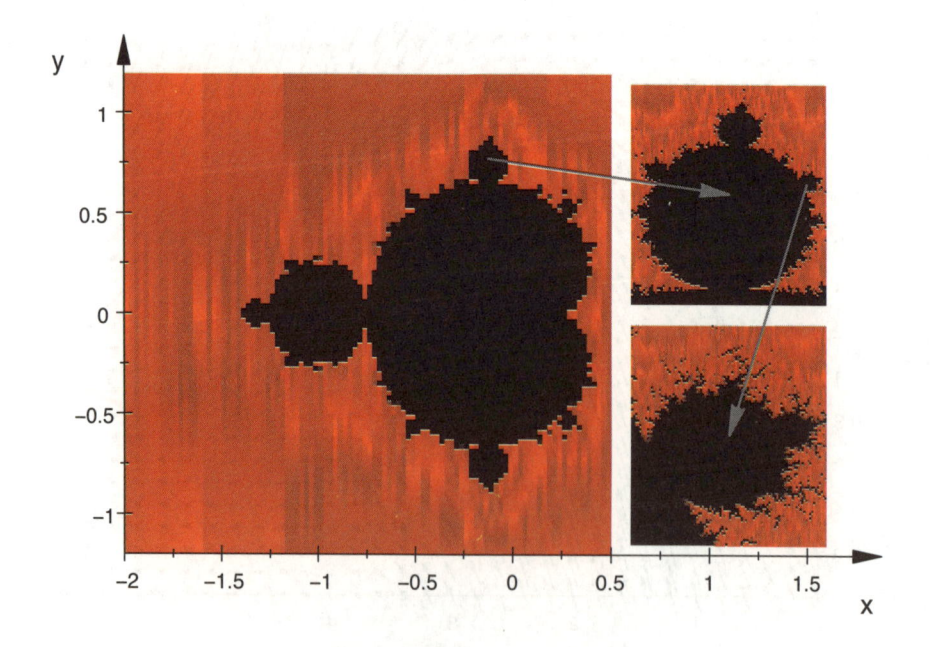

Graphik 13: Mandelbrodt–Menge

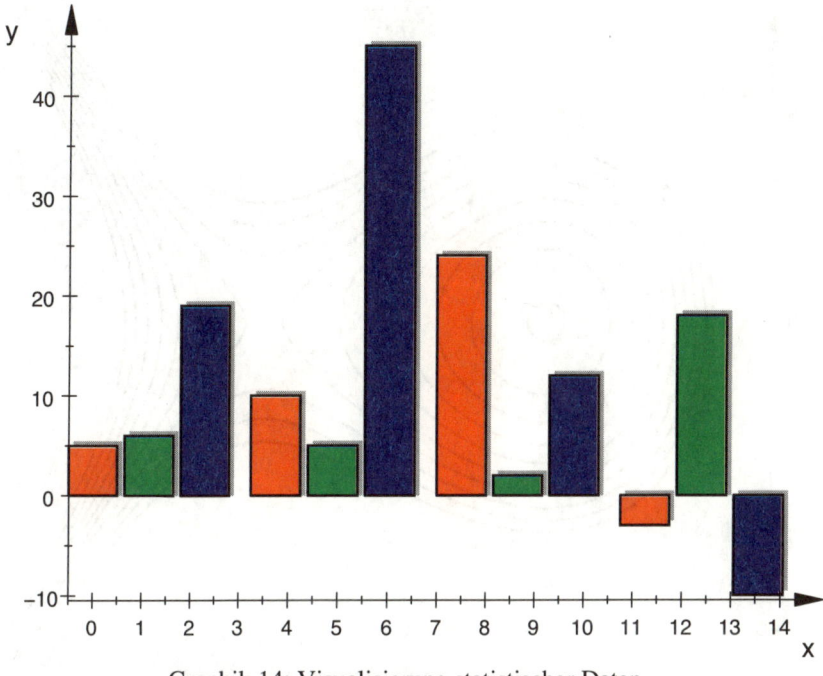

Graphik 14: Visualisierung statistischer Daten

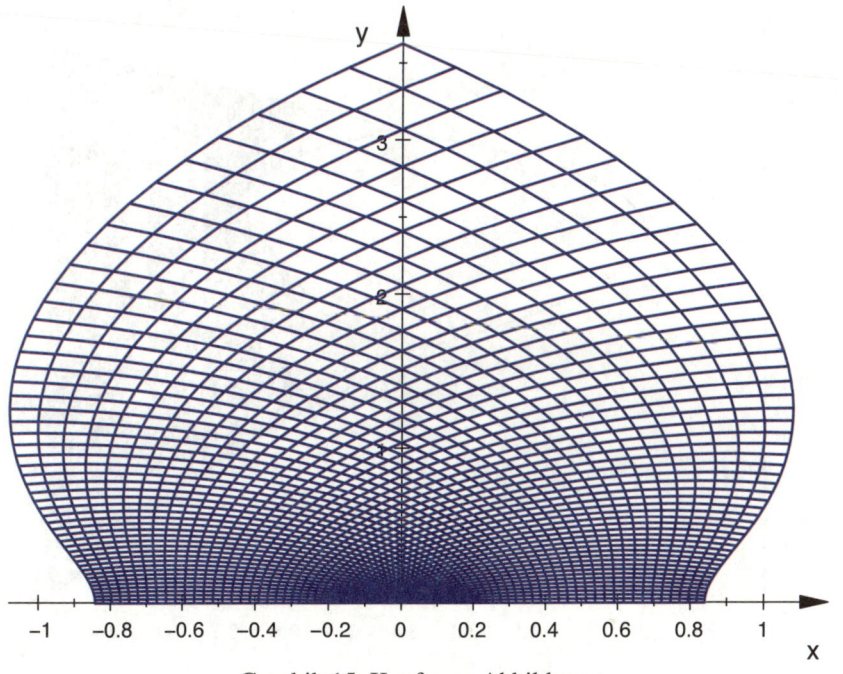

Graphik 15: Konforme Abbildung

Graphik 16: Elliptische Kurven

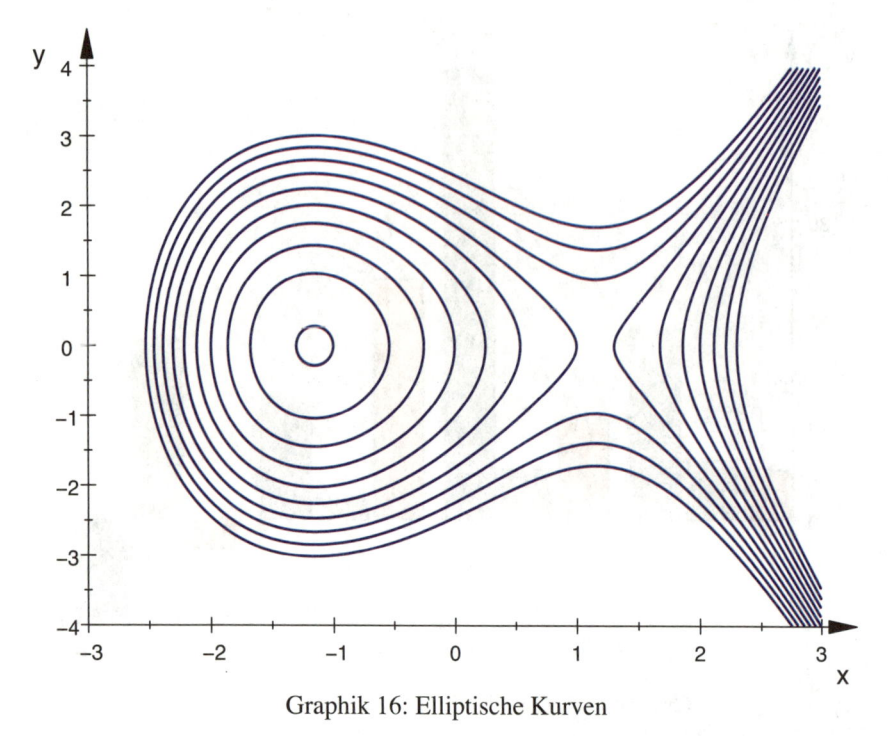

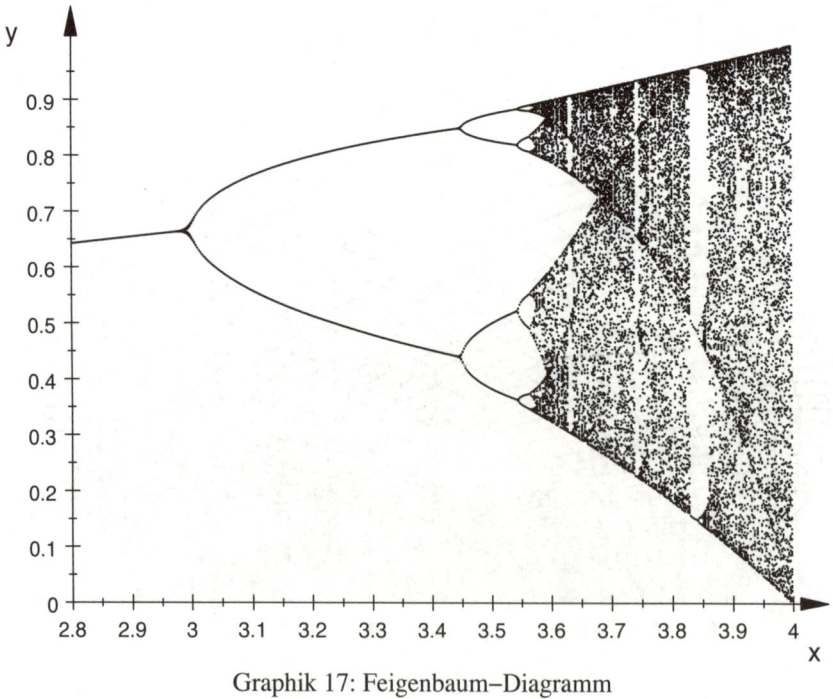

Graphik 17: Feigenbaum–Diagramm

C. Graphikgalerie 413

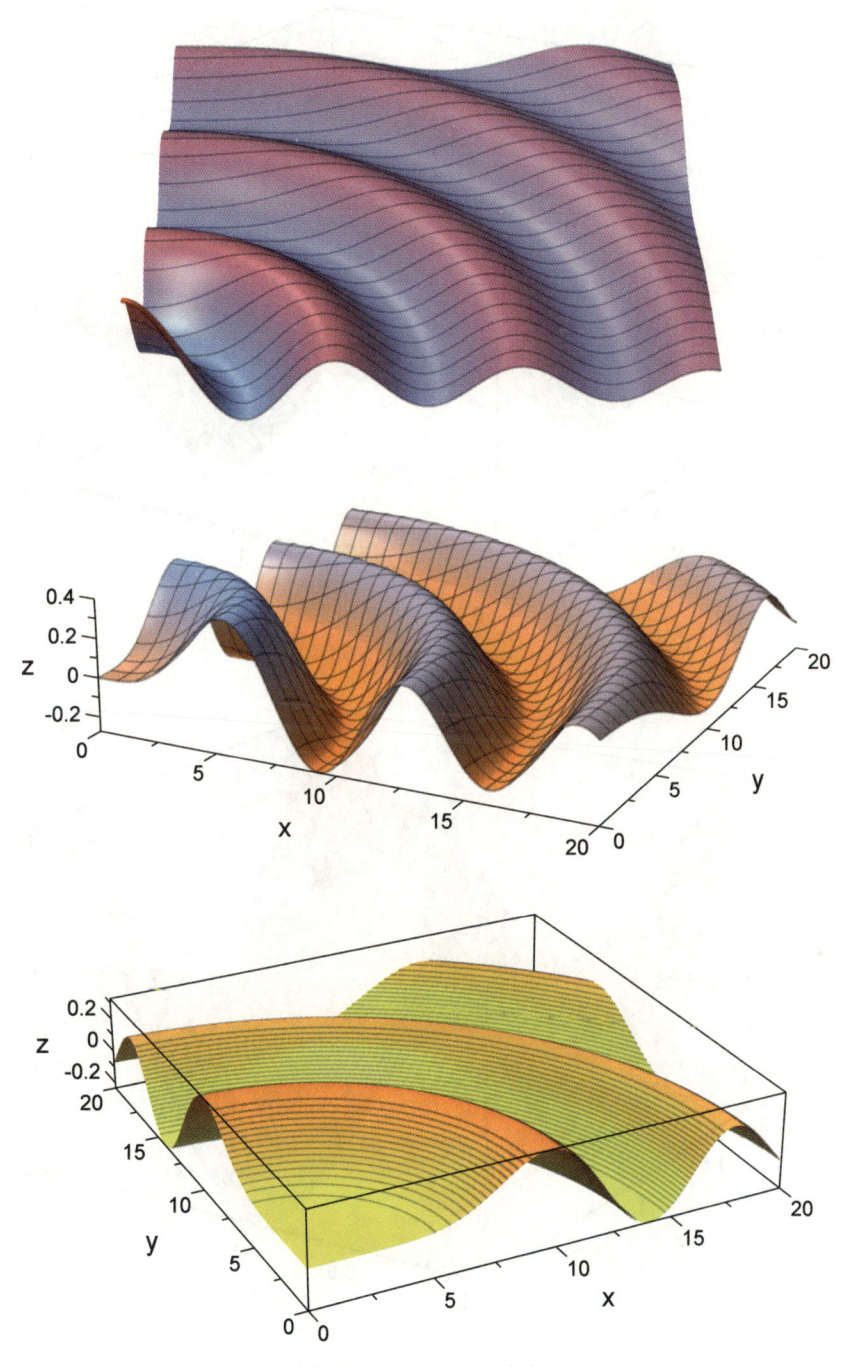

Graphik 18: Bessel-Funktionen

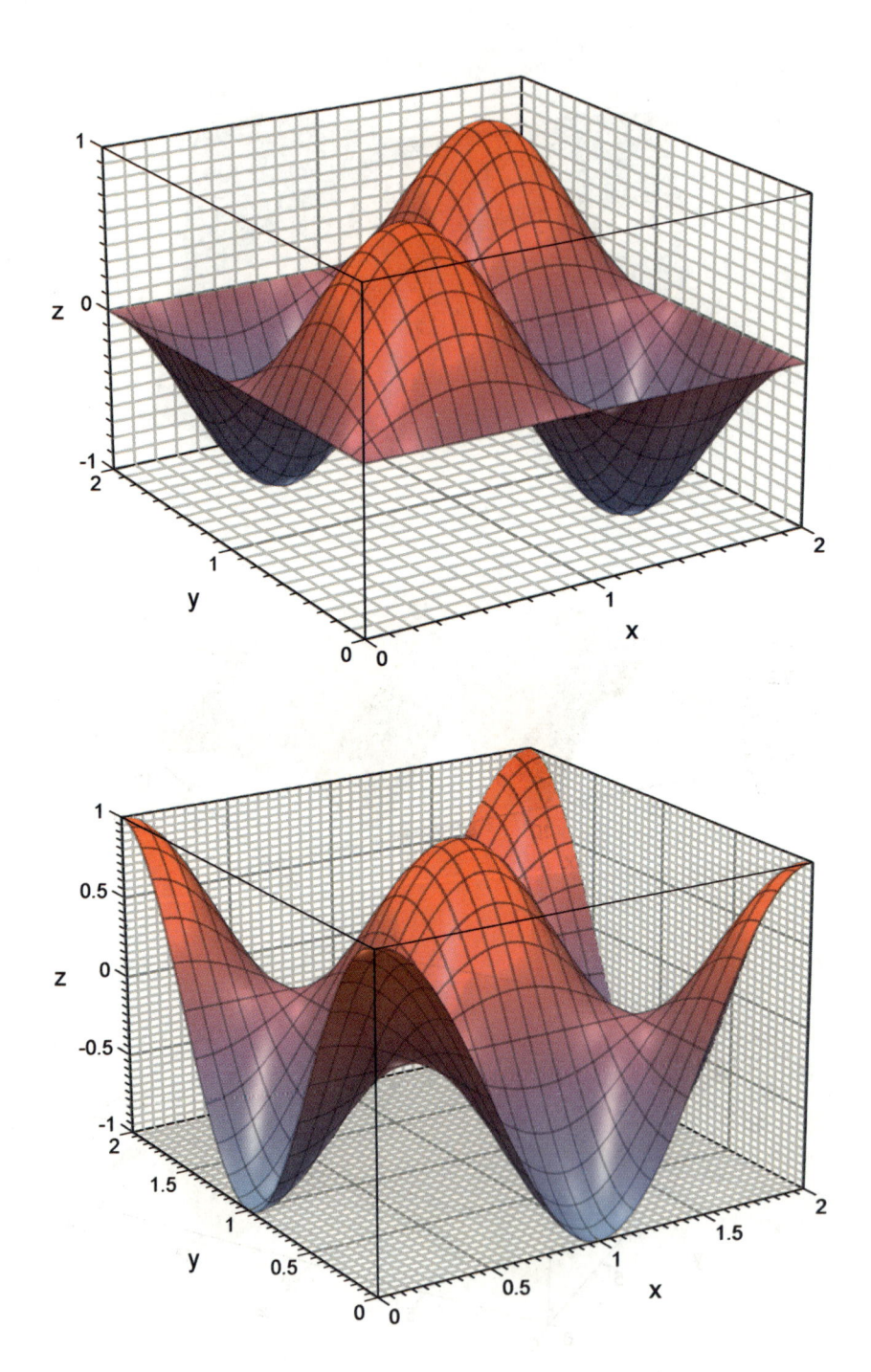

Graphik 19: Funktionsgraphen mit Koordinatengitter

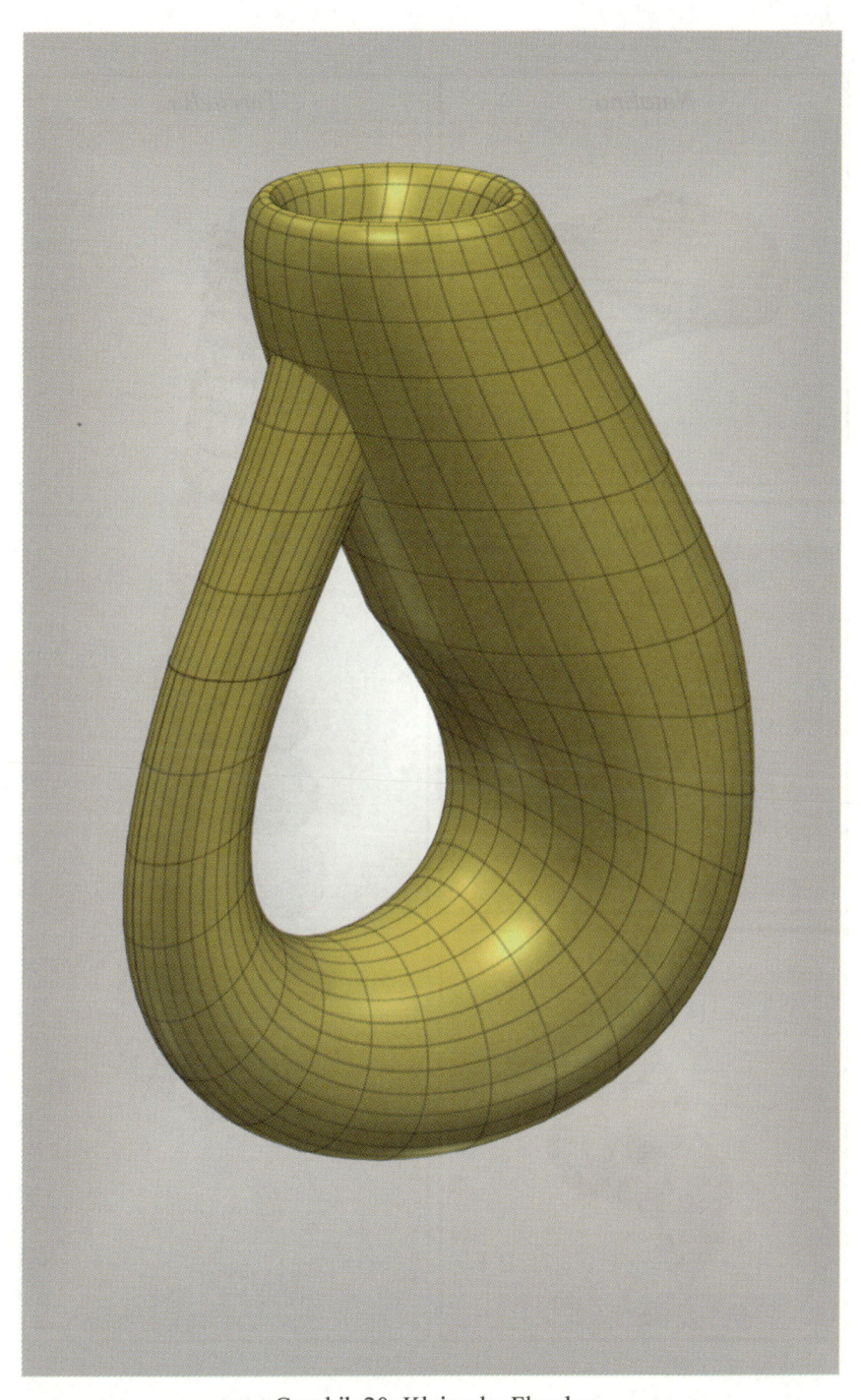

Graphik 20: Kleinsche Flasche

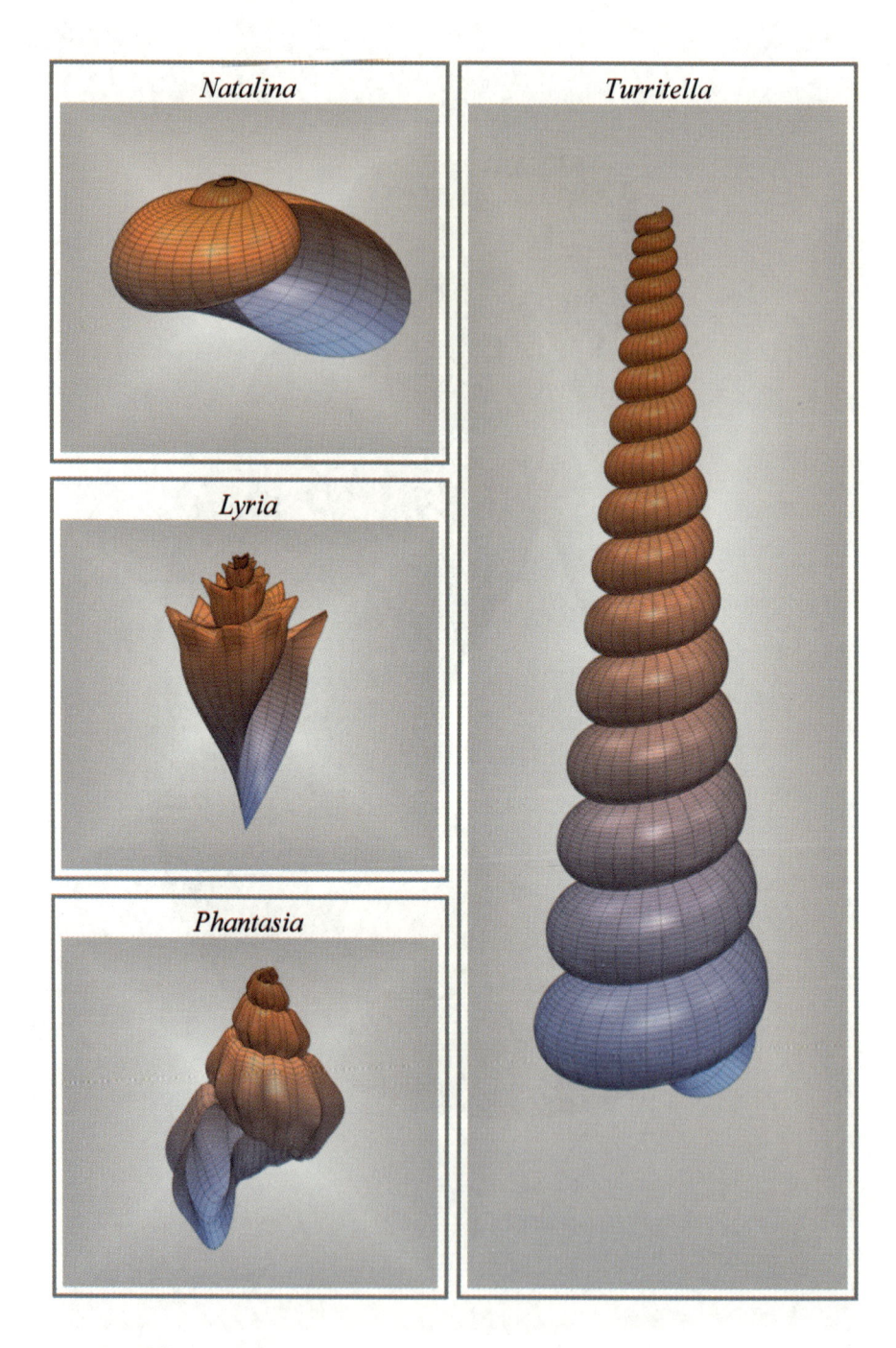

Graphik 21: Modellierung von Schneckengehäusen (Maike Kramer-Jka)

C. Graphikgalerie 417

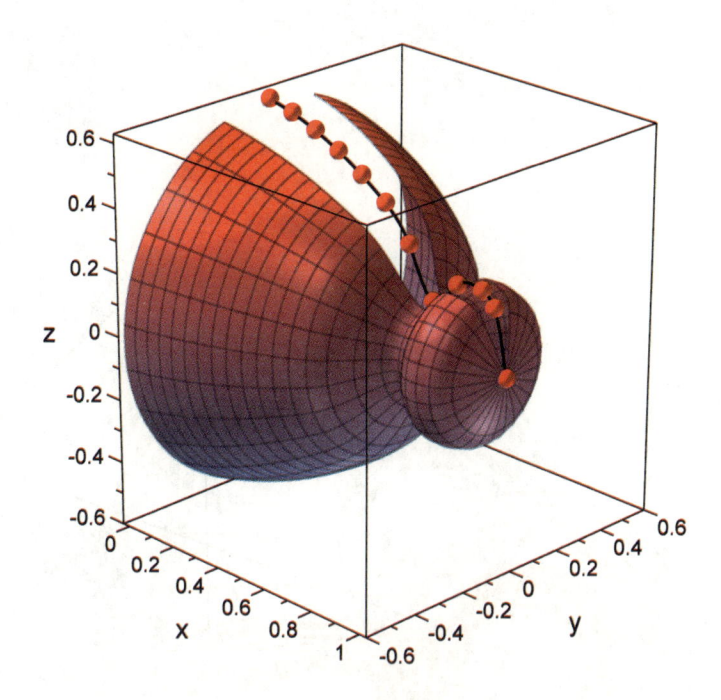

Graphik 22: Rotationskörper

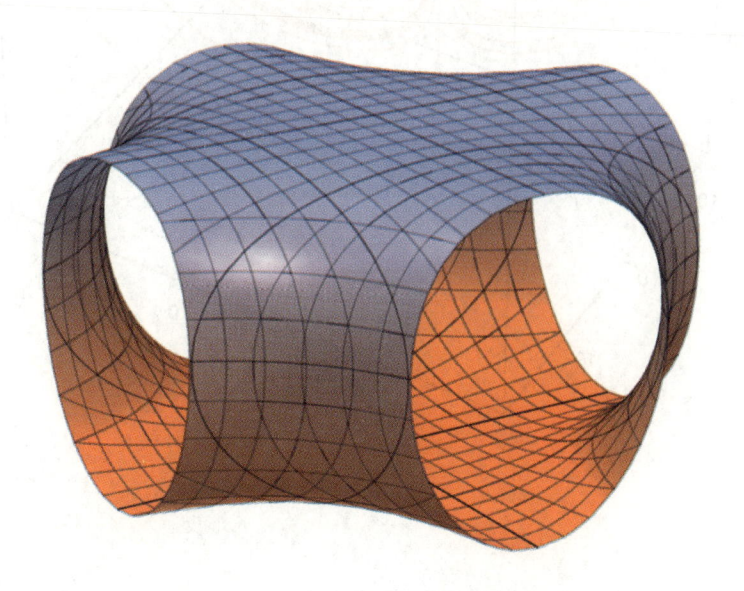

Graphik 23: Implizit definierte Fläche

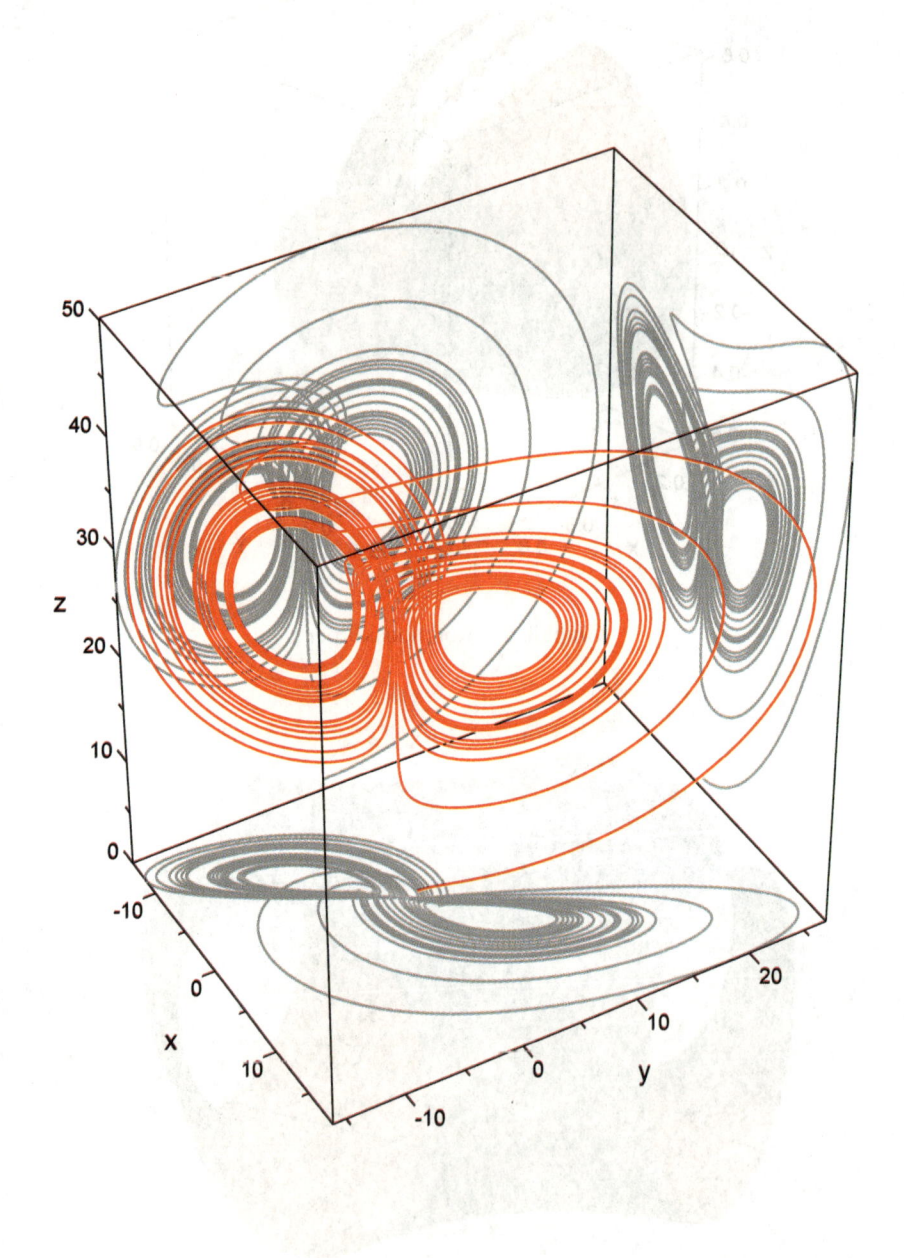

Graphik 24: Lorenz-Attraktor

D. Hinweise zur Graphikgalerie

Auf den Farbseiten dieses Buches findet sich eine Galerie von Bildern, die die Möglichkeiten der aktuellen MuPAD-Graphik demonstrieren. Diese Bilder werden an verschiedenen Stellen innerhalb dieses Buchs bzw. in der unter MuPAD zur Verfügung stehenden Online-`plot`-Dokumentation erläutert. Dort finden sich auch Details zu den MuPAD-Befehlen, mit denen sich die Graphiken reproduzieren lassen.

Graphik 1 zeigt diverse Funktionsgraphen. Singularitäten (Polstellen) werden durch vertikale Asymptoten in Form von gestrichelten Linien hervorgehoben. Siehe Seite 199 in Abschnitt 11.2.1 für Details.

Graphik 2 zeigt einen Funktionsgraphen zusammen mit einer Spline-Interpolierenden durch eine Reihe von Messpunkten. Siehe Seite 221 in Abschnitt 11.3.2.

Graphik 3 zeigt einige Möglichkeiten zur Gestaltung des Layouts. Siehe die Beispiele auf der Hilfeseite des Graphikattributs `Layout`.

Graphik 4 zeigt die Konstruktion einer Radlaufkurve („Zykloide"). Auf Seite 222 in Abschnitt 11.3.2 wird eine entsprechende Animation erzeugt.

Graphik 5 und **Graphik 6** zeigen schraffierte Flächen zwischen Funktionsgraphen und innerhalb geschlossener Kurven. Siehe die Beispiele auf der Hilfeseite zu `plot::Hatch`.

Graphik 7 zeigt diverse statistische Verteilungsfunktionen.

Graphik 8 zeigt eine importierte Bitmap-Graphik zwischen Funktionsgraphen. Siehe Seite 276 in Abschnitt 11.15.

Graphik 9 zeigt einige Einzelbilder einer animierten numerischen Simulation des Drei-Körper-Problems (ein Sonnensystem mit zwei Planeten). Der kleinere Planet wird schließlich aus seiner Umlaufbahn geworfen. Die Animation wird im Abschnitt „Animationen"/„Beispiele" der Online-`plot`-Dokumentation von MuPAD 3.0 erzeugt.

Graphik 10 visualisiert das Vektorfeld $\mathbf{v}(x, y) = (\sin(3\pi y), \sin(3\pi x))$.

Graphik 11 zeigt drei Lösungskurven einer gewöhnlichen Differentialgleichung im zugehörigen Vektorfeld. Siehe die Beispiele auf der Hilfeseite zu `plot::VectorField2d`.

Graphik 12 zeigt gedrehte Kopien eines Funktionsgraphen. Siehe die Beispiele auf der Hilfeseite zu `plot::Rotate2d`.

Graphik 13 zeigt die Mandelbrot-Menge zusammen mit Ausschnittsvergrößerungen einiger interessanter Bereiche. Siehe die Beispiele auf der Hilfeseite zu `plot::Density`.

Graphik 14 visualisiert statistische Daten. Siehe die Beispiele auf der Hilfeseite zu `plot::Bars2d`.

Graphik 15 zeigt das Bild eines Rechtecks in der komplexen Ebene unter der konformen Abbildung $z \to \sin(z^2)$. Siehe die Beispiele auf der Hilfeseite zu `plot::Conformal`.

Graphik 16 zeigt einige elliptische Kurven. Siehe die Beispiele auf den Hilfeseiten zu `plot::Implicit2d`.

Graphik 17 zeigt das Feigenbaum-Diagramm der „logistischen Abbildung". Siehe die Beispiele auf der Hilfeseite zu `plot::PointList2d`.

Graphik 18 zeigt Graphen der Bessel-Funktionen $J_\nu(\sqrt{x^2 + y^2})$ mit $\nu = 0, 4, 8$. Siehe auch die Beispiele auf der Hilfeseite zu `plot::Function3d`.

Graphik 19 zeigt 3D-Funktionsgraphen, wobei das Koordinatensystem mit Gitterlinien versehen wurde. Siehe die Beispiele auf der Hilfeseite des Graphikattributs `GridVisible`.

Graphik 20 zeigt die „Kleinsche Flasche" (ein bekanntes topologisches Objekt). Diese Fläche hat keine Orientierung; es gibt weder ein „Innen" noch ein „Außen". Siehe die Beispiele auf der Hilfeseite zu `plot::Surface`.

Graphik 21 zeigt die Modellierung diverser Schneckengehäuse mit Hilfe von `plot::Surface` (nach Maike Kramer-Jka).

Graphik 22 zeigt die Rekonstruktion eines rotationssymmetrischen Objekts aus einer Reihe von Messdaten mit Hilfe eines Rotationskörpers. Siehe Seite 224 in Abschnitt 11.3.2.

Graphik 23 zeigt die Lösungsmenge der Gleichung $z^2 = \sin(z - x^2 \cdot y^2)$ in 3D. Siehe die Hilfeseite zu `plot::Implicit3d`.

Graphik 24 zeigt den „Lorenz-Attraktor". Siehe Seite 280 in Abschnitt 11.16 für eine animierte Version dieser Graphik.

Index

#

! . . . . *siehe* `fact` und `system`
" . . . . *siehe* Zeichenketten
, ... 18, 28, **150**
' 49
* . . . . *siehe* `_mult`
• 7
+ . . . . *siehe* `_plus`
, ... *siehe* Komma
- . . . . . . *siehe* `_subtract` und `_negate`
-> . 22, 28, 31–33, 35, 55, **87**, 100, 139, 144, 150, 164, 192, 299, 317, 321, 324, 342, 345, 359, 360, 365, 371, 374, 388–390, 397
. *siehe* Konkatenation und `_concat`
.. . . *siehe* Bereich
... . *siehe* `hull`
/ . . . . *siehe* `_divide`
/* ... */ . . . . . . *siehe* Kommentare
// . . . . *siehe* Kommentare
: 8
:= . . . . *siehe* Zuweisung
; 8
< . . . . *siehe* `_less`
<= . . . . *siehe* `_leequal`
<> . . . . *siehe* `_unequal`
= . . . . *siehe* `_equal`
> . . . . *siehe* `_less`
>= . . . . *siehe* `_leequal`
>> 7
? . . . . *siehe* `help`
@ . 34, 55, **88**, 89, 93, 150, 374, 391, 397
@@ 56–58, **88**, 93
[ ] 67
$ . . . 31–34, 54, 56–59, **64**, 68, 79, 148, 149, 189–191, 307, 338, 359, 360, 362, 364–370, 372, 378, 380, 388–391
% . 8, 19, 24, 26, 58, 138, 156, 161, 168, 175, 179, **285**, 359, 360, 370, 371,
373, 379, 381–384, 386, 387, 389, 397
~ . . . . *siehe* `_power`
`_and` . . . . *siehe* `and`
`_assign` **50**, 364
`_concat` 57, 58, 70, **86**, 106, 370
`_divide` **54**, 56, 57
`_equal` 55, **57**, 304, 307
`_exprseq` 57, **62**
`_fconcat` . . . . *siehe* `@`
`_fnest` . . . . *siehe* `@@`
`_for` . . . . *siehe* `for`
`_if` . . . . *siehe* `if`
`_intersect` 57, **75**, 77, 127, 368
`_leequal` 55, 84
`_less` 55, **57**, 84, 304, 370
`_minus` 75
`_mult` . . . **54**, 57, 62, 72, 147, 304, 365
`_plus` . **54**, 57, 58, 62, 72, 73, 147, 304, 330, 365
`_power` **54**, 57, 58, 62, 72, 304
`_seqgen` . . . . *siehe* `$`
`_subtract` **54**, 57, 397
`_unequal` 55
`_union` . . **57**, 58, **75**, 77, 127, 368, 390
$(3x+1)$-Problem 354

A

Abbildungen . . . . . . *siehe* Funktionen
Abbildungsoperator . . . . *siehe* ->
Abkürzung . . . . *siehe* Zuweisung
Ableitung . . . . . . *siehe* `diff`, ' und D
- höhere ~en 65, 149
- partielle ~en 149, 150
-- Symmetrie 149
- Prozedurbeispiel 351–354
abs 17, **48**, 183, 186, 395
Absolutbetrag . . . . *siehe* abs
Abzählvers 74
Additionstheoreme 20, **170**, 345

algebraische Strukturen 94–98
alias 378
anames **51**, 87, 370
and .. 55, 57, 58, 63, **84**, 316, 356, 364, 370, 400
Animationen 209, 218, 245–265
– Abspielen von ∼ **250**
– animierbare Attribute 253–254
– Anzahl der Einzelbilder 251–252
– Beispiele 262–265
– Bild-für-Bild-∼ 257–261
– Darstellung im Buch 200
– Echtzeitspanne für ∼ 251–252
– einfache ∼ 245–250
– Einzelbilder ....
  .. siehe Graphik, Attribute, Frames
– Laufzeit 251
– Lebensdauer 254
– Synchronisation von ∼ 254–257
Annahmen über Bezeichner ......
  .... siehe assume und is
arccos 20
arccosh................. 20, 173
arcsin 20, 93
arcsinh................. 20, 173
arctan 20, 153, 169, 382
arctanh................... 20
args 326, **336**, 337
array **81**, 83, 101, 369
assign ... **51**, 157, 361, 363, 364, 384
Assoziativspeicher ....
  .... siehe Tabellen (DOM_TABLE)
assume ..152, 175, **181**, 182, 184, 186, 187
asymptotische Entwicklung.......
  .... siehe series
Atome................. **45**, 61, 63
Attribute... siehe Graphik, Attribute
Aus- und Eingabe 289–295
– 2-dimensionale Ausgabe 291
– Zeilenlänge...... siehe TEXTWIDTH
Ausdrücke 15, 17, 53–63
– 0-ter Operand 62
– arithmetische ∼ 43
– Atome .... siehe Atome
– Bereich (..) 56
– Darstellungsbaum........ 59–61
– – prog::exprtree 61
– Erzeugung durch Operatoren . 53–59
– Folgengenerator .... siehe $
– Gleichungen .... siehe Gleichungen
– Größenvergleiche............. 55
– logische ∼ 84–85
– – auswerten (bool) 84

– manipulieren 167–188
– Operanden (op) 61–63
– Quotient modulo (div) 54
– Rest modulo (mod) 54
– – umdefinieren 54
– umformen ....
  .... siehe auch collect, combine,
  expand, factor, normal, partfrac,
  rectform und rewrite, 168–176
– – in C, Fortran, TEX 299
– Unbestimmte .... siehe indets
– Ungleichungen . siehe Ungleichungen
– vereinfachen ... siehe auch combine,
  normal, radsimp, simplify und
  Simplify, 176–180
Ausgabe
– manipulieren (Pref::output) .. 299
– Reihenfolge 17, 45
– unterdrücken 8
– von Gleitpunktzahlen ....
  .... siehe Pref::floatFormat
ausmultiplizieren ...... siehe expand
Auswertung..... 4, 43, 133–140, 143
– Auswertungsbaum 135
– Auswertungstiefe (LEVEL) 137
– erzwungene ∼ (eval) **138**, 144
– in Prozeduren 139, 343–344
– mit bestimmter Tiefe (level) .. 136
– verzögerte ∼ (hold) 139
– vollständige ∼ 135–140
– von last 286
– von Feldern 138
– von Matrizen 139
– von Polynomen............. 139
– von Tabellen 139
– zulässige Tiefe (MAXLEVEL)..... 138
Axiom....................... 4

B

Batch-Betrieb 274–275
Bausteine .... siehe Operanden
Beispiele der MuPAD-Hilfe 10
Berechnung
– exakt siehe symbolische Berechnung
– hybrid 2
– numerisch..................
  ..... siehe numerische Berechnung
– symbolisch und numerisch 2
– Bereich (..).................. 56
Betrag .... siehe abs
Betriebssystemkommando (system).
  302

Index

Bezeichner 17, 43, 49–53
- Annahmen ... *siehe* **assume** und **is**
-- globale 187
- auflisten .... *siehe* **anames**
- Auswertung 133
- dynamische Erzeugung 51
- erzeugen (**genident**) 52
- Erzeugung durch Zeichenketten .. 52
- Konflikte mit existierenden ~n .. 52
- Konstanten 51
- Schreibschutz
-- aufheben (**unprotect**) 51
-- setzen (**protect**) 51
- vordefinierte ~ 51
-- überschreiben 51
- Wert 49, **133**
-- in Datei speichern ... *siehe* **write**
-- löschen (**delete**) 49, 50
- zusammenfügen (Konkatenation) . 51
- Zuweisung 49–51
Bibliothek 37–41
- exportieren (**export**) 39
- für Datenstrukturen (**Dom**) 95
- für Eingabe (**import**) 295
- für externe Formate (**generate**). 299
- für Farbnamen (**RGB**) 243
- für funktionales Programmieren
  (**fp**) 89
- für Gröbner-Basen (**groebner**). **125**
- für Kombinatorik (**combinat**) ... 77
- für lineare Algebra (**linalg**) ... 110
- für numerische Algorithmen
  (**numeric**) 39, 110
- für orthogonale Polynome
  (**orthpoly**) 372
- für Statistik (**stats**) 190
- für Typenbezeichner .... *siehe* **Type**
- für Zahlentheorie .... *siehe* **numlib**
- für Zeichenketten (**stringlib**) ... 87
- Informationen. *siehe* **help** und **info**
- Standardbibliothek 41
Bildschirmausgabe 289, 348
- manipulieren (**Pref::output**) .. 299
- unterdrücken 8
Binärdarstellung 355
bool **84**, 370
Boolesch .... *siehe* logisch
Brüche ..... *siehe* Domains, **DOM_RAT**
break 312

C

C/C++ zu MuPAD hinzufügen 4
C_ 159
Canvas **225**
case 319
ceil **48**
charakteristisches Polynom
  (**linalg::charpoly**) 376
Chebyshev-Polynome **90**, 371
χ^2-Test (**stats::csGOFT**) 193
coeff 92, 120
collect **168**
Color 242
combinat 77
- ~**::subsets** 77, 368
combine **168**, 176, 386
Computeralgebra **1**
- ~-Systeme 3–4
conjugate **17**, 106
contains **70**, 76, 80
context 342
cos 169, 173, 382
cosh 173

D

D 57, 123, **150**
dünnbesetzte Matrizen ... 99, 112–113
Darstellungsbaum 59–61, 145
Dateien
- Daten einlesen
  (**import::readdata**) 295
- lesen (**read**) 292
- schreiben (**write**) 292
Datentyp ....
  ... *siehe* Domains, Domain-Typ
Debugger 4, 5
Definitionslücke 341
degree 120
delete . 14, 16, 33, 41, **50**, 52, 56, 66,
  69, 78, 79, 82, 83, 89, 133–138,
  148, 182, 183, 286, 292, 312, 328,
  341, 343, 344, 367, 380, 381, 397
DELiA 3
denom **47**
Derive 4
Determinante..... *siehe* **linalg::det**
Diagonalmatrizen 102
dichtbesetzte Matrizen 99
diff ... 8, 18, 19, 65, 91, 94, 106, 116,
  123, 148, **149**, 173, 179, 285,
  291–293, 299, 304, 345, 349–351,
  354, 373, 380, 395
Differentialgleichungen 114, 163
- Anfangswerte 164

- numerisch lösen 164, 165
- Randbedingungen 164
Differentialoperator ... *siehe* ' und D
Differentiation (diff) 149–151
- höhere Ableitungen 65, 149
- partielle Ableitungen..... 149, 150
-- Symmetrie 149
- Prozedurbeispiel 351–354
Differenzieren ... *siehe* diff, ' und D
DIGITS .. 3, **14**, 16, 49, 129, 302, 340, 361, 362, 374
discont..................... 28
div **47**, 54
divide 121
Division mit Rest..............
.... *siehe* div, mod und divide
Dodekaeder 231
Domain-Typ 43, **303**
- bestimmen .... *siehe* domtype
Domains (Datentypen)
- Dom::AlgebraicExtension 97
- Dom::DenseMatrix 99
- Dom::ExpressionField 97
- Dom::Float 95
- Dom::FloatIV 128
- Dom::ImageSet 161
- Dom::Integer 95
- Dom::IntegerMod **95**, 378
- Dom::Interval 163
- Dom::Matrix 44, 99, **99**
- Dom::Multiset **191**, 388
- Dom::Rational 95
- Dom::Real 95
- Dom::SparseMatrix (MuPAD 2.5)
.... 99
- Dom::SquareMatrix .. 99, 100, **104**
- DOM_ARRAY 44, 81, 329
- DOM_BOOL 44, 84
- DOM_COMPLEX 43, 47
- DOM_EXPR 43, 53, 62
- DOM_FLOAT 43, 47
- DOM_FUNC_ENV............... 346
- DOM_IDENT 43, 49
- DOM_INT 43, 47
- DOM_INTERVAL........... 43, 56
- DOM_LIST 43
- DOM_NULL 130
- DOM_POLY 44, 116
- DOM_PROC 44, 322
- DOM_RAT 43, 47
- DOM_SET 44, 74
- DOM_STRING 44, 85
- DOM_TABLE 44, 78
- DOM_VAR 327

- piecewise 162
- rectform 176
- selbst definieren 44
- Series::Puiseux 43, 91
- solvelib::BasicSet......... 159
- Type 184, **306**, 335
- für Zahlen 47
domtype. 44, 47–49, 84, 91, 96, 98, 130, 140, 159, 161–163, 176, 299, 303, 307, 318, 319, 322, 325, 326, 331, 346, 390, 391, 394
Doppelpunkt 8
Doppelsumme 67

E

E....................... 13, 15
Eigenvektoren
- exakte ~ ....
..... *siehe* linalg::eigenvectors
- numerische ~ ....
.....*siehe* numeric::eigenvectors
Eigenwerte
- exakte ~ ....
...... *siehe* linalg::eigenvalues
- numerische ~ ....
..... *siehe* numeric::eigenvalues
Ein- und Ausgabe 289–295
Eingabemodus................. 7
Einheitsmatrix............... 102
elif 318
elliptische Integrale 346, 351
Endlosrekursion 323
Endlosschleife 138
<ENTER>..................... 7
erf 152
Ergebnistabelle .... *siehe* History
Erklärung .... *siehe* Hilfe
error 329
ersetzen .... *siehe* Substitution
Erzeuger 95
escape . *siehe* Prozeduren, option ~
Euklidischer Algorithmus 355
Eulersche Zahl e .... *siehe* E
eval **138**, 139, 144, 163, 286
evalp 122
Evaluationstaste 8
evaluator...................4
Evaluierer 4
Evaluierung ...... *siehe* Auswertung
exp **13**, 106, 114, 169
expand .. 20, 106, 115, 141, 157, **170**, 372

Exponentialfunktion .... *siehe* `exp`
– für Matrizen **106**, 114
`export` 39, 100, 243
Exportieren von
  Bibliotheksfunktionen......
  .... *siehe* `export`
Exportieren von Graphiken... 273–275
– Batch-Betrieb............ 274–275
– interaktiv 273–274
`expose` 39, 41, 346
`Expr` **119**
`expr` 92, 106, 119, 176
`expr2text` **87**, 290, 299, 310, 315, 370, 394

F

`fact` 12, **24**, 48, 54, 57
`factor` ... 21, 48, 123, 141, **171**, 375
`Factored`................... 34
`FAIL` 106, **131**, 142
Faktorisieren .... *siehe* `factor`
– über speziellen Ringen 171
Fakultät (`!` und `fact`) .... *siehe* `fact`
Fallunterscheidung 24
`FALSE` **84**
Farben 242–245
– durchsichtige ~ 243
– HSV-~................ 244–245
– nach Namen suchen 243
– RGB-~ 243–244
– RGBa-~ 243
– transparente ~ 243
Fehlerfunktion .... *siehe* `erf`
Felder (Arrays) 25, 81–83
– 0-ter Operand 82
– Dimension 81, 82
– Elemente löschen 82
– indizierter Zugriff 82
– initialisieren 81
– Matrixmultiplikation 329
Fermat-Zahlen **35**, 360
Fibonacci-Zahlen .. **166**, 338–340, 385
`FillColor` 242
`float` 1, **14**, 15, 16, 19, 48, 58, 79, 83, 106, 152, 156, 160, 162, 190, 298, 340, 345, 349, 361, 374, 382, 384, 389, 390
`floor` **48**, 362
Folgen 15, 54, 63–67
– ganzer Zahlen 64
– identischer Objekte........... 64
– indizierter Zugriff 66

– Löschen von Elementen (`delete`) . 66
– leere Folge 65, 130
– Teilfolgen 66
– verketten 64
– von Befehlen 65
Folgengenerator .... *siehe* `$`
– mit `in` 65
Fonts................... 272–273
`for` **309**, 313
Formelmanipulation 2
Fourier-Entwicklung 178
`fp` 89
`fp::unapply` 89
`fprint` 290
`frac` 48
`frandom`................... **190**
`funcenv`................ **348**, 394
Funktionen 18, 87–91
– als Prozeduren 321–356
– asymptotisches Verhalten 29
– Ausdrücke in ~ umwandeln
  (`fp::unapply`) 89
– Bibliothek für funktionales
  Programmieren (`fp`) 89
– definieren .... *siehe* `->`
– Extrema 28
– funktionale Ausdrücke......... 89
– Hyperbel-~ 20
– identische Abbildung..... *siehe* `id`
– Iteration .... *siehe* `@@`
– Komposition........... *siehe* `@`
– konstante ~ 90
– listenwertige ~ 71
– mengenwertige ~ 76
– Nullstellen 28
– punktweise verknüpfen 89
– Sattelpunkte................ 28
– „spezielle ~"................ 20
– trigonometrische ~ 20
Funktionsumgebungen 345–351
– erzeugen (`funcenv`) 348
– Funktionsattribute (`slot`) 349
– Operanden 346
– Quellcode .... *siehe* `expose`

G

ganze Zahlen . *siehe* Domains, `DOM_INT`
GAP 3
`gcd` **124**, 397
general purpose-Systeme 4
`generate` 299
`genident` **52**, 344

Index

geometrische Reihe 91
getprop **183**, 187
Gleichungen 43, 55
- Überblick über Gleichungslöser
  (?solvers) **155**, 160
- allgemeine ∼ 161
- Differentialgleichungen (ode) ... 163
- lösen (solve) 155–166
- Lösungen zuweisen (assign) ... 157
- lineare ∼ 25, 156
- numerische Lösung ....
  ...... siehe numeric::solve und
  numeric::realroots
- parametrische ∼ 162
- Polynomgleichungen 155
- Rekurrenzgleichungen (rec) 165
- unendlich viele Lösungen 161
Gleitpunktdarstellung ....
  .. siehe numerische Berechnung,
  siehe float
- Genauigkeit .... siehe DIGITS
Gleitpunktintervalle ....
  ...... siehe Intervallarithmetik
globale Variablen 326
Goldbach-Vermutung 31
Graphen von Funktionen (plotfunc2d,
  plotfunc3d) 198–215
- Definitionslücken 199, 208
Graphik.............. 5, 197–284
- Achsen sichtbar .... siehe Graphik,
  Attribute, AxesVisible
- Achsentitel .... siehe Graphik,
  Attribute, AxesTitles
- Achsentyp ....
  .... siehe Graphik, Attribute, Axes
- allgemeine Grundlagen 216–220
- Animationen ... siehe Animationen
- Attribute **217**, 233–242
-- AdaptiveMesh 203, 211
-- Axes 203, 211, 238
-- AxesTitles 203, 211
-- AxesVisible 203, 211
-- BorderWidth 225
-- Color 242
-- Colors 200, 203, 209, 211
-- CoordinateType 203
-- der gesamten Szene 218
-- FillColor 242
-- FillColorFunction 249, 254
-- FillColorType............. 211
-- Filled................. 237
-- FillPattern 237
-- Footer 202, 211

-- Frames...................
  ..... 202, 203, 210, 211, 251, 252
-- GridVisible .. 203, 205, 211, 213
-- Header....... 202, 205, 211, 213
-- Height............... 202, 211
-- Hilfeseiten der ∼ 240–242
-- „Hints" 238–240
-- Layout 276
-- LegendVisible 203, 211
-- LineColor 242
-- LineColorFunction 254
-- LineColorType............. 203
-- LinesVisible 237
-- Mesh 203, 211
-- nachträglich ändern 217
-- PointColor 229, 242
-- Scaling........ 203, 212, 276
-- SubgridVisible................
  .... 203, 205, 211, 213
-- Submesh 212
-- TicksNumber 203, 212
-- TimeBegin 251, 252, 256
-- TimeEnd........ 251, 252, 256
-- TimeRange 251
-- Tippfehler in ∼n 248
-- Title 202, 211
-- TitlePosition........ 203, 211
-- Vererbung 234–238
-- ViewingBoxYRange 203, 206
-- ViewingBoxZRange 212, 214
-- VisibleAfter 257, 260
-- VisibleAfterEnd 255
-- VisibleBefore............. 257
-- VisibleBeforeBegin 255
-- VisibleFromTo 257, 260
-- Voreinstellungen............ 234
-- Width 202, 211
-- XTicksBetween............. 205
-- XTicksDistance............ 205
-- YRange 203
-- YTicksBetween............. 205
-- YTicksDistance............ 205
-- ZRange 212
- Batch-Betrieb 274–275
- Bildgröße . siehe Graphik, Attribute,
  Height und Width
- Canvas.................. **225**
- Farben .... siehe Farben
- Farbschema 211
- Fonts 272–273
- Füllfarbe 242
- Fußzeile ....
  .. siehe Graphik, Attribute, Footer

Index   427

- Gitterlinien ....
  .... *siehe* Graphik, Attribute,
  `GridVisible` und `SubgridVisible`
- Graphen von Funktionen
  (`plotfunc2d`, `plotfunc3d`) . 198–215
- graphische Bäume 225–227
- graphische Primitive 216
- Gruppen von Primitiven ....
  .... 232, 265–266
- HSV-Farben 244–245
- Importieren von Graphiken . 276–277
- Inspektor **228**, 227–230
- Kamera-Objekte 229, 277–283
- Koordinatenlinien ....
  .... *siehe* Graphik, Attribute,
  `GridVisible` und `SubgridVisible`
- Legende sichtbar .... *siehe* Graphik,
  Attribute, `LegendVisible`
- Legenden 269–271
- Lichtquellen 232
- Linienfarbe 242
- logarithmische Darstellung 203
- Objekt-Browser **228**, 227–230
- OpenGL 197
-- Treiber 284
- platonische Körper 231
- `plotfunc2d` 198–207
- `plotfunc3d` 207–215
- Primitive **216**, 230–233,
  siehe auch `plot` (Graphikbibliothek)
- Punktfarbe .... *siehe* Graphik,
  Attribute, `PointColor`
- RGB-Farben 243–244
- Sierpinski-Dreieck **355**, 398
- Singularitäten 205, 214
- Skalenmarkierungen . *siehe* Graphik,
  Attribute, `TicksNumber`
- Skalierung *siehe* Graphik, Attribute,
  `Scaling` und `CoordinateType`
- Speichern und Exportieren . 273–275
-- Batch-Betrieb 274–275
-- interaktiv 273–274
- Stützstellen .... *siehe* Graphik,
  Attribute, `Mesh` und `Submesh`
- Stützstellen, adaptiv . *siehe* Graphik,
  Attribute, `AdaptiveMesh`
- Szenen 216, 225
- Titel (objektweise) ....
  ... *siehe* Graphik, Attribute, `Title`
- Titelposition .... *siehe* Graphik,
  Attribute, `TitlePosition`
- Transformationen 232, 267–269
- Transparenz 243

- Überschrift ....
  .. *siehe* Graphik, Attribute, `Header`
- Wertebereich, eingeschränkter ...
  .... *siehe* Graphik, Attribute,
  `ViewingBoxYRange` und
  `ViewingBoxZRange`
graphische Bäume 225–227
graphische Primitive 230–233
Grenzwert .... *siehe* `limit`
- einseitiger $\sim$ 28
Gröbner-Basen ....
  ...... *siehe* Bibliothek, für $\sim$
Größenvergleiche 55
größter gemeinsamer Teiler ....
  .... *siehe* `gcd` und `igcd`
Grundrechenarten 53
Gruppen von Primitiven 265–266

H

Häufigkeit (`Dom::Multiset`) . **191**, 388
`has` 71, 106, 180, 352, 387
Hash-Tabellen ....
  .... *siehe* Tabellen (`DOM_TABLE`)
`help` **9**, 38
Hexaeder 231
Hilbert-Matrix (`linalg::hilbert`) .
  .... **83**, 107, 128
- inverse $\sim$ (`linalg::invhilbert`) .
  129
- invertieren 107, 128, 129
Hilfe 5, 9–10, 401
- Beispiele 10
- $\sim$-fenster 38
Hintereinanderschaltung von
  Funktionen .... *siehe* @
`HISTORY` 286
History (`%` und `last`) 285–287
- Auswertung von `last` 286
- innerhalb von Prozeduren 287
`hold` **139**, 140, 144, 152, 160, 162, 180,
  293, 325, 342, 343, 353, 380, 387
de l'Hospital 151
`hull` 56, **126**, 127
Hyperbelfunktionen 20, 170
Hypertext .... 10, *siehe* Hilfe

I

`I` 16
`id` 97, 98, 150
identifier .... *siehe* Bezeichner

if 85, 88, 130, 131, 139, 312, **315**, 317, 320, 322–326, 330, 336–339, 346, 347, 353, 371, 393, 394, 396, 398, 400
ifactor 12, 30, **34**, 48
igcd **191**, 355, 397
IgnoreSpecialCases 23
Ikosaeder 231
Im 17, **47**
imaginäre Einheit 16
Imaginärteil .... siehe Im
import::readdata **295**, 302
Importieren von Graphiken ... 276–277
in 161
indets **117**, 159, 383, 398
infinity . **13**, 28, 29, 93, 141, 142, 373
info **9**, 38, 95, 109, 110, 243, 306
Informationen über den Ablauf von Algorithmen (userinfo und setuserinfo) 300
Inspektor **228**, 227–230
int 8, 18, 19, 56, 62, 89, 106, 123, **151**, 151–153, 179, 285, 286, 298, 325, 344, 382, 386, 390
Integration .... siehe int
– numerisch..... siehe numerische $\sim$
– Variablensubstitution ....
.... siehe intlib::changevar
interaktiv 3, 7
Interpolation 221
intersect .... siehe _intersect
interval 127
Intervallarithmetik (DOM_INTERVAL) .
.... 125–130
– union, intersect 127
– Erzeugung von Intervallen (... und hull) 56, **126**
– Fassaden-Domain (Dom::FloatIV) .
.... 128
– Konvertierung in ein Intervall (interval) 127
intlib::changevar **153**, 382
IntMod **118**
irreducible **125**, 379
is 161, 182, **182**, 183, 184, 187
isprime **12**, 30, 32, 33, 48, 85, 315–317, 359, 366
iszero **97**, 98, 103, 104, 106
Iterationsoperator .... siehe @@
ithprime **30**, 289, 290

K

Kamera-Objekte 277–283

Kaustik 260
Kern 4
– erweitern 4
Kernfunktion 5
Klammern 59
– eckige 67
– geschweifte 74
Körper 94–98
Körpererweiterung (Dom::AlgebraicExtension) . 97
Kombinatorik ...... siehe combinat
Komma 15, 54, **63**, 290
Kommentare 322
komplexe Zahlen ....
... siehe Domains, DOM_COMPLEX
– Rechnen mit komplexen Zahlen .. 16
Kompositionsoperator ...... siehe @
Konkatenation (. und _concat)
– von Listen 31, **70**
– von Matrizen 106
– von Namen................. 51
– von Zeichenketten 86
Konstanten 51
Konstruktor .... siehe Erzeuger
Kreisring 263
kürzen 21, 172
Kurvendiskussion 27

L

Landau-Symbol (O) **91**, 373
last .... siehe %
lazy evaluation 320
Legenden 269–271
length **87**, 370, 387
LEVEL **137**
level **136**, 344, 380
lhs 369
library .... siehe Bibliothek
limit ... **13**, 21, 27–29, 131, 151, 294
linalg (lineare Algebra) 99, 110
– $\sim$::charpoly **111**, 376
– $\sim$::det 25, **110**, 375
– $\sim$::eigenvalues ... **111**, 112, 376
– $\sim$::eigenvectors 377
– $\sim$::hilbert 129
– $\sim$::invhilbert 129
– $\sim$::isPosDef 185
lineares Gleichungssystem 25
LineColor 242
Listen 31, 67–74
– aneinanderhängen 70
– Anzahl der Elemente (nops) . 31, **68**

- Elemente anhängen 70
- Elemente entfernen 69
- Elemente paarweise verknüpfen
  (`zip`) 72
- Filtern nach Eigenschaften
  (`select`) 31, **71**
- Funktionen anwenden (`map`) 71
- indizierter Zugriff 68
- leere Liste 67
- Position eines Elements 70
- sortieren 70, 192
- – nach eigenen Kriterien 192
- Typentest 307
- verschachtelte ~ 71
- „verschieben" 33
- Zerlegen nach Eigenschaften
  (`split`) 72

`ln` 13, 169
`local` 327
lösen von Gleichungen . . . .
  . . . . . . *siehe* Gleichungen, lösen
`log` 129
Logarithmus . . . . . . *siehe* `ln` und `log`
logische Ausdrücke 55, 84–85, 356
- auswerten (`bool`) 84
lokale Variablen (`local`) 326–331
- formale Parameter 342
- uninitialisierte ~ 131
- unitialisierte ~ **328**

M

Macintosh 7
Macsyma 4
Manipulation von Ausdrücken . . . . .
  . . . . 2, 167–188
`map` . . . 26, **58**, 71, 73, 76, 79, 83, 106,
  114, 115, 139, 156, 157, 161, 162,
  352, 360, 365, 369, 370, 383, 388,
  390, 391, 397
`mapcoeffs` 122
Maple 4
Mathematica 4
mathematisches Objekt 1
MathView 4
`matrix` . . . 25, 99, **103**, 112, **113**, 185,
  374, 375
Matrizen 25, 98–116
- aneinanderhängen 106
- Bibliothek für lineare Algebra
  (`linalg`) 110
- Bibliothek für numerische
  Algorithmen (`numeric`) 110
- charakteristisches Polynom . . . . .
  . . . . *siehe* `linalg::charpoly`
- dünnbesetzte ~ (`matrix`) . . . . . .
  . . . . 99, 112–113
- Determinante . . . *siehe* `linalg::det`
- Diagonalmatrizen 102
- dichtbesetzte Matrizen 99
- Dimension 108
- Eigenraum 112
- Eigenvektoren 111, 377
- – exakte ~ . . . .
  . . . . *siehe* `linalg::eigenvectors`
- – numerische ~ . . . .
  . . . *siehe* `numeric::eigenvectors`
- Eigenwerte 111, 376
- – exakte ~ . . . .
  . . . . . *siehe* `linalg::eigenvalues`
- – numerische ~ . . . .
  . . . . *siehe* `numeric::eigenvalues`
- Einheitsmatrix 102
- erzeugen . . . . *siehe* `matrix` und
  Domains, `Dom::Matrix`
- Exponentialfunktion (`exp`) . **106**, 114
- Frobenius-Norm 107
- Hilbert-Matrix (`linalg::hilbert`)
  . . . . **107**, 128
- indizierter Zugriff 101
- Initialisierung 99–104
- interne Methoden 109
- – Überblick 109
- Inverse 25, **105**
- inverse Hilbert-Matrix
  (`linalg::invhilbert`) 129
- Methoden 107
- Norm . . . . *siehe* `norm`
- quadratische . . . . *siehe* Domains,
  `Dom::SquareMatrix`
- Rechnen mit ~ 105–107
- Spalte 107
- Spaltensummennorm 107
- Spur 108
- Standardkomponentenring
  (`Dom::ExpressionField`) 103
- Teilmatrizen 102
- Toeplitz-~ 113
- Transposition 108
- Zeile 107
- Zeilensummennorm 107
`max` **67**, 325, 336
`MaxDegree` 157
`MAXDEPTH` **323**, 396
Maxima 4
Mengen 74–78
- Anzahl der Elemente (`nops`) 75

– Austausch von Elementen 75
– Bildmenge (`Dom::ImageSet`) ... 161
– Differenz (`minus` und `_minus`) ... 75
– Elemente (`op`) 75
– Filtern nach Eigenschaften
  (`select`) 76
– Funktionen anwenden (`map`) 76
– „Grundmengen"
  (`solvelib::BasicSet`) 159
– indizierter Zugriff 75
– Intervalle (`Dom::Interval`) 163
– Kombinatorik ..... *siehe* `combinat`
– leere Menge (`{}`, ∅) 74
– Potenzmenge
  (`combinat::subsets`) 77
– Reihenfolge der Elemente 74
– Schnitt (`intersect` und
  `_intersect`) 75
– Typentest 307
– unendliche ∼ 161
– Vereinigung (`union` und `_union`) . 75
– Zerlegen nach Eigenschaften
  (`split`) 76
Mersenne-Primzahlen **35**, 359
Methoden **95**, 99, 107
min 67
minus .... *siehe* `_minus`
Mittelwert (`stats::mean`) 190
mod . **47**, 54, 59, 96, 119, 355, 367, 396
modp 54
mods 54
Modul 4
modulare Potenzen (`powermod`) 96
Moebius-Band 264
Monome 124
Monte-Carlo-Simulation 195
Münzwurf 190
multcoeffs 122
Multimenge ....
  . *siehe* Domains, `Dom::Multiset`
MuPAD-Komponenten 6

N

Näherungslösung .... *siehe* `float`
Nenner .... *siehe* `denom`
– gemeinsamer ∼ 20, 172
Neustart einer Sitzung ... *siehe* `reset`
Newton-Verfahren **355**, 397
– `numeric::fsolve` 39
next 312
nextprime 30–32
Nichts .... *siehe* Null-Objekte

NIL **130**, 297, 299, 317, 323, 394
nops .. 31–35, **45**, 61, 62, 75, 366–368,
                         388, 389, 398
norm 107
normal   20, 26, 98, 104, **172**, 176, 299,
                         386, 387, 390, 391
Normalform 97
Normalverteilung
  (`stats::normalCDF`) 193
not . 32, 55, 63, **84**, 316, 356, 364, 400
Notebook 3, 5, 23, 290
nterms 124
nthcoeff 124
nthterm 124
null() 65, **130**
Null-Objekte 130–131
Nullstellen 28
– numerische Bestimmung aller
  reellen ∼
      .... *siehe* `numeric::realroots`
– numerische Suche 39, 355
– Ordnung 94
numer **47**
numeric (numerische Algorithmen) . 39
– ∼`::cubicSpline` 221
– ∼`::eigenvalues` . 41, 111, 199, 208
– ∼`::eigenvectors` 111
– ∼`::fsolve` 39
– ∼`::int` 139, 153, 383
– ∼`::matlinsolve` 113
– ∼`::odesolve` 164, 165
– ∼`::quadrature` 40
– ∼`::realroots` 40, 160, 162
– ∼`::solve` 160
numerische Algorithmen ....
  .... *siehe* `numeric`
numerische Berechnung ... 1, **14**, 345
– Genauigkeit .... *siehe* `DIGITS`
numerische Integration ....
  .... 19, **152**, 355, 383
numlib (Zahlentheorie) 35, **38**
– ∼`::decimal` 39
– ∼`::fibonacci` 340
– ∼`::proveprime` 30

O

O **91**, 373
Objekt **43**
– mathematisches 1
Objekt-Browser **228**, 227–230
objektorientiert 4
ode **163**, 383

Oktaeder 231
op . . . 45, 46, 47, 61–63, 66, 68, 75, 79,
    82, 92, 119, 121, 122, 145–147,
    157, 161, 192, 330, 349, 353, 360,
    361, 363–365, 367, 368, 370, 384,
    388, 394, 397, 398, 400
OpenGL 197, 284
– Treiber. 284
Operanden 44–47
– 0-ter Operand 62, 147
– Anzahl. . . . . siehe nops
– von Reihenentwicklungen 92
– Zugriff auf ~ . . . . siehe op
Operatoren 53–59
– Bindungsstärke. 59
– funktionale Form 58
option escape . siehe Prozeduren, ~
option remember . . . .
    . . . . siehe Prozeduren, ~
or 55, **84**, 316, 356, 364, 400
ORDER **91**
Ordnung . . . . . siehe Reihenfolge und
    Reihenentwicklung,
    Abbruchordnung
orthpoly::chebyshev1 372
otherwise . . . . siehe case

P

PARI 3
Parser 4
partfrac. 21, **172**
Partialbruchzerlegung. siehe partfrac
Pascal 3
PI 15
π 15
piecewise 162, 199
platonische Körper 231
plot (Graphikbibliothek)
– ~::AmbientLight. 232
– ~::Arc2d. 230
– ~::Arrow2d 230
– ~::Arrow3d 230
– ~::Bars2d. 231
– ~::Bars3d. 231
– ~::Box 230
– ~::Boxplot 231
– ~::Camera. 233
– ~::Canvas. 232
– ~::Circle2d 230
– ~::Circle3d 230
– ~::ClippingBox 233
– ~::Cone 230
– ~::Conformal 231
– ~::CoordinateSystem2d. 232
– ~::CoordinateSystem3d. 232
– ~::Curve2d 231
– ~::Curve3d 231
– ~::Cylinder 230
– ~::Cylindrical 231
– ~::Density 231
– ~::DistantLight. 232
– ~::Dodecahedron. 231
– ~::Ellipse2d 230, 267
– ~::Ellipsoid 230
– ~::Function2d 231
– ~::Function3d 231
– ~::Group2d 232, 265
– ~::Group3d 232, 265
– ~::Hatch. 231
– ~::Hexahedron 231
– ~::Histogram2d 231
– ~::HOrbital 231
– ~::Icosahedron 231
– ~::Implicit2d 231
– ~::Implicit3d 231
– ~::Inequality 231
– ~::Iteration 231
– ~::Line2d. 230
– ~::Line3d. 230
– ~::Lsys 231
– ~::Matrixplot 231
– ~::Octahedron 231
– ~::Ode2d. 231
– ~::Ode3d. 232
– ~::Parallelogram2d 230
– ~::Parallelogram3d 230
– ~::Piechart2d 231
– ~::Piechart3d 231, 238
– ~::Point2d 230
– ~::Point3d 230
– ~::PointLight 232
– ~::PointList2d 230
– ~::PointList3d 231
– ~::Polar. 231
– ~::Polygon2d 231
– ~::Polygon3d 231
– ~::Raster 232
– ~::Rectangle 231
– ~::Rotate2d 232, 267
– ~::Rotate3d 232, 267
– ~::Scale2d 232, 267
– ~::Scale3d 232, 267
– ~::Scene2d 232
– ~::Scene3d 232
– ~::Sphere 231
– ~::Spherical 232

- ∼::SpotLight 232
- ∼::Surface 232
- ∼::SurfaceSet 231
- ∼::SurfaceSTL 231
- ∼::Tetrahedron 231
- ∼::Text2d 231
- ∼::Text3d 231
- ∼::Transform2d 232, 267
- ∼::Transform3d 232, 267
- ∼::Translate2d 232, 267
- ∼::Translate3d 232, 267
- ∼::Tube 232
- ∼::Turtle 232
- ∼::VectorField2d 232
- ∼::XRotate 232
- ∼::ZRotate 232
plot **215**
plotfunc2d ....
    .. 22, 30, **198**, 198–207, 269, 389
plotfunc3d 22, **207**, 207–215
PointColor 242
Polstelle 28
poly **116**, 118–124, 378, 379
poly2list 118
Polynome 116–125
- Anzahl der Terme (nterms) 124
- Arithmetik 120
- Auswertung (evalp) 122
- Bibliothek für orthogonale ∼
    (orthpoly) 372
- Chebyshev-Polynome **90**, 371
- Definition (poly) 116–119
- Division mit Rest (divide) 121
- Faktorisierung (factor) . **123**, 171
- Funktion auf Koeffizienten anwenden
    (mapcoeffs) 122
- Gröbner-Basen (groebner) 125
- Grad (degree) 120
- größter gemeinsamer Teiler (gcd) .
    124
- Koeffizienten
-- coeff 120
-- nthcoeff 124
- Koeffizientenring 118
- Monome 124
- Multiplikation mit einem skalaren
    Faktor (multcoeffs) 122
- Operanden 119
- Polynomideale 125
- Rechnen mit Polynomen ... 120–125
- Standardring (Expr) 119
- Terme (nthterm) 124
- Test auf Irreduzibilität
    (irreducible) 125

- Umwandlung in eine Liste
    (poly2list) 118
- Umwandlung in einen Ausdruck
    (expr) 119
- Unbestimmte 116
Potenzieren (^) ...... *siehe* _power
Potenzmenge (combinat::subsets) .
    77
powermod 96
Pref (Voreinstellungen) ... 297–300
- ∼::floatFormat 298
- ∼::output 299
- ∼::postInput 299
- ∼::postOutput 300
- ∼::report 298
PRETTYPRINT 291
Primfaktorzerlegung ... *siehe* ifactor
Primzahl .. *siehe* isprime, nextprime,
            ithprime, ifactor und
            numlib::proveprime
- Abstände zwischen ∼en 33
- ∼dichte in Folgen 74
Primzahltest .... *siehe* isprime
Primzahlzwillinge 316
print ... 32, 35, 66, 85–87, 130, **289**,
        309–312, 315, 317, 342, 367
Priorität 59
Probe 26
procname **326**, 337, 347, 394
product **24**
Produkt ... *siehe* product und _mult
prog::exprtree 61
Programme .... *siehe* Prozeduren
Prompt 7
protect 51
protocol 294
Prozeduren 321–356
- aufrufen 323
- Auswertung (level) 344
- Auswertungstiefe 343–344
- Beispiele
-- MatrixMult 332
-- MatrixProdukt 329
-- symbolische Differentiation ....
    351–354
- beliebig viele Parameter (args) ..
    336–337
- call by name 342
- call by value 342
- definieren 322–323
- Eingabeparameter 342–343
- Gültigkeitsbereiche ... 333–335
- globale Variablen 326
- Kommentare 322

- lokale Variablen (`local`) . . . 326–331
- – formale Parameter 342
- – ohne Wert 344
- maximale Rekursionstiefe **323**
- option escape 324, **334**
- option remember . 14, 338–341, 374
- Parametertest 331, 335
- procname 326
- Rückgabewert (`return`) 323–324
- Rekursionstiefe (`MAXDEPTH`) 396
- rekursive ∼ 323
- symbolische Rückgabe 325–326
- triviale Funktion 337
- Typdeklaration 335–336
- Unterprozeduren 331–333

Q

Q_ 159
Quadratur . . . .
. . . *siehe* numerische Integration
Quellcode (`expose`) 39, 41
Quellcode-Debugger 4
quit 9
Quotient modulo (`div`) **47**, 54

R

R_ 159
radsimp 21, **177**
random **189**, 191, 388
rationale Zahlen . . . .
. . . . . . *siehe* Domains, DOM_RAT
RD_INF 126
RD_NINF 126
Re 17, **47**, 183, 186
read **292**, 344
Realteil . . . . *siehe* Re
rec **165**, 385
rectform 16, 17, **175**
Reduce 4
Reihe . . . . *siehe* sum
- arithmetische 24
- geometrische 91
Reihenentwicklung 91–94
- Abbruchordnung (`ORDER`) 91
- Abbruchterm (`O`) 91
- asymptotische Entwicklung 29
- Entwicklungspunkt 92
- Koeffizienten (`coeff`) 92
- Laurent-Reihe . . . .
. . . . 93, *siehe auch* series
- Operanden 92

- Puiseux-Reihe . . . .
. . . . 93, *siehe auch* series
- Taylor-Reihe . . . . *siehe* taylor
- Umwandlung in Summen (`expr`) . 92
- von Umkehrfunktionen (`revert`) . 94
Reihenfolge . . . 17, 45, 74, 79, 91, 117
Rekurrenzgleichungen (`rec`) 165
remember . . . .
. . . *siehe* Prozeduren, option ∼
Remember-Tabelle 339
repeat 31, 311, 367
reset 14, 130, **302**, 374
Rest modulo (`mod`) **47**, 54
- umdefinieren 54
Restklassenring (`Dom::IntegerMod`) .
. . . . 95
<RETURN> 7
return . . **323**, 326, 328, 336, 353, 400
revert **94**, 370, 371, 373
rewrite
- Zielfunktionen 174
rewrite 114, **173**, 387
rhs 369
Ringe 94–98
RootOf 156
round 48
Rundungsfehler 1, 107, 125

S

Schleifen 309–313
- abbrechen (`break`) 312
- Befehle überspringen (`next`) . . . 312
- for 309
- repeat 311
- Wert einer Schleife 312
- while 311
Schoonship 3
Schreibschutz
- aufheben (`unprotect`) 51
- setzen (`protect`) 51
Schriftarten 272–273
Schutzziffern 341
scoping . . . . *siehe* Variablen,
Gültigkeitsbereiche
Seiteneffekt 328
select 30–33, 35, **71**, 76, 80, 307, 359,
360, 366, 379, 388, 389
Semikolon 8
sequence . . . . *siehe* Folge
series 29, 92, 93, **93**, 373
setuserinfo 300
<SHIFT>+<RETURN> 8

Sierpinski-Dreieck **355**, 398
sign 48, 186
Simplify **176**, 180, 387
simplify 21, **176**, 186, 385, 400
sin 8, 15, 39, 169, 173, 382
sinh 173
Sitzung 7
– beenden 9
– Neustart .... *siehe* reset
– protokollieren ..... *siehe* protocol
– sichern (write) 294
slot 349
solve ... 8, 9, 23, 24, 28, 47, 53, 142, 146, **155**, 157–165, 362, 383–385
sort **70**, 192, 388
Spaltenvektoren 25, **101**
special purpose-Systeme 3
Speichern von Graphiken 273–275
– Batch-Betrieb 274–275
– interaktiv 273–274
Speicherverwaltung 5
Spezialfälle 23
split **72**, 76, 80, 391
sqrt 13, **48**
Stammfunktion .... *siehe* int
Standardabweichung (stats::stdev)
 191
Standardbibliothek 41
Statistik 189–195
– Bibliothek (stats) 190
– χ^2-Test (stats::csGOFT) 193
– Daten einlesen
 (import::readdata) 295
– Dichtefunktionen 192
– gleichwahrscheinliche Zellen
 (stats::equiprobableCells) .. 193
– Häufigkeit (Dom::Multiset) ....
 .... **191**, 388
– Mittelwert (stats::mean) 190
– Normalverteilung
 (stats::normalCDF) 193
– Quantile
 (stats::normalQuantile) 193
– Quantilfunktionen 192
– Standardabweichung
 (stats::stdev) 191
– Varianz (stats::variance) 190
– Verteilungsfunktionen 192
– Zufallszahlen (frandom, random, stats::normalRandom) 190, 192
stats (Statistik) 190
– ~::csGOFT 193
– ~::equiprobableCells 193
– ~::mean 190

– ~::normalCDF 193
– ~::normalQuantile 193
– ~::normalRandom 192
– ~::stdev 191
– ~::variance 190
stdlib 41
step 310
Stetigkeit .... *siehe* discont
Stichprobe 191
strings .... *siehe* Zeichenketten
subs . 29, 107, 130, **143**, 144–147, 157, 163, 190, 380, 381, 384
subsop 69, **146**, 147, 353, 379
Substitution 143–148
– erzwungene Auswertung (eval) . 144
– in Summen und Produkten
 (subsex) 145
– Mehrfachsubstitution 145
– simultane ~en 146
– von Operanden (subsop) 146
– von Systemfunktionen 144
– von Teilausdrücken (subs) . 143, 144
sum **24**, 27
Summe .... *siehe* sum und _plus
Symbolic 113
symbolische Berechnung 1, 13, 17
system 302
Szenen **225**

T

Tabellen (DOM_TABLE) 78–81
– explizite Erzeugung ... *siehe* table
– Filtern nach Eigenschaften
 (select) 80
– Funktionen anwenden (map) 79
– implizite Erzeugung 78
– Indizes abfragen (contains) 80
– indizierter Zugriff 78, 79
– Inhalt 79
– Löschen von Einträgen (delete) . 79
– leere Tabellen 78
– Reihenfolge 79
– Zerlegen nach Eigenschaften
 (split) 80
table 69, **78**, 79, 80, 83, 369
tan 180, 387
Tangente 217
Taschenrechner 7, 8, 11
taylor **91**, 92, 93, 291, 350, 373
Teilausdrücke 46
– ersetzen 143
Telefonbuch 80

Terminalversion 9
testtype . 182, **304**, 307, 316, 325, 326, 391, 392
Tetraeder 231
Texte .... *siehe* Zeichenketten
TEXTWIDTH 291
Theorist 4
time 81, **285**, 299, 339, 340, 369
Transformationen 267–269
trigonometrische Funktionen 20
– Additionstheoreme 20, **170**
TRUE 84
trunc **48**, 362
Type (Typen-Bibliothek) ....
.... **306**, 335, 392
– ~::AnyType 392
– ~::Complex 185
– ~::Even 185, 306
– ~::Imaginary 185
– ~::Integer 182, 184, 185
– ~::Interval 185, 186
– ~::ListOf 392
– ~::Negative 185
– ~::NegInt 185, 307
– ~::NegRat 185
– ~::NonNegative 185
– ~::NonNegInt 185, 335
– ~::NonNegRat 185
– ~::NonZero 185
– ~::Numeric 304, 325, 326
– ~::Odd 185, 306
– ~::PosInt 185, 306
– ~::Positive 181, 182, 185
– ~::PosRat 185
– ~::Prime.................. 185
– ~::Rational 185
– ~::Real 181–183, 185, 187
– ~::Residue 185, 186
– ~::Union.................. 307
– ~::Zero 185
type 304
typeset expressions 290
Typisierung von MuPAD-Objekten .
.... 303–308
– Bibliothek .... *siehe* Type
– Domain-Typ (domtype) 44
– symbolische Ausdrücke 62
– Typenabfrage (type).......... 303
– Typentest (testtype) 182, 304

U

überladen 4, 25, 349

Umformung von Ausdrücken . . 168–176
Umgebungsvariable 14
– DIGITS 14
– HISTORY 286
– LEVEL.................... 137
– MAXDEPTH 323
– MAXLEVEL 138
– neu initialisieren ...... *siehe* reset
– ORDER..................... 91
– PRETTYPRINT 291
– TEXTWIDTH 291
unassume................... 183
Unbestimmte ...... *siehe* Bezeichner
– eines Ausdrucks ..... *siehe* indets
undefined **131**, 142
Unendlich (∞) ...... *siehe* infinity
– in Intervallarithmetik (RD_INF,
RD_NINF) 126
Ungleichungen 43, 55, 163
union .... *siehe* _union
Universität Paderborn .... v, 4
UNIX 7
UNKNOWN............ 72, 76, **84**, 182
unprotect 51
Unstetigkeitsstellen ... *siehe* discont
Unterprozeduren 331–333
until 311

V

Variablen
– Gültigkeitsbereiche 333–335
– globale ~ .... *siehe* Bezeichner
– Werte vertauschen 68
Varianz (stats::variance) 190
Vektoren 25, 98–116
– indizierter Zugriff 101
– Initialisierung 101
– Spaltenvektoren 25, **101**
– Zeilenvektoren **101**
Vereinfachung ... 143, *siehe* simplify
– automatische ~ 141–142, 167
– Gültigkeitsbereich....... 167, 186
– logischer Ausdrücke 177
– Regelwerk 178
– von Ausdrücken 21, 176–180
– von Wurzelausdrücken ....
.... *siehe* radsimp
verzögerte Auswertung (hold) ... 139
Verzweigungen (if und case) . 315–320
– Wert einer Verzweigung .. 317, 319
Visualisierung .... *siehe* Graphik
Voreinstellungen .... *siehe* Pref

436 Index

Vorzeichen . . . . *siehe* `sign`

W

Wahrscheinlichkeit 189–195
Wert 49, **133**
− löschen . . . . *siehe* `delete`
− zuweisen . . . . . . *siehe* `:=` und `assign`
`while` 32, 311
Windows 7
Worksheet . . . . *siehe* Notebook
`write` **292**, 294
Würfel 189, 191, 194
Wurzel . . . . *siehe* `sqrt`
− ∼n vereinfachen . . . . *siehe* `radsimp`

Z

`Z_` 159
Zähler . . . . *siehe* `numer`
Zahlen 47–49
− Abrundung . . . . *siehe* `floor`
− Absolutbetrag . . . . *siehe* `abs`
− Aufrundung . . . . *siehe* `ceil`
− Ausgabeformat von
  Gleitpunktzahlen . . . .
  . . . . *siehe* `Pref::floatFormat`
− Betrag . . . . *siehe* `abs`
− Dezimalentwicklung . . . .
  . . . . *siehe* `numlib::decimal`
− Domain-Typen 47
− Fakultät . . . . *siehe* `fact`
− ganze ∼ . . . *siehe* Domains, `DOM_INT`
− gerade ∼ . . . . *siehe* `Type::Even`
− Gleitpunktnäherung . . . *siehe* `float`
−− Genauigkeit . . . . *siehe* `DIGITS`
− größter gemeinsamer Teiler (`igcd`)
  191
− Grundarithmetik 48
− Imaginärteil . . . . *siehe* `Im`
− *i*-te Primzahl . . . . . *siehe* `ithprime`
− komplexe ∼ . . . .
  . . . . . *siehe* Domains, `DOM_COMPLEX`
− komplexe Konjugation . . . .
  . . . . *siehe* `conjugate`
− modulare Potenzen (`powermod`) . . 96
− nächste Primzahl . *siehe* `nextprime`
− Nachkommastellen . . . . *siehe* `frac`
− Nenner . . . . *siehe* `denom`
− Operanden 47
− Primfaktorzerlegung . *siehe* `ifactor`
− Primzahltest . . . . *siehe* `isprime`
− Quotient modulo (`div`) 47
− rationale ∼ . *siehe* Domains, `DOM_RAT`
− Realteil . . . . *siehe* `Re`, *siehe* `Re`
− Rechnen mit ∼ 11–12
− Rel- und Imaginärteil . . . .
  . . . . *siehe* `rectform`
− Rest modulo (`mod`) 47
− Rundung . . . . *siehe* `round`
− Typenbezeichner 306
− ungerade ∼ . . . . . *siehe* `Type::Odd`
− Vorkommastellen . . . . . *siehe* `trunc`
− Vorzeichen . . . . *siehe* `sign`
− Wurzel . . . . *siehe* `sqrt`
− Wurzeln vereinfachen *siehe* `radsimp`
− Zähler . . . . *siehe* `numer`
− zufällige ∼
−− gleichverteilte ∼ (`frandom`) . . . 190
−− gleichverteilte ∼ (`random`) 189
−− normalverteilte ∼
  (`stats::normalRandom`) 192
Zahlentheorie . . . . 30–35, *siehe* `numlib`
Zeichenketten 52, 85–87
− aneinanderhängen 86
− Bibliothek (`stringlib`) 87
− Bildschirmausgabe (`print`) 86
− indizierter Zugriff 86
− Länge (`length`) 87
− Umwandlung von Ausdrücken in ∼
  . . . . *siehe* `expr2text`
− Zugriff auf einzelne Zeichen 86
Zeilenumbruch 7
Zeilenvektoren **101**
`zip` 33, **72**, 73, 107, 191, 365, 370, 397
Zufallszahlen
− gegebener Verteilung 192
− gleichverteilte ∼ (`frandom`) 190
− gleichverteilte ∼ (`random`) 189
− normalverteilte ∼
  (`stats::normalRandom`) 192
Zufallszahlengenerator (`random`,
  `frandom`,
  `stats::normalRandom`) . 189–195
Zuweisung 17, 49, 50, 133, 364
− `assign` 51
− `delete` 50
− simultane ∼ **51**, 68, 361
Zwischenergebnis 8, 285, 289
Zykloide 222

Druck und Bindung: Strauss GmbH, Mörlenbach